证　据　学

（第二版）

主　　编： 李海萍　唐良艳

副 主 编： 孙　超　王　敬

张　琼　张书梅

参编人员：（以撰写章节先后为序）

唐良艳　张书梅　王　敬

李海萍　孙　超　张　琼

何海洋

法律出版社

LAW PRESS · CHINA

——北京——

图书在版编目(CIP)数据

证据学 / 李海萍，唐良艳主编. -- 2 版. -- 北京 ：
法律出版社，2020(2024. 2 重印)
ISBN 978 -7 -5197 -4410 -6

Ⅰ. ①证… Ⅱ. ①李… ②唐… Ⅲ. ①证据－理论－
教材 Ⅳ. ①D915. 130. 1

中国版本图书馆 CIP 数据核字(2020)第 060158 号

证据学(第二版)
ZHENGJUXUE(DI -ER BAN)

李海萍　唐良艳 主编

责任编辑 李　群　陈　熙
装帧设计 贾丹丹

出版发行 法律出版社
编辑统筹 法规出版分社
责任校对 张红蕊
责任印制 耿润瑜
经　　销 新华书店

开本 710 毫米×1000 毫米　1/16
印张 20　　字数 380 千
版本 2020 年 7 月第 2 版
印次 2024 年 2 月第 2 次印刷
印刷 北京中科印刷有限公司

地址:北京市丰台区莲花池西里 7 号(100073)
网址:www. lawpress. com. cn
投稿邮箱:info@ lawpress. com. cn
举报盗版邮箱:jbwq@ lawpress. com. cn

销售电话:010 -83938349
客服电话:010 -83938350
咨询电话:010 -63939796

书号:ISBN 978 -7 -5197 -4410 -6
定价:42. 00 元
凡购买本社图书,如有印装错误,我社负责退换。电话:010 -83938349

前　言

证据是诉讼活动中最基本和最核心的要素，是司法公正的基石，因而，司法人员应当具备证据知识和技能。证据学是司法警察院校学生的必修课程。为更好地满足司法警官院校证据学的教学需要，同时也为了能给司法警察的证据实践工作提供参考，本教材着重突出以下特点：

一是理论与实践结合。证据学兼具较强的理论性和实践性，因此教材注重理论联系实践。一方面，基于理论对实践的重要指导意义，对证据概念、属性、规则等基本知识和基本理论进行了系统的阐述；另一方面，将理论研究的最终落脚点放到司法实践中，重点分析和解决司法实践中收集、审查判断证据和运用证据认定案件事实的相关问题。

二是力求通俗易懂。尽量使用简洁明了的表述，结合生动形象的案例将抽象的概念和理论具体化、通俗化。

三是内容严谨新颖。为了保证教材的严谨，书中的概念经过反复斟酌，结论都于法有据，对基本内容尽量使用通说，同时也简要介绍了不同的观点。此外，本书及时反映新的立法和证据研究成果，以保持教材的新颖性和实用性。

本书由李海萍、唐良艳任主编，孙超、王敬、张琼、张书梅任副主编，全书由李海萍审查、修改定稿。

各章撰稿人为（以撰写章节先后为序）：

唐良艳　（四川司法警官职业学院）：第一章、第二章。

张书梅　（黑龙江司法警官职业学院）：第三章、第五章（第一、二、三、四、五、七节）、第九章、第十章。

王　敬　（河北司法警官职业学院）：第四章（第一、二、三、五节）、第十三章。

李海萍　（云南司法警官职业学院）：第四章（第四节）、第五章（第六节）、第六章、第十一章、第十二章、第十四章。

孙　超　（河南司法警官职业学院）：第七章、第十五章、第十七章。

张　琼　（湖南司法警官职业学院）：第八章。

何海洋　（湖南司法警官职业学院）：第十六章。

囿于编者的理论水平和学术视野，本教材难免存在疏漏和错误，故衷心期盼读者的批评指正！

目　录

第一章　证据学概述　1

第一节　证据学的概念及性质　1

一、证据学的概念　1

二、证据学的性质　2

三、证据学与邻近学科的关系　3

第二节　证据学研究对象和研究方法　5

一、证据学的研究对象　5

二、证据学的研究方法　7

第二章　证据制度历史沿革　11

第一节　外国证据制度历史沿革　11

一、神示证据制度　12

二、法定证据制度　14

三、自由心证证据制度　18

四、内心确信证据制度　20

第二节　中国证据制度历史沿革　21

一、中国古代证据制度　21

二、中国近现代证据制度　26

三、中国当代证据制度　26

第三章　证据概述　34

第一节　证据的概念　34

一、证据的概念　34

二、证据相关概念的辨析 35
第二节 证据的属性 37
一、证据的客观性 37
二、证据的关联性 38
三、证据的合法性 39
第三节 证据的意义 40
一、证据是诉讼活动的基本条件 41
二、证据是实现司法公正的基础 41
三、证据是当事人合法权益的保障 41
四、证据是维护司法权威的基石 42

第四章 证据分类 44
第一节 实物证据与言词证据 45
一、实物证据与言词证据的概念 45
二、实物证据与言词证据的特点 46
三、实物证据与言词证据的运用 47
第二节 原始证据与传来证据 48
一、原始证据与传来证据的概念 48
二、原始证据与传来证据的特点 49
三、区分原始证据和传来证据的意义 50
第三节 直接证据与间接证据 51
一、直接证据与间接证据的概念 51
二、直接证据与间接证据的特点 52
三、直接证据与间接证据的运用 53
第四节 有罪证据和无罪证据 54
一、有罪证据和无罪证据概述 54
二、有罪证据和无罪证据的运用 55
第五节 本证与反证 56
一、本证与反证的概念 56
二、反证与反驳证据的区别 57
三、区分本证与反证的意义 58

第五章 证据规则 60
第一节 证据规则概述 60

一、证据规则的概念和分类 61
二、证据规则的意义 62
第二节　关联性规则 63
一、关联性规则的概念 63
二、域外的关联性证据规则 64
三、我国的关联性证据规则 65
第三节　非法证据排除规则 66
一、非法证据排除规则概述 66
二、域外的非法证据排除规则 67
三、我国的非法证据排除规则 70
第四节　传闻证据规则 74
一、传闻证据规则概述 74
二、传闻证据规则的例外 76
三、直接言词原则 77
四、传闻证据规则和直接言词原则在我国的适用 78
第五节　最佳证据规则 82
一、最佳证据规则的概念 82
二、域外的最佳证据规则 82
三、我国的最佳证据规则 84
第六节　意见证据规则 85
一、意见证据规则概述 85
二、域外的意见证据规则 87
三、我国的意见证据规则 88
第七节　补强证据规则 90
一、补强证据规则概述 90
二、域外的补强证据规则 91
三、我国的补强证据规则 92
第六章　司法证明 95
第一节　证明概述 95
一、证明的概念和意义 95
二、证明的特征 97
三、证明的分类 99
第二节　证明对象 101

一、证明对象概述 101
二、刑事诉讼的证明对象 102
三、民事诉讼的证明对象 104
四、行政诉讼的证明对象 105
第三节 证明责任 107
一、证明责任概述 107
二、刑事诉讼中的证明责任 111
三、民事诉讼中的证明责任 114
四、行政诉讼中的证明责任 119
第四节 证明标准 121
一、证明标准概述 121
二、域外的证明标准 123
三、我国的证明标准 125
第五节 推定和司法认知 130
一、推定 130
二、司法认知 133

第七章 证据收集和保全 138
第一节 证据收集 138
一、证据收集的概念 138
二、收集证据的基本原则和要求 140
三、收集证据的主要方法 144
第二节 证据保全 147
一、证据保全的概述和意义 147
二、证据保全的目的和任务 149
三、证据保全的程序和方法 150

第八章 证据审查判断 154
第一节 证据审查判断概述 154
一、证据审查判断的含义 154
二、证据审查判断的意义 156
第二节 证据审查判断的内容 157
一、审查判断证据的真实性 157
二、审查判断证据的关联性 159

三、审查判断证据的合法性 160
四、审查判断证据的充分性和协调性 161
第三节 证据审查判断的基本步骤和方法 162
一、证据审查判断的基本步骤 162
二、证据审查判断的基本方法 163

第九章 物证 167
第一节 物证概述 167
一、物证的概念和意义 167
二、物证的特点 170
三、物证的分类 171
第二节 物证的收集和保全 172
一、物证的收集 172
二、物证的保全 175
第三节 物证的审查判断 176
一、物证审查的内容和途径 176
二、审查物证的方法 179

第十章 书证 181
第一节 书证概述 181
一、书证的概念和特点 181
二、书证的分类 183
第二节 书证的收集和保全 186
一、书证的收集 186
二、书证的保全 188
第三节 书证的审查判断 189
一、审查书证的真实可靠性 189
二、审查书证的合法性 190
三、审查书证内容与案件事实的关联性 191
四、审查书证的全面性 191
五、审查书证与其他证据有无矛盾，是否协调一致 192

第十一章 证人证言 194
第一节 证人证言概述 194

一、证人证言的概念和特点 194
二、证人资格 196
三、证人的义务和权利 198
第二节 证人证言的收集 201
一、询问证人 201
二、收集证人证言应该注意的问题 204
第三节 证人证言的审查判断 206
一、对证人的审查 206
二、审查证人证言的形成过程 207
三、审查取证程序和方法的合法性 208
四、审查证人证言的内容 209
五、审查证人证言与其他证据是否相互印证 210
六、审查证人证言的相关性 210

第十二章 被害人陈述 212
第一节 被害人陈述概述 212
一、被害人陈述的概念和意义 212
二、被害人陈述的特点 214
第二节 被害人陈述的收集 215
一、询问被害人 216
二、收集被害人陈述时应注意的问题 219
第三节 被害人陈述的审查判断 220
一、审查被害人 221
二、审查被害人陈述的来源和形成过程 222
三、审查被害人陈述的内容 222
四、审查取证的程序、方法和询问笔录 223

第十三章 民事、行政诉讼当事人陈述 226
第一节 当事人陈述概述 226
一、当事人陈述的概念和意义 226
二、当事人陈述的特点 227
三、当事人陈述的分类 228
第二节 当事人陈述的收集 229
一、认真做好询问前的准备工作 229

二、注意询问的方法和策略　230
三、认真、规范地制作询问笔录　230
第三节　当事人陈述的审查判断　231
一、审查当事人作出陈述的背景、动机与目的　231
二、审查当事人陈述的具体内容是否合理　231
三、审查当事人陈述与其他证据是否能够相互印证　231
第四节　当事人自认　232
一、当事人自认的概念与分类　232
二、当事人自认的构成要件　233
三、当事人自认的法律效力　235
四、当事人自认的撤回　235

■ 第十四章　犯罪嫌疑人、被告人的供述和辩解　238
第一节　犯罪嫌疑人、被告人供述和辩解概述　238
一、犯罪嫌疑人、被告人供述和辩解的概念和意义　238
二、犯罪嫌疑人、被告人供述和辩解的特点　240
三、辩证看待犯罪嫌疑人、被告人供述的价值　241
第二节　犯罪嫌疑人、被告人供述和辩解的收集　242
一、讯问犯罪嫌疑人　242
二、收集犯罪嫌疑人、被告人供述和辩解应注意的问题　247
第三节　犯罪嫌疑人、被告人供述和辩解的审查判断　248
一、审查犯罪嫌疑人、被告人供述的合法性　249
二、审查犯罪嫌疑人、被告人供述的真实性　249
三、审查辩解的真实性和合理性　252
四、对被告人翻供的审查及处理　252

■ 第十五章　鉴定意见　254
第一节　鉴定意见概述　254
一、鉴定意见的概念和意义　254
二、鉴定意见的种类　256
三、鉴定意见的特点　257
第二节　鉴定意见的形成　258
一、我国司法鉴定机制　258
二、鉴定机构的条件、鉴定人的资格和权利义务　259

三、司法鉴定程序 260
四、司法鉴定的特别程序 263
第三节 鉴定意见的审查判断 265
一、鉴定意见审查判断的内容和途径 265
二、专家辅助人制度 269

第十六章 勘验、检查、辨认、侦查实验等笔录 271
第一节 勘验、检查、辨认、侦查实验等笔录概述 271
一、勘验、检查、辨认、侦查实验等笔录的概念和意义 271
二、勘验、检查、辨认、侦查实验等笔录的特点 274
第二节 勘验、检查、辨认、侦查实验等笔录的制作 275
一、勘验、检查、辨认、侦查实验的程序规定和规则 275
二、勘验、检查、辨认、侦查实验等笔录的制作要求 277
三、勘验、检查、辨认、侦查实验等笔录的内容 278
第三节 勘验、检查、辨认、侦查实验等笔录的审查判断 280
一、审查勘验、检查、辨认、侦查实验等活动的合法性和规范性 280
二、审查勘验、检查、辨认、侦查实验等笔录的形式与内容 281
三、审查勘验、检查人员及记录人员的业务水平及职业道德素质 282
四、综合全案证据进行审查判断 282
五、勘验、检查、辨认、侦查实验等笔录的审查程序及处理 282

第十七章 视听资料、电子数据 285
第一节 视听资料、电子数据概述 285
一、视听资料概述 285
二、电子数据概述 288
第二节 视听资料、电子数据的收集和保全 289
一、视听资料的收集和保全 289
二、电子数据的收集和保全 291
第三节 视听资料、电子数据的审查判断 294
一、视听资料的审查判断 294
二、电子数据的审查判断 298

参考文献 302

第一章

证据学概述

法律研究的目的是一种预测，即对公共权力通过法院的工具性的活动产生影响的预测。

——［美］霍姆斯

第一节　证据学的概念及性质

一、证据学的概念

证据学又称诉讼证据学，是研究诉讼过程中如何运用证据认定案件事实及有关法律和规则的学科，是现代法学体系中的一个分支学科。

在中国大陆，20 世纪八九十年代的证据类教材一般都采用“证据学”作为名称，而进入 21 世纪以后，专家、学者更多地偏爱使用“证据法学”作为书名，而沿用“证据学”的越来越少。尽管有的学者认为证据学又称证据法学。[①]但我们认为二者既有共同点也有不同点。共同点体现在二者都将证据资格、证据规则、证据制度和证据法律法规等证据的理论和实践问题作为研究对象；不同点则体现在二者研究的侧重点有所区别，具体体现为，证据学更强调从认识案件事实的角度出发，研究如何更为有效地收集、审查和判断证据及运用证据认定案件事实；而证据法学则更强调如何限制和规范运用证据认识案件事实真相的活动。同时，我们也反对将“证据法学”和“证据学”完全割裂开来，不赞同那些认为证据学只注重研究如何发现事实真实，而不重视证据法律和证据规则的观点。

① 陈一云、王新清主编：《证据学》（第六版），中国人民大学出版社 2015 年版，第 3 页。

尽管证据学以如何运用证据查明案件事实为研究重点，但它同样重视证据法律和证据规则对运用证据查明案件事实活动的规范和限制作用，因为只有遵循证据法律和规则，才能合法有效地收集、审查判断证据，以及运用证据认定案件事实，尤其在诉讼法治化、人权化趋势越来越明显的今天，证据法律和证据规则更成为了证据学研究的主要对象；而证据法学也并没有将收集、审查和判断证据，运用证据认定案件事实完全排除在研究对象之外，只不过它更强调如何通过证据法律和规则来规范和限制证据的收集、审查判断及运用，使发现案件事实真相所采用的方式具有正当性、人道性和公正性。因此，尽管证据法学和证据学研究的侧重点有所不同，但它们非但没有完全割裂开来，相反在如何合法、规范、有效地运用证据认定案件事实，以更好地实现诉讼的客观、公平、正义及效率等价值方面，二者的目标具有高度一致性。

二、证据学的性质

（一）证据学是应用法学

首先，证据学是一门法学。证据学的法学性质体现在两个方面：其一，查明案件事实，正确适用法律作出客观公正的裁判，以保证当事人的合法权益，维护社会公共利益和秩序是诉讼的主要任务。证据学以如何运用证据来查明案件事实为研究重点，其研究内容是诉讼活动的一部分，故而证据学是一门研究法律活动的学科。其二，证据学所研究的在诉讼中收集证据、审查判断证据和运用证据认定案件事实的活动必须在法律的轨道内运行，而不能违背相关的法律和证据规则任意为之，因此证据法律和规则也是证据学研究的重要内容。故而证据学具有法学性质。

其次，证据学是一门应用法学。证据学所研究的证据的收集、审查判断和运用证据认定案件事实，发现案件事实真相的活动具有较强的实践性，因而它不是纯理论法学。尽管证据学也重视对证据理论的研究，但它研究证据理论的目的是更好地服务于合法有效地运用证据认定案件事实的司法实践。故而，证据学是一门应用法学。

（二）证据学是交叉性学科

证据学所研究的收集证据、审查和判断证据及运用证据认定案件事实本质上属于一种认识活动，它不仅需要以哲学的认识论为理论基础，而且还应吸收诸多学科的知识和理论成果，如心理学、语言学、逻辑学、概率统计学、物证技术、电子技术等。同时，为了合法有效地收集、审查判断和运用证据，证据学还必须研究法律法规和证据规则。因此，证据学是一门交叉性学科。

三、证据学与邻近学科的关系

证据学是一门独立的学科，有专门的研究对象，因而区别于其他法学学科，另外，证据学研究的是诉讼过程中有关证据及证据法规的学科，具有程序法的性质，因而又与相关的实体法和诉讼法具有密切的联系。研究证据学与邻近部门法学的关系，有利于掌握本学科的特点，也有利于从其他学科的研究成果中获得营养，促进本学科的发展。

（一）证据学与诉讼法学

诉讼法学是以诉讼活动和法律法规为研究对象的学科。诉讼是按照法定的程序解决刑事犯罪和民事及行政纠纷的活动。查明案件事实，正确适用法律，保护当事人合法权益，维护社会秩序和公共利益是所有诉讼的主要任务。而诉讼中的案件事实，必须通过证据予以证实才能得以查明。从这个角度讲，诉讼就是依法运用证据证明案件事实的过程，即取证、举证、质证和认证的过程，为此诉讼法学也必须要研究证据的收集、审查判断和运用问题。这一点从所有诉讼法中都有大量关于证据的资格、证据的收集、审查和使用证据认定案件事实等相关问题的法律规定就可以看出。而证据学不仅以如何收集、审查判断和运用证据来认定案件事实为研究对象，而且还研究相关的法律和规则，这些法律法规主要就表现为诉讼法对取证、举证、质证和认证的规定。因此，从某种意义上说，证据学研究的内容是为完成诉讼任务而存在的；又或者说，证据学只是将诉讼中的证据和证明问题进行更为全面、细致和深入地研究。因此，证据学不仅要将诉讼中与证据和证明有关的法律规定作为研究对象，而且要紧扣诉讼理念、诉讼规则、诉讼制度和模式等诉讼法学的研究内容来对证据和证明问题进行研究。例如，为了实现实体公正与程序正义，保障人权的诉讼理念，世界各国普遍确立了证据裁判原则、非法证据排除规则等规范证据使用的规则；为了保障诉讼的效率，证明中有推定、司法认知等制度的存在。又如，刑事诉讼法的禁止强迫自证其罪原则、无罪推定原则对证据的收集、审查及运用都具有直接的指导意义和规范作用。再如，民事诉讼中举证责任的分配，证明标准的设置，自认存在的合理性等则是体现了平等、辩论、处分等民事诉讼的基本原则。因此，任何脱离诉讼法学的证据学研究都将失去依据和归宿，只能停留于对证据和证明的概念、意义、程序和方法的简单阐述，而不可能具体地、深入地探讨诉讼程序中的各种证据及证明问题，故而是空洞的，其意义也是有限的。

尽管必须紧扣诉讼的法律制度来研究证据及证明问题，但这并不意味着证据学作为一门独立学科，没有其存在的价值。相反，证据学通过对证据理论、证据历史、证据制度及规则、证明对象、证明责任、证明标准等问题的研究，从而使得对诉讼证据问题的研究更为全面、深入和细致，也使得诉讼证明沿着更为科学、合理、有效的方向发展。

（二）证据学与刑法学、民法学和行政法学的关系

刑法、民法、行政法作为实体法，规定刑事、民事、行政领域的实体法律关系，即法律关系主体的实体权利和义务，与之相应的诉讼法是程序法，规定解决实体法律关系的程序和方法，即保证法律关系主体的实体权利和义务得以实现的程序和方式。

通过诉讼程序解决实体法律关系的正当性在于它将裁判建立在运用证据认定的案件事实的基础之上，而不是任何个人的意志之上。证据学所研究的收集证据、审查判断证据和运用证据认定案件事实是为完成诉讼的目的和任务服务的，进而也是为实现实体法的目的和任务而服务的。因此，一方面，证据学研究证据不能脱离刑法、民法和行政法，而只能在如何运用证据解决实体法律关系，认定诉讼争议事实的框架内进行，否则不仅失去研究的意义和价值，而且也失去了研究的基础和指引。其一，实体法中所规定的实体法律关系的内容是确定证据学所研究的证明对象的依据。例如，刑事诉讼的主要证明对象是影响定罪量刑的案件事实，而定罪和量刑的标准是由刑法规定。如果不知道刑法对于具体犯罪的构成要件和量刑情节的规定，则无法确定具体案件诉讼中的证明对象，或者说就失去了确定的依据。其二，在不同类型的诉讼中，证明标准的设定受诉讼性质的影响，而诉讼性质取决于实体法所规定的实体法律关系性质。例如，刑法规定罪责问题，刑罚是最严厉法律制裁措施，刑事实体法律关系对被告人权益影响大于民事实体法律关系对当事人权益的影响，故而刑事诉讼中对实体事实的证明标准就高于民事诉讼中对实体事实的证明标准。其三，实体法上的有关规定也直接影响着证明责任的具体分配。例如，刑法中的巨额财产来源不明罪，其举证责任的分配较为特殊，即由被告人承担证明自己无罪的责任，否则就要承担被认定为有罪的法律后果。如此分配证明责任源于此类犯罪的特殊性，也就是说刑法对此类犯罪构成要件的规定影响着该犯罪事实在诉讼过程中的证明责任分配。另一方面，证据学研究的内容也会直接对实体法律关系产生影响。例如，根据证明责任制度，在某些案件真伪不明的情况下，应由证明责任的主体承担举证不利的后果，这一后果直接导致责任主体所主张的权利在司法上得不到承认，原有的实体权利义务关系也将维持现状。

综上所述，证据学与刑法学、民法学和行政法学也具有紧密的联系，对证据学的研究理应关注相关实体法学的研究内容和动向。

（三）证据学与侦查学

侦查学是研究侦查活动及其规律的学科。侦查活动的主要任务是查明案件事

实，收集犯罪证据，查获犯罪嫌疑人。因而，如何收集证据以查明案件事实也是侦查学的研究内容。在将如何收集犯罪证据、运用证据查明案件事实作为研究对象这一点上，侦查学与证据学是相同的。例如，询问、讯问、搜查等许多侦查措施同时也是取证措施。尽管两个学科的部分研究内容相同，但研究的侧重点并不相同。侦查学侧重于对收集证据，查明案件事实的侦查措施、手段、策略和方法等问题的研究；而证据学则侧重于通过对证据理论、规则、制度和证明方法的研究来实现运用证据认定案件事实的目的。此外，两个学科的研究对象也并不完全相同。侦查学除研究收集证据的程序和方法外，还研究侦查主体、侦查客体、侦查模式，适用强制措施、查缉犯罪嫌疑人等问题，而证据学除研究收集证据的程序和方法外，还研究证据资格、证据规则及证明对象、责任、标准等问题。

第二节 证据学研究对象和研究方法

一、证据学的研究对象

（一）证据的基本理论

证据的基本理论是在人们运用证据的实践中总结出来的有关证据和证明的基本概念、性质、作用、原理和方法等一系列能反映运用证据的规律的结论。证据理论来源于与证据有关的实践，是对证据实践活动的总结，又反过来指导收集、审查判断和运用证据认定案件事实的实践活动。人类运用证据来解决诉讼争议的过程，实际上就是证据理论形成和发展的过程。证据理论是对证据实践的总结和升华，它源于实践却又高于实践，对证据理论的研究，一方面，有利于人们去认识证据理论产生、发展的背景，从理论赖以产生和发展的证据实践中吸取经验和教训，总结出更加科学的证据理论；另一方面，通过研究能更全面深入地理解相关理论的真正内涵和价值，以便于更好地发挥其对证据实践的指导作用，保障证据实践向更规范有效的方面发展。

（二）证据制度和证据规则

证据制度，是国家司法制度的组成部分，是法律规定的关于收集、审查证据，运用证据认定案件事实的规则体系。证据制度随着社会经济基础的变化而变化，并与人类主观认识客观世界的能力密切相关。证据制度是一定时期证据实践活动即诉讼证明活动的集中体现。它不仅反映了该制度下的证据实践活动的特点和内容，而且还能反映相应诉讼制度的价值理念和诉讼模式。因而，研究不同历史时期和同一历史时期不同国家的制度，有利于揭示证据理论发展的规律、科学客观地评价特定制度的优劣，取其精华，去其糟粕，以推动证据理论和实践不断向前发展。

证据规则是收集、审查判断和运用证据应当遵循的规则，是在长期的证据实践活动中总结出来的。它体现了司法证明活动中特定的诉讼理念和价值追求，既能规范和指引取证、举证、质证和认证一系列行为，使得诉讼证明能沿着文明、法治的轨道运行，满足对程序正义的价值追求，例如非法证据排除规则；又能促使证据的收集和运用更加符合认识的规律和特点，保障客观高效地查明案件事实，实现实体正义和诉讼效率，如传闻证据规则、关联性证据规则等。因此，无论从促进证据理论的发展还是从指导证据实践活动的角度，都有必要研究证据规则。并且，由于不同时期、不同国家在诉讼制度、诉讼模式和价值理念上的区别，同一种证据规则的内容、适用范围和要求都不相同，也就是说证据规则并不必然具有普适性。因此，要确立适合自己国情和司法实践的证据规则，就必须对现有证据规则的确立背景、功能、内容、适用范围和要求、发展情况等问题进行研究。

（三）证据法律规范

司法证明是一种诉讼活动，证据的收集、审查和运用都必须受到相关法律的规范和约束。因此，证据法律规范理应成为证据学研究的重要内容。

我国目前还没有制定统一的证据法典，与证据有关的法律规范主要分散于《刑事诉讼法》《民事诉讼法》《行政诉讼法》及其相关的司法解释和办案规程中，主要包括最高人民法院《关于适用〈中华人民共和国刑事诉讼法〉的解释》（以下简称《刑诉法解释》），最高人民法院《关于适用〈中华人民共和国民事诉讼法〉的解释》（以下简称《民诉法解释》），最高人民法院《关于适用〈中华人民共和国行政诉讼法〉的解释》，最高人民法院《关于民事诉讼证据的若干规定》，最高人民法院《关于行政诉讼证据若干问题的规定》，最高人民法院、最高人民检察院、公安部、国家安全部、司法部（以下简称“两高三部”）《关于办理死刑案件审查判断证据若干问题的规定》，“两高三部”《关于办理刑事案件排除非法证据若干问题的规定》，“两高三部”《关于办理刑事案件严格排除非法证据若干问题的规定》，《人民法院办理刑事案件第一审普通程序法庭调查规程（试行）》等。此外，还有我国签署的国际条约中与证据相关的法律法规，如联合国《公民权利和政治权利国际公约》等。上述法律法规是我国证据法的主要渊源，也是证据学研究的主要对象。

对于证据法律规范的研究不能仅停留于法条的文字表面，而要深入研究法律规范所产生的背景、立法的目的、所体现的制度要求和承载的司法理念，要辩证地分析其合理性和缺陷，结合证据实践的需要，探索完善的思路和方法。

（四）与证据相关的司法实践

证据学是研究运用证据认定案件事实的应用型学科。围绕着运用证据认定案件的取证、举证、质证和认证等一系列活动无不具有很强的实践性。研究证据学，发展证据理论，目的是更好地服务于证据实践活动，对收集证据、审查证据和运用证据认定案件事实进行规范和指引。真理源于实践，而实践是检验真理的唯一标准。首先，证据实践是检验证据理论和证据立法是否科学、合理、完善的唯一标准。通过司法实践能发现现有证据理论、制度和立法的不足，进而进行改革和完善。其次，随着时代的发展，证据实践活动中会不断面临新的问题和挑战，为证据学的研究提供新的源泉和动力，促进证据学去探索收集、审查和运用证据更为科学有效的方法，去建立更为科学合理的制度和规范，从而不断丰富证据学的研究内容，促进证据学的创新和发展。例如，为了适应网络信息时代诉讼证明实践的客观需要，一种新的证据种类——电子数据应运而生；又如，为了满足国家法治化背景下，司法实践活动中保障人权的需要，非法证据排除规则在我国正式确立，并成为证据学研究的热门课题；再如，根据直接言词原则，证人的证言对定案有实质影响的，证人必须出庭作证，但实践中有的证人因路途遥远等原因不便出庭，为此，探索可解决此实践难题的庭审阶段远程视频作证技术成为新的研究课题。

二、证据学的研究方法

证据学的研究必须坚持辩证唯物主义和历史唯物主义，在此前提下，基于证据学的学科特点，需要特别重视以下几种研究方法。

（一）理论联系实践的方法

理论联系实践是所有学科研究的重要方法，理论来源于实践，又能指导实践；而实践是检验理论的唯一标准。证据学兼具较强的理论性和实践性，故而研究过程中必须重视理论和实践的紧密结合。一方面，证据学的研究对象里包含丰富的证据理论，有复杂的概念、性质和功能，丰富的证据制度，抽象的证据规则，众说纷纭的原理学说……故而证据学具有较强的理论性；另一方面，证据学所研究的如何收集、审查判断证据和运用证据认定案件事实都是典型的实践活动，故而证据学具有较强的实践性。因此，一方面，要重视对证据学的相关理论进行系统、全面而深入的研究，分析其产生的背景、内涵、对实践的指导作用及存在的问题和缺陷；另一方面，要通过对与证据相关的司法实践活动的分析、研究去检验现有证据理论、制度和立法是否科学、合理、完善，进而又在实践中去探索健全制度、完善立法、创新理念的途径和方法。其中，对证据运用的实证研究是理论联系实际的最好体现。实证研究法是通过对研究对象大量的观察、实验和调查，获取客观材料，从个别到一般，归纳出事物的本质属性和发展规律的一种研究方法。对证据学进行实证研究可以采用社会调查法、案例分析法、谈话、问卷调查、实验等方法。

（二）系统研究和辩证思维的方法

首先，任何的证据理论、证据规则、证据制度、证据立法都不是无故产生，孤立存在的，而总是与一定的社会历史背景、国家的政治制度、价值理念、诉讼模式紧密联系的。因此，在研究具体的证据理论、规则、制度和立法时，不能将其与所产生的社会历史文化背景，所根植的制度土壤，所遵循的诉讼模式和体现的价值理念割裂开来，而必须对它们进行系统深入地研究，才能把握研究对象的真正内涵、发现它们存在的合理性和不合理性。其次，任何的证据理论、证据规则、证据制度和证据立法，都具有存在的合理性，也有不合理性；既有优势也有弊端；适合于某一时期和某个国家，但并不一定适合于另一时期和另一国家。例如，在今天看来极为不科学、不合理的神示证据制度在人类社会早期的产生和存在都是具有合理性的，是与当时落后的生产力和科技水平、人类较低的认识能力分不开的，而且它利用人们对神明的崇敬心理，在某种程度上也能起到定分止争、树立裁判权威的作用；又如，自由心证制度摒弃了法定证据制度的不合理因素，因而具有历史进步性，但它同时也因对法官自由裁量不加任何限制而具有可能导致权利滥用、裁判不公的弊端；再如，传闻证据制度，适合于实行当事人主义诉讼模式和陪审团制度的英美法系国家，但不一定适合实行职权主义诉讼模式的大陆法系国家。总之，任何事物都具有两面性，证据领域也是如此。因此，必须运用辩证思维的方法来研究证据学，要以动态发展的眼光来分析研究证据相关问题，重视分析事物间的普遍联系，既要看到事物的合理性，也要分析其不合理性；既要看到事物的普遍性，也不可忽视其特殊性；既要发现事物的优势并充分加以利用，也要分析其弊端并加以改进和完善。总之，只有坚持以系统辩证的视角和方法来看待和研究证据的相关问题，才能透过现象抓住本质，掌握证据理论的真髓、把握证据实践活动的规律，进而不断促进证据学的发展。

（三）融合研究法

对任何事物的研究都不能将其与相关事物割裂开来进行，证据学研究也如此。证据学与许多学科具有密切联系，因此对证据学的研究应当与相关学科联系起来，比较它们在研究对象和研究重点上的共性与差异，善于将相关学科的研究成果运用到证据学研究中来，以促进证据学的发展。首先，紧密联系民法、刑法、行政法等实体法学和相应的诉讼法学来研究证据学，使研究更加全面和深入，更具有理论意义和实践价值；其次，证据学与哲学、心理学、逻辑学、语言学、司法化学、信息技术学等学科紧密联系，要有针对性地将上述相关学科中与证据相关的理论和方法运用到证据学研究中来，以促进证据理论和实践的发展，丰富研究成果。例如，将逻辑学中的逻辑推理方法运用于对诉讼证明的研究，将信息技术学中的网络技术、计算机技术运用于对电子数据的收集与审查，等等。

（四）比较借鉴法

世界上任何事物都不是孤立存在的，事物之间总是相互联系的，相互联系的事物既有共性，也有个性。只有重视事物之间的联系，在分析比较的基础上，结合自身情况进行反思、学习和借鉴，才能不断发展和进步。因此，证据学研究需要比较借鉴的方法。对证据学进行比较研究，一是为了更加全面深刻地认识相关的证据理论、证据制度、证据规则和证据立法产生和发展的脉络；二是为了更客观辩证地去分析具体的证据理论、证据制度、证据规则和证据立法的合理性和不合理性；三是为了在比较研究的基础上，思考现状，继承优点，消除缺点，立足自身，取他人所长，补自己所短，进而不断改革和完善证据制度，丰富和发展证据理论。

证据学的比较研究包括纵向比较和横向比较。纵向比较就是古今比较，是将不同历史时期的证据制度进行比较。纵向比较研究应立足现在，辩证分析不同时期的证据制度的合理性和不合理性，取其精华，去其糟粕，注重继承与创新相结合，做到以史为鉴，古为今用。横向比较研究包括两个方面：一是对中外证据制度的比较。比较研究不是对域外证据制度进行简单的罗列和介绍，而是要在比较中寻找对我国证据制度的构建和完善有所裨益的经验。要深入分析在不同的国家、不同的诉讼理念、诉讼制度和诉讼模式下，证据制度的共性、差异及其原因，要结合特定国情来分析特定的证据制度的合理性，辩证地看待域外特定证据规则和立法的价值和缺陷，立足本国国情进行学习和借鉴，要注意证据立法和规则的本土化问题。对于域外证据制度和理论，盲目排外、妄自尊大不可取；照抄照搬，全盘吸收也不可取。例如，非法证据排除规则在不同的国家，对非法证据的界定、排除的方式都不一样，因为各国的社会政治、历史和文化背景不同，诉讼价值理念不同，诉讼制度和诉讼模式也不同。也就是说证据制度、立法和规则所根植的土壤不同，则内容和要求就不同。在美国，由于特别强调人权保障和程序正义，因而非法证据排除规则的要求最为严格，排除的对象不仅包括非法言词证据和非法实物证据，还包括非法衍生证据（毒树之果）；在排除方式上，除法律规定的少数例外，大多实行强制排除（法官不具有排除的自由裁量权）。如果我们对此照抄照搬，则与我国当前的国情不符，非但不利于打击犯罪，维护社会秩序，也不利于保护被告人以外更多人的权利，因而与司法公正的目标是背道而驰的。因此，在肯定非法证据排除规则价值的前提下，辩证地看待和学习借鉴域外好的经验和做法，确立适合我国国情的非法证据排除规则才是正确之选。二是我国不同诉讼类型中证据制度的比较，即比较我国现有的刑事诉讼、民事诉讼和行政诉讼领域的证据理论和制度的共性和差异，既要从共性出发，总结出证据收集、审查和运用的普遍规律，也要从差异出发，根据诉讼性质的不同，研究具有针对性的证据收集、审查和运用的理论和方法。

第二章

证据制度历史沿革

观今宜鉴古，无古不成今。

——《增广贤文》

第一节　外国证据制度历史沿革

目前，世界各国沿用的法律体系主要分为两类：大陆法系和英美法系。大陆法系，又称为民法法系、法典法系、罗马法系，以法国、德国为代表，在罗马法基础上，吸收了日耳曼法、教会法等有关法律成分，逐渐形成的世界性法律体系。欧洲大多数国家、亚洲、拉丁美洲、非洲等许多国家和地区属于大陆法系。英美法系是指以英国普通法为基础发展起来的法律体系的总称，以英国普通法为基础，兼以衡平法和制定法为主要渊源，吸收部分罗马法、教会法以及中世纪商法的原则、制度而逐步形成的世界性法律体系，其分布范围包括英国本土（苏格兰除外）、美国、爱尔兰、加拿大、澳大利亚、新西兰以及亚洲、非洲某些英语国家和地区。法系不同，法律传统不同，其证据制度的发展方向和轨迹也有所不同。大陆法系国家的证据制度发展脉络清晰，从奴隶制社会早期的神示证据制度，到封建主义、资本主义时期逐步确立的法定证据制度、自由心证证据制度以及内心确信的证据制度，每一个阶段的证据制度都有其鲜明的特点及存在的相对合理性。英美法系国家的证据制度也是从最早的神示证据制度开始，因在 13 世纪早期采用了陪审制为中心的对抗式诉讼模式，而得到跳跃式的发展直接过渡到了事实裁判者自由心证的证据制度，并为保证裁判的准确，特色鲜明地设立了大量的证据规则。

本节将重点介绍人类历史上主要的几种证据制度，即神示证据制度、法定证据制度、自由心证证据制度、内心确信证据制度。

一、神示证据制度

（一）神示证据制度产生的原因

神示证据制度，也称神明裁判证据制度，是指判案人员根据神意的启示来判断争议的是非曲直的一种证据制度。神示证据制度产生于奴隶社会时期，是人类证据制度发展史上最原始的一种证据制度，无论是大陆法系国家还是英美法系国家都曾广泛存在并产生一定的影响力。

首先，神示证据制度的产生与奴隶社会生产力水平低下，文化落后有着密切的关系。当时的人们对自然力量缺乏认识和了解，认为是有神灵在关注和掌控着世间一切事物的发展变化，神是无所不知、无所不能的化身，最能作出公正的判断。因此，在面对难以查明的案情、难以决断的争议，或者出现利益冲突和纠纷时，人们便求助神的启示来判断是非、解决争议，以达到惩恶扬善的目的。

其次，神示证据制度与当时的弹劾式诉讼制度相适应。奴隶社会时期，当出现争议和纠纷时，双方当事人往往共同诉诸裁判者，在裁判者的主持下，依靠双方对神灵的信奉和崇拜，将争议事项诉诸神灵，以某种共同认可的方式获得神的启示来解决争议，平息纠纷，裁判者并不对争议事实进行判决，只是解读神的启示、宣布判决结果。

最后，神示证据制度是统治阶级实现统治的需要。奴隶社会，人们普遍信奉神灵，出于对神灵的敬畏和压力，害怕对神灵欺骗后遭到神灵的惩罚，从而不得不如实陈述。统治阶级在政治上极力宣扬神权，正是通过抓住人们敬神的心理来查明案情，实施判决，以达到维护和巩固自己统治地位的目的，保护统治阶级利益。

（二）神示证据制度的证明方式和内容

在神示证据制度下，人们期望通过神来判断证据的证明力，然而神是根本不可能出现在人们面前的，人们不得不赋予一些中介物以显示神的启示或者通过某种仪式来接收神的启示。于是，各种不同的显示神意的方式便应运而生。主要包括宣誓、水审、火审、决斗等方式。

1. 宣誓

宣誓是神示证据制度中普遍采用的一种方法，当人们出现争议或纠纷时，裁判者要求当事双方在陈述时分别对神发誓，以证明其陈述的真实性。如果哪一方不敢对神发誓或者发誓过程中出现精神恍惚、神情紧张或慌乱等异常情况，裁判者就可以认定其陈述是虚伪的，并判其败诉。在有些案件中，特别是那些涉及严重罪行的案件中，如果争议双方都敢宣誓，则需要助誓人的帮助。许多国家的法典还对助誓人的条件、数量等进行了规定。

2. 水审

水审是指通过一定的方式使当事人接受水的考验，显示神意，以此判断当事人的陈述是否真实，被告人是否有罪。水审分为冷水审和沸水审两种方式。冷水审一般是将被告人投入水中，看其是否沉没，以检验其陈述真伪和是否有罪。检验标准有两种：一是以沉没为有罪，浮出为无罪；二是以浮出为有罪，沉没为无罪。沸水审一般是让被告人用手从沸水锅中捞出某种物品，接着包扎好其烫伤的手臂，过段时间后再根据其烫伤的愈合程度来判断其陈述是否真实以及是否有罪。如果手上的烫伤好转，裁判者就认为其是诚实无罪的；如果伤口溃烂，则被认为是神对他的惩罚，由此断定他的陈述虚假或者他是有罪的。

3. 火审

火审是用火或者烧热的铁器检验当事人陈述是否真实或者被告人是否有罪的裁判方法。跟水审中的沸水审类似，其检验标准是如果当事人想证明自己的陈述是真实的或者被告人想证明自己是无罪的，就必须接受火或者烧热铁器的灼烧，如果经过一段时间，其手上的伤口愈合了就被认为陈述是真实的或者是无罪的；如果伤口溃烂不能愈合，则被认为受到神灵的惩罚，其陈述是虚假的，不可采信，或者应作有罪处理。

4. 决斗

决斗盛行于欧洲中世纪的刑事诉讼，是指由争讼的双方当事人进行搏击，以搏击的胜负结果来显示神意，并据此认定案件事实。胜利的一方被认为得到了神助，因而是诚实的、无罪的；失败的一方则被认为是受到了神灵的惩罚，应是有罪的。另外，不敢决斗的一方，也会被直接判定为败诉。

除以上几种证明方式外，还有占卜和十字形证明。占卜，是双方当事人就争议事实向神祷告，然后进行占卜，裁判者根据占卜出来的签牌的内容判断何方胜诉。十字形证明，是双方当事人相对而站，双臂左右伸直，使身体呈十字形，保持这一姿势时间最久者胜诉，多为信仰基督教民族所采用。

（三）神示证据制度的评析

神示证据制度是一种不科学的司法证明制度，是特定历史条件下生产力水平低下的产物，但其摒弃了原始社会解决争议所用的各种残暴的复仇方法，具有一定的历史进步性。首先，由于人们对神的信仰和敬畏心理，以神示证据制度为基础的司法判决具有高度的权威性，从而有助于维护社会的稳定。其次，宣誓等神明裁判方式实际上运用了心理学知识，在人类认识能力普遍低下的情况下，也不失为查明案件事实的合理选择，况且在某些情况下，它确实也能在客观上起到查明案件事实，进而断狱决讼的作用。由此看来，神示证据制度尽管不科学，但与当时的社会生产力低下、科技落后、人类认识能力有限的历史条件是相适应的，它的存在具有一定的合理性。

二、法定证据制度

（一）法定证据制度产生的历史背景

法定证据制度，是法律根据证据的不同形式，预先规定了各种证据的证明力和判断证据的规则，法官必须据此作出判决的一种证据制度，又称形式证据制度，其基本内涵是指一切证据的证明力以及对证据的取舍和运用均由法律预先明文规定，法官在诉讼中只需依据法律的规定被动、机械地计算证据的证明力并据以认定案情，而无自由裁量权。

法定证据制度形成于13世纪的欧洲大陆国家，16世纪至18世纪发展到了全盛时期，在欧洲大陆各国的诉讼法典中得到普遍规定，其中最有代表性的是1532年德国的《加洛林纳法典》、1853年奥地利的《刑事诉讼法》等。其产生的历史原因包括以下几个方面：

1. 法定证据制度的产生是当时欧洲大陆国家政治、经济和社会发展的需要

13世纪，欧洲大陆国家通常认定被告人罪责的方式依然是诸如火审、水审等神明裁判的方法，这种裁判方式是建立在对神灵无所不在的信仰基础之上的，当时的人们认为只有神介入疑难案件的审理才能够保证判决的准确无误。当1215年的第四次拉特兰宗教会议废除了在刑事审判中采用神判法后，人的审判就完全取代了神的审判。由于人不是神，所以难免犯错误，那么该如何保证结果像是神明审判的那样不生谬误呢？如果法律对审判者收集证据和运用证据的活动没有任何限制性规定，审判者就可以完全根据个人的知识、经验、兴趣、好恶来采信证据和认定案件事实，就难免出现司法者主观上的判断错误。那时的司法证明属于自由证明模式，缺乏统一的规则和标准，很容易导致司法实践的混乱。而那一时期处于不统一、不稳定状态的政治格局则更加重了司法证明活动的混乱。当时的人们普遍认为，让法官诉诸内心自由判定罪责太容易发生错误，唯一而又彻底的办法就是完全剥夺司法者确定罪责时的自由裁量权。欧洲大陆国家出于政权统一和稳定的需要，也亟须改变这种司法混乱的状况，统一各地的司法活动，特别是要规范审判者在审判中运用证据认定案件事实的活动。于是，法定证据制度便应运而生了。

2. 当时在欧洲大陆社会中流行的崇拜权威的思潮为法定证据制度提供了理论和文化基础

在15、16世纪欧洲大陆国家的社会生活和学术研究中，权威是特别重要的。

人们在评断一个观点或一种学说是否正确的时候，往往不是看其自身是否具有科学性或合理性，而是看其是否具有权威性，是否言出有据。因此，引经据典，言必先哲，就成为当时社会文化的一种时尚。这种时尚也不可避免地影响了人们的司法证明观念，从而促进了以尊重法律权威和否定自由裁量为基本特征的法定证据制度的诞生。

3. 社会等级制度为法定证据制度提供了参照模式

在当时的欧洲大陆国家中，等级制度已经成为社会的基石。无论是世俗的封建等级制度，还是教会的僧侣等级制度，都是社会的基本组织形式，因而都在很大程度上影响着人们的思想观念。既然人是可以分成许多等级的，那么司法活动中的证据也是可以分成许多等级的。所以，欧洲大陆国家既有的等级制度为法定证据制度对证据证明力大小的等级划分提供了参照模式。

4. 证据种类较少为法定证据制度确定各种证据的证明力提供了现实可能性

当法定证据制度流行于欧洲大陆的时候，司法证明方法处于以人证为主的历史时期。在当时的审判中，证人证言是最常用、最重要的证据形式，而且以直接证明案件主要事实的证言——直接证据为主。由此可见，当时法官对证据的审查有两个特点：其一，作为审查对象的证据种类比较少，除证人证言之外只有当事人陈述和某些书证；其二，审查的要点就是证据的真实可靠性，因为直接证据的证明价值是显而易见的。这两个特点为法定证据制度的确立提供了可能性。试想，如果证据的种类很多，包括各种各样的物证和各种各样的间接证据，那么要给各种证据分别规定出明确的证明力，则是一件非常困难的事情。

（二）法定证据制度的内容和特点

在法定证据制度中，审判者不能自由地判断证据，只能机械地按照法律规定的证据标准认定案情。法定证据制度的主要内容突出体现在法律对各种证据的证明力所作的预先规定上，具体来讲，包括以下内容和特点：

1. 法律预先规定了各种证据的证明力和判断证据的规则

根据当时的法典和证据理论，证据分为完全证据和不完全证据两大类。完全证据就是能够确定案件事实的充分证据；不完全证据就是有一定的可信性，但不足以定案的证据，其中又有多半完全、少半完全之分，两个或几个不完全证据可构成一个完全证据。哪些证据是完全的，哪些证据是不完全的，都由法律明确规定。如两个善意证人在宣誓后提供的证言是完全证据，一个证人证言则是不完全证据；被告人在法庭上的供认被认为是完全证据中的最好证据；被告人在法庭外所作的供认则是不完全的证据；被告人在法庭外的供认加上一个证人的证明，才能构成完全证据等。

2. 法律对于证据证明力和判断证据规则的规定，主要是根据证据的形式，而不是根据证据的内容

首先，法律将被告人的自白作为最完全的证据，过高估计被告人作用，甚至达到绝对化的程度，以至于被告人的自白被奉为“证据之王”，只要有了这种最安全的证据，就可以定案。其次，法律规定书证是完全证据，书证的副本没有原本的证明力大，公文书的证明力大于私人写作的文书的证明力等，都说明了证明力规则的形式化。再次，对于证人证言的证明力，法律也作了形式化的规定：两个彼此没有关系且具有完全的信用和良好品质的证人的证言构成完全的证据；一个证人的证言，不具有完全的证明力，只能算半个完全的证据，不能据以定案；如果几个可靠证人的证言相互矛盾，则按多数证人的证言来认定案情。最后，法律对某类案件的定罪必须具备几种证据也作了形式主义的规定。例如，《俄罗斯帝国主义法规全书》第 312 条规定，审判强奸案件时，必须具备以下证据才能定罪：（1）有事实证明确有强暴行为；（2）有证人证明被强奸人曾呼喊、求助；（3）被害人或者被告人身上，或者双方身上，有血迹、青斑或者衣服被撕破，能证明有过抗拒；（4）立刻或者当日报告。

3. 法律明确规定各种证据的效力等级，特别是对不同等级的人提供的证言规定了不同的效力

在法定证据制度下，基于严重的等级观念，判断证言的证明力不是以证言的内容与案件事实的关联程度，而是以证人的身份地位为评价标准。例如，贵族证言的效力高于平民的证言；僧侣证言的效力高于世俗证人的证言；基督徒证言的效力高于犹太人的证言；男子证言的效力高于女子的证言等。

4. 口供为证据之王，刑讯逼供是收集证据的合法手段

在所有的证据中，被告人的自白被认为是最有价值和最完善的证据，它对案件的判决和被告人的命运具有决定性作用。因此，刑讯逼供成为法定证据制度下各国刑事诉讼中广泛采用的、合法的取证方法。当时的许多法典对于讯问被告人的内容、步骤、方式等都有明确的规定。例如，德国 1532 年《加洛林纳法典》第 31 条规定：“假如某人被怀疑对他人有损害行为，而嫌疑犯被发觉在被害人面前形迹可疑，同时嫌疑犯又可能是犯这种罪的人时，那么就足以适用刑讯。”法国 1670 年的《刑事裁判王令》也规定满足下列三个条件即可进行刑讯：（1）可判死刑的重罪案件；（2）犯罪本身确实发生；（3）存在达到半完全证据程度的重要证据。

5. 审判者自由裁量权仍有发挥的空间

法定证据制度本身的缺陷导致审判者在审判中仍然需要启动部分的自由裁量权，这主要体现在确定那些受到质疑之证据的证明价值问题上。法国证据学家波

尼厄尔在其颇具影响的著作《证据论》中就曾具体讲述了17世纪法国一些地区的法官在评价对方质疑对证据价值的影响以及对证据价值进行加减的做法。他指出：如果一个证言受到对方的质疑，那么法官将酌情减低其证明价值。法官不会一笔勾销该证言的价值，而是酌情将其降低为1/8、1/4、1/2或3/4个证言。这些降低了价值的证言需要其他证据佐证才能构成一个完整的证言。假设在一起案件中，一方当事人的四个证言都受到对方的质疑。根据质疑的情况，其中两个证言的价值减半，一个减为1/4，另一个减为3/4，那么加在一起，就是两个证言。由于两个良好的证言就可以构成一个完整的证明，所以，尽管这四个证言都在不同程度上受到对方的质疑，但是仍然可以构成一个完整的证明，法官仍然可以据此作出判决。在此，证据的价值仍然是定量的，只不过审判者在确认受到质疑的证言究竟应该属于1/8、1/4、1/2、还是3/4的证言时可以"酌情"处理了，这实际上是自由证明对法定证据制度的补充。①

（三）法定证据制度的评析

法定证据的产生，是社会生产力发展和人类认识能力及水平提高的结果，是人们运用证据的经验在法律上的体现。与神示证据制度相比，法定证据制度摆脱了残酷、野蛮的证明方式，适应封建君主中央集权的政治需要，适应了社会发展潮流，其建立的证据规则为防止法官专断、维护法制统一起到了重要的作用，有助于提高审判的规范性、可预见性和权威性。虽然法定证据制度相对神示证据制度是一种历史的进步，但仍然存在重大缺陷，具体来讲，包括以下两个方面：

1. 法定证据制度是一种立法上的武断，具有专制主义色彩

法定证据制度对不同种类证据的证明力作出规定，并以算术的方法计算证据证明力，属于一种形式上的客观、真实。在证据运用规则中，与刑法报应理论相适应的纠问式诉讼，导致了有罪推定，并造成刑讯滥用，其制度的科学性不强。在证人证言的证明力问题上，体现了社会的不平等，违背了法律追求的公平正义的精神。

2. 法定证据制度将审理案件运用证据的局部经验，当作一切案件收集、判断证据的普遍规律

法定证据制度是建立在唯心主义和形而上学的理论基础之上的，把证据材料的外部特征视为内在的普遍性的规律，并且脱离案件的具体情况，忽视审判者在审判中的主观能动性，从立法上以公式化、形式化、等级化的方式规定了审判者必须遵守的运用证据的规则，从而束缚了审判者的手脚，使他们难以从客观实际

① 何家弘：《对法定证据制度的再认识与证据采信标准的规范化》，载《中国法学》2005年第3期。

出发来揭露和查明案件事实真相。

总体来说，法定证据制度的进步性是有限的，只能适用于特定的社会历史条件下。随着生产力的发展和社会分工日趋复杂，法定证据制度必定因无法适应日益错综复杂的审判形势而被其他更科学的证据制度所取代。

三、自由心证证据制度

自由心证证据制度，是指证据的取舍和证明力的大小，以及案件事实的认定，均由法官根据自己的良心、理性自由判断，形成确信的一种证据制度。

（一）自由心证证据制度产生的历史背景

1. 自由心证证据制度产生的社会背景

自由心证证据制度最早产生于法国资产阶级大革命时期。1789 年 7 月 14 日，巴黎市民以攻占巴士底狱为开端的暴力革命的形式彻底推翻了专制王朝，建立了君主立宪政体并在以后的革命中逐步实现了民主共和政体。为了废除旧的统治，建立新的秩序，革命家们首先想到的是立法，用立法的手段来巩固革命的成果，自由心证制度就是这场社会变革中所进行的法制革命的成果之一。它最初出现在 1791 年法国发布的训令中，1792 年又写入《法兰西刑事诉讼法典》，1808 年《法兰西刑事诉讼法典》对它作了更详尽的规定。可以说，法国是自由心证制度的发源地。

2. 自由心证证据制度产生的思想背景

17 世纪至 18 世纪，以英国的洛克和法国的孟德斯鸠和卢梭为代表的启蒙思想家的自然法理论和人权理论是自由心证法律制度的思想基础。洛克提出天赋人权以反抗封建等级观念，强调自然状态下人人平等，并提出“法律面前人人平等”“法无明文不为罪”等思想；孟德斯鸠提出三权分立，以限制权力集中造成的行政与司法专横；卢梭提出主权在民，主张建立法治国家。人们在这些进步思想的指导下，在法制建设中确立了一系列法制原则和制度。主张用新型的民主的法律制度取代等级专制观念的自由心证证据制度也包含在其中。

3. 自由心证证据制度产生的法制背景

欧美国家在取得革命胜利后，以启蒙思想家的人权及民主理论为指导，进行了一系列以人权与民主为核心内容的法律制度建设。英国于 1689 年 10 月 23 日颁布了《权利法案》，美国于 1776 年 7 月 4 日通过并公布《独立宣言》，法国于 1789 年 8 月 26 日通过并公布《人权宣言》。随着这些国家民主政权的不断建立，法律制度也不断完善，逐步确立了人权保护、主权在民、法律面前人人平等、无罪推定、私有财产不得侵犯等法律原则和制度。1792 年，法国率先在《法兰西刑事诉讼法典》中以法条的形式将自由心证制度明确规定下来。伴随法治的不断进步，自由心证制度逐步被运用到民事诉讼中去，并在一系列完整配套的法律体系中与整部法律其他制度一道，在相互作用、相互制约中发挥积极的作用。

（二）自由心证证据制度的内容

“自由心证证据制度”中的“自由”是指审判者在判断证据证明力时不受法定证据制度那样的形式规则的约束，可由审判者自由判断。审判者通过对证据的审查，在思想中形成的对案件事实的信念，就叫作“心证”。1808 年《法兰西刑事诉讼法典》第 342 条对自由心证证据制度作了详尽的表述：“法律不要求陪审官报告他们建立内心信念的方法；法律不给他们预定一些规则，使他们必须按照这些规则来决定证据是不是完全和充分；法律所规定的是要他们集中精神，在自己的良心深处探求对于所提出的反对被告人的证据和被告人的辩护手段在自己的理性里发生了什么印象。法律不向他们说：‘你们应当把多少证人所证明的每一个事实认为是真实。’也不向他们说：‘你们不要把由某种笔录、某种文件、多少证人或多少罪证……所决定的证据，看作是充分证实的。’法律只是向他们提出一个能概括他们职务上全部尺度的问题：‘你们是真诚地确信吗？’”这被认为是法官自由心证的古典公式。[①] 从中可以看出，自由心证证据制度包括两方面的内容：一是审判者判断证据证明力并作出决定的依据是审判者的良心和理性；二是审判者在认定案情时必须达到确信的程度。

早期的自由心证几乎是绝对的，审判者在审判过程中对证据和案件事实的认定几乎不受任何限制。随着自由心证证据制度的适用和发展，各国的法律专家、学者通过实践检验和研究，逐渐发现审判者的自由心证也不能是完全和绝对的自由。为防止审判者权力的绝对自由化和主观擅断，大陆法系国家和英美法系国家都在立法上对审判者的自由裁量权作出了一定的限制，并在理论上对审判者的个人能力和职业素质提出了较高的要求。如建立完善的证据规则，对证据收集和使用以证据收集规则、证据排除规则、证据采用规则等来保障证据资料来源的特定化；确立裁判理由制度，要求裁判文书对证据资格的审查及事实的认定要充分说明理由，反映心证的全过程，确保心证公开；审判者应具有独特的法律专业知识和应用法律专业知识对案件进行裁判的技术能力，并具有独特的思考论证方式，同时善于听取不同的意见，找出最佳解决方案。所以，当今世界诸国实行的自由心证制度基本都是一种有限的自由心证制度。

（三）自由心证证据制度的评析

1. 合理性分析

自由心证证据制度能在世界上很多国家长期得到长足的发展，说明它经受住

---

① 樊崇义主编：《证据法学》（第五版），法律出版社 2012 年版，第 23 页。

了实践的考验，具有一定的科学性和合理性。其合理性主要体现为：

（1）自由心证证据制度给审判者在庭审活动中发挥主观能动性、发挥主观逻辑思维能力提供了可能；

（2）实行自由心证证据制度能有效地抵御和防止来自各方面的干扰，有利于审判者独立判案；

（3）自由心证并非一般意义上的随心所欲或主观擅断，而是一定主客观条件相结合的产物，更加有利于发现案件真实；

（4）自由心证证据制度对司法制度的发展能够起到良好的推动作用，主要是因为自由心证证据制度的确立，对审判者的资格和素质提出了更高的要求，这对于推动整个现代法官制度的建设乃至司法制度的发展都具有重大的意义。

2. 局限性评议

尽管自由心证证据制度对于否定法定证据制度具有革命性的作用，但也有其内在的局限性，表现为：

（1）自由心证证据制度缺乏统一的认证标准或尺度，因审判者个人因素的不同，可能直接导致判决结果的截然不同。自由心证很大程度上依赖于审判者个人的专业知识和道德素养，即使是专业知识水平高、经验丰富、道德素质高的审判者也会因为个人思维方式、兴趣爱好的不同导致审判结果的差异。

（2）自由心证证据制度需要与之配套的其他法律制度的建立，如庭前审查制度、回避制度、正当程序制度、直接言词原则等。如果这些制度建设跟不上，很难避免司法专横和司法腐败现象的发生。

四、内心确信证据制度

内心确信证据制度，是指苏联所适用的一种证据制度，又称为社会主义的自由心证证据制度。内心确信具体是指审判人员心理上对案件结论正确性和可靠性的信念，这种信念是审判员通过对各种证据进行调查研究、综合分析以后产生的复杂心理活动的结果。审判人员的内心确信是主客观两方面因素形成的，客观因素即证据是形成内心确信的基础，主观因素是审判人员的工作经验、业务水平、法律知识。

苏联的内心确信证据制度与自由心证证据制度的区别在于要求审判者具有高度的政治责任感和爱国主义热情，要求实现实体真实的审判，审判人员在查明案件事实、判断证据时受意识形态的影响较多。其有关内心确信的立法规定及内容是：1922 年颁布的《苏俄刑事诉讼法典》规定，法院不受任何形式证据的约束，对于案内一切证据所作的判断，一律由审判员结合案件的一切情况而做出的内心确信来进行。1923 年颁布的《苏俄民事诉讼法典》也规定，证据由法官根据自由的内心确信进行判断。1958 年《苏联和各加盟共和国刑事诉讼纲要》第 17 条和 1961 年《苏俄刑事诉讼法典》第 71 条分别规定："法院、检察院、侦查员和调查员依照法律和社会主义法律意识，根据自己在全面、充分和客观地综合审查全部案情的基础上形成的内心确信，对证据进行判断。任何证据对于法官、检察长、侦查员和调查员都没有预定的效力。"

从苏联内心确信证据制度的内容可以看出，内心确信证据制度是对证据的判断，或者是对证据效力问题的主观认定方式的概括。在苏联的刑事诉讼中，法院依据案件一切情节的总和，对证据加以审查，在进行证据的判断及决定哪些证据可以采纳、哪些证据不得采纳时，由审判员自由加以评定，并根据由此形成的确信对案件进行判断。可见，内心确信证据制度的基础其实是审判人员的自由心证，这种心证产生的前提是审判员自身具有的社会主义世界观与高度的政治觉悟。

苏联的内心确信证据制度，是在彻底废除法定证据制度并深刻地批判自由心证制度政治上的反动性和法学上的不科学性的基础上建立起来的，以辩证唯物主义为指导，以社会主义法律意识为依据，具有历史的进步性。但是，苏联的内心确信证据制度也具有不可克服的局限性，因为无论是内心确信证据制度，还是自由心证证据制度，都未超越主观意识的范畴，都是在强调办案人员主观认识对证据审查判断的作用，将审判人员在运用证据时所固有的社会主义法律意识及个人素质强调到一个不适当的高度，容易造成主观擅断。

第二节　中国证据制度历史沿革

一、中国古代证据制度

从中国有诉讼开始，与诉讼制度相伴随的证据制度也随之产生并不断地发展、完善乃至成熟。中国古代证据制度产生于夏商周时期，发展于战国秦汉魏晋南北朝时期，成熟于唐宋时期，发展于元明清时期，最终解体于清末时期。与其他国家一样，我国古代的证据制度较为简单、粗疏且不成体系，在传统的法律体系中并不具备非常突出的地位，其证据种类主要包括口供、证人证言、书证、物证、勘验笔录、检验与鉴定等，其典型特征是重视口供与刑讯逼供的运用、审判者审判案情基本靠个人经验判断等。按历史的发展阶段，中国古代的证据制度可以划分为：奴隶制时期的证据制度、封建制时期的证据制度。

（一）奴隶制时期的证据制度

古代中国在公元前21世纪，随着生产力的发展、私有制的产生，逐步从原始社会过渡到了奴隶制社会。根据古代文献的记载，我国奴隶制时期三个主要王朝——夏、商、周，都建立了自己的法律制度：夏“作禹刑”，商“作汤刑”，周公制“礼”，吕侯制“吕刑”。这些法律制度对于处理犯罪事件和财产纠纷的程序进行了相应的规定，同时也包含了与证据制度有关的内容。周时期的《周礼》《吕刑》等代表了当时中国成文法发展的最高水平，从中可以概括出中国奴隶制时期证据制度的几个基本特点：

1. 未能形成与西方奴隶制国家一样的神示证据制度

由于奴隶制时期，生产力水平低下，科学文化落后，宗教迷信盛行，某些地方曾出现过神判方法，最著名的是有关独角兽的传说。据史书记载，“皋陶治狱用神羊”。皋陶即舜帝时期的司法官，神羊即独角兽。传说独角兽，头上有独角，能辨善恶。司法官在审理案件时，遇到疑难不能决断的案件，就会将被告人带到独角兽面前。如果独角兽用独角顶他的话，就说明他是有罪的；如果独角兽对他很友善，就说明其是无罪的。但是，这只是个别情形，由于中国古代文明较为发达，神判的方法用得较少，且消失得较快，所以并未建立适用范围广泛的神示证据制度。

2. 司法官主要依靠自身审判经验审查证据和认定案情

西周时期，创立了“五听”的审讯方式。《周礼·秋官·小司寇》中记载，司法官吏应当“以五声听狱讼，求民情”。“五听”也就是“五辞”，其具体内容为：“一曰辞听，二曰色听，三曰气听，四曰耳听，五曰目听。”意思是说：司法官审理案件时，应当注意受审人讲的话是否有理，讲话时的神色是否从容，气息是否平和，精神是否恍惚，眼睛是否有神，并据此推断其陈述是否真实和案件的真实情况。同时，还要求司法官吏听讼时注意发现和审核双方当事人言辞中的矛盾。可见，当时司法官审理案件，就已经比较注重听取当事人的陈述。这种审案方法是司法官在长期的审判实践中的经验总结，与神示证据制度相比当然具有进步意义。“五听”的判案方法具有一定的合理性，以五声听狱讼，要求司法官亲自坐堂审案，当面听取当事人陈述并注意观察其表情和神色，有助于司法官形成正确的判断，案件得到正确处理；但是，“五听”制度的缺点也较为明显，其过于强调司法官吏用察言观色的方法对证据和案情作出判断，具有较大的主观随意性，缺乏对司法官心证的客观制约；此外，“五听”对审理案件的司法官的个人素质提出了较高的要求，其必须具有较强的观察能力，才能正确适用这一方法，但这种理想状态实际上在当时是很难实现的，因缺乏相应的制度约束，为司法官主观擅断、滥用职权、以权谋私、任意出入人罪提供了便利条件。

3. 证据种类较多，其中当事人陈述是查明案情的主要证据形式，但同时也不忽略其他证据种类的证明作用

中国古代的证据种类早在周朝时就已有多种形式，除当事人陈述、证人证言等人证外，已经出现物证、书证、现场勘验笔录等证据形式。除人证外，司法官吏在处理案件时常参照其他证据进行审判。如《周礼》记载，“凡民讼，以地比正之；地讼，以图正之”。“凡以财狱入讼者，正之以傅别约剂”。“凡有责者，有判书以治”。“凡属责者，以其地傅而听其辞”。即民间发生诉讼，是非难辨，以地方了解案情的邻里作证解决；凡是为争土地疆界而涉讼，则以官府所藏地图为证解决；凡是以财货争讼的，应以契约合同与券书为证判决；凡债务纠纷者，由借债时双方各自持有的借债券书为证，凡是因受委托向债务人讨要债务发生争讼的，应由居住在附近的知情人来证明。可见，奴隶制时期中国的司法官在处理案件时，不只是依靠人证，已注意到其他与案件有关具有一定公信力的证据材料，这无疑是我国古代司法制度先进性的表现。

4. 实行有罪推定，主张“疑罪惟轻”

对于在诉讼中遇到的定罪与否难以决断的疑罪，在夏朝时采取的是“与其杀无辜，宁失不经”的处理原则，即与其错杀无辜，不如对疑罪不予定罪处罚。在商朝时，对于疑罪，要求听取广泛意见，众疑则免予处罚。例如，《礼记·王制》记载，“疑狱，汜与众共之，众疑赦之”。到了周朝，据《尚书·吕刑》记载，周穆王时采取“墨辟疑赦，其罚百锾”，即犯了墨刑之罪而有可疑，难以断定是否有罪时，可采取以铜赎罪的办法处理。这充分体现了西周时期“明德慎刑”的思想。然而，“疑罪惟轻”原则的基础是疑罪从有，实质上是有罪推定的表现。

总之，中国奴隶制时期的社会文明发展较早，和同时代其他国家相比，其证据制度具有自己的特点，而且具有一定的进步性。

（二）封建制时期的证据制度

公元前475年，我国历史由春秋进入战国时代，封建制逐渐取代了奴隶制，由此开始了2000多年的封建王朝时期。这一时期的诉讼程序，大多是刑民不分，类似于大陆法系国家的纠问式诉讼，司法官居中主导法庭审判程序，刑事被告人在诉讼中居于无权地位，只是被追究刑事责任的客体，是拷问的对象和口供的提供者。所以有关讯囚和刑讯的规定，构成了我国封建王朝证据制度的主要内容。虽然我国封建制时期的法律中，也有几项形式主义的证据规则，但不能就此认为我国封建制时期建立了法定证据制度。这个时期的证据制度很大部分沿用了奴隶制时期有关证据的规定（如由审判者采用五声听狱讼，主观判断案情，实行有罪推定，主张“疑罪惟轻”，证据种类繁多但以人证为主等），并在此基础上得

到进一步的发展和巩固。除此之外，这个时期的证据制度还具有以下特点：

1. 定罪必须取得被告人口供，且可依法刑讯

我国封建社会时期证据种类已经较多，包括被告人口供、原告人陈述、证人证言、勘验笔录、物证和书证等，但人证仍是最主要的，且特别重视口供的作用。司法官审判案件主要是围绕被告人展开，听取被告人对案件事实的陈述和辩解。秦朝《睡虎地秦墓竹简》记载，“凡讯狱，必先尽听其言而书之，各展其辞，虽知其訑，毋庸辙诘。其辞已尽书而无解，乃以诘者诘之。诘之又尽听书其解释，又视其他无解者以复诘之”。其意思是，凡审讯案件，必须先听完受审人的陈述，作出记录，让受审人各自把话说完；即使知道其在做虚伪的陈述，也不要马上诘问他；口供已记录完毕而有疑问的，就应当再进行发问；诘问时，仍要记录其辩解之词，并对其他还有疑问的地方继续发问。从这一规定可以看出，秦朝很重视受审人的供述和辩解。

正是封建法律对口供的重视，导致司法官为获取口供而想方设法，不择手段，刑讯逼供也就应运而生。从秦代到明清的历代封建王朝都将刑讯逼供明确规定在法律中，使刑讯成为合法的程序。秦朝把审讯制度分为上、中、败三个等级，上为口供、中为刑具、败为恐吓，但秦朝在法庭上并不十分提倡实行刑讯逼供。汉朝《汉律》规定在审讯过程中，司法官一般首先诘问被讯问人，如果诘问的方式不能取得足以定罪的证据，审判官可以进行刑讯。三国两晋南北朝时期在“刑乱国用重典”的指导思想下，应当时复杂社会形势的需要，重枷、测罚、测立等刑讯逼供方式十分盛行。唐朝《唐律》对刑讯的规定达到相当完备的程度，不仅规定了刑讯的条件、方法、适用对象和用刑限度，还规定了拷讯违律者的责任。例如，拷讯必须是在有其他旁证且在事实仍然不清的情况下由主审官和其他参审官员共同决定；进行拷讯只可用常行杖，次数不得超过三次，每次拷讯时间间隔在20天以上。而且封建法律是诸法合体、刑民不分，因此，刑讯逼供不仅适用于刑事被告人，也适用于控告人、证人以及民事案件中的当事人。

2. 存在“不得令其为证”情形

证人必须作证，这种强制性规定，是中国封建时期证据制度的一大特点，但封建法律也规定了特殊身份人、特殊群体、特殊法律关系的人有可以不作证的权利，即“不得令其为证”。汉代有“亲亲得相首匿”司法原则，具体指直系三代血亲之间和夫妻之间，除犯谋反，大逆以外的罪行，有罪可以相互包庇隐瞒，不向官府告发而不被追究责任。唐朝规定了“同居相隐不为罪”的原则，在继承“亲亲得相首匿”原则的同时，将相隐的范围扩大到四代以内的亲属、部族和奴婢。“亲亲得相首匿”或“同居相隐不为罪”的“匿”“隐”含有不告发、不举证、不作证之意，除了顺应人性的缘由外，还重在强调亲属或尊卑之间隐匿犯罪

证据的义务。

此外，《唐律疏议·断狱》中规定："其于律得相容隐，即年八十以上，十岁以下及笃疾，皆不得令其为证，违者减罪人罪三等。"这是对证人资格的限制，其原因一方面因为这些人缺乏作证能力，更为主要的是由于法律允许对证人拷讯，而他们因"不堪加刑"，所以"不许为证"。最后，监生、妇女一般也不能出庭作证，这在清代是明令禁止的。清代黄岩县的《状式条例》规定："告诉内以监生、妇女作证，并已结案复行翻控者，不准。"

3. 可据众证定罪

所谓"据众证定罪"，是指一定范围的案件，由于涉案当事人身份的特殊性，不适合拷讯，可依靠证人证言且必须是三人以上明证其事的证据规则；如有违反，追究司法官的故失责任。如《宋刑统》以"不合拷讯者取众证为定"作出规定。

4. 比较重视勘验及物证检验技术

宋代时期，法律明文规定，在何种情况下司法人员必须检验或不必检验；检验必须经过报检、初检、复检三个程序；检验必须做笔录；检验人员的组成及其责任等。宋代还相继出现了一些检验学方面的著作，如宋慈的《洗冤集录》、郑克的《折狱龟鉴》、桂万荣的《棠阴比事》等。在这些著作中，《洗冤集录》的贡献最大，它对法医学鉴定和现场勘验所应注意的问题作出了很详细的解释，是中国最早的一部完整的法医学专著，也是世界上第一部法医学专著，被传到了很多国家，是古典法医学的代表之作。虽然其中的部分检验手段在今天看起来存在许多错误与不足，但仍然不失为一部极有价值和影响力的著作。

5. 诬告者反坐，伪证者罚

证人证言是中国封建时期司法官吏认定案情的主要依据，封建法律有"据众证定罪"的规定，同时也有对伪证、诬告行为严加禁止的规定。如三国魏文帝黄初五年（224 年）令："敢妄相告，以其罪罪之。"晋律张斐《律注》："诬告谋反者反坐。"《北魏律》："诸告事不实，以其罪罪之。"《唐律·斗讼》诬告反坐条："诸诬告人者，各反坐。"诬告反坐的意思是告人者故意捏造事实向司法机关控告他人，使无罪的人被判有罪，或使有轻罪的人被判重罪，告人者要按其所诬告他人的罪受到惩罚。明、清律对诬告反坐定有加等办法：凡诬告人笞罪者，加所诬罪二等；流、徒、杖罪加所诬罪三等，各罪止杖一百，流三千里。然而，诬告、伪证作为封建社会不可避免的社会现象，在司法实践中仍然不断发生。

总之，中国封建社会的证据制度，尽管在证据理论方面，积累、概括了一些司法实践经验，反映了某些诉讼规律，但从总体上来讲，还是以重口供和刑讯为其主要内容，因而是十分野蛮、残酷的证据制度。在我国两千多年的封建证据制度中，占主要地位的仍是司法官个人决断，其虽然与欧洲大陆封建社会的法定证据制度不同，但在阶级本质上则是一致的，都是维护封建专制统治的工具。

二、中国近现代证据制度

从清朝末年开始，西方国家的法律文化开始影响中国，并推动了中国对传统法律制度的改革。在证据法律制度方面，清朝末年著名法学家沈家本主持制定《大清民律》《大清商律草案》《刑事诉讼律草案》《民事诉讼律草案》等一系列重要法典，都吸取了国外先进经验，确立了无罪推定、自由心证、言辞辩论、禁止刑讯逼供等原则，对证据种类和证明责任等问题作出了明确规定，是我国证据制度史上的一大进步。

1912 年 4 月至 1928 年 6 月，我国历史进入北洋政府的统治时期。北洋政府一方面沿用清末制定的但未颁布的法律，另一方面颁布一些新的章程和条例。1922 年颁布的《刑事诉讼条例》第 305 条、第 306 条规定："犯罪事实，应依证据认定之"，而"证据，由法院判断之"。这表明，受西方国家法律思想的影响，此时我国已开始实行自由心证制度。

国民党时期，除了承袭北洋政府时期的法律外，还曾仿效德国、日本，先后多次修正并颁布了刑事诉讼法律。在刑事证据制度方面，引进了自由心证制度，但同时又颁布了所谓"特别刑事案件"的诉讼法律，对劳动人民、革命人士允许采取刑讯逼供。可见，国民党政府时期的证据制度是表面上的自由心证和实质上的口供主义及刑讯逼供相结合的混合型证据制度。

三、中国当代证据制度

（一）中国当代证据制度产生和发展的历史

中国当代证据制度是随着中国人民革命政权的建立、发展而产生并逐步完善起来的，其间大致经历了四个阶段：

1. 创立期（1931—1949 年）

当代中国的证据制度创立于新民主主义时期，即 1931—1949 年。该时期的法律主要是以革命根据地的法律形式存在的，已经初步建立起了比较先进的证据规则和制度，其主要内容包括：（1）调查研究，实事求是，注重事实真相。（2）严禁刑讯逼供，重证据，不轻信口供。（3）证据应确实充分，否则应判无罪。（4）司法机关收集、审查证据，当事人应该依法提供证据。

2. 发展期（1949—1966 年）

1949 年 10 月中华人民共和国成立，证据制度同时得到新的发展。这个时期的证据制度废除了国民党的旧法统，总结了新民主主义时期司法工作经验，建立了一系列新的证据制度。如 1950 年 7 月颁行的《人民法院组织通则》规定，法庭“受理案件后，应认真地进行调查证据、研究案情，严禁刑讯”；1954 年 9 月，中华人民共和国第一部社会主义宪法诞生，它是为证据制度的建设提供了根本大法的根据。

3. 停滞期（1966—1976 年）

“十年动乱”期间，林彪、江青等人滥用手中权力，把个人意志凌驾于法律规定之上，干预、破坏司法，严刑逼供，伪造证据，不仅严重阻碍了法治的发展，也阻碍了证据制度的实施和发展。

4. 发展完善期（1976 年之后）

“十年动乱”结束后，我国社会主义法律制度重新进入良性发展期。1979 年 7 月至 1991 年 4 月，先后修改和制定颁布了《人民法院组织法》《人民检察院组织法》《刑事诉讼法》《民事诉讼法》《行政诉讼法》等许多重要的法律、法令。《刑事诉讼法》《民事诉讼法》《行政诉讼法》分别设专章对“证据”加以规定，并不断得到修改，逐步建立起了一套比较科学合理的证据制度。随着时代的发展，我国的证据制度在现有基础上仍需不断加强和完善，以便更加符合法治建设的需要。

（二）中国当代证据制度的内容和特点

到目前为止，我国关于证据的法律规定都散置在《刑事诉讼法》《民事诉讼法》《行政诉讼法》及相关的司法解释中，还未制定一部统一的证据法典。根据《刑事诉讼法》《民事诉讼法》《行政诉讼法》的规定，我国证据制度的基本任务是保证准确、及时地惩罚犯罪，正确处理民事纠纷和行政争议，保护无辜的人不受法律追究，保证公民的人身、财产安全，维护社会的安定团结。因此，从总体上讲，我国现行的证据制度坚持以追求客观真实为立法的指导思想，司法人员在认定案件事实时享有较大的自由裁量权。具体而言，中华人民共和国证据制度的内容和特点主要表现在以下几个方面：

1. 明确规定证据种类及被法庭认定的条件

现行《刑事诉讼法》第 50 条、《民事诉讼法》第 66 条、《行政诉讼法》第 33 条都明确规定了证据种类，且规定了证据被法庭认定的条件，即“证据必须经法庭审查属实，才能作为认定案件事实的根据”。

2. 明确举证责任的分配问题

《刑事诉讼法》第 51 条规定，公诉案件中被告人有罪的举证责任由人民检察院承担，自诉案件中被告人有罪的举证责任由自诉人承担。《民事诉讼法》第 67 条规定，当事人对自己提出的主张，有责任提供证据。当事人及其诉讼代理人因客观原因不能自行收集的证据，或者人民法院认为审理案件需要的证据，人民法院应当调查收集。人民法院应当按照法定程序，全面地、客观地审查核实证据。《行政诉讼法》第 34 条规定，被告对作出的行政行为负有举证责任，应当提供作出该行政行为的证据和所依据的规范性文件。被告不提供或者无正当理由逾期提供证据，视为没有相应证据。但是，被诉行政行为涉及第三人合法权益，第三人提供证据的除外。

3. 明确规定收集证据的原则和程序

《刑事诉讼法》第 52 条规定，审判人员、检察人员、侦查人员必须依照法定程序，收集能够证实犯罪嫌疑人、被告人有罪或者无罪、犯罪情节轻重的各种证据。严禁刑讯逼供和以威胁、引诱、欺骗以及其他非法方法收集证据，不得强迫任何人证实自己有罪。该条规定了刑事诉讼中，收集证据的主体是审判人员、检察人员、侦查人员；不但要收集证实犯罪嫌疑人有罪的证据，也要收集能够证实其无罪的证据；严禁采取非法的方法收集证据；犯罪嫌疑人、被告人不承担证实自己有罪的举证责任。与此相适应，《刑事诉讼法》第 55 条规定，对一切案件的判处都要重证据，重调查研究，不轻信口供。有关的司法解释还在此基础上进一步确立了非法证据的排除规则，但目前我国主要针对言词证据确立了非法言词证据规则，规定采用刑讯逼供等非法方法取得的犯罪嫌疑人、被告人供述和采用威胁、引诱、欺骗等方法取得的证人证言、被害人陈述不能作为定案的证据。

4. 证明标准是“案件事实清楚，证据确实、充分”

根据《刑事诉讼法》第 55 条、第 162 条、第 176 条、第 200 条等相关法条的规定，我国刑事诉讼的证明标准是“案件事实清楚，证据确实、充分”。《刑事诉讼法》第 55 条还对“证据确实、充分”需要达到的条件作出了具体的规定：（1）定罪量刑的事实都有证据证明；（2）据以定案的证据均经法定程序查证属实；（3）综合全案证据，对所认定事实已排除合理怀疑。最高人民检察院《人民检察院刑事诉讼规则》第 368 条规定了证据不足不起诉的情形，“具有下列情形之一，不能确定犯罪嫌疑人构成犯罪和需要追究刑事责任的，属于证据不足，不符合起诉条件：（一）犯罪构成要件事实缺乏必要的证据予以证明的；（二）据以定罪的证据存在疑问，无法查证属实的；（三）据以定罪的证据之间、证据与案件事实之间的矛盾不能合理排除的；（四）根据证据得出的结论具有其他可能性，不能排除合理怀疑的；（五）根据证据认定案件事实不符合逻辑和经验法则，得出的结论明显不符合常理的”。这种反向的表述一定程度上明确了“事实清楚，证据确实充分”的内涵，进一步为司法人员明确了标准的实质要求。《民事诉讼法》《行政诉讼法》的证明标准实际上略低于刑事证明标准，但字面上的表述仍为“案件事实清楚，证据确实充分”。

（三）中国当代证据制度存在的问题

虽然在“依法治国”方略的影响下，我国法律制度得到了前所未有的全面研究、修改和完善，其中的证据制度也日趋与国际接轨，借鉴国外先进的证据理念和证据规则，逐步确立了独具特色的证据制度，但我国的证据制度仍存在较多的问题，具体体现为：

1. 立法过于原则，缺乏具体可操作性

一方面，证据制度的可操作性、实用性非常强，这就需要大量有关证据制度的操作细则加以规范，从而达到较为理想的状态；另一方面，数量不足、内容粗陋是我国证据制度的一个鲜明特点。我国有关证据制度的规定分别存在于刑事、民事、行政诉讼法典及其有关司法解释、个案批复之中。其中，《刑事诉讼法》占了16条，《民事诉讼法》占了19条，而《行政诉讼法》仅有11条。司法解释及个案批复虽然对某些证据问题作了补充，但因为主要是针对具体问题所作，其普遍适用性难免有所欠缺。例如，《刑事诉讼法》第111条第3款规定：“公安机关、人民检察院或者人民法院应当保障报案人、控告人、举报人及其近亲属的安全。报案人、控告人、举报人如果不愿公开自己的姓名和报案、控告、举报的行为，应当为他保守秘密。”此法条对证人保护只作了原则性规定，而缺乏具体配套制度和措施，故而缺乏可操作性。鉴于此种现状，我国迫切需要在证据制度方面加强立法具体化，改变目前立法过于抽象不具操作指导性的局面。

2. 证据理论研究欠缺

认识的客观规律也决定了证据的立法实践及司法实践需要证据理论研究加以指导。然而，虽然近几年来我国对证据理论的研究有了较大的进步，但与证据制度较为发达的国家相比，研究尚处于初级阶段。证据理论研究的欠缺对于证据立法及证据运用而言都是非常不利的。我国的证据理论研究的相对滞后性已经成为我国证据制度进一步发展的“瓶颈”。

3. 证据规则体系尚未形成

证据规则是规范诉讼活动运用证据认定案件事实的重要原则，它通过规范证据的收集、审查和运用，以保证诉讼证明既具有程序的正当性，也符合认识的客观规律，能够有效地查明案件事实。例如，传闻证据规则设立的正当性，一是基于传闻证据具有虚假的可能性，不利于查明案件事实真相；二是基于传闻证据侵犯了证据不利方当事人对证据的质询权。因此，传闻证据规则既具有实现实体公正的价值，也具有保证程序正义的价值。科学规范的证据规则体系对查明案件事实、保障人权，实现司法公正具有重要意义。然而，我国目前虽然设立了一些证据规则，如非法证据排除规则，关联性规则等，但总体上看，证据规则的体系远未形成，体现为：一是证据规则数量较少；二是证据规则的相关立法较为原则，缺乏可操作性；三是证据规则之间缺乏协调性，甚至有相互矛盾的情况存在。正因为缺乏科学完善的证据规则体现，司法实践中办案人员的取证、举证、质证和认证活动缺乏规范指引，具有较大的随意性，滥用权力、侵犯人权的现象和冤假错案时有发生。

（四）新时期我国证据制度的改革和发展

党的十八大以来，在全面建设社会主义法治化国家的大背景下，伴随着以审判为中心的一系列司法改革，我国的证据制度得到了较大的发展。

自 2012 年起，《刑事诉讼法》《民事诉讼法》《行政诉讼法》及其司法解释相继修改，均将加强和完善证据制度作为重点，尤其是刑事证据制度进行了较大的改革和完善。例如 2012 年《刑事诉讼法》修改和完善了证据的概念和种类，吸收了 2010 年发布的《关于办理死刑案件审查判断证据若干问题的规定》《关于办理刑事案件排除非法证据若干问题的规定》的成果，确立了非法证据排除规则，强化证人出庭及保护制度，等等。

党的十八届四中全会通过中共中央《关于全面推进依法治国若干重大问题的决定》，该决定特别提到要保证司法公正，提高司法公信力，指出：公正是法治的生命线。司法公正对社会公正具有重要引领作用，司法不公对社会公正具有致命破坏作用。必须完善司法管理体制和司法权力运行机制，规范司法行为，加强对司法活动的监督，努力让人民群众在每一个司法案件中感受到公平正义。为此，决定要求：推进严格司法。坚持以事实为根据、以法律为准绳，健全事实认定符合客观真相、办案结果符合实体公正、办案过程符合程序公正的法律制度。推进以审判为中心的诉讼制度改革，确保侦查、审查起诉的案件事实证据经得起法律的检验；全面贯彻证据裁判规则，严格依法收集、固定、保存、审查、运用证据，完善证人、鉴定人出庭制度，保证庭审在查明事实、认定证据、保护诉权、公正裁判中发挥决定性作用；保障人民群众参与司法；加强人权司法保障；强化诉讼过程中当事人和其他诉讼参与人的知情权、陈述权、辩护辩论权、申请权、申诉权的制度保障；健全落实罪刑法定、疑罪从无、非法证据排除等法律原则的法律制度；完善对限制人身自由司法措施和侦查手段的司法监督，加强对刑讯逼供和非法取证的源头预防，健全冤假错案有效防范、及时纠正机制。

为贯彻落实中共中央《关于全面推进依法治国若干重大问题的决定》的有关要求，推进以审判为中心的刑事诉讼制度改革，2016 年，“两高三部”联合发布了《关于推进以审判为中心的刑事诉讼制度改革的意见》，意见指出：未经人民法院依法判决，对任何人都不得确定有罪；严格按照法律规定的证据裁判要求，没有证据不得认定犯罪事实；侦查机关应当依法收集证据。对采取刑讯逼供、暴力、威胁等非法方法收集的言词证据，应当依法予以排除；完善讯问制度，防止刑讯逼供，不得强迫任何人证实自己有罪；规范法庭调查程序，确保诉讼证据出示在法庭、案件事实查明在法庭；完善对证人、鉴定人的法庭质证规则；完善法庭辩论规则，确保控辩意见发表在法庭；完善当庭宣判制度，确保裁判结果形成在法庭；严格依法裁判。该意见特别强调了“罪刑法定、无罪推定、证据裁判”原则的重要性，同时对侦查、起诉、审判环节的取证、举证、质证和认证作出了进一步的规范和指引。

2017 年，“两高三部”联合发布《关于办理刑事案件严格排除非法证据若干问题的规定》，明确了公安机关、检察机关、人民法院在各自诉讼阶段对非法证据的审查方式和排除职责，从侦查、审查逮捕和审查起诉、辩护、审判等各个环节明确排除非法证据的标准和程序，切实防范冤假错案产生。

2018 年，最高人民法院发布并试行庭审实质化“三项规程”，即《人民法院办理刑事案件庭前会议规程（试行）》《人民法院办理刑事案件排除非法证据规程（试行）》《人民法院办理刑事案件第一审普通程序法庭调查规程（试行）》。“三项规程”的发布和实施标志着证据制度在审判阶段的进一步完善。

2021 年，最高人民法院吸收了“三项规程”等改革成果，系统修订了《刑诉法解释》，进一步完善了刑事证据制度。

延伸阅读

自由心证证据制度本土化

我国传统上采用的是实事求是的证据制度，对自由心证原则的引进，在理论界引发巨大争议，比如，有学者认为：“自由心证为法官主观擅断打开了方便之门。”也有人认为：“自由心证是以康德学派的不可知论为其哲学基础的。如果我们进行刑事诉讼做出判决仅仅满足于盖然性，其结果会怎么样呢？只有两种可能：或放纵犯罪，或冤枉无辜，这显然与我们进行刑事诉讼所追求的客观真实截然相反，背道而驰。”笔者认为，法官审理案件应当实事求是，这没有丝毫错误，但问题在于，实事求是能否作为证据制度加以确立，就颇值得商榷了。实事求是的本意是从客观事物中探求规律，属于哲学范畴的一个概念，从“实事”出发，“求”得“是”，即真理。“是”是“求”的目标，而非必然结果，因为所谓“求”，即是一个思维判断的过程，对于人而言这个过程充满了个性化，不同的人面对不同的“实事”，是否都能“求”得相同的“是”呢？答案应当是否定的。因此，实事求是只是人们对追求客观真理所抱有的主观态度，将之作为证据制度未免就过于理想化了。案件发生后便不可能真实再现，人们无力扭转时空倒流去发现真正意义上的客观真实，证据是人们所能得到的与发生过的案件事实联系最为密切的东西，“凭借事实的碎片重构的案件事实与客观事实之间存在或多或少的差别总是不可避免的”，法官对事实的认定，在客观上受到多方面的限制，不管法官的专业知识如何精通，道德品质如何优秀，实践经验如何丰富，逻辑推理如何高明，都不能要求他们必须“如实地反映客观真相”，只能要求法官依据裁判上之确信而为事实之认定。“所谓裁判之确信，乃裁判官依认识资料，本其排除疑问之作用，认为其所认定之事实之存在具有高度可能性，在英美法上系以排除合理的疑问为其基础。”由此可见，满足于高度盖然性的裁判标准，满足于排除合理怀疑的规则，表现了人类的自知之明，对法官行使自由裁量权的要求，应当建立在这一人类对于现实世界的认识基础上。至于自由心证是否必然意味着法官主观擅断，笔者认为至少从西方国家的法律实践来看没有证明二者之间的必然联系，自由心证是同整套内外制约机制联系在一起的，不应当把法官对于证据证明力的判断，理解为不受任何规则制约的绝对自由，法官凭良心和理性行使的自由裁量，仍然是建立在客观证据的基础之上，任何国家的自由心证制度都没有表明它是一种让法官对案件随意判决的制度。自由心证强调，法官在证据资料客观存在的条件下，依据经验法则和逻辑规律，形成没有逻辑矛盾的、真诚的“内心确信”并以此作为裁判，反逻辑和反经验常识的内心确信将会受到严格的法定制约规则的否定。因此，自由心证制度中的“自由”只是表明内心确信的形成本身是自由的，而内心确信形成的依据则并不自由。笔者认为，自由心证制度在中国的命运和前途取决于我们能否建立起一套科学的、适合中国国情的证据规则，而不应当再在是否赋予法官对案件的自由心证的权力上争论不休了。

自由心证的主体是裁判官，在我国就是各级人民法院的法官，法官是否具备相应的专业和道德素质对“心证”的结果是否公正至关重要。1979 年《法院组织法》才规定了担任审判员的人应当具有法律知识，但这个标准比较模糊，导致了我国长期以来在这方面的标准过低。西方许多国家就非常注重选任法官的标准，在美国和英国，几乎没有 40 岁以下的法官，一个人要担任法官，通常要从执业 10 年以上的律师或者检察官队伍中选任。在欧洲大陆国家，法官选任是比较高级的文官制度的选任方式，选任法官的标准也非常严格，不是随随便便什么人都可以担任法官的。同时，我们的制度还保有并不断地强化着某种等级意识，《法官法》就划分了四等十二级法官。法官这个职业不应该有等级，法官独立性是它的最高品质要求，正是这种独立性才能保障司法的公正性。自由心证赋予法官以自由裁量权，没有可靠的人来行使就必然会出现大量的权力滥用，当然我们不仅要把权力交给可靠的人，还要有可靠的权力制约制度，但要保证法官的独立性，马克思说过："法官没有别的上司，仅根据他对法律的诚挚的理解来解释法律。"法官队伍建设既是我国司法建设的重点，也是自由心证对法官品质的内在要求。可以说，法官精英化是建立自由心证制度的内部保障措施。

第三章

证 据 概 述

有一分证据，说一分话。

——胡适

第一节　证据的概念

一、证据的概念

证据，顾名思义就是证明的根据或凭证。《现代汉语词典》解释证据为“能够证明某事物的真实性的有关事实或材料”。在日常生活中，人们对证据的含义并没有有太多的争议。然而，当证据作为法律术语，运用于诉讼活动时，对其概念的界定、含义的理解却存在多种观点，其中比较具有代表性有“事实说”、“材料说”和“统一说”。

（一）事实说

事实说认为，证据是能够证明案件真实情况的一切事实。事实说曾在我国学术界占据主导地位，立法也长期采用此观点。1979 年《刑事诉讼法》第 31 条和 1996 年《刑事诉讼法》第 41 条均规定，“证明案件真实情况的一切事实，都是证据”。“事实说”将证据定义为“事实”，容易让办案人员错误地认为证据就是事实，忽略对证据的审查判断，因而可能将不合格的证据作为定案的依据，导致对案件客观事实的误判，甚至引发冤假错案。事实说也因此受到了广泛的质疑和批判。

（二）材料说

材料说把证据界定为证明案件事实的材料。基于“事实说”的缺陷，2012

年修订《刑事诉讼法》对证据的定义采纳了“材料说”，即《刑事诉讼法》第50条之规定，可以用于证明案件事实的材料，都是证据。证据包括：（1）物证；（2）书证；（3）证人证言；（4）被害人陈述；（5）犯罪嫌疑人、被告人供述和辩解；（6）鉴定意见；（7）勘验、检查、辨认、侦查实验等笔录；（8）视听资料、电子数据。证据必须经过查证属实，才能作为定案的根据。该法条对证据概念的重新界定是立法上的一大进步。它把证据定义为可以证明案件事实的材料，且必须经过查证属实才能作为定案的根据，将证据与“定案的根据”区别开来，强调了审查判断证据的重要性，从源头上有效避免以不合格证据作为定案根据而导致的误判。

（三）统一说

统一说认为，证据是由内容和形式共同构成的。证据的内容是证据所反映的案件事实的有关情况；证据的形式又称证明手段，是证据的外在表现形式。证据统一说认为，证据是证据事实与证明手段的统一体。其主张者认为，不能将证据的内容与形式割裂开来或无视证据形式的存在，证据手段如果不包含案件事实，就毫无证明价值；而案件事实不依附于一定的证据形式，就无法存在，更不可能成为诉讼中的证据。

我国现行刑事诉讼法对证据的定义采纳了材料说，同时也认同统一说，即证据是“证明案件事实的材料”，是证据内容（案件事实）和形式（材料）的统一体。从内容上看，证据必须蕴含案件事实信息，能够证明案件事实；从形式上看，证据是一种材料，是案件事实信息的载体，它必须符合法律所规定的表现形式。

综上所述，证据是指在诉讼中具有法定形式，能够证明案件事实的一切材料。

二、证据相关概念的辨析

基于学界对证据概念存在较大的争议以及司法实践中办案人员对其含义的模糊认识，为了更加全面深入地理解证据的概念，有必要对与证据相关的概念进行辨析。

（一）证据事实与证据载体

证据事实是证据本身所记载和反映的一定事实，即证据的内容；而证据载体则是证据的外在表现形式，又称“证据的来源”或者“证据材料”。例如，在一起伤害案件中，张三对侦查人员说：“他用木棍打了李四头部几下。”在这份证据中，“张三用木棍打了李四头部几下”就是证据事实；而对张三的讯问笔录就是证据载体。证据是证据事实（证据内容）和证据载体（证据形式）的统一体，因而对证据概念的认识应当二者兼顾，而不能顾此失彼。没有证据事实的材料不能称为证据，而离开了证据载体的证据事实无所依存，也因此无法成为证据进入诉讼程序。诉讼中证据事实的各种载体就是证据的种类，由法律对证据种类进行规定，即证据种类的法定化。一旦证据种类被法定化，则诉讼中使用的证据必须符合法律规定的形式，即属于法定证据种类。在我国，三大诉讼法都对证据种类作出了明确的规定。除《刑事诉讼法》第50条外，《民事诉讼法》第66条规定："证据包括：（一）当事人的陈述；（二）书证；（三）物证；（四）视听资料；（五）电子数据；（六）证人证言；（七）鉴定意见；（八）勘验笔录。证据必须查证属实，才能作为认定事实的根据。"《行政诉讼法》第33条规定："证据包括：（一）书证；（二）物证；（三）视听资料；（四）电子数据；（五）证人证言；（六）当事人的陈述；（七）鉴定意见；（八）勘验笔录、现场笔录。以上证据经法庭审查属实，才能作为认定案件事实的根据。"

在诉讼中，作为定案依据的证据既要具有证据能力，也要具有证明力（证明价值）。证据事实通常决定证据的证明价值，而证据载体则往往影响证据的证据能力。理论上，证据事实是随着案件发生而形成的，因而应该具有客观性及与案件事实的关联性；而证据载体除具有客观性外，还必须符合法律的相关规定，即证据形式具有法定性。司法实践中，有的瑕疵证据之所以存在就是因为取证人员忽略了诉讼对证据载体（证据形式）的合法性要求，如讯问笔录中讯问人没有签名，询问笔录中没填写询问人、记录人、法定代理人姓名等。

（二）证据与定案的根据

证据和定案的根据是两个既有联系又有区别的概念。定案的根据都是证据，而证据不一定能成为定案的根据。事实上，证据是证明案件事实的根据，其真假与否，与案件事实是否相关还有待查证。此外，作为诉讼证明的基础，证据还要接受各种合法性审查，如取证程序和方法是否合法，证据形式是否符合法定要求。因此，证据只有经过法定程序的审查判断被采信后才能成为定案的根据。

（三）证据能力和证明力

证据能力和证明力是大陆法中审查证据的两大标准。证据能力又称证据资格（Competency of Evidence），是指证据在法律上所具有的准入法庭的资格，或者说是某一材料能够被允许作为证据加以调查并得以采纳的资格和条件。在英美法中，将证据具有出现在法庭上的资格称为证据的可采性（Admissibility of Evidence）。由于诉讼制度的区别，大陆法中的证据资格与英美法中的证据可采性在适用及内涵上都有所区别，前者是单纯的法律问题，即不符合法律规定的证据不具有证据资格，而后者则兼具证据的合法性和相关性两个要素，即大多数具有关联性的资料可以被采纳为证据，但即便有关联性，如果符合某一排除规则所确认的情形，则必须被排除。尽管有所区别，但证据资格和证据可采性都具有一个共同点，那就是不具备法庭准入资格的证据是绝对不能成为定案根据的。我国学者从汉语的语词特点出发，倾向于使用“证据的采纳标准”这个概念，它同证据资格标准基本同义。[①] 被采纳的证据不一定成为定案的根据，但是不被采纳的证据一定不能成为定案根据。

证明力，是指证据具有的证明某一事实存在或不存在的能力，又称“证明价值”或“证明作用”。证明力要解决的是证据对于案件事实有无证明作用及证明作用大小的问题。

证据要转化为法院认定案件事实的根据，必须同时具备证据能力和证明力。

第二节　证据的属性

证据的属性是证据的本质特性，也是一份材料能否成为证据的评判标准，是否具备证据属性，是区分证据与非证据的关键所在。关于证据的属性，我国学界说法不一，其中最具有代表性的是“二性说”和“三性说”，前者主张证据的属性是“客观性”和“关联性”，而后者则认为“合法性”也是证据的属性。无论从我国的法律规范还是司法实践来看，“三性说”观点是被广泛接受的，即证据应具有真实性、关联性和合法性。当然，也有学者认为司法人员对证据进行审查判断的过程，也就是考察“证据”能否转化为“定案根据”的过程，如何避免证据被任意采纳为定案根据，如何为证据转化为定案根据设定必要的条件，这属于证据法所要解决的首要问题。因此，我们无须再去关注所谓证据属性问题，而应更多地讨论证据转化为定案根据的条件问题。证据转化为定案的根据，包含两项基本的资格要求：一是证明力；二是证据能力。[②] 一份材料要兼具真实性和关联性才具有证明力，而符合法律规定的要求才具有证据能力。因而，客观性、相关性和合法性是证据转化为定案根据的条件。

一、证据的客观性

证据的客观性，是指证据应该具有客观存在的属性，即证据是客观存在的东西。证据的客观性包括两层含义：一是证据所反映的内容必须是客观存在的，是伴随着案件的发生、发展过程遗留下来、不以任何人的主观意志为转移而存在的事实。尽管证据所反映的内容可能会与客观事实有所偏差，但它必须是以客观事

① 何家弘、刘品新：《证据法学》，法律出版社 2019 年版，第 117 页。

② 陈瑞华：《刑事证据法学》（第二版），北京大学出版社 2014 年版，第 88 页。

物为依据的。因此，任何脱离客观事实进行的主观想象、猜测、臆断等都是与客观性相违背的。二是证据的形式，即证据的载体具有客观性。其一，证据必须具备客观存在的形式，能以某种方式为人所感知，如杀人凶器是一把刀，作为物证，它是客观存在的，是让人看得见摸得着的；其二，证据载体是真实来源于案件事实，而非伪造、变造的。例如，上述的刀来源于杀人案件，是客观上犯罪嫌疑人使用的凶器，而并非与案件无关，是栽赃陷害的。

实际上，证据的客观性重点强调的是证据的真实可靠性，即证据是客观存在而不是伪造、变造、虚假的。我国三大诉讼法都强调，证据必须查证属实，才能作为定案的依据。《民诉法解释》第104条规定，人民法院应当组织当事人围绕证据的真实性、合法性以及与待证事实的关联性进行质证。《办理死刑案件证据规定》第27条规定，对视听资料、电子数据，应当结合案件其他证据，审查其真实性和关联性。司法实践中，对证据的客观性审查实际上就是审查证据事实是否真实存在，来源是否可靠。因此，有的学者提出："证据属性中以'真实性'取代'客观性'更为切合实际和符合法律文件的要求。"①

需要注意的是，证据具有客观性并不等同于证据毫无主观性，任何证据都是客观性与主观性结合的产物，因为证据事实是客观的，但对证据事实的认知却是人为的，不可避免地具有主观性。且不论证人证言、当事人陈述的形成过程极易受人的主观因素的影响，即便客观性较强的物证、科学性很强的鉴定意见，也不可避免地包含人的主观因素。因为物证本身与案件事实相关的信息，需要人发现和解读，鉴定意见也需要由鉴定人出具。比如，犯罪现场遗留的指纹，是否与案件事实有关系，有何关系，是需要侦查人员、检察人员，尤其是审判人员去分析和认定的，同一案件事实，不同的办案人员可能会得出不同的结论。同理，不同的鉴定人员也可能作出不同的鉴定意见。由此可见，任何证据都在不同程度上包含人的主观因素，这是由认识的本质（主观对客观的反映）决定的，是不可避免的，但同时也是办案人员在认定案件事实时可能发生错误的重要原因。故此，如何在证据收集、审查和运用过程中尽力减少或避免人的主观性对证据的客观真实性和裁判结果的客观公正性的影响是我们应该深入思考和研究的课题。

二、证据的关联性

证据的关联性，又称证据的相关性，是指证据事实与案件待证事实之间存在某种客观的联系，因此具有对案件事实加以证明的实际能力。证据相关性包含两个要素：一是证明性；二是实质性。所谓证明性，是指证据及其所包含的证据事

---

① 陈光中主编：《证据法学》（第四版），法律出版社2019年版，第144页。

实成立，足以使另一事实的成立变得更加可能或可能性更小一些。证据的存在足以使待证事实成立更具可能性是积极相关性，如犯罪现场留下的指纹证明被告人到过犯罪现场，因此与指控被告的犯罪事实具有积极相关性；证据的存在足以使待证事实的成立更不具有可能性是消极相关性，如证实被告人在案发时间不在犯罪现场的证言则与指控被告的犯罪事实具有消极相关性。司法实践中，办案人员对具有积极相关性和消极相关性的证据都应给予同样的重视，才能对案件事实作出客观公正的认定。如刑事诉讼中，办案人员既要收集被告有罪的证据，又要收集被告无罪的证据。所谓实质性，是指证据要能证明与诉讼双方所争议的问题密切相关的待证事实，或者说能够证明关键性的争议事实。例如，在一起抢劫案件的诉讼中，某人关于被告平时不务正业的陈述，并不能证明与控辩双方争议问题（被告是否构成抢劫犯罪）密切相关的待证事实（抢劫罪的构成要件事实），因而与案件事实就不具有实质的关联性；但某人关于看见被告人抢劫被害人经过的陈述，则证明了与控辩双方争议的问题密切相关的事实，即抢劫罪的主体事实（是谁抢劫）和客观要件事实（抢劫的时间、地点、手段、结果等），因而与案件事实便具有实质的关联。

证据事实不仅是客观存在的，而且必须是与案件事实有关联的。证据之所以能够对案件事实起证明作用，正是由于证据与案件事实之间存在客观的实质性联系。证据与案件事实的关联性越强，其证明力越强，反之则越弱。

理解关联性应注意以下几点：一是证据与案件之间的联系是客观存在，不以人的主观意志为转移的。办案人员必须尊重证据与案件待证事实之间联系的客观性，如实地去揭示和反映这种联系，而不能将没有客观联系的证据想当然地认为有客观联系。对证据与案件事实关联性的认定要建立在客观事实的基础之上，杜绝毫无事实依据的猜想、经验判断或捕风捉影。二是证据与案件事实的关联性是实质性的，对证据关联性的判断要遵循逻辑规则。例如，被告贫困与其被指控盗窃的事实之间表面上具有联系，似乎因为贫困才会实施盗窃，而实际上，这种联系并非证据意义上的实质关联。一方面，贫困并不能证明盗窃罪的任何构成要件事实；另一方面，从逻辑关系上讲，贫困并非盗窃的充分条件或是必要条件，即贫困必然盗窃或只有贫困才会盗窃。三是证据的关联性以客观性为基础，但并不是客观性的附属品，而是一个独立的属性。理论上，具有关联性的证据也具有客观性，但具有客观性的证据并不必然具有关联性。

三、证据的合法性

证据的合法性，是指证据必须符合相关的法律要求方可被许可采用的属性。从发挥证明作用的角度上讲，任何材料只要具备客观性和关联性就具备了证明的功能，但诉讼证据作为法律活动的一部分，除具备证据本身最原始的属性外，还要受到法律的规范和制约，即应当具备法律性。证据的合法性以相关法律规定为前提，各国的法律规范不同，则证据合法性的要求也不同。在我国，证据的合法性主要包括以下内容：

（一）收集证据的主体要合法

收集证据的主体应当符合法律规定。一是取证主体要有收集证据的权力，具有取证资格。例如讯问犯罪嫌疑人必须由侦查人员负责进行。二是取证主体的人数要符合法律要求。例如讯问的时候，侦查人员不得少于二人。

（二）收集证据的程序和方法要合法

依照法定的程序和方法收集证据是证据合法性最主要的体现，非法证据排除规则适用的主要对象就是收集程序与方法不合法的证据。例如，我国《刑事诉讼法》第56条第1款规定："采用刑讯逼供等非法方法收集的犯罪嫌疑人、被告人供述和采用暴力、威胁等非法方法收集的证人证言、被害人陈述，应当予以排除。"《行政诉讼法》第43条第3款规定："以非法手段取得的证据，不得作为认定案件事实的根据。"

（三）证据的形式要合法

其一，证据种类要符合法律规定。我国《刑事诉讼法》第50条，《民事诉讼法》第66条，《行政诉讼法》第33条，分别对证据种类进行了明确的规定，诉讼中使用的证据种类必须符合相关法律规定；其二，具体证据种类必须符合相关的形式要求，具体包括制作格式规范，要件齐全等。如果证据不符合相关的形式要求，可能会被作为非法证据或瑕疵证据，面临被排除或附条件排除（如无法补充说明则被排除）。例如，《刑诉法解释》第98条规定，鉴定意见具有鉴定文书缺少签名、盖章这种情形的，不得作为定案的根据。

（四）证据必须经法定的程序查证属实

只有经过法定程序查证属实的证据才能作为定案的根据，一是要求对证据进行查证；二是必须通过法定的程序进行查证。通过法定程序对证据进行查证主要体现在法庭审理阶段。证据必须经当庭出示、辨认、质证等法庭调查程序，才能作为定案的根据。

第三节　证据的意义

证据是诉讼的基础，任何诉讼活动都离不开证据。诉讼的过程其实就是收集、审查判断和运用证据查明案件事实的过程，因此证据对于完成诉讼任务、实现诉讼价值具有极其重要的意义，具体体现在以下几个方面：

一、证据是诉讼活动的基本条件

裁判必须建立在证据的基础之上早已成为现代诉讼公认的原则，即“证据裁判原则”。它排斥以神灵启示、主观臆断等非理性的因素作为确认案件事实的根据，使裁判建立在客观实在、理性讨论的基础之上。从时间维度上看，所有案件事实的发生相对于诉讼来讲都已成为“过去时”，要查清已成过去的案件事实，只能依靠证据。也就是说，运用证据证明是查清案件事实的唯一途径。我们通常说的以“事实为依据，以法律为准绳”，实际上是以“法律事实”，即“有证据证明的事实为依据”。因此，整个诉讼过程都是围绕着收集、审查、运用证据进行证明而开展的。诉讼的每一个环节都是在证据的基础上进行的。以刑事诉讼为例，侦查机关立案要有证据证明符合“有犯罪事实，需要负刑事责任”的条件；检察机关审查批捕要有证据证明犯罪嫌疑人、被告人“有犯罪事实，可能被判处徒刑以上刑罚，采取取保候审尚不足以防止发生一定社会危险性”；起诉要符合“案件事实清楚，证据确实充分”的条件；审判机关作出裁判必须建立在“事实清楚，证据确实充分”的基础之上。总之，证据是诉讼的基本条件，说“打官司就是打证据”一点也不为过，没有证据，诉讼便无法进行。

二、证据是实现司法公正的基础

公正裁判建立在客观认定案件事实，正确适用法律之上。证据本身具有揭示案件真实情况的作用，而发现案件真实情况乃是对案件作出符合客观实际的正确裁判的基础，没有证据就无法实现实体公正。同时，证据是我国诉讼法律制度的重要组成部分，有关证据的立法具有限制国家司法机关的权力、保障当事人诉讼权利、实现程序公正的作用。由此，无论是对于实体事实的发现和确认，还是对于正当程序的维护，证据都具有非常重要的价值。

三、证据是当事人合法权益的保障

证据对维护当事人合法权益的重要性体现在以下几个方面：第一，当事人想通过诉讼维护自己的合法权益，请求裁判机关支持自己的诉讼主张，就必须依法提出证据加以证明。因此，证据是当事人实现自己诉求的工具。第二，司法机关只有做出客观公正的裁判，才能做到不偏不倚，不冤枉好人，也不放纵坏人，进而有效保障当事人的合法权益。公正的裁判必须以事实为依据，以法律为准绳。

而只有证据能够证明的事实才能成为裁判的依据，只有通过证据查明案件事实才能正确适用法律。

四、证据是维护司法权威的基石

司法的权威由国家的强制力来保障，但只有客观公正司法才能长期保持司法的权威，司法不公、司法腐败则会动摇司法在民众心中的威信。证据是维护司法权威的基石主要体现为：其一，将裁判建立在证据能够证明的案件事实基础之上，而非其他非理性的判断或人为的指控操纵下，既能最大限度地实现实体公正，又能有效地预防司法不公、司法腐败的产生；其二，诉讼的案件事实总是发生在过去，查明“昨天”发生过的事，并作出让人信服的裁判是诉讼的主要任务。公说公有理，争议双方各执一词是诉讼中的常态。无论是依控方的主张作出裁判，还是依辩方的主张作出裁判，都难以令人满意，无法定分止争。唯有按法定程序使用证据来证明案件事实，并据此作出裁判，才能体现程序公正，让当事人服从，消除民众对司法公正性的猜测和疑虑，增强裁判的公信力和司法的权威性。这也是公开审判和裁判文书公开的目的所在。因此，证据是维护司法权威的基石。

案例辅读

1994 年 6 月 12 日深夜，人们在洛杉矶西部一豪华住宅门前发现两具血淋淋的尸体。女死者经证实是妮克·布朗·辛普森，而她身后是餐馆的侍应生郎·高曼。两人浑身血痕，被利器割断喉咙而死。死亡时间是晚上 10 点多。案发当晚黄昏，妮克同孩子到高曼所在的餐馆吃饭。离开后曾打电话说遗留下了一副太阳镜，高曼找到后对同事说下班送还给妮克。案发后凌晨，4 名警察来到死者前夫——著名的黑人橄榄球明星辛普森的住所，在门外发现其白色的不朗哥型号汽车染有血迹，车道上也发现血迹。按铃无人回应，侦探爬墙而入，其中一名侦探福尔曼在后院找到一只染有血迹的手套和其他证据。

案件主要证人是当时住在客房的朋友基图，他作证说客房墙外有像地震一样的响声。此外一个被电话预约的接辛普森去机场的司机说：10 点左右他到辛普森家按门铃无人回应，接近 11 点时，发现一高大黑人（与辛普森相似）匆匆从街外跑回屋，按门铃后辛普森回应了，出来说他睡着了，然后坐车到机场去芝加哥。案发后凌晨，辛普森在芝加哥酒店接到警方通知前妻死讯，清早赶回加利福尼亚州。回来后辛普森在律师极力反对下单独接受了警察 1 个小时的问话。当时警察发现辛普森受伤。他解释说，接到前妻死讯过于激动打破镜子而受伤的。警察经过几天调查后，决定将辛普森列为主要疑犯准备逮捕。6月17日，辛普森的律师准备陪同辛普森回警察局时，发现本来在楼上休息的辛普森已不知去向。随后全国观众在电视上看见了难忘的镜头：天上直升机队，地上巡逻车队全面出动，几小时后终于发现辛普森的白色小车。几十辆警车在洛杉矶公路上展开追逐。最后辛普森被逮捕。

1995年10月3日，美国西部时间上午10点，当辛普森案裁决即将宣布之时，整个美国一时陷入停顿。克林顿总统推开了军机国务；前国务卿贝克推迟了演讲；华尔街股市交易清淡；长途电话线路寂静无声。数千名警察全副武装，如临大敌，遍布洛杉矶市街头巷尾。CNN统计数字表明，大约有1.4亿美国人收看或收听了“世纪审判”的最后裁决。陪审团裁决结果：辛普森无罪。在刑事审判结束4个月后，高曼的父母弗雷德·高曼和莎伦·鲁弗卢以非正常死亡为由起诉辛普森，而由妮克·布朗之父卢·布朗代表布朗的遗产继承人与辛普森打起“遗产大战”。民事审判陪审团裁决，作为布朗和辛普森的孩子，西德尼和贾斯汀将从布朗财产继承人辛普森那里得到1250万美元。受害者家庭则得到3350万美元的补偿性及惩罚性损害赔偿金。

第四章

证 据 分 类

实物证据所提供的，好比一张张孤立的、静止的“照片”；而言词证据所提供的，则是一幕幕连贯的、生动的“电影”。

证据的分类，是指在理论研究上将证据按照不同的标准划分为不同的类别。研究证据分类的目的在于更加全面深入地认识各类型证据的特点，更好地掌握不同证据的运用规律，以便于更加合理有效地收集、审查和运用证据。在我国，证据分类与证据种类是两个不同的概念，其区别具体体现在：第一，证据分类属于学理上的划分，不具有强制性，只要言之成理即可；证据的种类即证据的法定形式，是根据法律规定对证据作出的划分，因而具有法定性，除非修改法律，否则不允许随意更改证据的种类。例如，我国现行《刑事诉讼法》将证据分为物证；书证；证人证言；被害人陈述；犯罪嫌疑人、被告人供述和辩解；鉴定意见；勘验、检查、辨认、侦查实验等笔录；视听资料、电子数据。相较于1996年《刑事诉讼法》，“鉴定结论”改为了“鉴定意见”，且增设了“辨认、侦查实验等笔录和电子数据”。证据的种类对实践具有法律约束力，不符合法定形式的证据不得作为定案的依据。第二，证据种类划分的标准是单一的，而证据的分类则是从多角度按不同的标准，以“两分法”对证据进行划分。例如，杀人的匕首，从证据种类上来讲，它属于物证，而从学理上则可根据不同的标准将其划分为实物证据、原始证据、间接证据、有罪证据等。

第一节　实物证据与言词证据

一、实物证据与言词证据的概念

根据形成的方法和表现形式的不同，可以将证据分为实物证据和言词证据。

实物证据是指以实物为表现形式的证据，又称为广义的物证。它以物体的外部特征、内在性质、存在状况及记载的内容等来证明案件事实。物证、书证、电子数据是比较典型的实物证据。而除辨认笔录外的勘验、检查、侦查实验等笔录类证据是办案人员对调查活动的客观记载，并非办案人员的主观意见或判断，通常表现为一定的书面材料、照片、绘图等，因而属于实物证据。视听资料以其记录的音影内容来证明案件事实，因此也应归属为实物证据。有人认为，在询问、讯问过程中录制的视听资料记录了证人证言、当事人陈述或口供，因此视听资料应属于言词证据。实际上，询问、讯问录音录像，是证据的固定方法，并未形成新的证据，其本质上还是证人证言、当事人陈述或口供。只有当询问、讯问的合法性受到质疑时，在非法证据排除程序启动后，询问、讯问录音录像用以证明取证的合法性事实时，才属于视听资料。此时，询问录音录像是以其记录的音影内容（询问、讯问的过程）来证明待证事实，并非以陈述人的言词来发挥证明作用。因此，不能因询问、讯问录音录像在特殊情况下作为视听资料使用，就将视听资料划为言词证据。

言词证据是以人的陈述为内容和表现形式的证据，又称为人证。它是案件知情人感知案件事实后，通过口头或书面的方式将知情情况陈述出来，形成笔录或音像资料以证明案件事实。刑事被害人陈述、犯罪嫌疑人或被告人的供述和辩解、证人证言以及民事、行政诉讼当事人陈述是典型的言词证据，而鉴定意见是比较特殊的言词证据。鉴定意见虽然表现为书面形式，但其实质是鉴定人凭借专业知识就案件中的专门性问题发表的个人意见，且法庭审理过程中针对鉴定意见对鉴定人进行质询的审查方式也符合对言词证据审查的特点。英美法系国家将鉴定意见归为证人证言，称其为“专家证言”或“专家意见”。

辨认笔录形成原理和过程与证人证言一致，即都是通过知情人的感知、记忆和再现（陈述或辨认）而形成的，辨认结果实质是辨认人对辨认对象的个人识别意见，具有鲜明的主观性。因此，辨认笔录也应属于言词证据。

二、实物证据与言词证据的特点

（一）实物证据的特点

1. 客观性和稳定性强

实物证据以实物、文件等方式记载证据事实，是客观存在的物，相较言词证据，其受人的主观因素影响较少，故而客观性较强。实物证据一旦被及时发现收集，妥善地固定保存，其所蕴含的信息就不易发生变化，因而具有较强的稳定性。正如美国法证科学之父保罗·柯克（Paul L. Kirk）的名言："……物证不会错误，它不会把自己曲解，它不会总是缺席。只有在人为失误，没有找到、研究、理解它时，它才会失去价值。"

2. 多为间接证据，证明具有被动性

首先，除少数书证和视听资料外，大多数实物证据与案件事实没有直接关联，不能直接证明案件主要事实。例如，案发现场提取到犯罪嫌疑人的指纹，只能证明此人到过犯罪现场，而不能据此证明他实施了犯罪。其次，多数实物证据为"哑巴证据"，对案件事实的证明是静态的、被动的。例如，犯罪现场的血迹、尸体上的伤痕不会主动告诉人们发生了什么，是谁做的，它们所蕴含的案件信息必须通过办案人员去发现和分析研判，且往往需要借助辨认或技术鉴定，通过复杂严密的逻辑推理才能完成。

3. 发生损毁和被伪造、变造的风险大

实物证据的客观性和稳定性不是绝对的，如果得不到及时地收集和妥善地保管，它很容易受风吹、雨淋、日晒等自然因素的影响而发生变形、变质直至灭失，也会被人为破坏或毁灭，甚至被别有用心的人伪造、变造。倘若实物证据发生变形、变质、被污染或伪造，甚至自然消失或人为毁灭，则不仅其证据价值会大打折扣甚或完全丧失，更严重的是办案人员可能据此得出错误的结论而导致冤假错案。

（二）言词证据的主要特点

1. 可靠性与陈述人的生理、心理和鉴定人的专业水平密切相关

首先，除鉴定意见外，言词证据的形成一般要经过感知、记忆和陈述三个阶段，证据的信息量和真实性必然受到人的感知、记忆和陈述能力的影响。尤其是证人对案件的感知多属于无意识感知，因此其感知、记忆和陈述能力直接关系证言的真实性。故而证人资格，即作证能力是审查证言的重点。此外，案件知情人在感知、记忆和陈述过程中的心理状况也会影响证言的真实性。例如，被害人在惊吓状态下所感知的案件事实可能失真。其次，鉴定人的专业知识和技术水平，相关资质直接影响鉴定意见的可靠性。故而，法律专门对鉴定人资格作出规定，

鉴定人资格是审查鉴定意见的重点之一。

2. 失实风险大，稳定性差

言词证据的真实性除与陈述人感知、记忆、陈述能力密切相关外，还受感知时的距离、光线等客观条件，感知与回忆间隔的时间长短，办案人员业务水平，取证规范程度等因素影响。此外，陈述者的思想品质、与案件的利害关系、受威逼利诱等因素也可能导致其作出不实陈述。因此，言词证据失实的风险较大。此外，言词证据是以人的陈述方式形成的，容易发生变化，稳定性较差。案件当事人，尤其是刑事案件中的犯罪嫌疑人和被告人，极易出现翻供和翻证情况。

3. 证明具有直观性和高效性

言词证据多为当事人、证人直接或间接感知案件事实后所作的陈述，可以详细具体、生动形象、连续动态地反映案件的经过和情节。言词证据所包含的信息与案件事实关联性明显，尤其是当事人、知情人对事件主要经过的陈述，多与案件主要事实直接关联，可作为直接证据使用，便于司法机关快速、全面地掌握案件事实，因而证明具直观性和高效性。

三、实物证据与言词证据的运用

（一）实物证据的运用

1. 基于实物证据客观性和稳定性强的特点，要转变过分依赖言词证据的观念，注重对实物证据的收集和运用。

2. 合法规范取证。采用勘验、检查、搜查、扣押等方法收集实物证据时，要严格依照法定程序进行。一是为了保证证据的合法性；二是通过规范的程序来证明实物证据来源的真实性。例如，搜查时邀请见证人，规范制作搜查笔录可以有效避免搜查所获取的物证、书证、视听资料、电子数据因来源不明而受到质疑，最终失去证据能力。

3. 主动、及时收集、固定证据，并妥善保管，防止证据发生变形、变质，被伪造、变造或损毁等情况的发生。

4. 充分利用科技手段进行取证和发掘证明价值。实物证据种类较多，形态不一，有的比较明显，有的却比较隐秘，如微量物证、细小的痕迹物证等。因此，要充分利用科技手段来提高取证能力。此外，实物证据多为“哑巴证据”，不能主动向人传递证据信息，需要通过辨认，尤其是鉴定等技术手段来解读其内在的案件信息。因此，对提取的物证、书证等实物证据，要及时送检，以发现和固定其证明价值。

5. 审查实物证据真实性的同时，也要注意对其关联性的审查，不能主观臆断实物证据与案件事实的联系，要利用辨认、检验等方式，通过严密的逻辑推理来确定实物证据与案件事实的内在联系。

（二）言词证据的运用

1. 取证要及时

一要迅速及时取证，防止知情人因时过境迁而发生记忆模糊或遗忘；二要及时规范固定言词证据，防止翻证翻供。

2. 取证要合法规范

合法规范取证，禁止采用刑讯逼供、威胁、引诱等非法手段或其他可能导致知情人虚假陈述的方式收集言词证据。相对实物证据而言，取证的合法性对言词证据更为重要。因为无论是英美法系国家还是大陆法系国家，对非法言词证据基本持零容忍态度，即绝对排除使用。其原因在于非法取证对言词证据的真实性影响远大于对实物证据真实性的影响。

3. 重视对言词证据的审查

一是审查证据的合法性和规范性。非法言词证据是非法证据排除的主要对象，因而只要言词证据不合法或存在瑕疵，将会被绝对排除或附条件排除。二是审查证据的真实性。注重从陈述人的生理条件、与案件利害关系、取证的程序方法、鉴定人资格、证据形成过程等方面进行审查。三是审查言词证据与其他证据，尤其是实物证据是否存在矛盾，是否协调一致，能否相互印证。

第二节　原始证据与传来证据

一、原始证据与传来证据的概念

以证据的来源为标准，可以把证据分为原始证据和传来证据。

所谓原始证据，是指直接来源于案件的事实或原始出处的第一手证明材料，又称第一来源获得的证据或原生证据。直接来源于案件事实，是指证据在案件事实的直接作用或影响下形成；直接来源于原始出处，是指证据直接来源于证据生成的原始环境。如物证的原物、书证的原件、目击证人的证言、当事人陈述等都属于原始证据。

传来证据是指非直接来源于案件事实，而是经过复制或转述原始证据而形成的第二手甚至第二手以上的证据，又称非第一来源证据或派生证据。如物证的复制品、书证的复印件、证人依据从当事人处了解到的案件事实所作的证言等。

传来证据与传闻证据是不同的概念。传闻证据是英美法系国家所使用的概念，指被用来证明主张事实真相的庭外陈述，包括证人转述他人的陈述、证人以书面陈述代替到庭口头陈述、证人在庭外的陈述笔录等。二者的区别在于：一是范围不同。传闻证据仅限于人的陈述，而传来证据既包括人的陈述，也包括实物证据。二是划分标准不同。传来证据以证据是否直接来源于案件事实作为划分标准，而传闻证据则以证言是否在法庭上提出、是否经过宣誓和交叉询问等作为划分标准。三是使用限制不同。除非有法定例外情形，英美法系国家一般不采信传闻证据，而我国并没有刻意排除传来证据的法律规定，即只要真实性得到证实的传来证据是可以使用的。

二、原始证据与传来证据的特点

（一）原始证据的特点

1. 原始证据的证明力一般强于传来证据

原始证据直接来源于案件事实，同证据信息的本源距离最近，与案件事实联系紧密，且没有经过复制、转述、传抄等信息传播环节，不存在因传播信息而失真的可能性，因而能够比较客观地反映案件事实的本来面貌。对于同源证据来说，一般情况下原始证据的真实性、可靠性和证明力强于传来证据。

2. 丧失证明价值的风险较大

事物总是具有两面性，原始证据直接来源于案件事实使得其真实性和可靠性强于传来证据，但也正因其作为最原始的材料，面临被遗漏、污染、损毁、遗失等风险更大。例如，办案人员疏于对原始证据的收集和保管，导致物证、书证灭失；原始的物品和痕迹容易因自然环境和人为因素影响而变形、变质甚至灭失；随着时间推移，目击证人会遗忘其感知的案件信息等。因此，如果原始证据不能得到及时的发现、提取和固定，妥善的保管，则很容易丧失证明价值，对一些不易提取、固定和保管的原始证据，还可能需要通过复制、复印等方式形成传来证据，以保证原始证据的证明价值。

3. 部分原始证据的取证与举证受限

有的原始证据受形态、材质等自身属性限制，难以被直接提取、固定、保管和移送，也因而不便直接向法庭举证原件、原物。例如，飞机、房屋等巨型物证不便直接提取、移送，不便在法庭上出示原物；血迹、水果等易腐物品不易保管。此外，有的证据因所有权、持有人等原因无法收集和向法庭提交原物、原件，如原件、原物由他人所有，且所有人拥有不提交的权利。

（二）传来证据的特点

1. 证据事实与原始证据一致，能反映原始证据的内容和特征

传来证据来源于原始证据，是原始证据的派生证据，无论经过多少传播环

节，其证据事实与原始证据应当一致，能全部或部分反映原始证据的内容和特征。如果传来证据的证据事实与原始证据的证据事实部分或完全不一致，存在无法解释的矛盾，甚至完全不能反映原始证据的内容和特征，则说明传来证据并非来源于原始证据，也因而与案件事实无关，不能作为证明案件事实的依据。

2. 传来证据证明力弱于原始证据，且具有失真的可能性

传来证据间接来源于案件事实，相对原始证据，与案件原始事实距离较远，在复制、转述等中间传播环节中存在信息量变或质变的可能，因而一般情况下证明力弱于原始证据，并且存在失真的可能性。

3. 传来证据的证明力受制于传播次数和方式

传来证据的证明力一般随着中间环节的增多而变弱，其所经历的复制、转述、传递的次数越多，面临失真的风险越大，真实性和可靠性就相应减弱。同时，不同的传播方式也会对传来证据的真实性和证明力产生影响。比如，对物证采取拍照或者手绘的方式进行复制，则手绘图片的真实性和证明力一般不如照片。总之，对于同源证据，一般情况下传来证据的证明力要弱于原始证据。

三、区分原始证据和传来证据的意义

（一）突出原始证据的证明优势和确立原始证据优先规则的必要性

基于原始证据直接来源于案件事实，与案件事实距离最近，其真实性及证明力都强于传来证据，因此诉讼中强调办案人员应尽量收集和使用原始证据，只有在原始证据实在无法获得，或获得实在困难的时候，才可以使用经审核与原件相符，确定真实无误的传来证据。也就是说，诉讼中使用原始证据是原则，而使用传来证据是例外，且不能滥用。国外的最佳证据规则和我国的原始证据优先规则都强调优先使用原始证据，正是基于原始证据的真实可靠性及证明力均强于传来证据的缘故。

（二）有助于客观看待传来证据的价值

尽管传来证据具有失真的可能性，证明价值也低于原始证据，但在司法实践中也具有重要作用。一是可以作为发现原始证据的线索。二是在原始证据不易提取或保存的情况下，可作为固定、保全原始证据证明价值的有效手段。例如，对不便直接提取和搬运的宏观物证或易腐物品进行的拍照、录像、制模等。三是可以与原始证据相互印证，作为审查原始证据的途径，或揭露原始证据的虚假性，或增强原始证据的真实性。四是在不能获得原始证据或取得确有困难的情况下，传来证据经过查证属实后也可以用作定案的依据。我国三大诉讼法都规定，物证应当提交原物，书证应当提供原件。提交原物或者原件确有困难的，可以提交足以反映原物特征的复制品、照片、录像或与原件核对无误且确认为真实的复制

件、副本、节录本。

（三）强调使用传来证据定案的审慎性

首先，只有在确实无法取得原始证据或取得确有困难时，方可使用传来证据作为定案的依据。其次，传来证据要经过审查符合条件后方可作为定案的根据。为此，需要注意以下几点：第一，尽可能收集和使用那些最接近于原始证据的传来证据，如复制、转述环节数量最少，传播方式引起证据信息失真可能性最小的传来证据。第二，要认真审查传来证据。一要审查传来证据是否有明确真实的来源，来源不明或者不准的材料绝不能作为定案的依据。二要审查传来证据与原始证据的证据事实是否相符。如复制品与原物、原件核对是否无误，能否反映原物的外形和特征，是否通过鉴定或其他方式确定为真实等。三要审查传来证据制作形成过程是否合法规范，是否存在因复制、转述等中间环节而影响证据真实性的情况。例如，《刑诉法解释》第 82 条规定，要审查物证的照片、录像、复制品或者书证的副本、复制件是否与原物、原件相符，是否由二人以上制作，有无制作人关于制作过程以及原物、原件存放于何处的文字说明和签名。四要审查传来证据与其他证据是否相互印证、协调一致，是否存在无法排除的矛盾等。

第三节　直接证据与间接证据

一、直接证据与间接证据的概念

根据证据与案件主要事实的证明关系为标准，可以把证据分为直接证据与间接证据。直接证据是指能单独直接证明案件主要事实的证据。间接证据是指不能独立证明案件主要事实，需要与其他证据结合才能证明案件主要事实的证据。

不同类型的诉讼中所指的案件主要事实不同。刑事案件的主要事实指的是犯罪嫌疑人、被告是否实施了犯罪行为的事实；民事案件主要事实是指当事人双方争议的民事法律关系发生、变更、消灭的事实；行政案件的主要事实是指行政机关的行政行为是否存在或是否合法的事实。

直接证据所包含的信息足以证明案件主要事实成立或不成立，即能独立地肯定或否定案件主要事实，如犯罪嫌疑人和被告人关于犯罪事实的供述和辩解，被害人和目击证人对案发经过的陈述，记载了案件全部或主要事实的书证或视听资料等。

间接证据所包含的信息不足以证明案件主要事实成立或不成立，即不能独立地肯定或否定案件主要事实，而只能单独证明案件的非主要事实或主要案件事实的某个情节或片段，如时间、地点、工具、手段、动机等。相较直接证据，间接证据的范围十分广泛。绝大多数物证、书证、笔录类证据、鉴定意见、视听资料和电子数据都属于间接证据。

二、直接证据与间接证据的特点

（一）直接证据的特点

1. 证明具有直接性和便捷性

直接证据与案件主要事实具有直接明显的关联性，无须借助其他证据进行复杂的逻辑推理，只要证据查证属实，就可以据此对案件的主要事实作出肯定或者否定的判断。因此，运用直接证据认定案情相对简单而且便捷，这也是司法实践中办案人员青睐直接证据的原因。

2. 多表现为言词证据，失实性和易变性强

直接证据大多属于言词证据。言词证据的优点是连续动态、形象直观，证明力强，但失真的可能性大，且不稳定。尤其是作为直接证据主要来源的口供，在具有最强证明力的同时，也存在最大的虚假和易变的风险。

3. 收集渠道少，审查困难

直接证据来源窄、数量少，往往不容易取得，在某些案件中甚至无法取得。例如，在缺乏证人的情况下，如果当事人，尤其是犯罪嫌疑人和被告不如实陈述，那么直接证据就难以获得。此外，直接证据多为言词证据，影响证据真实性的主客观因素较为复杂，必然增加证据审查的难度。

（二）间接证据的特点

1. 对案件主要事实的证明具有间接性

间接证据与案件主要事实没有直接的关联，需借助于其他证据事实环环相扣方能建立起联系。例如，犯罪现场提取到的一把刀，只有结合其他证据才能和被告人杀人的犯罪事实联系起来。诸如刀的工具痕迹与死者致命伤痕迹同一的鉴定意见，刀上的血指纹与被告人指纹同一的鉴定意见，刀上的血迹与被害人的DNA同一的鉴定意见，证人关于案发前被告向其购买该刀的证言和辨认笔录，监控拍摄到被告在案发时间出现在犯罪现场的视听资料等。间接证据与案件主要事实的关联不是一目了然的，证明也非一步到位，因而具有间接性。

2. 证明的非独立性

任何的间接证据只能单独证明案件主要事实的一个情节或片段，无法独立证明案件主要事实，多项间接证据需相互依赖，相互印证，形成完整的证据体系，才能完成对案件主要事实的证明。

3. 证明过程的推理性和复杂性

运用间接证据证明案件主要事实的过程比较复杂。办案人员必须获得充分的间接证据，根据各个间接证据所提供的事实信息，进行逻辑推理，使得各个间接证据能够相互印证，环环相扣，形成一个完整的证据链，与案件主要事实信息吻合，且达到相应的证明标准，才能实现对案件主要事实的证明。

三、直接证据与间接证据的运用

（一）直接证据的运用

1. 严禁刑讯逼供和以威胁、引诱、欺骗等非法方法收集直接证据。直接证据多表现为犯罪嫌疑人、被告人供述和辩解、证人证言、被害人陈述、当事人陈述等言词证据，依法询问和讯问，保障陈述的自由性，既是保证证据真实性的需要，也是保障人权的需要。

2. 直接证据须经查证属实，且与其他证据相互印证方可作为定案的根据。直接证据能单独、直接地证明案件主要事实，并不代表仅凭单个的直接证据就能定案，因为证明力再强的直接证据，也无法证明自身的真实性和可靠性。因此，运用直接证据认定案情，首先必须对该证据本身的真实可靠性进行审查核实。只有能够与其他证据相互印证，并经法定程序查证属实的，方可作为定案的依据。仅有孤立的直接证据不能定案，尤其是不能仅凭口供对被告人定罪。我国《刑事诉讼法》第55条规定：对一切案件的判处都要重证据，重调查研究，不轻信口供。只有被告人供述，没有其他证据的，不能认定被告人有罪和处以刑罚。

（二）间接证据的运用

没有直接证据，仅依靠间接证据可以定案，但不仅要审查单个间接证据的证据能力和证明力，还要审查证据间是否协调一致，能否形成完整的证据链，尤其是依据间接证据对刑事被告人定罪必须符合以下条件：

1. 单个证据必须具备证据能力和证明力。单个证据必须经过查证属实，与案件事实关联，且具有合法性。

2. 全案证据具有充分性和协调性。充分性是指据以定案的事实都有证据支撑，全案证据已经形成完整的证明体系；协调性是指全案证据之间相互印证，不存在无法排除的矛盾和无法解释的疑问。

3. 结论的排他性，即根据证据认定案件事实足以排除合理怀疑，结论具有唯一性。

4. 推理的合理性。运用证据进行的推理符合逻辑规则和经验法则。

需要强调的是，鉴于刑罚的严厉性，对于刑事案件尤其是死刑案件，根据间接证据定案应特别慎重。

第四节　有罪证据和无罪证据

一、有罪证据和无罪证据概述

（一）有罪证据和无罪证据的概念和划分标准

有罪证据是指能够证明犯罪行为是犯罪嫌疑人或被告人所为的证据。从内容上看，有罪证据既包括能证明犯罪嫌疑人、被告人实施了犯罪行为的证据，也包括能证明犯罪嫌疑人、被告人罪行轻重的证据。

无罪证据是指能够证明犯罪事实不存在或犯罪行为不是犯罪嫌疑人、被告人所为的证据。

有罪证据和无罪证据的划分标准是证据对犯罪事实存在与否及犯罪事实是否为被追诉人所为的证明作用，即对犯罪嫌疑人、被告人实施了犯罪行为的事实具有肯定作用的证据是有罪证据；对犯罪嫌疑人、被告人实施了犯罪行为或犯罪事实存在具有否定作用的证据是无罪证据。尽管有罪证据一般由控诉方提出，无罪证据一般由辩护方提出，但并不能以证据的提出方作为划分有罪证据和无罪证据的标准。例如，辩方为证明自己具有从轻、减轻和免除处罚的事实而提出的证据，也属于有罪证据。

属于有罪证据还是无罪证据，是由证据内容与案件事实之间的客观联系所决定的，既不能仅凭证据的外在形式来判断，也不能由办案人员的主观意志来决定。例如，著名戏曲《十五贯》中娄阿鼠将尤葫芦杀死，并盗走了尤的十五贯钱，熊友兰因随身也携带了十五贯钱，而被知县认定为杀人凶手，此时他身上的十五贯铜钱被作为有罪证据；后来，案情大白，熊友兰身上的十五贯铜钱其实与案件事实毫无关联。因此，在司法实践中，办案人员对有罪证据和无罪证据的判断不可轻率，一定要审查证据与案件事实的关联是否客观真实，是否为实质关联，尤其是对物证等与案件事实关联性不明显的间接证据，要通过技术鉴定等方式，并结合其他证据来分析证据与案件事实的关系，避免造成冤假错案。

将证据分为有罪证据和无罪证据是刑事证据特有的划分方式，与此类似但并不完全相同的分类方式还有控诉证据和辩护证据；攻击证据和防御证据；有利于被告人的证据和不利于被告人的证据。

（二）区分有罪证据和无罪证据的意义

将证据分为有罪证据和无罪证据，不仅是理论研究的需要，更重要的是对办案人员在收集、审查判断证据和运用证据认定案件事实等司法活动中具有重要的指导意义。一是有利于办案人员对有罪证据和无罪证据区分标准的理解和把握，避免凭主观判断而误将与案件无关的证据，或本质上属于无罪的证据错当作有罪证据，而导致司法误判。二是从司法公正的角度上讲，办案人员在收集证据、审查证据和运用证据的过程中，都不能只重视有罪证据，而忽视无罪证据，否则将容易导致对案件事实的主观和片面认识而造成冤假错案。此要求在立法上也得到了肯定，如《刑事诉讼法》第 52 条第 1 款规定："审判人员、检察人员、侦查人员必须依照法定程序，收集能够证实犯罪嫌疑人、被告人有罪或者无罪、犯罪情节轻重的各种证据。"第 120 条第 1 款规定，"侦查人员在讯问犯罪嫌疑人的时候，应当首先讯问犯罪嫌疑人是否有犯罪行为，让他陈述有罪的情节或者无罪的辩解"。三是有利于办案人员掌握运用有罪证据和无罪证据认定案件事实的要求，既能避免因错误使用证据而导致误判，冤枉了好人，放纵了坏人，又能提高办案效率。例如，使用无罪证据排除犯罪嫌疑人和被告人的犯罪嫌疑，只需要无罪证据具有确实性，而无须达到充分性要求。

二、有罪证据和无罪证据的运用

（一）有罪证据的运用

作为定案依据的有罪证据必须具有确实性和充分性，具体体现为以下几点：一是单个证据要具有真实性、关联性和合法性。二是仅凭单个有罪证据，即便是已经查证属实的，不能认定犯罪嫌疑人、被告人实施了犯罪。认定犯罪嫌疑人、被告人有罪的证据必须具有充分性，即犯罪构成要件事实都必须有证据证明。三是有罪证据之间必须相互印证，协调一致，形成完整的证据链条。运用有罪证据对被告人定罪必须达到能"排除合理怀疑"的标准。

（二）无罪证据的运用

运用无罪证据否定犯罪事实存在，或排除犯罪嫌疑人和被告人的犯罪嫌疑，只需要证据具有确实性，不需要具有充分性。换言之，只有一个查证属实的有罪证据并不能认定犯罪嫌疑人、被告人实施了犯罪行为，而只要有一两个经查证属实的证明价值较高的无罪证据，就可以否定犯罪事实的存在或排除犯罪嫌疑人或被告人的犯罪嫌疑。例如，只要有一个查证属实的证据证明死者系自杀身亡，就可以否定犯罪事实的存在；在犯罪行为系犯罪人亲自实施的案件中，只要有一个确实的证据证明犯罪嫌疑人不具有犯罪时间，则该人的犯罪嫌疑即可排除。

第五节　本证与反证

一、本证与反证的概念

根据证据与当事人主张的事实的关系，证据可分为本证与反证。一般认为，此种分类方式主要适用于民事诉讼证据，也可用于行政诉讼证据。有的学者则认为本证与反证的划分方法可以适用于各种诉讼活动。[①] 我们赞同前一种观点。刑事诉讼中，根据证据对当事人主张事实的证明作用，将证据分为有利于被告人的证据和不利于被告人的证据更为妥当。

所谓本证是指负举证责任的一方当事人提出的能够证明己方主张的事实成立的证据。反证是指不负举证责任的一方当事人提出的，能够证明对方主张的事实不存在的证据。本证是用于肯定自己主张的事实存在的证据，而反证是用于否定对方主张的事实存在的证据。对于本证与反证需要把握以下几点：

（一）本证与反证的划分标准

本证和反证的划分标准是证据对待证事实的证明作用，而非提出证据的当事人在诉讼中的身份。换句话说，本证与反证的划分与当事人在诉讼中是原告还是被告没有关系，而与证据是否由承担举证责任的人提出以支持己方主张事实有直接关系。原告和被告都既可提出本证，也可提出反证。例如，原告向法院起诉被告要求偿还借款，原告应当对存在借款关系承担举证责任，因此如果原告提出能够证明该借贷关系成立的证据如借据，则该证据就是本证；而被告提出证明该借款关系不能成立的证据，则该证据是反证。但如果被告主张已经还款，对方的债权已经消灭，则根据“谁主张，谁举证”的原则，被告对借款已还这一事实的主张应当负有举证责任。被告为证明借款已还这一主张所提出的证据依然属于本证，而原告提出的否认被告主张事实的证据又是反证。由此可以看出，本证与反证的划分与当事人的举证责任密切相关。

（二）本证与反证的区别

第一，证据提出人是否具有举证责任不同。本证的提出方对待证事实负有举证责任；反证的提出者对待证事实没有举证责任。在民事诉讼中，当事人对自己提出的主张负有举证责任，则必须提出证据加以证明主张的事实存在，否则将承

---

① 何家弘、刘品新：《证据法学》，法律出版社 2019 年版，第 149 页。

担主张不被法官支持的不利后果；而对该主张不负举证责任的当事人不是必须提出反证来否定对方的主张，即他可自由选择是否提出反证，即便他不提出反证或提出的反证不能动摇法官对该事实的确信程度，法官也不会因此就认定对方的主张，除非提出主张的当事人能完成举证责任。

第二，证明作用不同。本证是证明举证责任方主张事实成立或肯定举证方的事实主张；反证是证明举证责任方主张的事实不成立或否定举证方的事实主张。

第三，证明标准不同。本证要求必须使法官确信本证提出方所主张的事实很可能存在；而反证只要达到动摇法官对待证事实的确信程度即可，或者说，本证必须证明待证事实为“真”，而反证无须证明待证事实为“假”，只需要使事实处于真假不明的状态即可。《民诉法解释》第108条第1款和第2款对此作出了规定，即“对负有举证证明责任的当事人提供的证据，人民法院经审查并结合相关事实，确信待证事实的存在具有高度可能性的，应当认定该事实存在。对一方当事人为反驳负有举证证明责任的当事人所主张事实而提供的证据，人民法院经审查并结合相关事实，认为待证事实真伪不明的，应当认定该事实不存在”。

二、反证与反驳证据的区别

反证与反驳证据不是同一概念。反证是指不负举证责任的一方当事人所提出的能够否定负有举证责任一方当事人所主张的事实的证据。反驳证据，也称证据抗辩，是指一方当事人为证明其主张而提出证据时，对方当事人并不提出相反证据来否定一方主张的事实，而是针对事实主张方提出的证据所存在的瑕疵，指出其主张因证据存在瑕疵而无法得到证明。证据抗辩的特征在于通过揭示证据瑕疵（或不真实、或与案件事实无关、或不合法、或证明力微弱等）来间接否定对方主张的事实。例如，甲向法院起诉要求乙归还欠款1万元，并拿出借条为证，乙承认甲给过他1万元钱，但同时辩称这1万元钱是甲赠与他的，并提出赠与时在场的证人丙的证言以否定甲主张的借贷事实，丙的证言就是反证。而如果乙不承认向甲借过钱，但未提出新的证据否定甲的主张，只是称甲出示的借条上的名字不是乙本人签署的，借条是甲伪造的，因此不能证明甲的事实主张，这就是证据抗辩。

在司法实践中要注意的是，反证与反驳证据在直接指向上存在根本差异。一般意义上的证据是用来证明案件的要件事实的。证据之所以能够证明案件事实，是因为其本身记载和反映着一定的事实，这些事实就是所谓的证据事实。证据反驳仅仅针对证据事实，不直接涉及本案争议的法律要件事实。在司法实践中，人们经常发现要证明某一要件事实，必须就该要件事实的某一证据事实的存在与否作出认定，而该要件事实是否属实往往成为双方当事人争执的焦点。法院为此必须根据当事人申请或依职权先就证据事实是否存在、是否真实进行认定或作出判定。在这种情况下，法院对证据事实的判断成为案件的先决问题，案件事实证明的重心转移到该证据事实上。如果当事人就该证据事实提起中间确认之诉，则该证据事实就成为中间确认之诉的证明对象。但相对于前一案件的要件事实而言，则仍为证据事实。法院作出的中间确认判决，对本诉有预决的效力。[①]

三、区分本证与反证的意义

（一）有利于调动双方当事人举证积极性，增强诉讼对抗性，保证裁判的公正性

民事诉讼解决的是平等民事主体之间的纠纷，贯彻辩论原则，通过双方当事人的驳辩，使他们有充分机会参与到诉讼中来，并影响裁判结果，真正体现当事人的程序主体地位。诉讼中根据“谁主张，谁举证”的证明责任分配原则，要求主张事实的一方当事人提出本证以证明自己的主张，且允许另一方当事人提出反证以否定对方当事人的事实主张。为了维护自己的利益，事实主张方会积极提出本证，而对方当事人也会积极提出反证。如此，便大大提高了当事人举证的积极性，增强了诉讼的对抗性，双方当事人也因此获得了充分的辩论权，案件事实在本证与反证的较量中越辩越明，进而保证了裁判结果的公正性。从这个意义上讲，区分本证与反证实际上是民事诉讼辩论原则的体现。

（二）有利于法官迅速查明案件事实，节约司法资源，提高诉讼效率

诉讼中，一旦当事人程序主体地位得到充分体现，其举证的积极性和辩论意愿就会被调动起来，则案件事实将越证越清，理也越辩越明，法官因而可以迅速查明案件事实，并作出正确裁判，从而有效地节约诉讼时间、人力和物力等司法资源，提高诉讼效率。

案例辅读

1996年1月2日晚，22岁的女青年陈兴会在云南省昭通市巧家县城郊遭人奸淫后被勒昏，被利器割开颈部死亡，她的身上有多处伤痕，下身还被塞进了泥土。案件发生后，警方很快开始了调查，锁定犯罪嫌疑人为死者陈兴会的男友孙万刚，并通过到现场勘验、现场访问和外围调查，排除了他人作案的可能。据警方调查，当天晚上出事之前，有多人看到孙与死者在一起。

孙万刚否认自己杀人，但公安局却认为他有杀人的嫌疑。根据孙万刚后来在

① 参见陈光中主编：《证据法学》，法律出版社2023年版，第182页。

公安局的有罪供述，他承认是自己杀了陈兴会。1996年9月20日，孙万刚因强奸杀害女友陈兴会，被昭通市中级人民法院判处死刑。孙万刚不服判决，向云南省高级人民法院提起上诉，省高级人民法院裁定“事实不清，证据不足”发回重审。1998年5月，昭通市中级人民法院维持原判，判处孙万刚死刑，孙再次上诉至省高级人民法院。1998年11月，云南省高级人民法院终审判决认为，“原审判决定罪准确，审判程序合法”，但同时却“根据本案的具体情节”而撤销原判，改判孙万刚死刑，缓期二年执行。此后，孙和他的家人不断申诉。2003年8月，该案被定为最高人民检察院四大督办案件之一。

复查过程中，云南省人民检察院发现原审判决在认定事实和采信证据等方面存在问题，据以定案的主要证据之间存在矛盾，疑点不能合理排除，不能得出孙万刚是杀人凶手的唯一结论。2003年9月18日，云南省人民检察院认为原判决认定孙万刚犯故意杀人罪的事实不清、证据不足，决定向云南省高级人民法院提出再审抗诉。

2004年1月15日，经过对所有证据的认真复查之后，云南省高级人民法院承办法官发现此案存在七个方面的重大疑点：（1）孙万刚仅有的4次有罪供述笔录上供述相互矛盾、前后不一，与现场勘验笔录、尸体检验报告、刑事科学技术鉴定意见等证据不吻合；（2）孙万刚控告侦查人员对其刑讯逼供，并提供相关证据，不能排除有逼供、诱供等非法取证的可能；（3）孙万刚作案动机和目的不清；（4）法院定罪的重要证据是孙万刚衣服上有与被害人同一血型的血迹，但并未对该血迹作进一步DNA检验；（5）作案工具来源不明、去向不清；（6）孙万刚一份重要的有罪供述笔录上签名不是他本人所签；（7）现场没有发现孙万刚的血迹、脚印，却留有他人的纽扣和皮带扣。

2004年1月15日，云南省高级人民法院再审公布判决结果，孙万刚故意杀人罪被判死缓一案，因事实不清，证据不足，撤销《（1998）云高刑一终字第361号刑事判决书》，改判被告人孙万刚无罪。①

① 陈光中：《证据法学》（第三版），法律出版社2015年版，第231～232页。

第五章

证 据 规 则

不以规矩，不能成方圆。

——孟子

第一节　证据规则概述

现代意义上的证据规则起源于英国。大约 13 世纪末以来，为了适应以陪审团为核心的“对抗式”诉讼模式，对非职业法官的陪审团采纳证据作出严格规定，英国确立了一系列证据规则，随后逐渐发展并形成了一套庞杂的证据规则体系。英国证据规则传播到其他英美法系国家，尤其在美国得到了重大发展，进而对全世界国家的证据规则产生了影响。

大陆法系国家，最初基于自由心证制度，立法一般不对各种证据材料是否具有证据资格、能否作为法庭证明的证据使用作具体的规定，而是授权法官根据具体的情况自行取舍，殊少有明确的证据规则可循。后来为限制法官判断取舍证据的过分自由，有的国家才对此设置法律规则。自资产阶级革命胜利以后，大陆法系国家才开始建立其证据规则体系，其证据规则的不断确立，大多是借鉴学习英美法系国家的结果。

当今两大法系证据法处于不断融合的趋势，一些证据规则为多数国家所公认，如关联性规则、非法证据排除规则、最佳证据规则、补强证据规则等。但由于诉讼制度、诉讼模式和诉讼理念等方面的差异，两大法系国家在证据规则的确立和适用上还是有所区别，例如，英美法系国家实行当事人主义诉讼模式和陪审团制度，且更为关注程序的公正性问题，强调保障抗辩双方平等的诉讼权利。为了避免不实的传闻干扰陪审团对案件事实的判断，且为了保障当事人的质证权，因而确立了传闻证据规则；而大陆法系国家实行职权主义诉讼模式，更加注重案件事实的发现，强调法官在法庭审判中的积极作用，因而确立了直接言词原则。尽管两个原则都具有共通的价值理念，但调整对象、发挥作用的方式等方面却存在差异。

由于没有统一的证据法典，我国对证据规则的规定散见于三大诉讼法中，如《刑事诉讼法》第55条的口供补强规则，第56条的非法证据排除规则。此外，一些司法解释和专门的证据规定对证据规则作出了更为集中和详细的规定。如"两高三部"《关于办理刑事案件排除非法证据若干问题的规定》、"两高三部"《关于办理死刑案件审查判断证据若干问题的规定》、《刑诉法解释》、最高人民法院《关于民事诉讼证据的若干规定》、最高人民法院《关于行政诉讼证据若干问题的规定》，等等。尽管近年来，我国在证据规则的确立和发展方面取得了重大进展，但总体上并没有建立起系统完备的证据体系，存在证据规则较为粗略、个别规则缺乏可操作性和违反后的救济制裁措施等问题。因此，改革和完善现有证据规则，建立完善的证据规则体系具有现实必要性。

一、证据规则的概念和分类

在英文中，证据规则是"rules of evidence"，我国台湾地区称为"证据法则"。证据规则是指诉讼中为规范证明行为而设立的收集、审查判断和运用证据应遵循的规则。依据不同的标准，可对证据规则作如下划分：

（一）根据是否普遍适用，可分为通用的证据规则和个别适用的证据规则

通用的证据规则，就是在所有诉讼中都普遍适用的证据规则。大多数证据规则都属于通用证据规则，例如，最佳证据规则、关联性规则、传闻规则等。个别适用的证据规则，就是只在某些诉讼中适用的证据规则。例如，民事诉讼的优势证据规则、行政诉讼的被告举证规则和刑事诉讼的口供补强规则等。

（二）根据证据规范的对象不同，可分为规范证据能力规则和规范证明力规则

证据能力规则，是指规范证据资格，即某项证据是否能被采纳的规则，多为证据排除性规则。例如，非法证据排除规则、传闻证据排除规则、关联性规则等。规范证据证明力的规则就是规范某项证据证明力大小的规则，例如，原始证据优先规则、补强证据规则等。

（三）根据价值取向不同，可分为保障实体真实的规则和维护程序正义的规则

保障实体真实的规则是为了追求发现案件真相，避免错案发生的价值，如关

联性规则、传闻证据规则、最佳证据规则等；维护程序正义的规则是以保障当事人诉讼权利，制约公权滥用等为价值取向，如非法证据排除规则、自白任意规则。实际上，大多数证据规则兼具实体公正和程序正义的价值，只不过侧重点有所差异而已。例如，传闻证据规则，一是避免采纳了不实传闻而误判案件事实，从而影响实体公正；二是为了保障当事人的质证权。非法证据排除规则主要是为了保障被追诉人的权利免受非法取证的侵犯，但同时因为非法证据具有虚假的可能性，因而该规则也具有保证证据真实性，进而保证实体公正的价值。

二、证据规则的意义

证据规则能够指导、调整和规范证明活动，在诉讼中具有重要意义，主要体现在以下几个方面：

（一）有助于查明案件事实

古今中外，大多数证据规则是为了查明案件事实真相而设计或者规定的。例如，传闻证据排除规则就是为了避免证言经过多渠道传播而产生失真的可能性，通过促进证人作证、排除庭外陈述，达到发现事实真相的目的；意见证据规则是排除普通证人在耳闻目睹之外的主观意见，促进其客观陈述，目的也是揭示真相；补强证据规则也具有查明事实真相的特征，即由于口供或证人证言的可变性，该规则要求不能仅凭言词证据定案，必须辅之以其他证据来保证所认定事实的真实性。

然而，并非所有的证据规则的设立都是为了发现事实真相，有些证据规则在一定程度上也会制约事实真相的发现。例如证人拒绝作证特权规则、犯罪嫌疑人或被告人不被强迫自证其罪规则，其设立的目的是维护特定的社会利益，而不是查明案件事实。

（二）增强了诉讼程序的可操作性，同时约束裁判者的自由裁量权

证据规则作为限制证据能力和规范司法证明程序的规则，能够为诉讼参与人特别是裁判者提供细致、具体的操作规程，有效地解决案件事实认定问题。英美法系国家证据规则的发达主要与其实行陪审团制度相关，鉴于陪审团成员不懂法律，需要在立法上对证据的资格，即哪些证据可以进入陪审团的视野作出明确规定，对于证据资格问题不允许陪审团成员自由判断，以防止不可靠的证据进入审判影响案件事实的认定。

现代大陆法系国家主要采用自由心证的证据制度，裁判者享有广泛的自由裁量权，并且不需要对裁判结果说明理由。如果法律不对证据能力作出限定，将会使裁判者无所适从或者任意处置。因此，对于各种证据的可采性以及司法证明的对象、责任分配和标准问题，证据规则必须作出明确的限制和规范；否则裁判者

在这些环节上就会有很大的处置权和自由解释空间，这不仅会破坏法庭上的公平游戏规则，还会带来证据采纳和司法证明上的任意化和随机性问题，以致损害司法裁判的公信力。

（三）有助于保障人权和保护其他社会价值

证据规则并不是以查明事实真相为唯一目的，而是具有多重目的。证据规则的确立，是在查明案件事实与保护人权、诉讼文明、约束任意裁判以及其他更为重要的社会价值的权衡中，于某些特定情况下，特别确认和保护人权和其他社会价值。因此，部分证据规则的确立就是为了保护人权或者保护其他社会价值。例如犯罪嫌疑人、被告人不得强迫自证其罪证据规则的确立，就是为了保障犯罪嫌疑人、被告人的人权；作证特免权规则，是免除重要的国家公务员、律师、医生、公证人或者一定亲属之间的作证义务，目的是保护国家利益、特定的职业利益和一定的亲属关系，维护社会稳定。

（四）能提高诉讼效率

效率是诉讼追求的价值目标之一，而证据规则的确立可以有效地控制审判的范围和时间，提高诉讼效率。例如，美国《联邦证据规则》授权法官规范和组织法庭上纠纷审理的进行，该规则第 403 条允许法官排除那些本来具有可采性的证据，只是因为那些证据的采用会花费过多的时间或者误导陪审团。

第二节　关联性规则

一、关联性规则的概念

关联性规则，又称为相关性规则，是指只有与诉讼中的待证事实有关联性的证据才可以采纳，无关联的证据不可采纳。相关性是实质性和证明性的结合，也就是说，如果所提出的证据对案件中的某个实质性争议问题具有证明性，有助于认定该问题，那它就具有相关性。美国《联邦证据规则》规定，相关性是指证据具有某种倾向，使某项在诉讼中待确认的事实存在比没有该项证据时更有可能或更无可能。关联性规则是贯穿整个证据规则体系的一项基础性规则，其意义在于确定一个证据能否在诉讼中被采用，是规范证据能力的规则。

英美法系国家最初设立关联性规则的目的主要有两个：一是防止当事人将无关证据提交陪审团，导致陪审团对案件事实作出错误的认定；二是为了限定证据调查的范围，避免当事人毫无限制地提交证据使证据调查没有终结，影响诉讼的顺利进行，降低诉讼效率。

二、域外的关联性证据规则

作为证据可采性的基础性规则，关联性规则受到英美法系国家的重视，许多国家证据法都对其作出了明确的规定。例如美国《联邦证据规则》第402条规定，所有具有相关性的证据均可采纳，但美国宪法、国会立法、本证据规则以及联邦最高法院根据立法授权确立的其他规则另有规定的除外。没有相关性的证据不能采纳。《澳大利亚联邦1995年证据法》第56条规定，除本法另有规定外，在诉讼中，相关的证据在该诉讼中具有可采性。在诉讼程序中不相关的证据不得采纳。英国证据法虽无此规定，但其证据理论也承认这一规则。①

英美法系国家对关联性规则的规定都可以总结为：除例外情况外，有关联性的证据可采纳，无关联性的证据不可采纳。证据有无关联性及是否可采通常由法官来决定，但对于某些特定证据，法律会加以专门限定以防止其被不当采用。

（一）品格证据

一般情况下，个人的品格或者品格特征的证据在证明这个人于特定环境下实施了与此品格相一致的行为问题上不具有关联性。因而，英美法系国家对于当事人欲证明他人品格的证据原则上予以排除。当然，排除品格证据也有一些例外，如美国《联邦证据规则》第404条第1款第1项规定，由被告人提供的关于其品格的某一项相关特征的证据，或者由起诉方提供的、用于对此进行反驳的证据，具有可采性。

（二）类似行为证据

关于相似犯罪、错误或行为的证据不能用来证明某人的品格以说明为其行为的一贯性。“一次做贼、永远是贼”的逻辑推论是不能得到承认的法律准则。例如某人多年以前的盗窃行为，对目前的盗窃犯罪指控不具有关联性。但上述证据如用来证明动机、机会、意图、预备、计划、知识、身份、或缺失意识、意外事件等，可以采纳。

（三）特定的诉讼行为

如果被告人曾作答辩又撤回，或不愿作辩解，又不承认有关事实，这些行为通常不得作为不利于被告人的证据采纳。如果此类证据用于证明被告人作伪证时，或与其同时产生的其他陈述已被提交法庭时，可以采纳。

（四）特定事实行为

关于事件发生后某人实施补救措施的事实，关于支付、表示或允诺支付因伤

---

① 沈达明：《英美证据法》，中信出版社1996年版，第87～88页。

害引起相关费用的事实，关于和解或要求和解而实施的特定行为等，一般情况下不得作为行为人对该事件负有责任的证据采用，但符合法定例外情形的除外。

（五）被害人过去的行为

在性犯罪案件中，有关受害人过去性行为方面的名声或评价的证据，不予采纳。

（六）其他

出于对某些价值的考量，有的国家规定可以排除有关联性的证据，这是关联性证据可以采纳的例外。如美国《联邦证据规则》第403条规定："证据虽然具有相关性，但可能导致不公正的偏见、混淆争议或误导陪审团的危险大于该证据可能具有的价值时，或考虑到过分拖延、浪费时间或无须出示重复证据时，也可以不采纳。"

三、我国的关联性证据规则

我国理论界和实践部门十分重视证据的相关性，将其看作证据的属性之一，作为审查某材料是否具有证据资格的条件。目前虽没有对关联性规则作较集中和完整的规定，但现行诉讼法、司法解释及有关证据规定中都有相关法条从不同角度反映了此项规则。例如，《刑事诉讼法》第50条第1款规定，"可以用于证明案件事实的材料，都是证据"。第120条第1款规定，"……犯罪嫌疑人对侦查人员的提问，应当如实回答。但是对与本案无关的问题，有拒绝回答的权利"。第141条第1款规定："在侦查活动中发现的可用以证明犯罪嫌疑人有罪或者无罪的各种财物、文件，应当查封、扣押；与案件无关的财物、文件，不得查封、扣押。"《刑诉法解释》第247条规定："控辩双方申请证人出庭作证，出示证据，应当说明证据的名称、来源和拟证明的事实。法庭认为有必要的，应当准许；对方提出异议，认为有关证据与案件无关或者明显重复、不必要，法庭经审查异议成立的，可以不予准许。"第262条规定："控辩双方的讯问、发问方式不当或者内容与本案无关的，对方可以提出异议，申请审判长制止，审判长应当判明情况予以支持或者驳回；对方未提出异议的，审判长也可以根据情况予以制止。"

《关于办理死刑案件审查判断证据若干问题的规定》第32条规定："对证据的证明力，应当结合案件的具体情况，从各证据与案件事实的关联程度、各证据之间的联系等方面进行审查判断。证据之间具有内在的联系，共同指向同一案件事实，且能合理排除矛盾的，才能作为定案的根据。"

关联性规则在民事和行政诉讼中同样受到重视。《民诉法解释》第95条规定："当事人申请调查收集的证据，与待证事实无关联、对证明待证事实无意义或者其他无调查收集必要的，人民法院不予准许。”《民诉法解释》第 104 条、最高人民法院《关于行政诉讼证据若干问题的规定》第 39 条都明确规定当事人在质证时应围绕“证据的真实性、关联性、合法性及证据证明力有无及证明力大小”进行。

第三节　非法证据排除规则

一、非法证据排除规则概述

（一）非法证据排除规则的概念

非法证据排除规则，是指违反法定程序以非法方法取得的证据，应当予以排除，不得作为认定案件事实的依据。非法证据排除规则起源于美国，旨在限制、防止国家权力的滥用，保护公民宪法性权利不受侵犯。它体现了强调程序公正的价值理念。

理解非法证据排除规则要注意以下几点：

1. 排除对象

非法证据排除规则设立的目的是限制国家司法机关调查权的滥用，保护当事人，主要是犯罪嫌疑人和被告人的权利。因此，非法证据排除规则排除的对象是国家机关工作人员，主要是负责案件侦查的警察违反法定程序，并且以侵犯犯罪嫌疑人或被告人宪法权利或者重要诉讼权利的方法取得的证据。它既不包含取证主体不合法、证据形式不合法的证据，也不包含被告方以违法手段取得的证据。例如，侦查人员通过刑讯逼供取得的口供，违法搜查所获得的物证就属于此规则中应当排除的“非法证据”。

2. 对非法的界定

非法证据是指违反法定的程序以非法方法收集的证据，强调的是取证方法的程序违法性和侵权性。非法证据中的“法”各国规范不一，且不断发展变化。因此各国在不同时期对非法证据排除的对象和范围也不尽相同。以美国为例，此规则在美国设立之初，非法证据仅指违反美国《联邦宪法第四修正案》关于不得进行不合理搜查和扣押之规定而取得的证据，随着发展则还包括违反美国《联邦宪法》第五、第六、第十四修正案及其他制定法所取得的证据。开始只排除非法取得的物证，后来还包括非法取得的口供和其他陈述。

3. 对排除的理解

对非法证据的排除是指否定其证据能力或证据资格，即不准许作为证据出现在法庭上，否定其法庭准入资格；如果已经出现在法庭上，则不得作为定案的依据。

（二）非法证据排除规则的功能

1. 维护公民的合法权利

司法机关非法取证往往伴随着对宪法和法律赋予公民的人身权和财产权的侵犯。非法证据排除规则对非法取证的行为作出了否定性评价，一则可以防止非法取证侵犯公民的权利；二则在侵权发生后，通过排除非法证据的证据资格，使非法取得的对被告人不利的证据无法发挥证明作用，从而实现对被侵权者权利的救济。

2. 遏制侦查人员的违法行为，促使其规范侦查

排除非法证据规则通过否定非法证据的证据能力，对违法取证行为进行惩罚，达到震慑和遏制违法侦查的目的，进而可促使侦查人员合法规范侦查。

3. 维护司法公正

实体公正与程序正义历来是诉讼所追求的价值目标。一方面，非法证据排除规则为司法机关确立了依法取证的导向，规范办案人员的取证行为，降低因违法取证造成证据失真的风险；同时通过排除非法证据的证据能力，可以过滤因刑讯逼供等非法方法获取的虚假口供，降低误判的风险，从而有效地防止冤假错案的发生，实现实体公正；另一方面，在刑事诉讼中，与代表国家公权力的侦查机关、起诉机关相比，被追诉者明显处于弱势，非法证据排除规则为被非法取证行为侵权的犯罪嫌疑人和被告人提供了法律救济的机会，体现了法律的公平，维护了程序正义。

二、域外的非法证据排除规则

（一）英美法系国家的非法证据排除规则

1. 美国的非法证据排除规则

美国是非法证据排除规则的起源地。在 1914 年维克诉合众国一案中，联邦最高法院认为该案证据是在违背美国《联邦宪法第四修正案》的情况下获得的，所以在联邦刑事诉讼程序中不得为法庭所采纳。自此，非法证据排除规则在美国正式确立，并经历了由最初只适用于联邦法院发展到适用于各州法院的曲折历程。

根据该规则的要求，对于警察通过侵害公民宪法权利的方式获得的非法证据，无论其是否具有相关性，法院都应该禁止其出现在法庭上，尤其不允许其为陪审团所接触；如果此类证据出现在法庭上，法官应当立即排除其证据效力，不

得将其采纳为认定案件事实的依据。根据美国联邦最高法院的解释，排除规则的救济对象通常是以下四种宪法权利：（1）美国《联邦宪法第四修正案》关于不受无理搜查和扣押的权利；（2）美国《联邦宪法第五修正案》关于不被强迫自证其罪的权利；（3）美国《联邦宪法第六修正案》关于被告人获得律师帮助的权利；（4）美国《联邦宪法第十四修正案》关于未经正当程序不得剥夺自由、财产和生命的权利。[①] 由此可以看出，美国非法证据排除规则的适用范围既包括以非法搜查和扣押等方式获得的实物证据，也包括以违背被告人意志的强迫手段而取得的非法言词证据。随着1920年“毒树之果”规则在西尔夫索恩诉合众国一案中的确立，通过非法证据获取的其他证据，即非法证据的派生证据也列入了排除的范围。

进入20世纪80年代以来，为应对不断高涨的犯罪浪潮的冲击，美国联邦最高法院逐步对非法证据排除规则设置了一些例外，主要有：（1）“必然发现”的例外。警察通过违宪手段获得的证据，如果能证明即使通过合法手段也必然能够发现，则该证据仍能够被采纳。（2）善意的例外。警察是善意而非故意违法，由此获取的证据不适用非法证据排除规则。（3）附带使用的例外。排除规则主要适用于检察官用来指控被告人有罪的证据，非法获得的证据虽不能作为认定被告人有罪的证据，但可以用来质疑被告人的可信度，弹劾被告人在审判中所作的证言。（4）微弱联系的例外。如果违反宪法的行为与某一证据之间的联系极其微弱，以至于违宪行为对该证据的污染基本上已消除殆尽，那即便该证据为“毒树之果”，仍具有可采性。（5）污染中断的例外。如果因为被告人后来自愿行为的介入，而打破受污染证据与警察机关最初的非法取证行为之间的链条，那么就会稀释证据本身的违法性，从而使证据变得具有可采性。（6）“独立来源”的例外。警察最初通过非法搜查发现了某一证据，但并没有立即将其扣押，而是随后通过与原先的非法行为毫无关联的活动，最终与合法方式获取该证据，则该证据不被视为受之前非法行为污染的证据，因而具有可采性。

由此可见，美国对非法证据，无论是言词证据、实物证据或是派生证据（毒树之果），原则上均强制排除，但同时对非法实物证据及“毒树之果”又设置了若干排除的例外。

2. 英国的非法证据排除规则

英国1984年《警察与刑事证据法》确立了非法证据排除规则的基本框架，同时也以成文法的形式确认了法官对于排除控方证据的自由裁量权。该法第78条规定：（1）在任何诉讼中，法庭在考虑到包括证据取得在内的所有情况之后，

① 陈瑞华：《刑事证据法学》（第二版），北京大学出版社2014年版，第135页。

如果认为采纳该证据将会对诉讼的公正性造成如此不利的影响，以至于不应该将其采纳为证据的，就可以将检控方提出的证据加以排除。（2）本条的规定不应有损于任何有关法庭排除证据的法律规则的适用。20 世纪 80 年代以来的判例显示，英国法官依据此条规则对非法证据的排除主要是针对以下违法行为而进行的：故意不遵守有关保证被告人及时获得律师帮助的规则；违反有关警察讯问嫌疑人过程录音的规则；违反有关“适当成年人”在场的规则；警察侦查过程中不适当地使用了诱惑手段，等等。在这些判例中，法院十分重视控方的取证行为是否侵犯了被告人的诉讼权利，并排除一些通过严重违法手段获取的证据。可见，英国不轻易排除以不正当方式获取的证据，是否排除由法官自由裁量。只有非法证据对公正性的影响如此之大，以至于排除该证据属于正义的要求时才可能被排除。同时，法官一般会对控辩双方的利益予以同等考虑，并防止因为排除非法证据而使得检控方受到明显不公平的对待。

但是，英国法官并非对所有的非法证据的采纳都具有自由裁量权，根据 1984 年《警察与刑事证据法》第 76 条规定，对以该条所禁止的方式，即对被告人采取强迫的手段或者实施在当时情况下可能导致被告人的供述不可靠的任何言语或行为所取得的被告人陈述，应当直接排除，法官对此不再拥有自由裁量权。

（二）大陆法系国家的非法证据排除规则

1. 德国的非法证据排除规则

作为大陆法系国家的典型代表，相较于英美法系国家，德国更加强调的是案件实体事实的发现，对警察的违法取证行为表现出更大的包容性。侦查人员违反取证程序获得的证据，并不必然被排除。但对于违反取证禁止而取得的言词证据，法律明确规定予以排除。根据德国《刑事诉讼法典》第 136 条的规定，禁止以非法折磨、疲劳战术、损害身体、服用药物、拷问、欺诈或催眠方法、威胁、许诺以及其他损害被告人记忆和理解力的方法获取证据，违反上述禁止性规定所获得的被告人陈述，即使被告人本人同意，法院也不得采用为证据。不仅如此，该条款所确立的证据使用禁止具有继续效力，即被告人即便在后来的程序中接受合法的讯问，但只要其陈述仍受到先前违法讯问行为的继续影响时，则该陈述也不得作为证据使用。可见德国对非法言词证据采取严格的排除模式。

德国对非法实物证据排除的主流观点是实行“个案处理”，即认为“不能因为在取得物证过程中产生错误就自动排除证据，而是要在个案中对不同的利益进行分析，以决定是否使用该证据”。其基本准则是利益权衡原则，即对非法搜查、扣押所获物证的效力，不由立法规定一律排除，而是由法官根据具体案件具体分析，权衡采纳某非法证据的重要性以及该证据对被告人身权利侵害程度的利弊大小。其中，对涉及侵犯人的尊严和人格自由所得的证据应予以禁用，但如果该证据用于指控重大犯罪这一例外情形，则应该承认该证据的证据能力。

2. 法国的非法证据排除规则

为制裁警察、检察官和法官的程序性违法行为，法国建立诉讼行为无效制度。法国《刑事诉讼法典》将非法证据排除规则放置于诉讼行为无效制度中，诉讼行为一旦被宣告无效，诉讼行为及受其影响的诉讼行为和决定将全部失去法律效力，由该诉讼行为产生的证据材料自然失去了证据资格。法国《刑事诉讼法典》第 171 条规定："违反本法典的任何规定或任何其他有关刑事诉讼程序规定的实质性诉讼行为，如果侵害有利害关系的一方当事人利益，均使其行为无效。"实际上，法国侦查人员违法获取的证据，只有少数部分会通过诉讼行为无效制度被排除。但对于刑讯逼供、欺骗等非法手段取得的言词证据，立法与判例均持否定态度。

通过上述示例可见，大多数国家的非法证据规则规定了两种排除模式，即强制排除和裁量排除。对各类非法证据，究竟适用强制排除还是裁量排除，主要考虑三个方面的因素：一是排除规则所保护的权利的重要性；二是排除规则所追求实现的价值目标；三是本国的诉讼模式和法律传统。因此，从世界各国来看，对非法证据的排除大致呈现如下特点：第一，侧重于人权保护的国家对非法证据多采用强制排除模式，即法律明确规定违反法定程序以侵权方式取得的证据原则上应当予以排除，同时又以例外的形式对不适用非法证据排除规则的情况加以严格的限定，如美国；而注重案件实体真实的国家，多采用裁量排除模式，即对于非法证据是否排除，由法官斟酌个案的公平正义作出裁量，法律只就裁量的标准和范围作出规定，如英国和德国。第二，由于非法言词证据相对于非法实物证据更为不可靠，而且大多通过刑讯等严重侵权的方式取得，因此各国对非法言词证据通常采用更为严格的态度，尤其对于采用酷刑、威胁、限制人身自由等侵犯基本人权取得的供述，一般实行强制排除；对于非法实物证据排除，各国都是以取证行为严重违反法定程序，侵犯犯罪嫌疑人的合法权益（多为宪法性权利）为前提。除美国外，大多数国家对非法实物证据都实行裁量排除。尽管美国对非法实物证据原则上规定排除，但同时又设置了若干排除的例外，在实际效果上也近似于裁量排除。

三、我国的非法证据排除规则

从世界各国的非法证据排除规则来看，其设置的目的是限制国家机关及其办案人员，主要是警察的非法取证行为，防止公权滥用以保护被追诉者的权利，故而尽管我国民事诉讼法和行政诉讼法也对排除非法证据作出了明确规定，[1] 但我们将重点讨论刑事诉讼中的非法证据排除规则。

2012 年，非法证据排除规则首次在刑事诉讼法中得以确立。1979 年和 1996 年刑事诉讼法仅规定“严禁刑讯逼供和以威胁、引诱、欺骗以及其他非法的方法收集证据”，但对以违反禁止性规定收集的证据是否排除并未明确规定。1998 年《刑诉法解释》首次提出非法证据排除规则，即凡是经查证属实属于采用刑讯逼供或者威胁、引诱、欺骗等非法方法取得的被告人供述、证人证言、被害人陈述不能作为定案的根据。该规定排除范围仅限于“以刑讯逼供或者威胁、引诱、欺骗等非法方法取得的被告人供述、证人证言、被害人陈述”，而不包括“以非法方法获取的物证、书证等实物证据”，且对非法言词证据的排除程序也未作明确详细的规定，因而在实践中难以发挥其应有的功效。2010 年，“两高三部”联合发布了《关于办理刑事案件排除非法证据若干问题的规定》和《关于办理死刑案件审查判断证据若干问题的规定》，两个证据规定不仅明确规定对非法言词证据的绝对排除，对非法物证、书证的附条件排除，而且对排除非法证据的程序作出了具体规范。2012 年《刑事诉讼法》吸收了两个证据规定的相关内容，在法律上正式确立了我国的非法证据排除规则，而随后最高人民法院的司法解释对其进行了更详细的阐释，使其更加完善。在党的十八届四中全会提出的全面推进依法治国的大背景下，围绕着“以审判为中心的诉讼制度改革，健全落实非法证据排除的法律制度”出台了一系列文件，其中 2017 年“两高三部”发布的《关于办理刑事案件严格排除非法证据若干问题的规定》对非法证据的排除程序进行了更加详细的规定，进一步增强了实践的可操作性。

（一）非法证据排除规则的适用范围

《刑事诉讼法》第 56 条第 1 款规定：“采用刑讯逼供等非法方法收集的犯罪嫌疑人、被告人供述和采用暴力、威胁等非法方法收集的证人证言、被害人陈述，应当予以排除。收集物证、书证不符合法定程序，可能严重影响司法公正的，应当予以补正或者作出合理解释；不能补正或者作出合理解释的，对该证据应当予以排除。”据此，我国非法证据排除规则适用范围包括：

1. 非法言词证据

我国排除的非法言词证据包括采用刑讯逼供等非法方法收集的犯罪嫌疑人、被告人供述和采用暴力、威胁等非法方法收集的证人证言、被害人陈述。对

[1] 《民诉法解释》第 106 条规定：“对以严重侵害他人合法权益、违反法律禁止性规定或者严重违背公序良俗的方法形成或者获取的证据，不得作为认定案件事实的根据。”《行政诉讼法》第 43 条第 3 款规定：“以非法手段取得的证据，不得作为认定案件事实的根据。”

“刑讯逼供”的界定可参照《刑诉法解释》第123条，即使用肉刑或者变相肉刑，或者采用其他使被告人在肉体上或者精神上遭受剧烈疼痛或者痛苦的方法，迫使被告人违背意愿供述的，应当认定为刑讯逼供等非法方法。此外，根据“两高三部”《关于办理刑事案件严格排除非法证据若干问题的规定》第2条、第4条规定，“采取殴打、违法使用戒具等暴力方法以及非法拘禁等非法限制人身自由的方法”也属于“刑讯逼供等非法方法”。“威胁、引诱、欺骗”的含义及标准不好界定，很多询问技巧、策略很难与之区别开来。因此，对此问题要根据案情具体分析处理。如果采用“威胁、引诱、欺骗”的方法严重违反法律规定，使陈述人被迫作出供述，且严重损害了陈述的真实性，应当予以排除。例如，“两高三部”《关于办理刑事案件严格排除非法证据若干问题的规定》第3条规定：“采用以暴力或者严重损害本人及其近亲属合法权益等进行威胁的方法，使犯罪嫌疑人、被告人遭受难以忍受的痛苦而违背意愿作出的供述，应当予以排除。”

此外，“两高三部”《关于办理刑事案件严格排除非法证据若干问题的规定》第5条规定：“采用刑讯逼供方法使犯罪嫌疑人、被告人作出供述，之后犯罪嫌疑人、被告人受该刑讯逼供行为影响而作出的与该供述相同的重复性供述，应当一并排除，但下列情形除外：（一）侦查期间，根据控告、举报或者自己发现等，侦查机关确认或者不能排除以非法方法收集证据而更换侦查人员，其他侦查人员再次讯问时告知诉讼权利和认罪的法律后果，犯罪嫌疑人自愿供述的；（二）审查逮捕、审查起诉和审判期间，检察人员、审判人员讯问时告知诉讼权利和认罪的法律后果，犯罪嫌疑人、被告人自愿供述的。”

由上述规定可见，我国对于属于重大程序性违法获取的言词证据，即采用刑讯逼供等非法方法收集的犯罪嫌疑人、被告人供述和采用暴力、威胁等非法方法收集的证人证言、被害人陈述适用强制排除（无条件排除）。

2. 非法实物证据

我国排除的非法实物证据仅限非法取得的物证、书证，且必须同时满足三个条件：一是违反法律规定取得；二是可能严重影响司法公正；三是不能补正或作出合理解释。“违反法律规定取得”主要是指未经合法批准或授权而滥用权力，采用非法搜查、扣押等手段获取。是否“可能严重影响司法公正”可以从以下方面进行判断：一是违反法定程序的严重程度；二是非法取证所造成的后果。《刑诉法解释》第126条第2款规定：“认定‘可能严重影响司法公正’，应当综合考虑收集证据违反法定程序以及所造成后果的严重程度等情况。”

由此可见，我国对非法实物证据适用裁量排除（附条件排除），即对于严重影响司法公正的物证、书证，允许公诉方补正或者作出合理解释，只有在不能补正或者作出合理解释的情况下才会被排除。因此，实践中被真正排除的实物证据很少。

我国的非法证据排除规则并未涉及对"毒树之果"的排除。是否确立"毒树之果"的排除规则在我国存在较大争议。有的观点认为，"毒树之果"虽然是根据非法证据所提供的线索而获得的证据，但它本身取得的手段是合法的。考虑到查明案情的需要，对它不予排除具有现实的合理性，而且这也是目前世界多数国家的做法。① 而有的观点则认为目前非法实物证据排除规则的落实尚有难度，在此种情况下，是否设立毒树之果的排除规则有待进一步深入研究。但从长远看，为有效遏制刑讯逼供等非法取证情形，兼顾实体公正和程序公正，有必要在立法层面确定毒树之果的裁量排除规则。②

（二）排除的程序

1. 排除的机关

在西方国家，非法证据主要在审判阶段由法官进行认定和排除。在我国，为了进一步规范侦查、检察、审判各机关的取证行为，充分保障犯罪嫌疑人、被告人合法权益，侦查、起诉、审判机关都有义务主动排除非法证据。《刑事诉讼法》第56条第2款规定："在侦查、审查起诉、审判时发现有应当排除的证据的，应当依法予以排除，不得作为起诉意见、起诉决定和判决的依据。"同时，第57条规定检察院机关有监督排除非法证据的职责，即"人民检察院接到报案、控告、举报或者发现侦查人员以非法方法收集证据的，应当进行调查核实。对于确有以非法方法收集证据情形的，应当提出纠正意见；构成犯罪的，依法追究刑事责任"。

2. 程序的启动

《刑事诉讼法》第58条规定："法庭审理过程中，审判人员认为可能存在本法第五十六条规定的以非法方法收集证据情形的，应当对证据收集的合法性进行法庭调查。当事人及其辩护人、诉讼代理人有权申请人民法院对以非法方法收集的证据依法予以排除。申请排除以非法方法收集的证据的，应当提供相关线索或者材料。"据此，非法证据排除程序的启动方式有两种：一是审判人员依职权启动；二是当事人及其辩护人、诉讼代理人依权利申请而启动。

3. 取证合法性的证明责任及证明方式

《刑事诉讼法》第59条第1款规定："在对证据收集的合法性进行法庭调查的过程中，人民检察院应当对证据收集的合法性加以证明。"由此看出，非法证

① 陈光中主编：《刑事诉讼法》（第六版），北京大学出版社、高等教育出版社2016年版，第244～245页。

② 戴长林、罗国良、刘静坤：《中国非法证据排除制度》，法律出版社2016年版，第117页。

据排除程序实行举证责任倒置原则，即由公诉方承担证明收集证据合法性的举证责任。同时此条第 2 款对证明方式进行了规定：“在对证据收集的合法性进行法庭调查的过程中，人民检察院应当对证据收集的合法性加以证明。现有证据材料不能证明证据收集的合法性的，人民检察院可以提请人民法院通知有关侦查人员或者其他人员出庭说明情况；人民法院可以通知有关侦查人员或者其他人员出庭说明情况。有关侦查人员或者其他人员也可以要求出庭说明情况。经人民法院通知，有关人员应当出庭。”此外，《刑诉法解释》第 135 条第 1 款规定：“法庭决定对证据收集的合法性进行调查的，由公诉人通过宣读调查、侦查讯问笔录、出示提讯登记、体检记录、对讯问合法性的核查材料等证据材料，有针对性地播放讯问录音录像，提请法庭通知有关调查人员、侦查人员或者其他人员出庭说明情况等方式，证明证据收集的合法性。”《关于办理刑事案件严格排除非法证据若干问题的规定》第 31 条第 1 款规定：“公诉人对证据收集的合法性加以证明，可以出示讯问笔录、提讯登记、体检记录、采取强制措施或者侦查措施的法律文书、侦查终结前对讯问合法性的核查材料等证据材料，有针对性地播放讯问录音录像，提请法庭通知侦查人员或者其他人员出庭说明情况。”由以上规定可知，公诉机关可通过向法庭提交、出示、宣读取证合法的有关材料，通知有关侦查员或其他人员出庭作证，播放讯问录音录像等方式来向法庭证明收集证据的合法性。

4. 非法证据排除程序的证明标准

《刑事诉讼法》第 60 条规定：“对于经过法庭审理，确认或者不能排除存在本法第五十六条规定的以非法方法收集证据情形的，对有关证据应当予以排除。”由此可见，排除非法证据的证明标准有两种：一是确认为非法证据；二是不能排除存在以法定非法方法收集证据的情形。

第四节　传闻证据规则

一、传闻证据规则概述

传闻证据规则，又称传闻证据排除规则、传闻法则、反传闻规则，是英美证据法最重要的排除法则之一。根据该规则，除法定情况外，传闻证据不具有可采性，即不得提交法庭进行调查质证；已经在法庭出示的，不得提交陪审团作为评议的根据。由此可以看出，传闻证据规则是规范传闻证据能力的规则。

（一）传闻证据的界定

对传闻证据的界定是理解传闻证据规则的关键。对于传闻证据的定义，各国的法律规定和理论研究都有不同的说法，其中最具代表性的是美国《联邦证据规则》对传闻的界定，即传闻是指这样的陈述：（1）该陈述并非陈述人在当前审判中或是听证时作出的；（2）当事人将其作为证据提出，用以证明该陈述所主张的事实之真实性。由此可见，传闻是必须同时具备下列两个要素的陈述：一是该陈述是在法庭审理之外形成的；二是提出该项陈述的目的是证明其所说内容的真实性。

从广义的角度来讲，传闻证据是在审判或听证时作证的证人以外的人所表达或者作出的，被作为证据提出以证实其主张事实的真实性的，一种口头或书面的主张或有意无意地带有某种主张的非语言行为。① 据此，对传闻证据可作如下理解：（1）传闻证据的形成至少涉及两个陈述主体，一个是亲身感知案件事实的人，另一个是亲自出庭作证的人；（2）至少涉及两个陈述环节，第一个环节是亲身感知案件事实的人向亲自出庭作证的人在庭审以外所作的陈述，第二个环节是亲自出庭作证的人在庭审中向法庭所作的陈述；（3）亲自出庭作证的人一般以口头形式向法庭作出陈述，而亲身感知案件事实的人向亲自出庭作证的人所作的陈述形式则不限于口头陈述，还包括书面形式、非语言行为（如手势、惊叫、点头）等一切能够表达意思的方式；（4）亲自出庭作证的人向法庭提出陈述，目的是证明该陈述的内容是真实的。

传闻证据在司法实践中主要表现为两种形式：一是亲身感知案件事实的证人在庭审外的证人证言，包括调查人员制作的询问笔录和证人亲自书写的证言；二是出庭作证的人向法庭转述他人亲身感知的案件事实。

（二）排除传闻证据的理由

传闻证据规则起源于17世纪的英国，其后在美国等其他英美法系国家得到确立和发展。例如，美国《联邦证据规则》第802条规定："传闻证据规则，除本规则或其他联邦最高法院根据立法授权或国会立法所确认的规则另有规定外，不得采纳"。英美法系国家普遍确立传闻证据规则，这既与传闻证据本身的特点有关，也与英美法系陪审团制度和对抗制诉讼有密切联系。传闻证据之所以被排除使用，主要是基于以下原因：

---

① ［美］乔恩·R. 华尔兹：《刑事证据大全》，何家弘等译，中国人民公安大学出版社2004年版，第102页。

1. 传闻证据存在失真的风险

传闻证据属于传来证据，存在因误传或故意伪造而导致失真的风险，采用传闻证据有悖于发现事实真相的初衷。

2. 传闻证据的真实性无法得到证实

因亲自感知案件事实的证人不出庭，传闻证据未经证人当庭宣誓就被提出来，也无法经过交叉询问等程序的审查，其真实性无法得到证实。此外，因传闻证据形成于庭审外，法官和陪审团成员不能直接听取原陈述人的陈述，因而无法通过察言观色，辨明其陈述的真伪。

3. 采纳传闻证据不利于保障被告人权利

在英美法系国家，与指控方证人对质是被告人享有的一项重要的宪法性权利。如果采纳传闻证据，则剥夺了被告人在法庭上与控方证人对质的机会，极大地削弱了诉讼的对抗性，这不仅不利于发现事实真相，也不利于保障被告人权利。因而保障被告人权利也是排除传闻证据的重要原因之一。随着传闻证据规则的发展，保障人权在其中所占的比重也在不断增加。

此外，由于陪审团成员并非专业的法律人员，更易为证据的纷繁复杂和辩护律师的诉讼技巧所误导和困惑。直接将传闻证据排除于法庭之外，可以限定陪审团接触证据的范围。

综上所述，传闻证据规则既能保障证据的真实性，有利于发现事实真相，从而实现实体公正，又能保障被告与对方证人的对质权，有利于增强诉讼的对抗性和公平性，从而实现程序的正义。

二、传闻证据规则的例外

为了保证证人陈述的真实性，根据传闻证据规则，传闻证据一般情况下不具有可采性，要予以排除。但是，如果对所有传闻证据都不加区分地机械化排除势必导致相当部分的案件事实无法查清，或查明案件事实成本过大，影响诉讼的效率。为此，许多国家的证据法确立了传闻证据规则的诸多例外情况。

英美证据法理论认为，具备下列条件之一的传闻证据，可以被采纳：（1）“可信性的情况保障”，即综合考虑传闻证据的各相关情况，可以相信其具有较高的可信或者不具有通常情况下传闻证据失真的风险性，即使未经交叉询问也不会侵害到当事人利益。（2）已经予以了反询问或者质问机会。

通常认为，可信性和必要性是形成传闻证据法则例外的主要考量因素。因此，具备下列条件的传闻证据可以被采纳：一是可靠性保证，即传闻证据具有较高的可靠性，即便不经过当庭宣誓作证和交叉询问，其虚假的可能性也很小；二是必要性基础，即在客观上存在无法对原始证人进行反询问的情形，且传闻证据没有其他具有同等证明价值的证据可以替代，因而不得已使用传闻证据。这在英国和美国传闻证据规则的例外中都得到了体现。

在英国，传闻规则的例外情形包括普通法上的例外与成文法上的例外。普通法上的例外包括有关事实的一部分、死者生前所作的陈述、非正式自认、在先前诉讼中提供的证据、公共文书和记录、论述公共事务的权威出版物等情形。成文法上的例外比普通法上的例外要广泛得多，包括载于记录中的文书传闻、口头或书面的传闻陈述以及电脑制作的陈述等。

美国《联邦证据规则》规定了两类排除传闻证据的例外：第一类是陈述者不必出庭的例外，即便原陈述人可以出庭但不出庭作证，传闻证据也可以被采纳，包括表达感觉印象、刺激下的表达、公共记录或报告、出于医疗诊断或治疗目的所作的陈述等情况；第二类是陈述人无法出庭的例外，即只有在直接感知案件事实的人不能出庭作证时，传闻证据才得以采纳，包括先前证词、临终陈述、对己不利等情况。

三、直接言词原则

（一）直接言词原则的概念

大陆法系国家大多未明确规定传闻证据排除规则，但其奉行的直接言词原则与传闻证据规则具有相似的要求和功能。

直接言词原则是直接审理原则和言词辩论原则的统称。所谓直接审理原则，又称“直接原则”，是指司法人员、当事人等诉讼参与人必须在开庭时亲自到庭出席审判，法官必须亲自直接从事法庭调查，听取法庭辩论。所谓言词辩论原则指参与审判的各方应以言词的形式进行诉讼行为，开展质证和辩论。根据直接言词原则的要求，所有证据只有在法庭上以言词方式提出，经控辩双方当庭质证，由裁判者亲自接触和审查，才能作为定案的根据。由此可见，直接言词原则也是证据能力规则，其内容具体包括：其一，所有证据必须在法庭上以言词的方式提出并以言词的方式进行调查和质证。因此，形成于庭审前的书面材料，如询问、讯问、勘查等调查笔录都必须当庭以言词的方式进行调查后方可作为定案的根据；其二，证人、被害人、鉴定人、侦查人员等应当亲自出庭提供口头证言，接受对方质证，否则其提供的书面证言、鉴定意见、侦查笔录等材料则不能作为定案的依据；其三，裁判者必须亲历审判，亲自审查证据，进行直接审和言词审，而非间接和书面审查，将对案件事实的判断建立在通过亲自查看实物证据，亲自听取证人、被害人的当庭陈述而获得的信息上，而不是建立在查看庭审外形成的书面卷宗上。

（二）直接言词原则与传闻证据规则的关系

直接言词原则和传闻证据规则在适用背景、内涵及侧重点上都有所不同。直接言词原则主要适用于大陆法系国家的职权主义诉讼模式，强调的是法官在发现事实真相方面的职权及对法官庭审程序的要求。根据该原则，作出判决的法官必须亲自审理案件，直接接触到原始证据，亲自调查和采纳证据，原则上不得将证据调查工作委托别人完成。直接言词原则强调的是规范法官审判行为及证据调查形式，因此它既是证据法原则，也是审判程序规则；传闻证据规则主要适用于英美法系国家的当事人主义诉讼模式，它与当事人程序对抗为出发点，侧重点在于为当事人提供质询证言的机会而不是直接规范法官的审判行为，要求当事人不得将传闻证据带入陪审团的视野，同时赋予当事人交叉询问的机会，而直接言词原则并没有规定当事人的反询问权。

尽管存在较多差异，但二者在要求、功能和价值理念上却有异曲同工之妙。直接言词原则要求证人必须出庭、法官必须亲自讯问被告人、询问证人、鉴定人、被害人等，对证据的调查必须以言词方式进行，一般情况下不得将书面材料作为裁判的根据。而传闻证据规则也要求证人必须亲自出庭作证，一般情况下不能以询问笔录和书面证言作为定案的根据。因此，两者的要求具有相似性。如此，两者客观上都使得证据必须在法庭上当庭质证，控辩双方也因此获得了辩论和质证的机会。在实现审判的公开性、保障证据真实性和增强诉讼的对抗性及公平性方面，两者具有殊途同归之势。

四、传闻证据规则和直接言词原则在我国的适用

（一）我国体现传闻证据规则精神的法律规定

我国现行诉讼法中的某些规定体现了传闻证据规则的精神。例如，《刑事诉讼法》第61条规定：“证人证言必须在法庭上经过公诉人、被害人和被告人、辩护人双方质证并且查实以后，才能作为定案的根据。”第192条第1款规定：“公诉人、当事人或者辩护人、诉讼代理人对证人证言有异议，且该证人证言对案件定罪量刑有重大影响，人民法院认为证人有必要出庭作证的，证人应当出庭作证。”上述规定原则上要求证人必须出庭作证，表面上看与传闻证据规则具有同样的要求，但与传闻证据规则要求还有很大的差距。因为根据传闻证据规则，证人不出庭作证，除法定情况外，其庭外陈述一律不具有可采性，法官对此一般也不具有自由裁量权。而在我国，一方面，并非所有证人都必须出庭作证，只有当证人证言对案件定罪量刑有重大影响，且人民法院认为有必要时，证人才必须出庭；另一方面，即便证人不出庭作证，法律也未明确规定应排除其庭前陈述和书面证言。实际上，只要未出庭证人的庭前陈述和书面证言经当庭宣读无异议

后，法院仍然会采纳其为定案的根据。《关于办理死刑案件审查判断证据若干问题的规定》确立了有限的传闻证据规则，即第 15 条规定，经依法通知不出庭作证证人的书面证言经质证无法确认的，不能作为定案的根据，但必须属于下列情形：一是人民检察院、被告人及其辩护人对证人证言有异议，该证人证言对定罪量刑有重大影响的；二是人民法院认为其他应当出庭作证的；三是未出庭作证证人的书面证言出现矛盾，不能排除矛盾且无证据印证的。由此可见，即便在死刑案件诉讼中，对传闻证据也不是必然排除，而是附条件排除。总之，我国在法律层面并未明确规定排除传闻证据，在司法实践中一般也并不排除书面证言、庭前证言等传闻证据。因此，我国并未确立传闻证据规则。

（二）建立我国的直接言词原则之思考

实际上，自 20 世纪以来，传闻证据规则在英美国家的适用范围已日益减少。例如 1968 年《英国民事证据法》规定，在民事诉讼中第一手传闻可以采纳。《加利福尼亚证据法典》、美国《联邦证据法规则》已经否定了普通法中将无意识的非语言行为亦视为一种陈述形式的苛刻作法。更甚者，美国《联邦证据法规则》还明确地将先前证词、对已不利的陈述等庭前陈述规定为“不是传闻”，从而排除传闻证据规则的适用。

无论从传闻证据规则适用的背景，即陪审团制度和对抗制诉讼模式，还是从实践中缺乏有力的强制证人出庭的配套措施，或是从诉讼成本等方面虑，我国都难以也不宜确立严格的传闻证据规则，而更适宜改革和完善现有法律制度以确立适应我国国情的直接言词证据规则。

一方面，我国现行的相关法律法规已基本体现了直接言词原则的要求和精神，这为该原则的确立奠定了基础。例如，《刑事诉讼法》除规定原则上证人必须出庭作证外，还对人民警察、鉴定人出庭作证作出了明确规定，即第 192 条第 2 款和第 3 款规定：“人民警察就其执行职务时目击的犯罪情况作为证人出庭作证，适用前款规定。公诉人、当事人或者辩护人、诉讼代理人对鉴定意见有异议，人民法院认为鉴定人有必要出庭的，鉴定人应当出庭作证。经人民法院通知，鉴定人拒不出庭作证的，鉴定意见不得作为定案的根据。”第 195 条规定：“公诉人、辩护人应当向法庭出示物证，让当事人辨认……审判人员应当听取公诉人、当事人和辩护人、诉讼代理人的意见。”《民事诉讼法》71 条中规定：“证据应当在法庭上出示，并由当事人互相质证。”《民诉法解释》第 103 条第 1 款规定：“证据应当在法庭上出示，由当事人互相质证。未经当事人质证的证据，不得作为认定案件事实的根据。”行政诉讼法也作出了类似的规定。

另一方面，我国与直接言词证据规则相关的法律规范并不完善，使司法实践中真正贯彻该原则面临着困难和阻碍。首先，尽管三大诉讼法都规定证据应当当庭质证才能作为定案的根据，但又允许以当庭宣读的方式来审查未到庭的证人的证言、鉴定意见、勘验笔录和其他作为证据的文书，实际上是允许采纳庭前证言和调查笔录等书面材料。这显然与直接言词原则是相违背的。其次，根据《刑事诉讼法》第192条规定，证人、被害人、鉴定人等必须在法官认为有必要时才必须出庭作证。由于法律并未明确规定排除庭前证言和调查笔录等书面材料，加上要求证人出庭存在的一些实际困难，故而实践中法官对证人出庭态度并不十分积极。最后，尽管2012年《刑事诉讼法》对证人出庭的义务、证人保护及补助等问题进行了明文规定，但因缺乏实施细则和相关配套制度，办案机关对证人不出庭作证问题也难以采取有力的应对措施，证人出庭率低的状况也未得到明显地改善。

总之，由于法律规范的漏洞和相关制度的缺位，使得我国司法实践中书面审和间接审仍十分普遍，难以真正贯彻直接言词原则。为此，有必要改革和完善相关的法律制度，以建立适应我国司法实践的直接言词原则。

1. 明确直接言词证据规则的适用范围

如果在诉讼中机械地实行直接言词证据规则，既不现实，也无必要。应根据诉讼性质、诉讼程序、证明对象的不同区分实行直接言词原则。其一，根据诉讼性质区分。在三大诉讼中，刑事案件案情较为复杂，证据审查难度较大，裁判结果对被告人权益影响最大，且被告与公诉机关的力量对比悬殊较大，因此刑事诉讼中贯彻直接言词原则应该最为严格。其二，从证明对象区分。对于用以证明案件实体争议事实，尤其是刑事诉讼中对被告定罪的事实的证据的审查，应严格实行直接审和言词审；而对于民事诉讼和行政诉讼中争议不大的非实体事实，及刑事诉讼中对被告人量刑事实的证据审查可采用间接审和书面审。其三，根据诉讼程序区分。对于普通审判程序规定一般应适用直接言词原则，而对于适用简易程序的案件则可以不适用直接言词原则。因为适用简易程序的案件事实争议及裁判结果对当事人权益的影响较小，且设立的目的主要是提高诉讼效益。

2. 明确规定排除对象和条件

对于用以证明案件实体争议事实，尤其是刑事诉讼中对被告定罪的事实的证据的审查，应严格实行直接言词原则，即除法定情况外，不得以庭前陈述和调查卷宗等书面材料作为定案的依据，相关证人、被害人、鉴定人和调查人员等必须亲自出庭，就其提供的证据接受法官、对方当事人、辩护人的质询，否则，相关的证言、鉴定意见、调查笔录不得作为定案的根据。

3. 落实证人、鉴定人、侦查人员出庭作证制度，提高出庭作证率

其一，进一步明确应当出庭的证人范围。公诉人、当事人或者辩护人、诉讼

代理人对证人证言有异议，人民法院认为该证人证言对案件定罪量刑有重大影响的，证人应当出庭作证。为限制法院对证人出庭作证必要性审查的随意性，应规定只要对证人证言的质疑被提出，除非法院能阐明证人无必要出庭的理由，否则就应当通知证人、鉴定人或侦查人员出庭。同时，对证人可以不出庭的情况要进一步明确规定。例如，《刑诉法解释》第253条规定："证人具有下列情形之一，无法出庭作证的，人民法院可以准许其不出庭：（一）庭审期间身患严重疾病或者行动极为不便的；（二）居所远离开庭地点且交通极为不便的；（三）身处国外短期无法回国的；（四）有其他客观原因，确实无法出庭的。具有前款规定情形的，可以通过视频等方式作证。"对于"无法出庭作证的"的情形应进一步明确和细化，尽量减小解释的随意性。其二，进一步完善证人保护和补偿制度。现有对证人保护的规定太过原则，缺少细化规定和配套制度的保障，保护证人难以真正落到实处。因此，应该进一步细化相关规定，健全配套制度，明确在不同的诉讼阶段，具体由谁、可以采取何种措施对证人进行保护，使保护证人的法律保障、人员和物质保障真正落到实处。其三，进一步明确对不出庭证人的惩罚措施，增强司法机关强制证人出庭的底气。其四，利用科技手段来弥补证人无法出庭的缺憾，降低传闻证据失真的风险。例如，在庭审前对证人，尤其是关键证人进行询问时可进行录音录像，防止日后出现证人因患病或死亡等原因而失去作证能力；对于具备作证能力而无法出庭的证人，可在庭审时通过远程视频方式让无法出庭的证人提供证言等。

4. 依托以审判为中心的刑事诉讼制度改革，助力直接言词原则的全面确立和发展

在推进以审判为中心的诉讼制度改革中提出的许多规定和要求都充分地体现了直接言词原则的精神。如《关于推进以审判为中心的刑事诉讼制度改革的意见》第11条规定，规范法庭调查程序，确保诉讼证据出示在法庭、案件事实查明在法庭。第12条规定，完善对证人、鉴定人的法庭质证规则，落实证人、鉴定人、侦查人员出庭作证制度，提高出庭作证率。第13条规定，完善法庭辩论规则，确保控辩意见发表在法庭。第14条规定，完善当庭宣判制度，确保裁判结果形成在法庭。第17条规定，依法保障辩护人会见、阅卷、收集证据和发问、质证、辩论辩护等权利，完善便利辩护人参与诉讼的工作机制。司法实践中要切实贯彻落实这些规定和要求，同时加强相关理论研究和规则制度的完善，以建立我国的直接言词原则。

第五节　最佳证据规则

一、最佳证据规则的概念

最佳证据规则起源于英国，是英美法系国家一项具有悠久历史的证据规则。1700年首席大法官霍尔特在一个案件中指出："仅仅需要事物本身所能具有的最佳证据。"最初的最佳证据强调的是要求提供"最好的证据"，但对何为"最好的证据"并没有作出明确的解释；直到18世纪，学者才明确提出最佳证据规则的明确含义是指在证明一项文书内容的过程中，如果其内容是重要的，除非可以证明存在非因提出人的重大过失的其他原因，否则必须提出原始文书。

最佳证据规则是英美法中规范文书材料可采性的一项重要规则。根据该规则的要求，当文书材料以其记载的内容来证明案件事实时，除法定的特殊情况外，必须出示原件，否则不予采纳。也就是说，在以书证证明案件事实时，采纳原始文书是原则，采纳非原始文书是例外。美国学者华尔兹教授认为，最佳证据规则仅是一项规定原始文字材料有优先作为证据的简单规则，将该规则称为"原始文书规则"或许更为妥当。①

需要注意的是，英美法中的最佳证规则与法国的优先证据规则是两个完全不同的概念。书证优先规则是法国民事诉讼法典特有的规则，其基本含义是对同一案件事实的证明，书证优先于人证，只要做成了书证，就排斥了以采用人证证明的可能性。

最佳证据规则实质是通过原则上排除对非原始文书的使用，以保障书证的真实性和可靠性。通常认为，复制件等非原始文书的真实可靠性弱于原始文书。因为非原始文书在形成过程中难免存在误差或人为变造、伪造的风险，在没有原始文书印证的情况下，其真实性难以得到保证。因此，最佳证据规则具有规范书证的证据能力，保证书证的真实性，进而防止裁判者据此对案件事实形成误判的作用。

二、域外的最佳证据规则

最佳证据规则是英美法系国家重要的证据规则之一。各国法律一般规定以提

① ［美］乔恩·R. 华尔兹：《刑事证据大全》，何家弘等译，中国人民公安大学出版社2004年版，第420页。

交书证的原件为基本要求，同时也规定了若干例外情形，以使复制件在确保真实可靠的情况下具有可采性，并且只要复制件的真实可靠性被有效证明，其就具有与原件同等的证明力。

（一）最佳证据规则的适用范围

英美法中传统的最佳证据规则，其适用范围仅限于文书，但随着时代的发展，其适用范围在有的国家有所扩大。例如，美国《联邦证据规则》第1002条规定："为证明文字、录音或照相的内容，要求提供该文字、录音或者照相的原件，除非本证据规则或国会另有规定。"该规则对原件的解释是："文字或者录音的原件即该文字或录音材料本身，或者有制片人或者签发人使其具有与原件同样效力的副本、复本。照相的原件包括底片或者任何由底片冲印的胶片。如果数据存储在电脑或类似的设备中，任何从电脑中打印或输出的准确反映有关数据的可读物，均为原件。"据此，美国《联邦证据规则》的这些规定实际上对传统的最佳证据规则进行了发展，不仅将录音、照相等非原始意义上的文书纳入了最佳证据规则的适用范围，并且为了适应计算机时代广泛使用电子证据需要，开创性将从电脑中打印或输出的准确反映有关数据的可读物，视为原件。

英国原则上也排除非原始文书的可采性。但与美国不同的是，英国并未将录音录像等信息存储技术的产物纳入最佳证据规则的适用范围。对于电子资料，法院是根据最佳证据规则的例外规定使其具有可采性，而非直接将其视为原件，即凡是当事人能够证明其确实无法取得正本时，可以使用抄本证明原件的内容；对计算机输出的文件而言，只需要证明这些文件的正本在正常的业务活动中已经销毁，或者系直接输入，无须证明基础正本从未存在。①

大陆法系国家对最佳证据规则的重视程度远远不如英美法系国家。最佳证据规则在刑事诉讼法中鲜有规定，只在民事诉讼法中稍有体现。例如，德国《民事诉讼法》第435条规定，公文书，可以提出原本或提出经认证的缮本，但缮本在认证后须具备公文书的要件；法院也可以命令证人提出原件，或命其说明不有提出原本的原因并释明之。举证人不服命令时，法院依自由心证对该认证缮本具有如何的证明力，作出判断。由此可见，德国尽管原则上要求当事人提供文书的原件，但在当事人无法提交原件的情况下，法院并不是直接否定复制件的证据能力，而是自由裁量其证明力。

（二）最佳证据的例外情况

英美法各国的证据法中都有关于提交原件的例外性规定。美国《联邦证据规则》第1004条规定，在下列情况下，可以不提交文书、录音或照片的原件：

① 何家弘主编：《电子证据法研究》，法律出版社2002年版，第378页。

(1) 原件遗失或毁坏，但提供者出于不良动机遗失和毁损的除外；(2) 原件无法获得，不能通过适当的司法程序或行为获得原件；(3) 原件在对方掌握中；(4) 有关文件、录音、照片与案件中主要争议问题之间没有密切关系。第 1003 条规定，复制品可与原件在同等程度上采纳，但下列情况除外：(1) 对复制品是否忠于原件产生疑问；(2) 以复制品替代原件采纳将导致不公。

依据英国证据法的规定，经过基础证据的认证，即证实提供的复制件确实为原始文书的复制件后，在适用例外规定的情况下，当事人可就文书内容提供第二手的证据。其立法允许使用第二手证据的情形主要有：一是一方当事人无法开示或提交原件；二是但凡原件为非诉讼当事人的第三人所占有，且该第三人有合法理由拒绝提交；三是原件已被毁损或在合理搜寻后仍无法取得，但前提是必须充分地证明遗失或灭失的事实的发生；四是提供原件在客观上不可能或存在极大的障碍；五是对于政府文件适用特别规则，政府文件的特征要由官员证明其真实性；六是银行账簿。

三、我国的最佳证据规则

我国三大诉讼中均有最佳证据规则的相关法律规定，不仅体现了原始书证优先的精神，而且将该规则的适用范围进行了扩展，形成了具有自身的特色最佳证据规则。

（一）刑事诉讼中最佳证据规则

我国《刑事诉讼法》并未对最佳证据规则作出规定，但 2010 年《关于办理死刑案件审查判断证据若干问题的规定》确立了较为系统的最佳证据规则，且相关规定已被 2012 年《刑诉法解释》吸收，对最佳证据规则的适用范围及例外情况作出了明确规定。

1. 适用范围

根据相关规定，刑事诉讼中不仅要求书证应当提供原件，且要求物证、视听资料、电子数据均应当提供原物或原件。《刑诉法解释》第 83 条、第 84 条规定，据以定案的物证应当是原物。据以定案的书证应当是原件。第 108 条规定，对视听资料重点审查是否为原件。第 110 条规定，对电子数据重点审查是否随原始存储介质移送。此外，2018 年《人民法院办理刑事案件第一审普通程序法庭调查规程（试行）》第 32 条规定，物证、书证、视听资料、电子数据等证据，应当出示原物、原件……对于鉴定意见和勘验、检查、辨认、侦查实验等笔录，应当出示原件。

2. 例外情况及排除规则

根据相关规定，在原物、原件无法取得或取得十分困难时等特定情况下，复制品、复制件可以使用，但必须符合相关要求，即复制品特征与原物相符，复制件与原件核对无误，且真实可靠，否则不能作为定案的依据。例如，《刑诉法解释》第 83 条规定，原物不便搬运，不易保存，依法应当由有关部门保管、处理，或者依法应当返还的，可以拍摄、制作足以反映原物外形和特征的照片、录像、复制品。物证的照片、录像、复制品，不能反映原物的外形和特征的，不得作为定案的根据。物证的照片、录像、复制品，经与原物核对无误、经鉴定为真实或者以其他方式确认为真实的，可以作为定案的根据。第 84 条规定：据以定案的书证应当是原件。取得原件确有困难的，可以使用副本、复制件。书证有更改或者更改迹象不能作出合理解释，或者书证的副本、复制件不能反映原件及其内容的，不得作为定案的根据。书证的副本、复制件，经与原件核对无误、经鉴定为真实或者以其他方式确认为真实的，可以作为定案的根据。

（二）民事诉讼和行政诉讼中的最佳证据规则

与刑事诉讼一样，在民事诉讼和行政诉讼中，原则上要求书证、物证、视听资料和电子数据应提供原物或原件，但提交原物、原件确有困难时，可以提交复制品、复制件，经审查后确认与原物、原件核对真实无误，则可以作为定案的依据，否则不得作为定案的依据。例如，《民事诉讼法》第 73 条第 1 款规定："书证应当提交原件。物证应当提交原物。提交原件或者原物确有困难的，可以提交复制品、照片、副本、节录本。"最高人民法院《关于民事诉讼证据的若干规定》第 11 条规定："当事人向人民法院提供证据，应当提供原件或者原物。如需自己保存证据原件、原物或者提供原件、原物确有困难的，可以提供经人民法院核对无异的复制件或者复制品。"《关于行政诉讼证据若干问题的规定》第 10 条规定，当事人向人民法院提供物证的，应当提供原物。提供原物确有困难的，可以提供与原物核对无误的复制件或者证明该物证的照片、录像等其他证据。第 12 条规定，当事人向人民法院提供计算机数据或者录音、录像等视听资料的，应当提供有关资料的原始载体。提供原始载体确有困难的，可以提供复制件。第 71 条规定，无法与原件、原物核对的复制件或者复制品不能单独作为定案的依据。

第六节 意见证据规则

一、意见证据规则概述

（一）意见证据规则的概念

意见证据规则是英美证据法中规范证人证言的可采性规则。其主要内容是，证人只能就自己亲身感知的案件事实提供证言，一般不得提出在感知的基础上进行猜测、推理而形成的意见。

根据该规则，意见证据原则上不具有可采性。所谓的意见证据是指证人在感知案件事实的基础上经过推测、猜想、推理等方式所形成的意见和看法。判断证人的陈述是否为“意见”的依据是，其陈述的内容是属于其对案件事实的感知，还是通过感知得出的推论或者判断。当然，由于认识是客观世界在人脑中的主观反映，证人对案件事实的感知或多或少总是带有主观性的，因此证人对案件事实的陈述和意见证据的界限也并不是那么的泾渭分明。尽管从理论上可以区分事实和意见，但实际上两者的区别只是程度不同而已。

（二）意见证据规则的功能

意见规则的理论基础是证人职能和裁判职能的区别。基于此，排除普通证人意见证据的可采性，主要有两个理由：一是意见证据侵犯了事实裁判者的权力。对案件事实的认定是事实裁判者而不是证人的职责，证人对案件事实作出推断，显然是越俎代庖，侵犯了裁判者的权力。二是意见证据可能误导裁判者，致使裁判者误判。普通证人对案件事实的猜测和推断具有虚假的可能性，由于英美法系国家实行陪审团制度，普通证人的意见证据容易误导陪审团成员，干扰他们对案件事实的判断，进而导致误判。因此，意见证据规则具有保障证言可靠性和裁判者独立行使裁判权的功能。

1. 保障证言可靠性的功能

对于普通证人而言，其对亲身感知的案件事实所作的陈述尚且受感知能力、客观条件、记忆和陈述等多种因素的影响而具有失真的风险，更何况其对案件事实所作出的猜测、推断可能掺杂了更多的个人主观因素，甚至是完全脱离事实的个人意见，如果允许证人对案件事实发表的意见作为证言内容而采纳为定案的依据，则可能导致对案件事实的错误认定。相反，限制普通证人就其感知的案件事实作证时发表自己对案件的推论和判断意见，则可以有效地保障证言的可靠性。

2. 保障裁判者独立行使裁判权的功能

裁判权独立行使是保证裁判的客观性和公正性的必然要求。普通证人对案件事实发表推论和判断意见不仅侵犯了裁判者的权力，更有可能对裁判者造成干扰，影响他们对案件事实的判断。因此，对普通证人的意见不予采纳，可以保障裁判者独立地行使裁判权，避免因受到干扰而导致对案件事实认定的偏差，也进而可以保障裁判的客观公正性。

二、域外的意见证据规则

英美法系国家证人有普通证人和专家证人之分，因而意见证据也分为普通证人的意见证据和专家证人的意见证据。一般情况下，普通证人的意见证据不具有可采性，而专家证人的意见证据则可以被采纳。也就是说，原则上意见证据都不具有可采性，但作为该规则的例外，专家证人意见证据和特定情况下的普通证人意见证据具有可采性。

（一）除法律规定外，专家证人意见证据具有可采性

美国《联邦证据规则》第702条规定："下列情况下，因知识、技能、经验、训练或教育而具备专家资格的证人，可以以意见或者其他形式就此作证：（a）专家的科学、技术或者其他专门知识将会帮助事实审判者理解证据或者确定争议事实；（b）证言基于足够的事实或者数据；（c）证言是可靠的原理和方法的产物；以及（d）专家将这些原理和方法可靠地适用于案件的事实。"由此可见，作为意见证据规则的主要例外，除法律规定外，专家证人的意见证据可以被采纳。

采纳专家证人的意见证据是诉讼中认定案件事实的需要，因为案件中某些专业问题，已经超出了裁判者的知识范围，必须由具有相关专业知识的人，对案件相关问题提供意见，以帮助裁判者认定案件事实。在英美法系国家，专家证人的范围比较广泛，任何具有专门知识的人都是专家，并可以在法庭上就其专业知识领域的问题提出意见。在某人以专家身份就实质问题作证以前，一般需要通过一个所谓的"证人资格"认定程序，即由对方律师或本方律师就该证人接受的专业训练或获得的专业技能等相关问题提问，以揭示其专门知识的有无，确认其专家证人的资格。

除作证资格受审查外，专家证人的意见证据还会受到一些限制，例如专家必须在其特定的专业领域作证，不得对其他专业问题作证；专家提出的意见也必须经过庭审中的交叉询问，等等。

（二）特殊情况下，普通证人意见证据可以被采纳

鉴于证人感知的事实与意见在实践中有时很难截然分开，因此意见证规则对普通证人的意见证据设置了若干例外。

美国《联邦证据规则》第701条规定，如果证人不是作为专家作证，其以意见形式作出的证言，限于符合下列情形的意见：（a）合理地基于该证人的知觉；（b）有助于澄清对证人证言的理解或争议事实的判定；（c）不是基于科学、技术或者其他属于规则702范围的专业知识。英国对普通证人意见证据不采纳的例外主要有：（1）极难分开的意见和事实，而且证人的意见对于裁判者有所帮

助；（2）证人对非主要争执点的意见。

结合各国的立法和司法实践，普通证人的可采性意见主要包括生活中的大量非科学问题，如身份、某人的身体状况、情绪、脾气、年龄、距离、速度、大小、冷热、长短等。此类事项基于自身特点无法通过客观描述予以展现，故而允许证人基于亲身感受提供意见。

大陆法系国家的证人并不包括专家证人，运用专业知识解决案件中专门性问题的人称为鉴定人，鉴定人通过鉴定所形成的鉴定意见是一种法定证据种类，而不是证人意见。除日本等少数国家外，大多数大陆法系国家并没有限制证人意见的证据能力的规则。日本在“二战”以后，受美国法的影响，对意见证据作出了限制性规定。日本原则上禁止对证人进行要求其提供意见的询问，也允许对方当事人对该证人提供的必要的意见提出异议。但作为例外，证人可以根据直接的经验陈述他所推测的现象，不过这种推测不能超过合理的限度。至于根据直接经验所推测的事项范围，法律并没有明文规定，而是由法官自由裁量，常见的有距离、时间等问题的推测。

三、我国的意见证据规则

（一）刑事诉讼中的意见证据规则

与大陆法系国家一样，我国将证人和鉴定人严格区别开来，证人是除当事人以外就其感知到的案件事实情况而作证的人；而鉴定人必须具有相关的专业知识，且取得相应的鉴定资质，才可以经过规范的鉴定程序后就案件中的专业性问题出具意见。证人作证所形成的证据是证人证言，而鉴定人鉴定后所形成的证据是鉴定意见。

我国《刑事诉讼法》并未明确规定意见证据规则。但《刑诉法解释》和《关于办理死刑案件审查判断证据若干问题的规定》对该规则作出了规定。《刑诉法解释》第88条第2款规定：“证人的猜测性、评论性、推断性的证言，不得作为证据使用，但根据一般生活经验判断符合事实的除外。”《关于办理死刑案件审查判断证据若干问题的规定》第12条第3款也作出了同样的规定。由此可见，在刑事诉讼中，原则上排除证人的猜测性、评论性、推断性证言，即意见证据不具有证据能力，但作为例外，证人根据一般生活经验判断符合事实的意见可以被采纳。

上述规定的实质是强调证言要符合事实，即具有真实性，如此可以有效地避免因虚假证言导致误判的风险。为了更好地发挥该条款的作用，司法实践中要注意以下几点：

第一，办案人员要注意区分证人的陈述中哪些是对案件事实的陈述，哪些是证人的猜测性、评论性和推断性陈述。首先，如果证人的意见并非建立在其感知的案件事实的基础上，而是毫无事实依据的猜测或推断，那肯定不能作为证据使用。例如张三仅听说李四死了，就猜测说李四是被王五杀害的。其次，证人感知了案件事实，但其对案件事实的判断已经明显超出了其感知到的案件事实的范围而不具有可靠性。例如张三仅看见李四从王五家出来，他就因此推测说李四肯定是去王五家偷东西了。

第二，办案人员要从证人感知案件时的具体情况，证人的表述习惯等方面，运用生活经验、逻辑思维来分析判断证人哪些意见是符合事实的。例如证人陈述说犯罪嫌疑人身高大概是一米七，这是他根据犯罪嫌疑人擦肩而过时，以自己的身高作为参照对犯罪嫌疑人身高所作出的推断。这就是根据一般生活经验判断符合事实的意见。

第三，办案人员在询问证人时，要本着实事求是的态度，规范制作询问笔录，客观准确地反映证人陈述所表达的意思，不要因为书面文字表述的原因而掩盖了证人对事实的陈述和意见的界限；更不能主观地取舍、删减证人陈述的内容，歪曲证人想表达的思想，进而将猜测性、推断性和评论性语言人为地转化为证人对案件事实的陈述。

第四，加大对书面证言的审查力度，完善证人出庭作证制度，要求对案件事实认定有关键影响的证人亲自出庭作作证，就其证言接受法官和控辩双方的质询。如此要求的目的与直接言词原则是一样的，就是最大限度地保证证言的真实可靠性。

（二）民事、行政诉讼中的意见证据规则

最高人民法院《关于民事诉讼证据的若干规定》第 72 条第 1 款规定：“证人应当客观陈述其亲身感知的事实，作证时不得使用猜测、推断或者评论性语言。”最高人民法院《关于行政诉讼证据若干问题的规定》第 46 条规定：“证人应当陈述其亲历的具体事实。证人根据其经历所作的判断、推测或者评论，不能作为定案的依据。”由此可见，我国民事诉讼和行政诉讼中都不认可证人所作的猜测、推断或评论性语言具有证据能力，因此不得作为定案的依据。

第七节　补强证据规则

一、补强证据规则的概述

（一）补强证据规则的概念

补强证据规则是指运用某些证明力显然薄弱的证据认定案件事实时，法律规定必须有其他证据补强其证明力的规则。所谓的补强意指“支持或印证”。证据补强就是通过其他证据对某类证据进行支持或印证，作用是通过证据的相互印证以增强或担保被补强证据的证明力。

补强证据规则主要适用于言词证据，其中又以对口供的补强为主。由于刑事被告诉讼地位的特殊性，及其供述存在较高的虚假风险，故而口供补强规则是补强证据规则中最主要、最复杂的部分。除口供外，补强证据规则还包括对其他证据的补强，如英美法对未成年人未经宣誓的证言、性犯罪中受害人证言的补强等。

补强证据规则中有主证据和补强证据之分，前者是指基于自身的特殊性，需要其他证据加强自身的证明力才能作为定案依据的证据；后者是指用以增强主证据证明力，确保主证据真实性的其他证据。对此需要明确以下问题：第一，补强证据是独立于主证据之外的其他证据。与主证据没有实质区分的证据不得作为补强证据。例如，被告人的重复性供述实质上为同一证据，后一供述不能作为前一供述的补强证据。第二，主证据和补强证据都必须具有证据能力，不具有证据能力的证据不得作为补强证据。第三，补强证据必须具有能担保主证据真实性的能力，对证明主证据真伪没有帮助的证据不能作为补强证据。

（二）补强证据规则的功能

多数证据规则是规范证据的证据能力的规则，鲜有直接规范证明力的证据规则，而补强证据规则就是其中一个。通常认为，通过法律直接限定证据证明力是法定证据制度的产物，但是在自由心证被广泛认可的今天，补强证据规则仍具有巨大的生命力，被各国广泛运用，这与该原则具有的重要功能和价值是密不可分的。第一，有利于发现案件事实真相，降低错判的风险，具有确保实体公正的功能。诉讼中的某些证据具有证据能力，但由于其本身的特殊性导致其证明力较弱，若仅以其作为定案的依据，则存在误判的风险。例如，因刑事被告人与其他当事人相比，具有特殊的诉讼地位，其口供虚假的风险明显高于其他证据。如果仅以口供定案，则可能导致对案件事实的误判而造成冤假错案。补强规则要求必须有其他证据对此类证据进行支持和印证，才能作为定案的依据，如此可有效限制裁判者对证据证明力的自由裁量权，确保主证据的真实性，使定案的依据更为充分，进而有利发现案件事实真相，降低错判的风险，实现实体公正。第二，有利于防止刑讯逼供等非法取证行为，具有保障人权，实现程序正义的功能。发现案件事实真相，实现实体公正是诉讼追求的重要价值目标，但并非唯一目标。保障当事人尤其是被追诉者的人权也是现代法治社会重要的价值目标。以补强证据规则限制法官对证据证明力的自由裁量，其目的并不仅仅是追求案件的实体真实，更重要的是价值选择和政策考量的结果。在这一点上，口供补强规则体现得最为明显。在被告人自白证明力不充分的时候，通过其他证据对其进行补强是发现案件事实真相的客观需要，但在被告人自白高度可信的情况下，法律依然规定不能仅以此口供定案，就是为了矫正长期以来形成的过分依赖口供的倾向，削弱警察刑讯逼供等非法取证行为的动力，从而达到保障人权，实现程序正义的目的。

二、域外的补强证据规则

（一）英美法系国家的口供补强规则

英国的证据补强规则原本属于司法实践中的一项弹性原则，此后经过逐渐发展，最终演变成为严格的证据法则。在英国的传统法律中，补强证据规则涉及的内容比较广泛，除了被告人口供外，还包括某些特定罪名中的证人证言。

1. 口供补强规则

被告人在法庭外所作的有罪供述必须有其他证据予以补强，才能在法庭上作为证据提出。对于被告人在法官面前所作的陈述，不要求提供其他证据进行补强。

2. 其他证据的补强规则

（1）对几类罪名中不利于被告人的证人证言需要进行补强，具体包括伪证罪、超速行驶罪、引诱卖淫罪、假冒他人罪。（2）特殊主体的言词证据需要补强，具体包括共犯的口供；性犯罪中被害人的证言；未成年人未经宣誓的证言。

1994 年，英国改革刑事诉讼法并颁布了《刑事审判与公共秩序法》，在一定程度上缩小了强制补强的范围，使补强证据规则变得更富有弹性。

与英国一样，美国的口供补强规则仅限于被告人在法庭外所作的有罪供述。此外，叛逆罪、伪证罪、性犯罪等诉讼中的证言也需要其他证据的补强。

（二）大陆法系国家的补强证据规则

大陆法系国家的补强证据规则一般只适用于口供。由于更为追求案件处理的实体真实性，因而较为强调补强证据规则在确保口供真实性上的功能。

日本《刑事诉讼法》第318条规定："证据的证明力，由法官自由判断。除被告人口供必须补强以外，所有证据是否需要其他证据的补强都应该根据案件实际情况确定。"日本《宪法》第38条第3款规定："对于任何人，在他本人的自白是不利于自己的唯一证据时，不能认定有罪或者处以刑罚。"为了贯彻这一宪法原则，《刑事诉讼法》第319条第2款规定："不论被告人的自白是否在审判庭上作出，该自白是不利于自己的唯一证据时，不能认定被告人的有罪。"尽管法律如此规定，但判例中却采取了不一样的立场，即"公审法庭上的口供不需要补强"。也就是说，对于审判过程中的口供是否需要补强，由法官自由裁量。

德国刑事诉讼法没有明确规定何种情况证据必须补强，而是交与法官裁量。例如，德国《刑事诉讼法典》第261条规定："对证据调查的结果，由法官根据它在审理的全过程中建立起来的内心确信而决定。"而事实上，如果缺乏其他证据的印证，口供的真实性难以得到保证，法官不会仅依据口供作出有罪判决。为了确保事实认定的准确性，德国同样非常重视对口供的补强。

三、我国的补强证据规则

我国的补强证据规则主要适用于刑事诉讼中对被告人供述的补强，此外在民事诉讼和行政诉讼中也有所体现。

（一）刑事诉讼中的补强证据规则

我国对被告人供述实行了较为严格的补强证据规则。《刑事诉讼法》第55条规定："对一切案件的判处都要重证据，重调查研究，不轻信口供。只有被告人供述，没有其他证据的，不能认定被告人有罪和处以刑罚。"《刑诉法解释》第96条规定："审查被告人供述和辩解，应当结合控辩双方提供的所有证据以及被告人的全部供述和辩解进行。被告人庭审中翻供，但不能合理说明翻供原因或者其辩解与全案证据矛盾，而其庭前供述与其他证据相互印证的，可以采信其庭前供述。被告人庭前供述和辩解存在反复，但庭审中供认，且与其他证据相互印证的，可以采信其庭审供述；被告人庭前供述和辩解存在反复，庭审中不供认，且无其他证据与庭前供述印证的，不得采信其庭前供述。"第141条规定："根据被告人的供述、指认提取到了隐蔽性很强的物证、书证，且被告人的供述与其他证明犯罪事实发生的证据相互印证，并排除串供、逼供、诱供等可能性的，可以认定被告人有罪。"由此可见，在我国，只有口供，无其他证据，不能对被告人进行定罪处罚。无论是庭前供述还是庭审供述，都必须有其他证据予以补强，相互印证，排除矛盾，才可以作为认定被告有罪的依据。

除口供补强规则外，我国《刑事诉讼法》并未明确规定对其他证据的补强。

《刑诉法解释》第143条规定："对下列证据应当慎重使用，有其他证据印证的，可以采信：（1）生理上、精神上有缺陷，对案件事实的认知和表达存在一定困难，但尚未丧失正确认知、表达能力的被害人、证人和被告人所作的陈述、证言和供述；（2）与被告人有亲属关系或者其他密切关系的证人所作的有利被告人的证言，或者与被告人有利害冲突的证人所作的不利被告人的证言。"此条所列举的证言由于陈述主体的特殊性具有失真的风险，因此需要有其他证据加以印证，担保其可靠性，但法条仅规定应当慎重使用，并未明确在缺乏其他证据印证的情况下，此类证言不可以被采纳，故而这并非严格意义上的补强证据规则。

（二）民事诉讼和行政诉讼中的补强证据规则

《关于民事诉讼证据的若干规定》第90条规定，下列证据不能单独作为认定案件事实的依据：（1）当事人的陈述；（2）无民事行为能力人或者限制民事行为能力人所作的与其年龄、智力状况或者精神健康状况不相当的证言；（3）与一方当事人或者其代理人有利害关系的证人陈述的证言；（4）存有疑点的视听资料、电子数据；（5）无法与原件、原物核对的复印件、复制品。《关于行政诉讼证据若干问题的规定》第71条规定，下列证据不能单独作为定案依据：（1）未成年人所作的与其年龄和智力状况不相适应的证言；（2）与一方当事人有亲属关系或者其他密切关系的证人所作的对该当事人有利的证言，或者与一方当事人有不利关系的证人所作的对该当事人不利的证言；（3）应当出庭作证而无正当理由不出庭作证的证人证言；（4）难以识别是否经过修改的视听资料；（5）无法与原件、原物核对的复制件或者复制品；（6）经一方当事人或者他人改动，对方当事人不予认可的证据材料；（7）其他不能单独作为定案依据的证据材料。由此可见，我国民事诉讼和行政诉讼中证据补强规则的适用范围较广，包括具有失真风险或真实性难以确定的证人证言、复制件、复制品、视听资料等证据材料。

延伸阅读

两大法系证据规则的比较

众多学者认为，当代英美法系的证据规则比大陆法系的证据规则复杂、精致。达马斯卡甚至指出：证据规则的区别就是大陆法系与英美法系刑事诉讼程序的主要区别。英美法系的陪审团审判制度下，其证据法比大陆法系的证据法对给被告人定罪设置了更多的证据障碍。具体而言，与大陆法系相比，英美法系对被告人定罪的证据障碍主要体现在以下三个方面：一是英美法系的陪审团审判导致了比大陆法系更多的排除规则；二是英美法系的法庭举证规则比大陆法系的规则为检察官设置了更多的障碍；三是英美法系的证据评价机制比大陆法系更加有利于被告人。

1. 排除规则方面的比较。在英美法系，逻辑上具有可采性的证据仍然由于证据法的规定而不具有法律上的可采性，这些规则的存在很大程度上是由于人们相信，采纳这样的证据可能会给事实裁判者造成超过它本身应当具有的证据力的评价。但在大陆法系，是以赋予法官自由裁量的方式来排除证据。比如，大陆法系的法官可以证言没有必要而排除某证人出庭作证。大陆法系另一个具有排除证据效果的机制是“直接原则”。意识到原始的证据比经过传递的证据更加具有可靠性。大陆法系对先前定罪的证据以及其他定罪的证据以不具有相关性予以排除，而在英美法系则是不具有可采性。大陆法系虽然可以通过直接、言词原则，通过法官的自由裁量排除一些证据，但是这些证据的排除都不是强制排除，也不是当事人的权利，而是完全由法官掌握。另外，在非法证据的排除方面，英美的排除规则比任何大陆法系国家的排除规则都要多得多，也要精致得多。

2. 举证规则方面的比较。举证规则是法庭上双方如何提出证据证明自己主张的规则。在这方面，英美法系的证据规则比大陆法系的证据规则更加有利于被告人。英美法系和大陆法系的被告人都享有沉默权，但是，英美法系的被告人享有的是“不受讯问的权利”，而大陆法系的被告人享有的则是“拒绝回答的权利”。在大陆法系，被告人就是被当作证据来源来对待的。

证据披露的比较。大陆法系的证据披露是一把“双刃剑”。另外，大陆法系的被告人更经常地遭到讯问，他们更多地被视为证据的来源。

3. 证据评价机制方面的比较。在英美法系和大陆法系国家，被告人都有权作最后陈述发言。但是英美法系国家法庭的最后干预对于被告人和控诉方之间的辩论力量起到一种平衡的作用。因为，法官可以就证据问题进行总结和评论。在大陆法系，专业法官本身就是陪审团的组成部分，而且主持审判的法官在陪审团开始讨论之前一般都要对证据进行总结和评论。

4. 英美法系中，陪审团审判中的外行法官完全掌握决定是否有罪的权力，法官对陪审团的限制仅仅是通过对它进行指示，而一旦陪审团退庭评议，法官就不能继续施加影响。而在大陆法系的混合庭中，专业法官扮演着积极的角色。陪审员的因素在很大程度上被十分有效地控制在主审法官手中。

第六章

司 法 证 明

证明责任乃诉讼的脊梁。

——罗森贝克

第一节 证 明 概 述

一、证明的概念和意义

（一）证明的概念

在现代汉语中，证明有动词和名词两种词性。作为动词，证明是指用可靠的材料来表明或者断定人或事物的真实性；作为名词，证明是指证明书或证明信。显然，证明在司法活动中是作为动词使用，意指证明主体按照法定的程序和标准，运用证据来明确案件事实，论证诉讼主张的活动。这种证明通常也称为“司法证明”或“诉讼证明”。在民事诉讼和行政诉讼中，证明是指双方当事人在法庭上举证以说服法官确认本方所主张的案件事实的活动。在刑事诉讼中，证明有狭义和广义之分。狭义的证明仅限于审判阶段；而广义的证明则贯穿于整个刑事诉讼过程。传统上，我国一直采取广义说，认为证明不仅是审判阶段由控辩双方提出证据阐明待证事实，论证诉讼主张的活动，还包括侦查、审查起诉和提起公诉过程中收集、审查证据，运用证据来揭示和认定案件事实的活动。因此，刑事诉讼证明是指侦查机关、起诉机关、审判机关及其办案人员，当事人及其诉讼代理人和辩护人在诉讼过程中收集和审查证据，运用证据认定案件事实的活动，是贯穿于刑事诉讼全过程中查明案件事实真相的活动。

我国刑事诉讼中的证明概念不仅在长期的司法实践和研究中已经被习惯使

用，同时可以在我国的司法体制和诉讼制度框架内，有效地实现刑事诉讼活动对案件事实的查明及惩罚犯罪、保障人权价值的实现。[①]

在诉讼领域，“查明”是使用频率较高的词语。刑事诉讼法和民事诉讼法都将查明案件事实作为其基本任务之一。由于“查明”与“证明”仅有一字之差，且二者都有认清案件事实的含义，很容易被混淆。实际上，“查明”与“证明”是并非同一概念，二者既有联系又有区别。具体而言，查明是一种“探知”活动，是通过收集证据来发现未知命题的活动。尽管查明过程中有可能也包含着证明活动，[②] 但总体而言，查明是一种运用已知命题去发现未知命题的探知活动。而证明是一种“验证”活动，是根据已知命题或判断来确定另一命题真伪的活动。查明的目的往往是让自己明白，以便作出某种决定或裁断。例如侦查人员通过查明案件事实，决定对将犯罪嫌疑人移送起诉。而证明不仅仅是让自己明白，更重要的是让他人明白。尽管查明是证明的基础，即自己明白才可能让他人明白，但自己明白，绝不等于他人明白。例如侦查人员认为“案件事实已经清楚，证据已经确实充分”才将犯罪嫌疑人移送起诉，但检察人员经审查后却认为“案件事实不清或证据不够确实充分”而将案件退回补充侦查或决定不起诉。故而证明并不等于查明，查明也不能替代证明。

在证据法理论中，区分“查明”与“证明”十分必要。司法活动中，多数情况下让自己明白并不难，但让他人明白却不易。为此，在司法实践中，当事人，尤其是司法机关，在承担证明责任或职责的时候，一定要树立“自明”不等于“他明”的理念，进而认识到运用证据证明案件事实的重要性，增强证据意识，提高证明能力。

（二）证明的作用和意义

证明是诉讼活动的重要组成部分，尤其是审判阶段的证明处于诉讼的核心地位，具有重要的作用和意义。

1. 证明是准确认定案件事实的唯一途径

客观上，案件事实是已经发生过的事实，不可能再重现，只有通过收集证据，运用证据来证实才能得以查明。

2. 证明是正确适用法律的基础

准确认定案件事实是正确适用法律的前提，而证明是准确认定案件事实的唯

---

① 陈光中主编：《刑事诉讼法》（第六版），北京大学出版社、高等教育出版社 2016 年版，第 176 页。

② 在尚未完成查明活动的过程中，有可能对某一假设命题进行验证，如侦查过程中运用证据对侦查假设的验证。

一途径，因此，证明是正确适用法律的基础。

3. 证明是定分止争的利器

诉讼是通过法律途径解决争端的活动。控辩双方为了维护自己的权益（当事人为了自己的利益，公诉机关为了公益），实现自己的诉求，不仅要提供证据，且需要运用证据围绕争议事实进行论证，只有达到法定的证明要求，其主张的诉求才能得到裁判者的支持。如此便达到了“以事实说话，理越辩越明”的目的，有效地避免了“公说公有理，婆说理更多”的纠缠局面，进而保障了裁判的权威性，具有定分止争的作用。

4. 证明是司法公正的体现和保障

裁判的公正是司法公正的重要体现。公正裁判的基础是“以事实为依据，以法律为准绳”，而事实是有证据能证明的事实。通过证明来发挥证据的作用，运用证据来查明和认定案件事实，是正确运用法律的提前。实际上，诉讼及其裁判的过程就是证明的过程，争议事实或诉讼主张是论点，而证据是论据，运用证据证明所主张的案件事实的过程是证明。通过证明不仅能查清案件事实，作出客观公正的裁决，实现实体公正；同时，在证明过程中严格遵循的程序和规则体现了程序正当的要求，进而实现了程序正义。

二、证明的特征

作为法律概念，诉讼证明有不同于日常用语中证明的内涵。作为法律认识活动，诉讼证明既要遵循一般认识规律，也要体现司法的规律和特点，以保障准确认定案件事实，为实现公正、高效、权威司法而奠定基础，因而证明有其自身的特征。

（一）证明的特定性

证明的特定性主要表现为证明主体、证明对象和证明目的的特定性。

1. 证明主体具有特定性

证明主体是由法律规定承担证明责任的特定机关和人。在刑事诉讼中，审判阶段的证明主体是公诉人、自诉人、被告人、附带民事诉讼的原告和被告，其中除公诉人外，其他主体证明是为了维护自己的利益。从广义证明的角度讲，侦查机关、审判机关和审查起诉阶段的检察机关及其办案人员也是证明主体，他们证明是为了履行法定职责。在民事诉讼和行政诉讼中，证明主体主要是当事人，包括原告、被告、第三人及共同诉讼人。此外，法院认定案件事实必须要有相应的证据证明。从这个角度上讲，法院是广义上的证明主体。在上述证明主体中，审判机关及其办案人员的证明属于自向证明，诉讼当事人的证明属于他向证明，而侦查机关、检察机关及其办案人员的证明则既包括自向证明，也包括他向证明。

侦查机关及其办案人员在侦查过程中运用证据认定案件事实属于自向证明，而移送起诉时，需要向检察机关证明案件达到起诉条件，则属于他向证明。同理，检察机关在审查起诉时属于自向证明，而在审判过程中就指控被告人的犯罪事实向法院证明则属于他向证明。此外，法定代理人、诉讼代理人和辩护人基于委托和代理关系，应当协助被代理人完成证明责任，因而也属于证明主体。

2. 证明的对象具有特定性

证明的对象是需要用证据加以证明的案件事实，既不是与案件无关的事实，也不是客观上案件的全部事实，而是影响实体法律关系认定的事实，即对裁判的客观性和公正性有影响的事实。例如在刑事诉讼中，证明对象是影响对被告人定罪量刑的实体事实和程序事实。

3. 证明目的具有特定性

证明的直接目的是确认案件相关事实的真伪，以查明案件事实，为正确适用法律，作出客观公正的裁判奠定基础。而证明的最终目的是维护当事人的合法权益，树立司法的公信力，实现司法的公平和正义。证明活动必须紧紧围绕着证明的目的开展，对举证责任的分配、证明对象和证明标准的确定，都应当以有利于查明案件事实、保障当事人权益、维护司法权威、体现司法公正，同时兼顾效率为出发点。

（二）证明的法定性

证明是一种诉讼活动，理应受到诉讼法律规范和证据规则的严格约束，其法定性除体现为证明主体、证明对象具有法定性外，还包括证明的程序、方法必须合法，证明的责任和标准由法律规定。

1. 证明程序和方法的法定性

证明的整个过程，即取证、举证、质证和认证都不能随意而为之，必须遵循相关的程序规范，采用合法的方式方法。换言之，法律对收集证据、审查证据和运用证据证明案件事实的程序和方法都进行了规定，证明主体必须依法而为，否则将承担相应的法律后果。例如，庭审阶段，由谁宣读起诉书，如何举证，如何质证都要在法官的主持下，依照法定程序进行；又如，收集证据不得违反法定程序使用法律所禁止的方法，否则可能面临所取证据被排除使用的后果。

2. 证明的责任和标准具有法定性

诉讼中对于争议事实，由谁负责提出证据加以证明，如果不能证明将面临什么样的法律后果，由谁承担这个后果，证明要达到什么样的程度均由法律作出规定。

（三）证明的相对性

从本质上讲，诉讼证明是一种认识活动，即诉讼主体对已经发生的案件事实的一种回溯性认识。诉讼证明是回溯性证明，即通过证据去揭示和证实过去发生的案件事实，是由结果去推知原因和过程的逆向认识活动。无论人类的认识能力如何提高，对已过事实的认识程度都不可能达到百分之百。正如列宁所说："认识是思维对客体的，永远没有止境的接近。"更何况，对案件事实的认识还受诉讼程序和规则、诉讼时效、诉讼成本等因素的制约。因此，诉讼证明所能达到的真实，具体而言只能是接近真实、相对真实，因此诉讼证明具有相对性。鉴于诉讼证明的相对性，科学合理确定证明对象和证明标准显得尤为重要。一方面，若违背认识规律，一味追求绝对真实，将证明对象范围划得太大，标准定得太高，则会导致证明责任难以完成，诉讼久拖不决，既浪费司法资源，使诉讼毫无效率可言，也不利于正义的实现，因为"迟到的正义非正义"；另一方面，若以证明具有相对性为借口，将证明对象范围划得太小，证明标准定得太低，则违背了可知论原理，案件事实难以查清，对案件事实的认识无法达到主客观相统一的要求，对案件实体事实的认定经不起客观事实的检验，从而埋下错判误判的风险，严重违背客观公正的司法原则。

三、证明的分类

证明概念本身具有复杂性和多义性，对证明分类能从不同的角度加深对证明的认识和理解，进而更好地把握不同类型、不同阶段、不同对象、不同标准下的证明。

（一）刑事诉讼证明、民事诉讼证明和行政诉讼证明

根据诉讼类型不同，可将证明分为刑事诉讼证明、民事诉讼证明和行政诉讼证明。三者既有诉讼证明的共性，也各有自身特点，包括：证明的主体不同，证明的程序和方法不同，证明的对象不同，证明责任分配不同，证明的标准不同。

（二）严格证明和自由证明

按照是否必须使用法定的证据，以及是否必须经过法定程序，可将证明分严格证明和自由证明。严格的证明是指运用法定的证据，按照法律规定的证据调查程序进行的证明。自由证明是指对证据和证明程序没有严格要求的证明。通常认为，对实体法事实要求严格证明，如刑事诉讼中对被告人是否构成犯罪的事实就需要严格证明。法律规定可以"酌情"考虑的事实和程序法事实，则可以进行自由证明，[①] 但对刑事被告加重处罚的事实原则上应严格证明。

（三）自向证明和他向证明

根据证明是为了使自己确信还是使他人确信，证明可分为自向证明和他向证

① 卞建林主编：《证据法学》，中国政法大学出版社 2007 年版，第 215 页。

明。自向证明是指证明主体为了解决某一特定问题而寻找证据进行求证，以便自己在内心形成确信；他向证明是指向他人证明，说服他人接受自己的观点或意见。在诉讼活动中，自向证明一般属于主体的职权行为，目的是满足证明主体行使职权的需要；而他向证明表现为一定的义务，即作为诉讼主体必须履行的责任。自向证明以司法职权为中心；而他向证明则以诉讼当事人的活动为中心。在不同的诉讼制度下，两种证明的的地位和作用不同。在纠问式或职权主义的诉讼制度下，当事人的他向证明虽不可少，但司法官员的自向证明明显发挥着特别重要的作用；而在抗辩式或当事人主义的诉讼制度下，自向证明依然存在，但相当弱化，他向证明则成为整个诉讼证明的基本内容。明确区分自向证明和他向证明是我国诉讼制度和审判方式改革的需要，有利于司法实践中证明观念的转变。①

（四）狭义证明和释明、疏明

以是否需要使法官心证达到确信为标准，诉讼证明分为“证明”与“释明”或“疏明”。为了便于区分，将前者称为“狭义证明”。狭义的证明是用充足的证据让法官确信待证事实为真的过程，要求证明需要达到使法官获得完全确信的程度。释明或疏明的概念来自大陆法系的一些国家，如德国、日本等。与狭义的证明不同，释明或疏明仅要求提出证据证明使法官形成薄弱的心证，即相信大概如此即可。因此，释明或疏明的证明标准要低于狭义的证明。通常情况下，对案件的实体法律事实，原则上要求必须进行狭义的证明，达到使法官内心完全确信的程度，例如对刑事被告人定罪的事实的证明要求达到“排除合理怀疑”的程度；而对一些程序性事实则可以适用释明或疏明即可。从大陆法系国家和地区的相关法律规定来看，释明或疏明的对象一般有明确规定。例如在德国，释明适用于法官回避、诉讼费援助、诉讼耽误、扣押、临时处置等法律明确规定的程序事项或者主张。在日本，向审判长申请特别代理人时，只需要对损害被代理人的事实达到疏明的程度，关于请求禁止公开口头辩论的诉讼记录时，也只需要疏明与当事人存在利害关系即可。② 在我国，无论是立法还是司法实践，都没有从字面上将证明和释明（或疏明）区别开来，无论证明是否需要让法官达到内心确信的标准，都统一称为“证明”，故而需要根据不同的语境来区分是狭义的证明还是释明（或疏明）。

---

① 何家弘、刘品新：《证据法学》，法律出版社 2019 年版，第 204 页。
② 张卫平：《民事证据法》，法律出版社 2017 年版，第 233 页。

第二节 证明对象

一、证明对象概述

证明对象，是证明主体需要证明的事实，又称待证事实或者要证事实。诉讼中的证明对象，是指诉讼证明主体必须运用证据加以证明的案件事实和有关情况。研究证明对象及其范围，对于确定诉讼证明的方向，指导证据的收集和运用，客观、公正、及时地处理案件，具有重要意义。准确理解证明对象的概念，需要把握以下几点：

（一）证明对象是法律规定的关系案件处理结果的事实

一方面，通过证据证明以查明案件事实是诉讼证明的目的和任务；另一方面，诉讼证明具有相对性，因而科学合理确定待证事实范围就显得十分必要。划得太窄，不利于查明案件事实；划得太宽，甚至把与案件无关的事实也列为证明对象，则浪费司法资源，影响办案效率和质量。因此，是否与案件处理结果有关系是确定证明对象的依据，即证明对象应该是关系案件处理结果，或影响裁判客观公正性的事实，既包括实体法事实，也包括程序法事实。实体法事实是对解决案件的实体问题具有法律意义的事实，是必证事实，也是证明对象的主要内容；程序法事实是解决诉讼程序性问题的事实。程序法事实虽与实体争议事实无关，但有的会影响到案件最后的处理结果，因而属于待证事实。

（二）证明对象是有证明必要性的事实

有证明的必要性的事实需要同时具备两个要素：一是影响案件处理结果，作为裁判依据的事实；二是只有通过证据才能明确的事实。也就是说，并非所有影响案件处理结果或作为定案依据的事实都是待证事实，例如自然规律、众所周知的事实等法定的免证事实。

（三）证明对象与诉讼请求和举证责任紧密关联

“有争议才有诉讼，有诉讼必然有诉求，有诉求就需要证明”，诉讼证明是围绕争议，紧扣诉求而展开的。诉讼各方为了实现自己的诉求，都会对自己主张的案件事实进行证明，证明对象往往就是争议的事实。同时，为了保证诉讼的顺利进行，体现实体公正和程序正义，法律会在当事人之间或控辩双方进行证明责任分配，负有举证责任的一方需要拿出证据对法定的案件事实和有关情况进行证明，因此证明对象与诉求和证明责任紧密相关。

二、刑事诉讼的证明对象

刑事诉讼证明是围绕着“犯罪嫌疑人、被告人的刑事责任，即是否构成犯罪及应当处何种刑罚”的问题展开的，因此影响对犯罪嫌疑人、被告人定罪量刑的实体法事实和程序法事实是待证事实。

《刑事诉讼法》第 52 条规定：“审判员、检察人员、侦查人员必须依照法定程序，收集能够证实犯罪嫌疑人、被告人有罪或者无罪、犯罪情节轻重的各种证据。”《刑诉法解释》第 72 条对证明对象进行更加细化的规定：“应当运用证据证明的案件事实包括：（一）被告人、被害人的身份；（二）被指控的犯罪是否存在；（三）被指控的犯罪是否为被告人所实施；（四）被告人有无刑事责任能力，有无罪过，实施犯罪的动机、目的；（五）实施犯罪的时间、地点、手段、后果以及案件起因等；（六）是否系共同犯罪或者犯罪事实存在关联，以及被告人在犯罪中的地位、作用；（七）被告人有无从重、从轻、减轻、免除处罚情节；（八）有关涉案财物处理的事实；（九）有关附带民事诉讼的事实；（十）有关管辖、回避、延期审理等的程序事实；（十一）与定罪量刑有关的其他事实。认定被告人有罪和对被告人从重处罚，适用证据确实、充分的证明标准。”

据此，刑事诉讼的证明对象包括影响定罪量刑的实体法事实和程序法事实。

（一）实体法事实

刑事诉讼的实体法事实包括定罪事实和量刑事实，即有关刑法所规定的罪责问题事实。

1. 定罪事实

根据刑法，犯罪的成立要满足犯罪的四个构成要件，因此犯罪的四个构成要件事实就是定罪事实。具体包括：

（1）主体事实，包括犯罪嫌疑人和被告人姓名、性别、年龄、籍贯、民族、文化程度、职业、住址等基本身份情况。证明犯罪主体事实旨在确认犯罪嫌疑人、被告人的真实身份。重点证明犯罪嫌疑人、被告人是否达到刑事责任年龄，具备刑事责任能力等影响定罪的身份事实。对特殊身份犯罪，还需要证明犯罪嫌疑人、被告人符合相关身份，如国家工作人员贪污、渎职，被监管人员脱逃等犯罪。

（2）主观要件事实，即犯罪嫌疑人、被告人实施犯罪行为时所持的主观心态。重点证明是否具有罪过，即刑法意义上的故意或过失。对某些犯罪，若犯罪目的是定罪要素，还需要对其目的作重点证明，如传播淫秽物品牟利罪，除证明是否具有犯罪故意外，还需要证明是否以牟利为目的。

（3）客观要件事实，包括实施犯罪的时间、地点、起因、经过、手段、后果及其他反映犯罪实施过程的情节事实。客观要件事实是证明对象中内容最多最细的部分，重在查证犯罪事实客观存在，且犯罪行为确系犯罪嫌疑人、被告人所为，即“何人是否做了何事，怎样做及造成何种后果”。

（4）客体要件事实。犯罪客体是指受犯罪行为所侵害的受法律保护的社会关系。客体要件事实一般在证明客观要件事实即犯罪行为情况的过程中就可以得到证明。如杀人案件中，只要被害人身份、死亡原因及其与犯罪行为的因果关系得到了证实，杀人犯罪所侵犯的被法律保护的“生命权”就可以得到证实。

此外，需要注意的是，为了明确犯罪事实，被害人身份必须查证属实，防止因被害人身份错误而导致的冤假错案，例如，佘祥林案和赵作海案，在被害人身份尚不确定的情况下，就对犯罪嫌疑人进行刑讯逼供，最终导致了冤假错案。一般情况下，被害人身份不影响定罪，但也有例外。例如，故意与未满14周岁的幼女发生性关系，无论行为人是否采用了暴力、胁迫或其他违背妇女意志的手段，均构成强奸罪。在此情况下，被害人的身份（未满14周岁的幼女）就会影响到犯罪的构成，因而要进行重点证明。

2. 量刑事实

根据我国《刑法》规定，量刑情节分为法定量刑情节和酌定量刑情节，具体的又包括了从重处罚情节和从轻、减轻、免除处罚的情节。犯罪的四个构成要件事实反映了案件的全部事实，因此大多数既是定罪事实，也是量刑事实，只是证明的侧重点有所区别。影响量刑的案件事实主要有：（1）犯罪嫌疑人、被告人犯罪时是否年满18周岁或75周岁；是否为聋哑人或盲人；是否为累犯、惯犯；审判时是否为孕妇等。（2）犯罪起因、动机、目的、手段、所造成的危害后果及社会影响等。（3）犯罪形态，即犯罪预备、中止、未遂等。（4）被告人在共同犯罪中所处的地位及作用。（5）犯罪后的表现，包括是否有自首、立功情节，认罪、悔罪表现；对被害人赔偿及取得被害人谅解情况等。（6）被害人身份情况及有无过错及过错程度等。（7）其他能反映被告人罪责轻重的事实。

3. 排除行为的违法性、可罚性事实

排除行为的违法性事实是指因为行为的目的正当，即使造成了损害后果也排除刑事追究的可能性的事实，包括正当防卫、紧急避险和依法执行职务等事实。排除行为的可罚性事实是指因某种情况的存在，即使构成犯罪，也不予追究刑事责任的事实。依据《刑事诉讼法》第16条规定，排除可罚性事实主要有以下情况：犯罪已过追诉时效期限的；经特赦令免除刑罚的；依照刑法告诉才处理的犯罪，没有告诉或者撤回告诉的；犯罪嫌疑人、被告人死亡的；其他法律规定免予追究刑事责任的。

（二）程序法事实

刑事诉讼中待证的程序事实一般是由诉讼当事人，主要是犯罪嫌疑人和被告人提出异议的，关乎其权益，对裁判结果客观公正性有影响的事实，主要包括：管辖权的事实；回避的事实；对犯罪嫌疑人、被告人采取强制措施的事实；影响诉讼期限的事实；审判组织组成事实；司法机关侵犯犯罪嫌疑人、被告人诉讼权利的事实；证据收集合法性事实（证据能力事实）；其他与程序合法性及审判公正性有关的事实，例如罪犯在被执行死刑前声称自己怀孕的事实。

此外，根据《刑事诉讼法》第238条的规定，第二审人民法院如因第一审人民法院有下列违反法定诉讼程序的事实而裁定撤销原判，发回原审人民法院重审的，应当对这些事实加以证明：（1）违反本法有关公开审判的规定的；（2）违反回避制度的；（3）剥夺或者限制了当事人的法定诉讼的权利，可能影响公正审判的；（4）审判组织的组成不合法的；（5）其他违反法律规定的诉讼程序，可能影响公正审判的。

三、民事诉讼的证明对象

在民事诉讼中，凡是可以成为诉讼请求理由和答辩根据的事实，以及人民法院认为需要查明的具有法律意义的事实，都可能成为待证事实。因此，民事诉讼的证明对象主要包括：原告和第三人提出诉讼请求所依据的事实和理由；被告对原告诉讼请求的答辩、反驳和提出反诉所依据的事实和理由；人民法院认为需要用证据加以证明的其他事实。

由于民事诉讼解决的是平等民事主体之间的法律关系问题，实行辩论原则和处分原则，因此民事诉讼的证明对象一般必须同时符合以下条件：一是证明对象为双方当事人争议的事实，当事人没有争议的事实无须证明；二是该事实对于法官正确处理民事案件具有法律上的意义；三是该事实不属于法律明确规定的免证事实。

（一）实体法事实

1. 民事法律关系发生、变更和消灭的事实，即与民事法律关系构成要素有关的事实，具体包括民事主体的事实，民事行为及其效力的事实、民事权利义务的成立、变更和消灭的事实。

2. 民事争议的事实，即当事人之间因民事权利义务的享有、履行发生纠纷、解决纠纷最后诉诸人民法院的事实。

由于民事法律关系的多样性，在不同类型的民事案件中，当事人需要证明的实体法事实存在较大差异，需要结合案由、当事人主张、对方抗辩事由等确定具体的证明对象。

（二）程序法事实

程序法事实是指能够引起法律关系发生、变更、消灭等对解决诉讼的程序问题具有法律意义的事实。虽然程序法事实一般不直接涉及实体问题，但如不予以证明，可能会影响诉讼程序的顺利进行。程序法事实大多属于法院应依职权调查的事项，当事人即使没有主张，法院也应主动予以查明，例如，案件当事人是否适格、当事人是否有诉讼能力、诉讼代理人是否有代理权、期间的计算，等等。但有的程序法事实，则须当事人向法院主张后，才需要查明，例如关于诉讼管辖协议的事实，关于耽误期间有正当理由的事实等。

（三）域外法律事实

法官应当熟知本国法律，但外国法则不属于法官职务上应当知悉的范围。有关外国法的内容，需要通过一定的途径予以确定或查明。在国际民事诉讼领域，认定事实的程序和适用法律的程序是不同的，于是产生根据冲突规范所援引的外国法是法律还是事实的问题。如果把外国法看做事实，则为证明对象，由当事人负责举证并适用证明责任的有关规定，国内法官无须依职权确定或查明外国法的内容。《涉外民事关系法律适用法》第10条规定，涉外民事关系适用的外国法律，由人民法院、仲裁机构或者行政机关查明。当事人选择适用外国法律的，应当提供该国法律。不能查明外国法律或者该国法律没有规定的，适用中华人民共和国法律。①

四、行政诉讼的证明对象

行政行为涉及社会管理的方方面面，如治安、教育、工商、税务等。规范行政行为的实体法律也很多，如《行政许可法》《行政处罚法》《行政强制法》《行政复议法》《行政诉讼法》《国家赔偿法》等。具体行政行为不同，行政诉讼的争议事实就不同，这使得行政诉讼中的证明对象具有多样性和复杂性。

《行政诉讼法》第6条规定：“人民法院审理行政案件，对行政行为是否合法进行审查。”第34条规定：“被告对作出的具体行政行为负有举证责任，应当提供作出该具体行政行为的证据和所依据的规范性文件。”上述法条规定了行政诉讼中需要证明的主要实体事实，即与被诉具体行政行为合法性有关的事实。此外，《行政诉讼法》第89条规定：“人民法院审理上诉案件，按照下列情形，分别处理：（一）原判决、裁定认定事实清楚……（三）原判决认定基本事实不清、证据不足的，发回原审人民法院重审，或者查清事实后改判；（四）原判决遗漏当事人或者违法缺席判决等严重违反法定程序的，裁定撤销原判决，发回原

① 参见江伟、邵明主编：《民事证据法学》，中国人民大学出版社2021年版，第122页。

审人民法院重审。原审人民法院对发回重审的案件作出判决后，当事人提起上诉的，第二审人民法院不得再次发回重审。人民法院审理上诉案件，需要改变原审判决的，应当同时对被诉行政行为作出判决。”由此可知，某些程序法事实也是行政诉讼的证明对象。因此，行政诉讼的证明对象同样包括实体法事实和程序法事实。

（一）被诉具体行政行为合法性和合理性的事实

被诉具体行政行为的合法性和合理性是行政诉讼的主要争议事实，因此与此有关的事实是行政诉讼主要的证明对象。被诉具体行政行为主要包括作为和不作为两类，相应的行政诉讼案件证明对象各有侧重。

1. 被诉作为类行政行为的合法合理性事实

作为类被诉具体行政行为是否合法合理主要审查作出行政行为的实体和程序是否合法。第一，行政行为实体是否合法合理的事实，包括被告行政机关是否具备主体资格；是否超越权限；是否有相关法律依据；作出具体行政行为时目的是否正当；被诉具体行政行为的处理与案件的事实、情节和性质是否相适应等依相关行政实体法是否合法合理的事实。如《行政诉讼法》第 77 条第 1 款规定，行政处罚明显不当，或者其他行政行为涉及对款额的确定、认定确有错误的，人民法院可以判决变更。第二，行政行为程序是否合法的事实，如是否遵循回避、听证、说明理由、期间、送达等程序的相关制度和规定。第三，原告，即行政行为相对人是否实施了被处理的违法行为。在认定某些行政行为合法合理性的过程中，难免要审查行政行为相对人，也就是行政诉讼原告被处理的违法行为是否存在，据此明确被诉行政行为是否有事实依据。例如，在诉交通违法处罚不合理的案件中，原告是否交通违章也是证明的对象。但需要注意相对人的行为是否构成违法，不是行政诉讼证明对象的全部。相对人即使有违法行为，也并不能因此证明被告所作的具体行政行为合法。如果把行政诉讼证明对象仅仅理解为相对人是否有违法行为，使行政诉讼发生变形，审查被告具体行政行为合法性的中心任务，就被“偷换”为审查原告行为的违法性。

2. 被诉不作为类行政行为的合法性事实

不作为类行政诉讼案件是指原告认为行政机关该作为但不作为而提出的诉讼案件。例如，某抢劫案件的受害人起诉某公安机关在接到报案后不受理；公民起诉工商行政管理部门在法定期限内对是否准许发放营业执照不作任何回复。此类行政诉讼案件的证明对象主要包括：第一，被告是否负有履行该项职责的法定义务；第二，被告是否存在被起诉的应当履行职责而没有履行的事实。如上述案例中，一要证明该公安机关是否应当受理，即是否负有履行该职责的法定义务；二要证明该公安机关是否存在没有受理的客观事实。

（二）行政赔偿诉讼案件中行政赔偿构成事实

公民或组织对因行政机关及其工作人员在行使行政职权过程中违法侵害其合法权益造成的损害，主张行政赔偿而向法院起诉的案件就是行政赔偿诉讼案件。此类案件中，争议的主要事实是行政机关应否作出赔偿及赔偿数额。为此，行政赔偿的构成要件事实就成为证明的实体事实，具体包括：（1）侵权行为是否由作为被告的行政机关及其工作人员实施。（2）侵权行为是否属于职务行为。（3）原告的合法权益是否受侵害及损害大小。（4）侵权行为与损害结果之间是否具有直接的因果关系。

（三）行政诉讼程序法事实

与其他诉讼一样，行政诉讼中影响程序公正性和合法性的事实才可能成为证明对象，主要有以下几种：（1）有关当事人资格的事实；（2）有关主管和管辖的事实；（3）有关审判组织的事实；（4）有关审判程序的事实；（5）有关采取排除妨害行政诉讼强制措施的事实；（6）有关诉讼期间的事实；（7）被告人及其代理人是否在诉讼过程中自行向原告和证人取证的事实；（8）有关行政诉讼执行程序是否合法的事实等。

第三节 证明责任

证明责任在司法活动中既是一个复杂的理论问题，也是一个重要的实践问题，关于证明责任的概念、性质、分配等问题的争议一直存在。但公认的是，证明责任的分配和确定至关重要，因为它直接关系到诉讼的结果。

一、证明责任概述

（一）证明责任的概念

无论中外，证明责任概念一直难以统一。由于诉讼程序的性质、形式不同，决定了证明责任承担者不同，证明责任的概念随之而有所变化，成为当今诉讼证据理论中的难题。①

1. 证明责任的性质

证明责任的概念与它的性质紧密联系。证明责任在英文中被表述为 Burden of proof，意指证明的负担或证明的义务。我国关于证明责任的性质的学说主要

① 陈一云、王新清主编：《证据学》（第六版），中国人民大学出版社 2015 年版，第 98 页。

有以下两种：一是权利说，认为证明责任是当事人的一种权利；二是义务说，认为证明责任是当事人应承担的义务。以之相似的还有责任说和负担说。从法理上讲，权利既可行使，也可放弃，对权利享有人来说是不具有约束力的，但义务、责任和负担则不同，如不履行则可能面临不利的后果。提出证据证明所主张的案件事实，这是控辩双方不能随便选择放弃的，如果放弃或不能完成，则可能面临败诉或其他的诉讼风险，因此我们认为证明责任不是一种权利，而是一种责任或义务。

综上所述，证明责任是指证明主体对自己主张的案件事实提出证据加以证明的责任或义务。

2. 狭义的证明责任和广义的证明责任

对证明概念认识的不同决定了证明责任概念的不同。从狭义证明的角度，证明责任仅指审判阶段，控辩双方向法庭提出证据证明自己主张的案件事实的责任。诉讼史上最初提出的举证责任，指当事人对有利于自己的主张，有向法院举出证据加以证明的责任；如果负举证责任的当事人不举证，其主张未被证明，必受不利于己的裁判。可见传统意义上的举证责任与狭义证明下的证明责任含义相同。

从广义证明的角度，证明责任是指侦查、检察和审判机关、当事人及其诉讼代理人和辩护人在诉讼中为证实其所主张或认定的案件事实而负有的提出证据加以证明的责任。

由于我国采纳的是广义的证明说，证明责任本应采纳广义概念，但学界对此并没有形成统一的意见。有的学者赞同从广义证明的角度来定义证明责任，认为“证明责任就是一定的诉讼主体对其所主张、所认定的案件事实是否存在负有提出证据、运用证据加以证明的义务。这是一个广义的证明责任概念，其特征：一是负担证明责任的主体包括诉讼中的国家专门机构（主要是法院、检察机关、公安机关）和当事人及其委托的诉讼代理人、辩护人。二是适用证明责任的诉讼阶段在民事诉讼、行政诉讼中是在审判阶段；而在刑事诉讼中不仅适用于审判阶段，还包括审前的立案、侦查起诉阶段。三是证明责任所指向的事实是纠纷双方主体所主张的事实和公检法等专门机关所需要认定的事实”①。有的学者则认为“证明责任就是诉讼当事方在审判中向法庭提供证据证明其主张案件事实的责任”。证明责任是就他向证明而言的，自向证明不存在证明责任问题。因此，在诉讼活动中承担证明责任的主体只能是诉讼当事方，不包括法官；证明责任是以审判为中心的，主要表现在诉讼的审判阶段。在审判以前的诉讼活动中，不存

① 陈光中主编：《证据法学》（第四版），法律出版社 2019 年版，第 311 页。

在证明责任问题。虽然审判以前调查取证等活动都是为审判阶段的证明活动服务的、在刑事诉讼中侦查人员也要进行他向证明，但是严格地说，那还不是证明责任的履行和实现。换言之，侦查人员不是刑事诉讼中承担证明责任的主体。① 持广义证明责任观点的认为，不同于诉讼史上传统意义的举证责任，现代诉讼的范围已有所扩展，侦查、起诉已是刑事诉讼不可分割的部分。据此，我国诉讼中证明责任的主体不仅有某些当事人，尚有法院、检察院和公安机关。② 由此可见，狭义证明责任和广义证明责任主要有以下两点分歧：一是证明责任仅存在于庭审中，还是贯穿诉讼全过程；二是证明责任的承担者仅指与案件有直接利害关系的当事人，还是包括侦查、检察、审判机关及其办案人员。实际上，无论是从立法还是从司法实践的角度，我国都是承认侦查、检察和审判机关及办案人员的证明责任的。侦查阶段，侦查机关要申请逮捕犯罪嫌疑人，将案件移送起诉，必须就案件事实向检察机关证明已达到逮捕条件或起诉条件；起诉阶段，检察机关向审判机关提起公诉，必须随起诉书一起向人民法院移送案卷材料和证据，证明案件符合起诉条件；审判阶段，检察机关要对指控被告人的犯罪事实承担举证责任；在审判阶段，三大诉讼中法院负有审查判断证据，准确认定案件事实的职责。

3. 证明责任与举证责任

在英文中，与 Burden of proof（证明责任）相关的概念还有 Burden of Production（举证责任）。在我国，同样存在证明责任和举证责任两种说法。学界多称证明责任，而司法界惯用举证责任。如《刑事诉讼法》第 51 条和《行政诉讼法》第 32 条都明确使用举证责任。关于“证明责任”和“举证责任”是否为同一概念，是否具有同样的含义，中外都存在争议。有的学者认为证明责任是一个总概念，它包含举证责任；而有的学者则认为举证意在提供证据，而证明意在用证据来证明，二者侧重点虽不相同，但举证的目的是证明，而证明也包括了举证的意思，两个概念没有必要作严格的区分。当然，在不同的语境中，人们可以按照习惯选用证明责任或举证责任的术语。③

我国三大诉讼法均使用“举证责任”，而不是“证明责任”，且法条中反映出来的举证责任是控辩双方向法庭提供证据加以证明自己主张的案件事实的责任，而不包括侦查人员和审判员为认定案件事实而进行的证明责任。然而，在刑事诉讼的司法实践中，为证实案件事实，侦查人员和审判人员履行证明职责的事

---

① 参见何家弘、刘品新：《证据法学》，法律出版社 2019 年版，第 308 页。

② 参见陈一云、王新清主编：《证据学》（第六版），中国人民大学出版社 2015 年版，第 101 页。

③ 何家弘、刘品新：《证据法学》，法律出版社 2019 年版，第 305 ~ 307 页。

实是客观存在的。这就导致了举证责任和证明责任理论上的分歧和混乱。为此，有的学派主张，为更好地适应我国的国情，可吸收外国经验，结合中国实际，建立中国特色的证明责任制度，即将证明责任分为两个层次：一是举证责任，即在法庭审判中控辩双方向法庭提出证据证明自己对案件事实所主张的证明义务。同时，赞同这种举证责任分为推进或行为责任和结果责任。这个层面与西方以及我国许多学者主张没有区别。二是证明职责或查明职责，即公安、检察机关和法院在职务上负有收集、审查、判断证据，认定案件事实的责任。[①] 我们比较赞同这种主张，因为这样不仅可以解决关于狭义证明责任和广义证明责任的争议，消除使用证明责任和举证责任这两个概念时的混乱和无所适从，还能把控辩双方的举证责任和侦查、检察和审判机关的证明职责合理地结合起来，并根据三种诉讼的特点具体加以规制，更好地实现司法公正。

4. 行为责任和结果责任

关于举证责任的含义，理论上主要有三种界定，即行为责任说、结果责任说和双重含义说。行为责任说认为，举证责任是当事人对于自己主张的事实，负有提供证据证明其真实性的责任。此观点没有涉及当该事实最终处于真伪不明状态时应当如何处理的问题，即只偏重当事人的举证行为，没有顾及举证责任与诉讼后果之间的关系。结果责任说认为，举证责任是指案件事实真伪不明时，当事人一方承担败诉风险的责任。此观点将举证责任的性质明确为一种风险责任，揭示了证明责任制度的实质与目的，为法院在遇到案件事实真伪不明的情形时如何处理提供了裁判的规范，但它将行为意义上的证明责任，即提供证据的责任排除在证明责任的含义之外，没有顾及诉讼后果与举证行为之间的关系。双重含义说认为，举证责任包括行为意义上的证明责任和结果意义上的证明责任。前者是指对于待证事实，应当由谁提出证据加以证明的责任，又称提供证据的责任、形式上的证明责任、主观证明责任；后者是指当待证事实处于真伪不明状态时，应当由谁承担因此而产生的不利的法律后果的责任，又称说服责任、实质上的证明责任、客观证明责任。双重含义说是我国司法实践中的主流观点，也得到了我国证据学界的广泛接受。

（二）证明责任的特征

尽管对证明责任的概念存在争议，但无论依据哪种观点，证明责任都具有以下特征：

1. 证明责任与一定的法律职责和义务相联系

当事人为了自己的利益提出证据证明自己的诉讼主张；侦查、检察和审判机

① 陈光中主编：《证据法学》（第四版），法律出版社 2019 年版，第 315 页。

关及其办案人员依据职责，承担提出证据证明所认定的案件事实的责任。

2. 证明责任与一定的法律风险相联系

证明责任既包括行为责任，即提出证据证明主张成立的责任，也包括结果责任，即负有证明责任的主体，如果不履行证明责任，或者在事实真伪不明时，就要承担其主张或认定的案件事实不能成立的风险。例如，自诉人向法院提出自诉，如果缺乏罪证又提不出补充证据，就可能不被法院受理或者被驳回诉讼请求；民事诉讼、行政诉讼的原告如不能提出证据并运用证据证明案件事实，说服裁判者，其诉讼主张将得不到支持，就可能面临败诉的风险；对司法机关来说，如果不能按照法律的要求履行证明职责，其认定的案件事实就不能成立，其作出的有关决定就可能被否定或者撤销。

二、刑事诉讼中的证明责任

如前述，为了避免混乱，将刑事诉讼庭审阶段控辩双方对主张事实的证明责任称为举证责任；而将侦查阶段的侦查机关、审查起诉阶段的检察机关及庭审阶段审判机关对认定案件事实的证明责任称为证明职责。

（一）举证责任的分配

举证责任是指在法庭审理过程中，控辩双方对自己的诉讼主张要提出证据加以证明，如不能提出证据或提出证据不能达到法定的证明要求，将承担其主张不成立的风险。《刑事诉讼法》第51条是刑事诉讼举证责任的集中体现，即“公诉案件中被告人有罪的举证责任由人民检察院承担，自诉案件中被告人有罪的举证责任由自诉人承担”。据此，我国的刑事诉讼中举证责任的分配原则是：证明被告有罪的责任由控方承担，法律另有规定的除外。

1. 公诉案件证明被告有罪的举证责任由公诉机关承担

在刑事公诉案件中，除法律规定外，被告人有罪的举证责任由公诉机关承担。也就是说，在审判中，公诉人作为控方要向法庭提供充分的证据证明其指控被告人的犯罪事实，而且证明要达到法定的标准，否则法院将不支持其对被告人的指控而宣判被告人无罪。辩方在审判中享有证明被告人无罪或罪轻的权利，该权利可行使，也可放弃，而且不能因为不行使辩护权就得到对被告人不利的事实认定或判决后果。换言之，判定被告人是否有罪，法院是依据控方的举证情况，而不是依据辩方的辩护情况。如果公诉机关不能完成举证责任，哪怕被告不作任何辩护，法院也不能判决被告有罪。

2. 自诉案件证明被告人有罪的举证责任由自诉人承担

在自诉案件中，自诉人具有控诉方的地位，其对指控被告人的犯罪事实承担举证责任，这是司法活动中“谁主张，谁举证”原则的体现。如果自诉人不能提出充分的证据证明其指控被告的犯罪事实，在开庭前人民法院应当说服自诉人撤回自诉，或者裁定驳回起诉；经过开庭审理之后，法官则应当判决被告人无罪，也就是说自诉人因举证不能或不充分要承担相应的诉讼风险。

在自诉案件中，如果被告人对自诉人提起反诉，则被告对于反诉的事实主张承担举证责任。

3. 被告人不承担证明自己无罪责任的例外

无论在自诉案件还是公诉案件中，根据无罪推定原则，任何被告人都不承担证明自己无罪的责任，但下列情况例外：

（1）巨额财产来源不明罪的举证责任。《刑法》第395条规定："国家工作人员的财产、支出明显超过合法收入，差额巨大的，可以责令该国家工作人员说明来源，不能说明来源的，差额部分以非法所得论……"在巨额财产来源不明罪中，控方只需要证明被告的财产或支出明显超出合法收入、差额巨大，就完成了证明责任，证明被告无罪的责任由辩方来承担，即只要辩方不能提出证据并证明被告巨额财产来源合法，法官就可推定那些财产是非法所得，并判决其有罪。

（2）非法持有型犯罪的举证责任。非法持有型犯罪包括非法持有毒品、枪支、国家绝密机密文件等犯罪。在此类犯罪中，控方只需要证明毒品、枪支等物品是在被告人身上、住处等属于被告人的地方搜查到的，即被告人持有此物品就完成了举证责任，法院就可认定被告人为非法持有，除非辩方有证据证明被告持有物品的合法性或合理性。如果辩方辩护被告持有的物品不属于非法持有，如有人栽赃陷害而在被告不知情的情况下放在其包里，那辩方就要对其主张的事实承担举证责任，如果辩方不能完成举证责任，即无法提出证据并证明其持有物品的合法性或合理性，则法官就可以推定被告人非法持有并对其定罪。

4. 举证责任转移

根据无罪推定原则，除特殊情况外，证明被告人有罪的举证责任由公诉机关或自诉人承担。但考虑到诉讼活动中证明的需要和举证的便利，对案件中具体事实或情节的证明责任，则应当遵循"谁主张，谁举证"的原则。[①] 因此，当辩方提出具有积极意义的辩护主张时，则承担相应的证明责任。

实践中，主要有以下几种情况：（1）被告人有精神病或未达到法定责任年龄等关于被告人刑事责任能力的事实主张；（2）实施侵害行为是因为不可抗力或为了正当防卫、紧急避险等关于被告人行为合法性或正当性的事实主张；（3）被告人承认犯罪是因为受到刑讯逼供、"诱惑犯罪"等关于侦查人员或执法

① 何家弘、刘品新：《证据法学》，法律出版社2019年版，第314页。

人员行为违法性的事实主张；（4）没有犯罪时间，不在犯罪现场等被告人不可能实施犯罪行为的事实主张。对于公诉机关向法庭提交的证据中未涉及，而辩方主张的上述辩护事实，辩方需要提出证据加以证明，否则法庭将不支持其主张。从这个角度讲，当辩方提出具有积极意义的辩护主张时，举证责任由控方转移到了辩方，但仅限于辩方主张的事实范围内，并且辩方对其主张的事实证明不必达到严格的证明标准，即不要求“证据确实充分”或“排除合理怀疑”。辩方只要能够证明主张事实存在的可能性大于不存在的可能性，就算完成了举证任务。一旦辩方完成举证，案件中的证明责任又转移到了控方，即只要辩方能证明其辩护主张的事实有存在的可能性，控方就需要证明辩护主张事实不存在的责任。例如，辩方声称其承认犯罪是因为受到了刑讯逼供，他只需要提供受到刑讯的时间、地点、方式、内容等相关线索或材料，就完成了证明责任，接下来控方就要承担证明不存在刑讯逼供事实的证明责任。因此，也有观点认为辩方的这种举证责任是推进责任。①

（二）证明职责

在我国，侦查、检察和审判机关的办案人员对其认定的案件事实承担证明责任。这种证明责任是基于职责而不是利益，因而将其称为证明职责。侦查、检察和审判机关对犯罪嫌疑人、被告人进行追诉的决定，采取调查措施及有罪的判决所依据的案件事实，都必须有证据证明。例如，侦查机关提请批捕要提出证据证明犯罪嫌疑人符合逮捕的条件，否则检察院就不批捕；公诉机关起诉被告人，要向法院提供证据证明，达到“犯罪事实清楚，证据确实充分”的要求，否则法院就可能不受理；法院如果不能证明判决所依据的事实清楚，证据确实充分，则面临裁判被二审法院撤销或改判的风险。

需要强调的是，与案件当事人是基于自身利益而举证不同，由于侦查、检察和审判人员是基于职责来履行对其所认定的案件事实的证明责任，因而应站在更加客观公正的角度。《刑事诉讼法》第52条规定，“审判人员、检察人员、侦查人员必须依照法定程序，收集能够证实犯罪嫌疑人、被告人有罪或者无罪、犯罪情节轻重的各种证据”，尤其是公诉机关，在庭审过程中，既要对被告人有罪及罪重的事实进行举证，也要向法庭提供能证明被告人无罪、罪轻或免除处罚的证据。这是为了更好地实现刑事诉讼的目的，既打击犯罪又保护人权，真正体现司法的公平正义。

① 推进责任是指当事人提供证据证明其主张构成法律争端从而值得或者应当由法院进行审理的举证责任，其全称是利用证据推进诉讼进行的责任。

三、民事诉讼中的证明责任

（一）民事诉讼证明责任分配的学说

证明责任的分配，是指按照一定的标准，将事实真伪不明时承受不利裁判后果的风险，预先在双方当事人之间进行分配。按照什么标准来分配证明责任，以便使分配的结果既符合公平、正义的要求，又有利于快速解决纠纷是分配证明责任的核心问题。关于民事诉讼证明责任分配的标准，长期以来说法不一。传统的学说有待证事实说、法规分类说、法律要件分类说。20 世纪 60 年代之后，又出现危险领域说、盖然性说、损害归属说等新的学说。

1. 待证事实说将待证事实是否有可能得到证明以及证明的难易程度来分配证明责任，其中又分为消极事实说和外界事实说。消极事实说认为，主张积极事实的人，应当举证；主张否定事实的人，不负举证责任。外界事实说根据某一事实能否通过人的五官从外部加以观察，将待证事实分为外界事实（如物体的形状）和内界事实（如人的心理状态），认为凡是主张外界事实的当事人就该事实承担证明责任，凡是主张内界事实的当事人不负举证责任。

2. 法规分类说认为实体法条文通常有原则性规定和例外性规定。凡要求适用原则规定的人，应就原则性规定所包含的要件事实负证明责任；凡要求适用例外的人，应就例外规定所包含的要件事实负证明责任。

3. 法律要件分类说根据实体法所规定的法律要件事实的不同类别来分配证明责任，即主张存在权利或其他法律效果的当事人，应当对该权利或法律效果的发生所必须具备的要件事实负证明责任。法律要件说中又分为几种不同的观点，其中最具代表性的是德国的罗森贝克（Rosen – berg）提出的“规范说”。它将民事实体法规范分为四类：一是权利发生的规范，即能够引起某一实体权利发生的规范，例如拟定合同；二是权利妨碍规范，即对抗权利发生的规范，例如无民事行为能力；三是权利消灭规范，即权利发生之后，能引起权利消灭的规范，例如债务已经履行、免除等；四是权利受制规范，即权利发生之后，权利人欲行使权利之时发生对抗作用，而将该权利排除的规范，例如时效已过。对于上述四类规范，凡主张权利存在的当事人，应当对权利发生的法律要件事实负证明责任；否认权利存在的当事人，应当就权利妨碍、权利消灭和权利受制的法律要件事实负证明责任。

4. 危险领域说认为，案件中的待证事实所属的危险领域由哪一方控制，就由该方负证明责任，即当事人应当对其可以控制的危险领域中的事实承担证明责任。例如环境污染引起的损害赔偿诉讼，由加害方（被告）承担证明责任。

5. 盖然性说认为应当依据待证事实发生的盖然性的高低分担证明责任，即当事实处于真伪不明的状态时，如果该事实发生的盖然性高，主张该事实发生的人不负证明责任，主张该事实未发生的当事人要负证明责任。如果该事实发生的盖然性低，则主张该事实发生的人负证明责任，而主张该事实未发生的当事人不负证明责任。

6. 损害归属说认为应以实体法确定的责任归属或损害归属作为证明责任分配的标准，即根据实体法对某类问题的责任归属来确定证明责任的承担者。

在上述学说中，法律要件分类说影响最大，在德国、日本等大陆法系国家和地区一直处于通说地位，对我国的民事诉讼举证责任分配也产生了深刻的影响。而危险领域说、损害归属说等新理论则有助于解决环境污染、产品责任等特殊诉讼中的举证责任分配问题。

（二）我国民事诉讼举证责任的分配

民事法律关系较为复杂，除《民事诉讼法》及其司法解释对于举证责任的分配进行了原则性规定外，《民法典》中的有关条款就特定情形下举证责任的分配作出了明确的规定。

1. 程序法对举证责任分配的原则性规定

我国《民事诉讼法》第 67 条第 1 款规定："当事人对自己提出的主张，有责任提供证据。"在相当长时期内，这一规定被认为是我国民事诉讼举证责任分配的一般原则。但该规定难以真正解决举证责任的分配问题，一是它只确立了行为意义上的举证责任（由谁提供证据），而没有确立结果意义上的举证责任，即当事实处于真伪不明的状态时，法官应如何作出裁判，应由哪一方当事人承担不利的裁判后果。显然"谁主张，谁举证"不能作为客观证明责任的分配原则。二是该标准规定得过于笼统，缺乏可操作性。实践中，"主张"既包括主张事实成立，也包括主张事实不成立。对于同一事实，一方当事人主张成立，而另一方当事人主张不成立，此时双方都有主张，难以确定究竟应当由谁承担举证责任。

《民诉法解释》第 90 条和第 91 条对举证责任的分配进行了进一步的明确和细化，是我国民事诉讼证明责任分配的原则性规定。其中，第 90 条明确规定了行为举证责任和结果举证责任，即"当事人对自己提出的诉讼请求所依据的事实或者反驳对方诉讼请求所依据的事实，应当提供证据加以证明，但法律另有规定的除外。在作出判决前，当事人未能提供证据或者证据不足以证明其事实主张的，由负有举证证明责任的当事人承担不利的后果"。鉴于法律要件分类说较之其他证明责任分配的学说更具有合理性和可操作性，可作为我国民事诉讼证明标准分配的一般标准，同时对于一些特殊情况，可参照其他学说对证明责任的分配予以局部的调整和修正，因此《民诉法解释》第 91 条规定："人民法院应当依照下列原则确定举证证明责任的承担，但法律另有规定的除外：（一）主张法律关系存在的当事人，应当对产生该法律关系的基本事实承担举证证明责任；（二）主张法律关系变更、消灭或者权利受到妨害的当事人，应当对该法律关系变更、消灭或者权利受到妨害的基本事实承担举证证明责任。"

2. 实体法对举证责任分配的特别规定

除《民事诉讼法》及其司法解释对举证责任分配的原则性规定外，《专利法》《民法典》等实体法及法律解释对某些侵权诉讼中特定事实的举证责任进行了直接或间接的规定。

（1）专利侵权诉讼

根据《专利法》第 66 条第 1 款和第 67 条的规定，因新产品制造方法发明专利引起的专利侵权诉讼，由制造同样产品的的单位或者个人对其产品制造方法不同于专利方法承担举证责任。在专利侵权纠纷中，被控侵权人认为其实施的技术或设计属于现有技术或现有设计，从而不构成侵犯专利权的，应当对该事实承担举证责任。

（2）缺陷产品致人损害的侵权诉讼

《民法典》第 1205 条规定："因产品缺陷危及他人人身、财产安全的，被侵权人有权请求生产者、销售者承担停止侵害、排除妨碍、消除危险等侵权责任。"《产品质量法》第 41 条第 2 款规定："生产者能够证明有下列情形之一的，不承担赔偿责任：（一）未将产品投入流通的；（二）产品投入流通时，引起损害的缺陷尚不存在的；（三）将产品投入流通时的科学技术水平尚不能发现缺陷的存在的。"据此，因缺陷产品致人损害的侵权诉讼，由产品的生产者就法律规定的免责事由承担举证责任。

（3）因医疗行为引起的侵权诉讼

《民法典》第 1218 条规定："患者在诊疗活动中受到损害，医疗机构或者其医务人员有过错的，由医疗机构承担赔偿责任。"同时，第 1222 条规定："患者在诊疗活动中受到损害，有下列情形之一的，推定医疗机构有过错：（一）违反法律、行政法规、规章以及其他有关诊疗规范的规定；（二）隐匿或者拒绝提供与纠纷有关的病历资料；（三）遗失、伪造、篡改或者违法销毁病历资料。"由此可见，医疗损害赔偿以医疗机构及其医务人员存在过错为前提。一般情况下，应由原告（患者或继承人）就医疗过错承担举证责任。但具有第 1222 条规定情形的，实行过错推定原则，应由被告（医疗机构）对其无过错的事实承担举证责任。

（4）环境污染致人损害的侵权诉讼

《民法典》第 1229 条规定："因污染环境、破坏生态造成他人损害的，侵权人应当承担侵权责任。"第 1230 条规定："因污染环境、破坏生态发生纠纷，行为人应当就法律规定的不承担责任或者减轻责任的情形及其行为与损害之间不存在因果关系承担举证责任。”这是实体法直接规定举证责任的情形。据此，因环境污染引起的损害赔偿诉讼，由加害人就法定的免责事由及其行为与损害结果之间不存在因果关系承担举证责任。

（5）高度危险致人损害的侵权诉讼

根据《民法典》第1236～1244条的规定，从事高度危险作业造成他人损害的，应当承担侵权责任。除非加害人能证明存在受害人故意造成损害等法定情形，才能免除责任或减轻责任。因此，加害人对存在此类法定情形的相关事实承担举证责任。具体包括：民用核设施或者运入运出核设施的核材料发生核事故造成他人损害的，民用核设施的营运单位应当承担侵权责任；但是，能够证明损害是因战争、武装冲突、暴乱等情形或者受害人故意造成的，不承担责任。民用航空器造成他人损害的，民用航空器的经营者应当承担侵权责任；但是，能够证明损害是因受害人故意造成的，不承担责任。占有或者使用易燃、易爆、剧毒、高放射性、强腐蚀性、高致病性等高度危险物造成他人损害的，占有人或者使用人应当承担侵权责任；但是，能够证明损害是因受害人故意或者不可抗力造成的，不承担责任。被侵权人对损害的发生有重大过失的，可以减轻占有人或者使用人的责任。从事高空、高压、地下挖掘活动或者使用高速轨道运输工具造成他人损害的，经营者应当承担侵权责任；但是，能够证明损害是因受害人故意或者不可抗力造成的，不承担责任。被侵权人对损害的发生有重大过失的，可以减轻经营者的责任。遗失、抛弃高度危险物造成他人损害的，由所有人承担侵权责任。所有人将高度危险物交由他人管理的，由管理人承担侵权责任；所有人有过错的，与管理人承担连带责任。非法占有高度危险物造成他人损害的，由非法占有人承担侵权责任。所有人、管理人不能证明对防止非法占有尽到高度注意义务的，与非法占有人承担连带责任。未经许可进入高度危险活动区域或者高度危险物存放区域受到损害，管理人能够证明已经采取足够安全措施并尽到充分警示义务的，可以减轻或者不承担责任。承担高度危险责任，法律规定赔偿限额的，依照其规定，但是行为人有故意或者重大过失的除外。

（6）饲养动物致人损害的侵权诉讼

《民法典》第1245条规定：“饲养的动物造成他人损害的，动物饲养人或者管理人应当承担侵权责任；但是，能够证明损害是因被侵权人故意或者重大过失造成的，可以不承担或者减轻责任。”第1248条规定：“动物园的动物造成他人损害的，动物园应当承担侵权责任；但是，能够证明尽到管理职责的，不承担侵权责任。”据此，在饲养动物致人损害的侵权诉讼中，动物饲养人或管理人对损害是因被侵权人故意或者重大过失造成的事实承担举证责任；动物园对尽到管理职责的事实承担举证责任。

（7）建筑物等物件致人损害的侵权诉讼

根据《民法典》第1252～1258条的规定，建筑物、构筑物等物件致人损害的，物件的所有人，管理人等要免除责任，应当对自己没有过错或自己不是侵权人等事实承担举证责任，具体为：建筑物、构筑物或者其他设施倒塌、塌陷造成他人损害的，由建设单位与施工单位承担连带责任，但是建设单位与施工单位能够证明不存在质量缺陷的除外。建设单位、施工单位赔偿后，有其他责任人的，有权向其他责任人追偿。因所有人、管理人、使用人或者第三人的原因，建筑物、构筑物或者其他设施倒塌、塌陷造成他人损害的，由所有人、管理人、使用人或者第三人承担侵权责任。建筑物、构筑物或者其他设施及其搁置物、悬挂物发生脱落、坠落造成他人损害，所有人、管理人或者使用人不能证明自己没有过错的，应当承担侵权责任。所有人、管理人或者使用人赔偿后，有其他责任人的，有权向其他责任人追偿。禁止从建筑物中抛掷物品。从建筑物中抛掷物品或者从建筑物上坠落的物品造成他人损害的，由侵权人依法承担侵权责任；经调查难以确定具体侵权人的，除能够证明自己不是侵权人的外，由可能加害的建筑物使用人给予补偿。可能加害的建筑物使用人补偿后，有权向侵权人追偿。物业服务企业等建筑物管理人应当采取必要的安全保障措施防止前款规定情形的发生；未采取必要的安全保障措施的，应当依法承担未履行安全保障义务的侵权责任。发生《民法典》第1254条第1款规定的情形的，公安等机关应当依法及时调查，查清责任人。堆放物倒塌、滚落或者滑落造成他人损害，堆放人不能证明自己没有过错的，应当承担侵权责任。在公共道路上堆放、倾倒、遗撒妨碍通行的物品造成他人损害的，由行为人承担侵权责任。公共道路管理人不能证明已经尽到清理、防护、警示等义务的，应当承担相应的责任。因林木折断、倾倒或者果实坠落等造成他人损害，林木的所有人或者管理人不能证明自己没有过错的，应当承担侵权责任。在公共场所或者道路上挖掘、修缮安装地下设施等造成他人损害，施工人不能证明已经设置明显标志和采取安全措施的，应当承担侵权责任。窨井等地下设施造成他人损害，管理人不能证明尽到管理职责的，应当承担侵权责任。

（8）共同危险行为致人损害的侵权诉讼

《民法典》第1170条规定："二人以上实施危及他人人身、财产安全的行为，其中一人或者数人的行为造成他人损害，能够确定具体侵权人的，由侵权人承担责任；不能确定具体侵权人的，行为人承担连带责任。"据此，在共同危险行为致人损害的侵权诉讼中，危险行为人要免除侵权责任，必须举证证明具体侵权人，即对具体侵权人是谁承担举证责任。

3. 证明责任倒置

证明责任倒置是指对于依照法律要件分类说本应由主张权利一方当事人负责举证的法律要件事实，改由否认权利的另一方当事人就该事实的不存在负证明责任。将某些诉讼中的特定事实的证明责任倒置，目的是使诉讼结果更加公平合理。根据我国的相关法律规定，证明责任倒置主要适用于对某些侵权诉讼中的侵权人的过错、侵权行为与损害结果之间的因果关系等事实的证明。例如，专利侵权诉讼、环境污染致人损害的侵权诉讼、建筑物等物件致人损害的侵权诉讼、共同危险行为人致人损害的侵权诉讼、医疗行为引起的侵权诉讼中对加害人过错等事实的证明即实行了证明责任倒置。

需要注意的是，证明责任倒置在特殊案件中能起到保护弱者，调节双方当事人力量的杠杆作用，但必须有法律的明确规定，法官不能任意对证明责任进行倒置。

四、行政诉讼中的证明责任

与刑事诉讼和民事诉讼相比，行政诉讼较为特殊，通俗称其为“民告官案件”，诉讼双方地位和力量较为悬殊，且是原告处于较为弱势一方。基于这种特殊性，通过行政诉讼法律规范来调节原被告力量对比，保障诉讼公平公正是十分必要的，行政诉讼举证责任分配也应体现这一点。一般来讲，掌握和控制证据，承担举证责任困难较小的一方举证能力较强。在举证责任分配时，要充分考虑当事人完成举证责任的可能性和现实性，将举证责任分配给举证地位和处境占绝对优势的一方，这不仅能充分调动各方当事人举证的积极性，更能确保裁判的公正，实现法律的公平。

（一）被告的举证责任

1. 对具体行政行为合法性及合理性的举证责任

《行政诉讼法》第 34 条规定：“被告对作出的行政行为负有举证责任，应当提供作出该行政行为的证据和所依据的规范性文件。被告不提供或者无正当理由逾期提供证据，视为没有相应证据。但是，被诉行政行为涉及第三人合法权益，第三人提供证据的除外。”最高人民法院《关于适用〈中华人民共和国行政诉讼法〉的解释》（以下简称《行诉法解释》）第 34 条规定：“……逾期提供的，视为被诉行政行为没有相应的证据。”由被告承担对具体行政行为是否合法及合理的事实的举证责任，是基于如下几点考虑：第一，行政诉讼中所针对的诉讼标的是被诉具体行政行为的合法性，而该具体行政行为是由作为被告的行政机关作出来的。对该具体行政行为的合法性来说，被告便处在主张者的地位，根据“谁主张，谁举证”的原则，被告应当对该具体行政行为的合法性负证明责任。第二，被告举证能力强于原告。行政机关作出具体行政行为必须有事实依据和法律依据。理论上，在行政诉讼中被告只用将具体行政行为的依据提交给法庭，就可以完成举证责任，但对于原告来说，要收集证据证明行政机关作出具体行政行为合法合理，是十分困难，甚至是无法完成的。因此，从举证难易的角度来说，由被告承担举证责任，是比较公平的。第三，由行政机关承担证明责任，能够有效地督促行政机关依法行政。将证明具体行政行为的合法性及合理性的举证责任分配给行政机关，实际上对行政机关依法行政具有一种指引和督促作用。为防止作出行政行为之后被行政相对人告上法庭，且可能因无法举证其行政行为的合法性及合理性而承担败诉的风险，行政机关在作出具体行政行为前将会更加谨慎，依法行政。

2. 对超过诉讼时效事实的举证责任

根据最高人民法院《关于行政诉讼证据若干问题的规定》第 4 条的规定，被告认为原告起诉超过法定期限的，由被告承担举证责任。行政机关在作出具体行政行为之时，应当告知行政相对人申请复议或提起行政诉讼的期限。如果超过法定诉讼期限，行政相对人的权益就可能失去了法律救济的机会。原告向法院起诉行政机关，被告以超过起诉期限，理应由被告承担举证责任。一是因为这是被告提出的主张，应该由其举证；二是被告对其是否及时向原告送达了行政处理决定，是否履行了起诉期限的告知义务，原告是否应当对起诉时限知情等事实是十分清楚的。

（二）原告的举证责任

1. 在起诉行政不作为案件中，对提出申请事实的举证责任

行政行为分为依职权行政行为和依申请行政行为。在因申请行政行为中，行政相对人的申请是行政机关实施行政行为的前提，如行政许可、行政给付等。如果行政相对人起诉被告人不作为的是依申请的行政行为的话，就应当对其提出申请的事实进行举证。因此《行政诉讼法》第 38 条第 1 款规定：“在起诉被告不履行法定职责的案件中，原告应当提供其向被告提出申请的证据。但有下列情形之一的除外：（一）被告应当依职权主动履行法定职责的；（二）原告因正当理由不能提供证据的。”最高人民法院《关于行政诉讼证据若干问题的规定》第 4 条第 2 款进一步规定：“在起诉被告不作为的案件中，原告应当提供其在行政程序中曾经提出申请的证据材料。但有下列情形的除外：（一）被告人应当依职权主动履行法定职责的；（二）原告因被告受理申请的登记制度不完备等正当事由不能提供相关证据材料并能够作出合理说明的。被告认为原告起诉超过法定期限的，由被告承担举证责任。”

2. 在行政赔偿案件中，对因受被诉行政行为侵害而造成损失的事实的举证责任

根据《行政诉讼法》第38条的规定，在行政赔偿、补偿案件中，原告应当对行政行为造成的损害提供证据。最高人民法院《关于行政诉讼证据若干问题的规定》第5条也作出同样规定："在行政赔偿诉讼中，原告应当对被诉具体行政行为造成损害的事实提供证据。"原告对自己因被诉行政行为侵害而造成的损失是清楚的，由其对此承担举证既符合举证便利的原则，根据"谁主张，谁举证"的原则也是公平合理的。

此外，由于《行政诉讼法》在修订过程中将立案审查制改为立案登记制，关于原告举证责任的规定中不包括最高人民法院《关于行政诉讼证据若干问题的规定》中的"提供其符合起诉条件的相应证明材料"。[①] 换言之，证明起诉符合法定条件并不是原告的举证责任。

第四节 证明标准

一、证明标准概述

（一）证明标准的概念

证明标准是指证明需要达到的程度和水平。在诉讼中，证明标准是指证明责任主体对证明对象进行证明所要达到的程度，是衡量诉讼证明的准则。为了准确把握证明标准的概念，需要明确下面几个问题：

1. 证明标准与证明的相对性

证明标准是衡量司法活动中人们对案件事实的证明是否达到的一定程度的准则。关于案件事实有两种不同的理解，即客观事实和法律事实。客观事实是指确实在客观世界中发生的案件事实。法律事实是法律意义上的事实，即经过人的主观活动和司法程序所明确或确认的事实。诉讼中对案件事实的认识完全与客观事实相符是达到了客观上的真实；对案件事实的认识符合法律所规定的或认可的真实是达到了法律上真实。

在诉讼活动中，人们总是想去探求和证实案件的客观真实，但实际上，在认

① 参见陈光中主编：《证据法学》（第四版），法律出版社2019年版，第333页。最高人民法院《关于行政诉讼证据若干问题的规定》第4条第1款规定："公民、法人或者其他组织向人民法院起诉时，应当提供其符合起诉条件的相应的证据材料。"

识规律的约束下，受认识条件、认识能力和水平（取证方法和措施）及认识时间（诉讼期限）等多种因素的影响，诉讼中对案件事实的认识是难以完全与案件客观事实相符的，即不可能达到客观真实，也就是说对案件事实的证明是不可能达到案件客观事实的百分之百的，这就是诉讼证明的相对性。诉讼证明的相对性决定了司法证明的标准应当是用证据证明具体案件所要求明确的法律事实，即达到法律意义上的真实。法律事实并非毫无客观事实依据的纯主观的事实，它建立于客观事实之上，但并不完全等同于客观事实；法律真实只能无限接近而无法绝对达到客观真实。因此，确定合理的证明标准就尤为必要且重要。证明标准太低，法律事实与客观事实相距太大，则难以查明案件事实，容易导致误判，无法实现实体公正；证明标准太高，则不符合认识的客观规律，且不易或根本无法达到，使证明陷入无休无止的境地，诉讼久拖不决，毫无效率可言，同样不利于正义的实现。

2. 证明标准与证明对象

证明标准与证明对象有密切的关系。一方面，证明对象是证明标准存在的前提，无证明对象，便无须证明，也就无所谓证明标准；另一方面，有证明对象，必然要求有证明标准，否则是否完成对证明对象的证明就无法判定。证明对象不同，则证明标准就应当有所区别。一般而言，对案件处理结果和当事人权益影响越大的事实，证明标准要求越高。例如，案件实体事实的证明标准一般要高于程序事实的证明标准。

（二）证明标准的功能

1. 指引和规范证明责任主体履行证明责任的功能

证明标准是衡量证明是否达到要求的尺度。对于承担证据责任的主体来说，若达到了证明标准，则所证明的事实就可以得到认定，并因此产生积极的法律效果，即对于庭审阶段负有举证责任的当事人和公诉人来说，其诉求会得到裁判者的支持，对于侦查阶段、审查起诉阶段和审判阶段的办案人员来说，就可以实施相应的司法行为，如采取强制措施、移送起诉、提起公诉、作出裁判等；若没有达到证明标准，则责任主体证明的事实就不能得到认定，并将因此承担不利的法律后果，或诉求得不到裁判者的支持，或不能实施相应的司法行为。因此，证明标准对证明责任主体履行证明责任具有指引和规范作用，具体体现为以下几点：第一，引导举证责任主体积极地取证、恰当地举证。依据证明标准，举证责任主体可以明确该收集哪些证据，评价自己所获取的证据在质上是否合格、在量上是否充分，对案件事实的证明是否达到了相应的要求；为完成自己承担的举证责任，当事人或控辩双方会积极主动地收集证据，恰当地进行举证，如此，既有利于查明案件事实，又有利于提高诉讼效率。第二，为案件事实认定提供准则，规范办案人员的司法行为。侦查、检察和审判机关及其办案人员认定案件事实必须以证明达到了法定的标准为前提，即对有证据证明且达到证明标准的事实认定为真；无证据证明或证明未达到标准的事实认定为假。案件事实的真伪，取决于是否与证明标准相吻合。因此，证明标准可以督促侦查、检察和审判机关办案人员的认真履行证明职责，规范他们的司法行为，限制司法决定和裁判的随意性。

证明标准通过对证明责任主体履行证明责任的指引和规范，有利于查明案件事实，提高诉讼效率，保证裁判的公正性。

2. 平衡诉讼公正与效率关系的功能

首先，从证明的相对性角度出发，证明标准过低，则案件主要事实不清就作出裁决，难以保证司法公正；相反，证明标准过高，则不符合诉讼认识的客观规律，难以达到证明要求，诉讼久拖不决，浪费司法资源，最终也不利于公正的实现，因为迟到的正义非正义。因此，根据证明对象确定一个合理的证明标准，既保证裁判建立在达到了证明标准的案件事实之上，具有公正性和合理性；又能防止因无限证明而导致诉讼旷日持久，进而保证了诉讼效率。其次，对于不同的证明对象确定不同的证明标准，即对影响当事人权益较大的待证事实确立较高的证明标准，如对被告人定罪的事实；对影响当事人权益较小的待证事实确立较低的证明标准，如回避等程序性事实，则既不违反公正原则，又能节约司法资源，提高诉讼效率。

二、域外的证明标准

（一）英美法系国家的证明标准

1. “排除合理怀疑”标准

在美国和英国，“排除合理怀疑”是刑事公诉人为证实被告有罪而必须达到的标准。对“排除合理怀疑”的含义，人们难以作出确切的解释。《布莱克法律词典》将“排除合理怀疑”解释为：“全面的证实、完全的确信或者一种道德上的确定性；这一词汇与清楚、准确、无可置疑这些词相当。在刑事案件中，被告人的罪行必须被证明到排除合理怀疑的程度方能成立，意思是，被证明的事实必须通过它们的证明力使罪行成立。”“‘排除合理怀疑’的证明，并不排除轻微可能的或者想象的怀疑，而是排除每一个合理的假设，除非这种假设已经有了根据；它是‘达到道德上确信’的证明，是符合陪审团的判断和确信的证明，作为理性的人的陪审团成员在根据有关指控对被告人犯罪的证据进行推理时，是如此确信，以至于不可能做出其他合理的推论。”尽管人们并不确切地知道“排除合理怀疑”究竟是怎么回事，但人人都知道它是一个程度很高的证明标准；而使用这一标准的目的是让作出判决的人更加慎重，不能盲目作出判断，以免造成冤案，从而有效地保护被告人的利益。[①]

2. “证据优势”标准

“证据优势”标准又被称为“盖然性占优势”的标准，主要适用于普通的民事案件。在美国，刑事诉讼被告人对自己提出的积极抗辩的事实的证明也适用该标准。所谓“证据优势”就是指某一事实的证据分量和证明力比反对其存在的证据更有说明力，或者比反对证明其真实性的证据的可靠性更高，也就是说如果证明责任的承担者所提供的证据在总体上的分量上高出对方当事人或者更为可信，用百分比来表达的话，就是双方当事人证据的分量或者可信度形成了51%和49%的对比关系，那么，证明责任承担者便完成了他的证明责任；如果双方当事人提供的证据分量相等或者反证者的证据分量更重，那么，证明责任承担者便要承担败诉的结果。盖然性优势的证明不是说哪一方的证据在数量上占优势即可胜诉，而是看哪一方的证据在总体上对案件事实的证明程度更高，也就是质量更高。

3. “明晰可信”标准

“明晰可信”，即“清楚的、明确的和令人信服的”，“明晰可信”标准是要求事实的裁判者内心必须相信争议事实具有较高可能性而不仅是具有较低盖然性的标准。该标准对证明的要求低于“排除合理怀疑”标准，而又高于“证据优势”标准。在美国，该标准适用于特殊的民事案件。尽管各地规定的适用范围不同，但通常适用于对公民权利影响较大的民事案件，例如，解除父母监护权、民事欺诈、不当影响、口头遗嘱的证明、因欺诈或疏忽而发生的行政行为等。

（二）大陆法系国家的证明标准

1. “内心确信”标准

大陆法系国家实行自由心证制度。在刑事诉讼中对认定被告人有罪的事实，要求法官在审查案件的全部证据之后，必须在内心形成确信的程度。在德国，刑事诉讼中对被告作出有罪认定除要求法官的诚实、良心和基于此而产生的有罪的内心确信外，还要求通过证据在量和质上的积累而使待证事实达到排除任何疑问的高度盖然性。在日本的刑事诉讼中，认定被告人的犯罪事实原则上要求证明“超越合理怀疑而达到确信”。由此可见，尽管表述方式不同，但在大陆法系国家，对刑事被告人犯罪事实的认定都要求达到“排除合理怀疑而形成内心确信”的证明标准，这与英美法系国家的“排除合理怀疑标准”的要求在实质上是一样的。

2. “证据优势”标准

与英美法系国家一样，大陆法系国家在民事诉讼中多采用“证据优势”标

① 何家弘、刘品新：《证据法学》，法律出版社2019年版，第351页。

准。此外，即使在同一类型的诉讼中，证明对象不同，证明标准的也有所差异。在德国，对诸如回避、诉讼援助等程序性事实的证明适用释明，即法官确信当事人主张的事实具有相当可能性。在日本，对与当事人实体权利和义务无关的程序性事项，可以采用证明程度要求很低的疏明，它一般只要求当事人对自己所主张的事实提出足以使法官推测大体上确实程度的证据即可。

通过以上分析可见，无论是英美法系国家，还是大陆法国家，证明标准都具有多元化特点，具体体现为：第一，诉讼性质不同，则证明标准也不同。刑事诉讼的实体法事实证明标准高于民事诉讼的证明标准。第二，在同一诉讼中，证明对象不同，则证明标准不同。案件实体事实的证明标准高于程序事实的证明标准。第三，对利害关系人权益影响越大的案件事实的证明标准越高。

三、我国的证明标准

（一）刑事诉讼的证明标准

由于我国采纳的是广义的证明概念，因此，刑事诉讼中的证明包括侦查阶段、起诉阶段和审判阶段的证明，证明标准也因而分为立案证明标准、移送起诉的证明标准、起诉的证明标准和裁判的证明标准。[①]

1. 立案的证明标准

《刑事诉讼法》第 112 条规定，“人民法院、人民检察院或者公安机关认为有犯罪事实需要追究刑事责任的时候，应当立案；认为没有犯罪事实，或者犯罪事实显著轻微，不需要追究刑事责任的时候，不予立案”。据此，立案的证明标准是“认为有犯罪事实，需要负刑事责任”，即办案人员仅需要根据报案、控告和举报的案件线索和材料，主观上认为存在“有犯罪事实且犯罪行为人需要承担刑事责任”的可能性，就达到了立案的证明标准，因而可以作出立案的决定。由此可见，对立案的证明要求是非常低的。严格意义上讲，立案机关实际上只承担了一种初查责任，并没有承担严格的证明责任，为了及时打击犯罪，保护公民权利和公共利益，对立案设立较低的证明标准是合适的。

2. 侦查终结、提起公诉的证明标准

《刑事诉讼法》第 162 条第 1 款规定：“公安机关侦查终结的案件，应当做到犯罪事实清楚，证据确实、充分，并且写出起诉意见书，连同案卷材料、证据一并移送同级人民检察院审查决定。”第 176 条第 1 款规定：“人民检察院认为犯

---

① 也有的学者认为审判前程序中并没建立典型的司法证明机制，因而立案、逮捕、侦查终结和提请公诉等方面的诉讼决定，需要达到的是证据标准，而不是证明标准。参见陈瑞华：《刑事证据法学》（第二版），北京大学出版社 2014 年版，第 303 页。

罪嫌疑人的犯罪事实已经查清，证据确实、充分，依法应当追究刑事责任的，应当作出起诉决定，按照审判管辖的规定，向人民法院提起公诉，并将案卷材料、证据移送人民法院。”从法条字面上理解，侦查终结和提起公诉的证明标准是一样的，即都是“案件事实清楚，证据确实充分”。

3. 定罪事实的证明标准

《刑事诉讼法》第 200 条第 1 款第 1 项规定：“对案件事实清楚，证据确实、充分，依据法律认定被告人有罪的，应当作出有罪判决。”据此，我国对被告定罪事实的证明标准在立法上表述为“犯罪事实清楚、证据确实充分”。这是一个主客观相结合的证明标准。所谓犯罪事实清楚，是审判人员对与定罪量刑有关的事实和情节已经查清，即主观上已经认识清楚；所谓证据确实充分，是一个客观性标准。《刑事诉讼法》第 55 条第 2 款规定：“证据确实、充分，应当符合以下条件：（一）定罪量刑的事实都有证据证明；（二）据以定案的证据均经法定程序查证属实；（三）综合全案证据，对所认定事实已排除合理怀疑。”由此可见，证据的确实充分既有量上的要求，即定罪量刑的事实都有证据证明；又有质上的要求，即据以定案的证据均经法定程序查证属实。进一步理解，定罪的证明标准不仅要求据以定案的证据要具有真实性、关联性和合法性，还要具有充分性，并且最为关键的是综合全案能“排除合理怀疑”。至于何为“排除合理怀疑”，法律并没有明确作出规定，对此应参考英美法系国家对此标准的解释和运用经验，结合中国国情加以正确的理解和运用。通常认为，排除合理怀疑是指综合全案证据，已经不存在符合常理的、有根据的怀疑，结论不但能达到“最大限度的盖然性”，且具有“确定性和唯一性”。《刑诉法解释》第 140 条第 4 项规定，运用间接证据认定被告有罪必须做到：“根据证据认定案件事实足以排除合理怀疑，结论具有唯一性。”《关于办理死刑案件审查判断证据若干问题的规定》第 33 条第 1 款第 4 项规定，依据间接证据认定的案件事实，结论是唯一的，足以排除一切合理怀疑。由此可见，结论的“唯一性”可以作为衡量是否已排除了合理的主要标准。通俗地讲，“排除合理怀疑”要求对全案证据审查后，最后认定的实施被指控的犯罪行为的人就是被告人，而不可能是其他任何人；或者说不存在没有犯罪事实或犯罪事实不是被告人所为的可能性。

对定罪事实的“排除合理怀疑”标准应当是我国诉讼中的最高证明标准。坚持对定罪的事实的证明必须达到排除合理怀疑，结论具有唯一性的标准是十分必要的，因为定罪事实是刑事诉讼中最关键的事实，也是影响被告人权益最大最直接的事实，如果不坚持这一严格的证明标准，就会增加错误裁判的风险。因此，对“排除合理怀疑”的解读和运用，应最大限度地防止冤假错案，有利于实现司法公正。[①]

4. 量刑事实的证明标准

《刑事诉讼法》并没有对量刑事实的证明标准作出明确规定，根据第 55 条第 1 款的规定，没有被告人供述，证据确实充分的，可以认定被告人有罪和处以刑罚。《刑诉法解释》第 72 条第 2 款规定，认定被告人有罪和对被告人从重处罚，应当适用证据确实、充分的证明标准。据此，从重量刑的标准与定罪的标准是一样的，即“事实清楚，证据确实充分”。

5. 对我国刑事诉讼证明标准的思考

（1）我国刑事诉讼证明标准存在的问题

第一，对“案件事实清楚”的规定模糊，可操作性不强。“案件事实清楚、证据确实充分”是我国刑事诉讼的主要证明标准，反映出我国比较重视对案件客观事实的查明，体现了更偏重于实价公正的诉讼理念。这有利于督促办案人员认真审查案件证据，尽力去查明案件事实，作出客观公正的司法裁决，也有利于打击犯罪，保护受犯罪行为侵害的公民权益和公共利益，但此标准同时也存在规定模糊，可操作性不强的问题，具体体现为，法律并没有明确“案件事实清楚”到底是客观事实清楚，还是法律事实清楚；是全案所有事实都要清楚，还是案件部分事实需要清楚。如果要求全案所有的客观事实都要清楚，即诉讼证明要求达到案件客观事实的百分之百，法官认定的案件事实与客观案件事实完全重合，如此便违背了认识的客观规律，混淆了证明目标和证明标准两个不同的概念。前者是理想的证明标准，即要求案件达到客观真实，是不可能实现的标准；而后者则要求案件达到法律真实即可，是具有可操作性的标准。如果法律不明确规定需要清楚的是“客观事实”还是“法律事实”，是要求客观真实还是法律真实，则司法人员难以准确把握证明标准，容易导致事实认定和裁判的模糊性和随意性。

第二，证明标准缺乏层次性。仅从字面上理解，无论是侦查终结移送起诉、提起公诉还是审理裁判都适用“案件事实清楚、证据确实充分”的标准。不分诉讼阶段，适用同样的证明标准是不科学不合理的。因为侦查—起诉—审判，对案件事实的认定其实是一个循序渐进，不断深化的过程。审判阶段的证明标准必然要高于侦查和起诉阶段的证明标准。如果要求侦查和起诉阶段的证明要严格达到“排除合理怀疑”的标准，必然需要投入更多的司法资源，花费更长的诉讼时间。尽管在司法实践中，侦查终结、审查起诉的标准一般都低于审理裁判时的标准，但如果不在法律层面对侦查终结、起诉的证明标准进行细化和明确的话，

① 陈光中主编：《刑事诉讼法》（第六版），北京大学出版社、高等教育出版社 2016 年版，第 184 页。

办案人员对证明标准的理解会产生模糊，进而导致对案件事实认定的随意。

第三，证明标准不完备。结合当前立法和司法解释来看，在审判阶段，法律只规定了公诉机关控诉被告人构成犯罪的事实和应当从重处罚的事实的证明标准，即“案件事实清楚，证据确实充实”，而对公诉机关提出的从轻量刑事实、被告人提出的积极抗辩事实（如未达到刑事责任年龄等）、非法证据排除程序以外的程序法事实的证明标准均未作出明确规定。

（2）我国刑事诉讼证明标准的完善建议

鉴于我国现行刑事证明标准存在的缺陷，可以从以下方面进行改革和完善：

第一，明确“案件事实清楚”的含义。首先，应当明确定案的依据是“法律事实”而非“客观事实”。例如，《关于民事诉讼证据的若干规定》和《关于行政诉讼证据若干问题的规定》都有类似“人民法院应当以证据能够证明的案件事实为根据依法作出裁判”的规定。承认了定案的依据是“法律事实”，也就是认可了证明达到法律上要求的真实，即“法律真实”即可。其次，要明确是全案事实都要清楚（达到排除合理怀疑的程度），还是影响定罪和从重量刑的关键事实要清楚。基于诉讼证明的相对性，对影响定罪和从重量刑的事实要清楚，即达到排除合理怀疑的程度，例如对于犯罪事实是否存在及犯罪行为是否为被告所为的事实；而对于犯罪真实动机等与定罪关系不大的事实，则不必要求达到“排除合理怀疑”的清楚程度。

第二，法律应明确规定不同的证明标准，实现证明标准的多元化。首先，在不同的诉讼阶段明确规定不同的证明标准。一般来说，对同一案件事实而言，审判阶段的证明标准要高于起诉阶段的证明标准，起诉阶段的证明标准则要高于侦查阶段的证明标准。其次，在同一诉讼阶段，针对不同的证明对象，明确规定不同的证明标准。一般来说，对程序法事实的证明标准要低于对实体法事实的证明标准；证明被告人无罪的标准要低于证明被告人有罪的标准；量刑尤其是从轻量刑事实的证明标准要低于定罪事实的证明标准；被告人提出积极抗辩事实的证明标准应低于公诉机关指控被告人构成犯罪或应当从重量刑的事实的证明标准；死刑案件的证明标准要高于普通刑事案件的证明标准。

（二）民事诉讼的证明标准

《民事诉讼法》没有对证明标准作出直接的规定，但第 170 条第 1 款第 3 项的规定进行了间接的表达，即“原判决认定基本事实不清的，裁定撤销原判决，发回原审人民法院重审，或者查清事实后改判”。此法条隐含的意思是，“案件事实不清就没有达到证明标准”，或是“案件事实清楚是裁判所依据事实需要达到的证明标准”。此外，《民诉法解释》第 108 条规定：“对负有举证证明责任的当事人提供的证据，人民法院经审查并结合相关事实，确信待证事实的存在具有高度可能性的，应当认定该事实存在。对一方当事人为反驳负有举证证明责任的当事人所主张事实而提供的证据，人民法院经审查并结合相关事实，认为待证事实真伪不明的，应当认定该事实不存在。法律对于待证事实所应达到的证明标准另有规定的，从其规定。”第 109 条规定：“当事人对欺诈、胁迫、恶意串通事实的证明，以及对口头遗嘱或者赠与事实的证明，人民法院确信该待证事实存在的可能性能够排除合理怀疑的，应当认定该事实存在。”《关于民事诉讼证据的若干规定》第 86 条规定：“当事人对于欺诈、胁迫、恶意串通事实的证明，以及对于口头遗嘱或赠与事实的证明，人民法院确信该待证事实存在的可能性能够排除合理怀疑的，应当认定该事实存在。与诉讼保全、回避等程序事项有关的事实，人民法院结合当事人的说明及相关证据，认为有关事实存在的可能性较大的，可以认定该事实存在。”

由上述规定可以看出，尽管我国《民事诉讼法》并未明确规定证明标准，只是以否定的形式表明裁判必须建立在案件事实清楚的基础上。但《民诉法解释》和《关于民事诉讼证据的若干规定》的相关规定却表明了我国民事诉讼的三种证明标准，即“高度可能性”标准；“排除合理怀疑的可能性”标准和“较大可能性标准”。第一，在普通的民事案件中，对案件事实的证明要达到“高度可能性”标准。我们认为这是高于英美等国适用于普通民事诉讼案件中的“证据优势”标准的一种“高度盖然性”标准，即证明责任主体所主张的案件事实存在的可能性远大于不存在的可能性，前者所占的比例应远超过 51% 以上。此标准应该介于“排除合理怀疑的可能性”标准和“较大的可能性”标准之间的一种证明标准。第二，“排除合理怀疑的可能性”标准。当事人对欺诈、胁迫、恶意串通事实的证明，以及对口头遗嘱或者赠与事实的证明，要求“可能性”要达到“使法官排除合理怀疑”的程度。我们认为，此标准应当是低于刑事诉讼中定罪事实的证明标准而又高于普通民事案件事实的证明标准，即相当于美国的“明晰可信”标准。第三，“较大可能性”标准。对于诉讼保全、回避等程序事项有关的事实，人民法院认为有关事实存在的可能性较大的，就可以认定该事实存在。

《民诉法解释》和《关于民事诉讼证据的若干规定》对民事证明标准的规定，不仅反映了我国证明标准观念的转变，即从追求“客观真实”到认可“法律真实”，而且具有证明标准多元化趋势，为刑事诉讼证明标准和行政诉讼证明标准的改革提供了一种借鉴和参考。不过应当从民诉法层面予以确认。

（三）行政诉讼的证明标准

《行政诉讼法》同《民事诉讼法》一样，也是通过间接的方式对证明标准作了规定。该法第 89 条第 1 款第 1 项和第 3 项规定：人民法院审理上诉案件“原判决、裁定认定事实清楚，适用法律、法规正确的，判决或者裁定驳回上诉，维持原判决、裁定；原判决认定基本事实不清、证据不足的，发回原审人民法院重审，或者查清事实后改判”。可见，行政诉讼的证明标准也是案件事实清楚，证据确实、充分。

行政诉讼的证明标准存在以下问题：一是缺乏可操作性；二是与刑事诉讼证明标准相同，缺乏层次性。因此，我们认为可以借鉴《民诉法解释》和《关于民事诉讼证据的若干规定》对证明标准的规定对行政诉讼证明标准进行改革和完善：第一，设定与刑事诉讼不一样的证明标准。要么法律对行政诉讼中的“案件事实清楚，证据确实、充分”的具体要求明确作出规定；要么以区别于“案件事实清楚，证据确实、充分”的表述来规定行政诉讼的证明标准。例如，《民诉法解释》第108条。需要强调的是，不仅要从表述上与刑事诉讼证明标准区别开来，且实质上也应该有所区别。一般而言，行政诉讼的实体法事实的证明标准总体上应高于民事诉讼的实体法事实的证明标准，而又低于刑事诉讼中的实体法事实的证明标准。第二，构建多层次的证明标准。根据不同的证明对象，确定不同的证明标准。首先，对实体法事实的证明标准高于对程序法事实的证明标准；其次，对同为实体法事实的证明对象，对诉讼结果影响越大，则证明标准越高；再次，对当事人，尤其是原告权益影响越大的事实证明对象证明标准越高；又次，一般情况下，被告人主张事实的证明标准应高于原告主张事实的证明标准；最后，为维护公共利益的需要，行政机关的紧急处置行为的证明标准应当降低。总之，应从待证事实对诉讼结果的影响大小，及对当事人，尤其是原告的合法权益影响的大小来确定不同的证明标准，同时还要兼顾维护公共利益和社会秩序的需要。

第五节　推定和司法认知

推定和司法认知是证据裁判原则的例外，即对于诉讼中的某些事实无须通过证据证明就可以认定，是替代司法证明的事实认定方法，有利于节约司法成本，提高诉讼效率。

一、推定

（一）推定的概念

推定是根据法律规定或者逻辑与经验法则，从基础事实或判断出发，推导出新的关于事实的认识或判断。推定是一种替代司法证明的事实认定方法。根据证据裁判的原则，认定案件事实需要根据证据加以证明，没有证据或未经证明，任何事实都不能被认定为真实的。然而，司法实践中有可能出现这样的情况，某种事实的存在具有很大的可能性，承担证明责任的一方却难以取得证据予以证明，而该事实的确认又是诉讼继续进行所必需的。为此，为了保护某种社会利益，法律直接规定或者根据逻辑与经验法则，在具备某一前提事实的条件下，如无相反证据的证明，则可以直接确认未知结论事实的存在，这就是推定。

推定与法律拟制具有相似性，但并不相同。法律拟制是指法律在特定情况下把某种事实视为另一种事实并发生相同的法律效果。例如公民经常居所地与住所不一致的，经常居所地为住所。而推定是由基础事实存在就认定推定事实存在。二者都可以表现为两个事实（甲和乙）之间的关系。拟制是直接把甲事实视为乙事实。两个事实都是明确的，无须证明。而推定是根据甲事实去认定乙事实。甲事实存在是乙事实存在的前提。例如夫妻关系存续期间所生的子女视为婚生子女。在此推定中，甲事实是某人是夫妻关系存续期间所生的，乙事实是某人为婚生子女。只有证明甲事实存在的情况下，乙事实才得以认定。此外，法律拟制的事实一经确立，是不可以用反证推翻的；而推定的事实则可以用反证推翻。

（二）推定的特征

1. 推定涉及两个事实，是两个事实之间的纽带

推定是通过已知事实（基础事实）来认定未知事实（推定事实）。推定是以一定事实为基础（基础事实），根据客观事实之间的联系规律推导出另一事实的存在。一般情况下，基础事实和推定事实间有伴生关系或常态联系。这种联系并不具有必然性，但具有高度盖然性，也就是说不是基础事实存在则推定事实就存在，而是基础事实存在则推定事实就很有可能存在。正因为两个事实关系之间的高度盖然性，才使得推定具有合理性；也正因为这种关系只具有高度盖然性而不是必然性，推定的事实具有或然性，故而允许用反证推翻推定事实。

2. 推定是由法律规定的一种事实认定的方法，具有特定的法律意义

与推理、推断等一般的逻辑思维方式不同，推定不仅要遵守逻辑规则，也要遵守一定的法律规则。

（三）推定的功能

1. 解决特定事实的证明困难，保障诉讼的顺利进行

理论上，客观世界是可以被主观所认识的，但在有限的诉讼时间里，有的案件事实因缺乏证据或证据不足而无法被认定，或要认定极其困难，可能因此阻碍诉讼的顺利进行，无法实现对特定权益的保护。在许多情况下，推定事实是难以

甚至不能查明的，如公民下落不明满 4 年推定为死亡，公民下落不明满 4 年的事实（基础事实）比较容易查明和证明，而死亡的事实，当事人不能证明，人民法院也难以查明。但是，为了保障民事法律关系的稳定性，保护公民的人身权和财产权，案件必须解决。作为一种司法替代的事实认定方法，推定可以解决某些特定事实证明困难的问题，保障诉讼得以顺利进行。

2. 提高诉讼效率

通过证据证明认定案件事实的方法，可以有效地避免冤假错案件，实现司法公正，但需要投入大量的司法成本。诉讼中有的案件事实的证明需要投入巨大的司法资源，甚至在有限的诉讼时间里也无法完成。对此类案件事实适用推定，则只需要基础事实存在，就可以认定推定事实的存在。因此，推定使事实认定变得更为容易，因而可以节省诉讼成本，避免诉讼拖延，提高诉讼效率。

（四）推定的种类

以推定是根据法律的明文规定作出，还是根据法官的经验和逻辑作出，推定可分为事实推定和法律推定。

1. 事实推定

事实推定是指在基础事实存在的前提下，法官根据经验法则和逻辑规则，认定未知事实（推定事实）存在。例如从被告人往被害人饮料中投入大量毒药的事实，可以推定出被告具有杀死被害人的故意。又如，从一方当事人隐匿或销毁某证据的事实，可以推定出该证据对该当事人不利。

2. 法律推定

法律推定是在基础事实存在的前提下，法官根据法律规定，认定未知事实（推定事实）存在。例如，《民法典》第 171 条第 2 款中规定，“相对人可以催告被代理人自收到通知之日起三十日内予以追认。被代理人未作表示的，视为拒绝追认”。又如，《刑法》第 395 条第 1 款规定：“国家工作人员的财产、支出明显超过合法收入，差额巨大的，可以责令该国家工作人员说明来源，不能说明来源的，差额部分以非法所得论。”

事实推定与法律推定具有相同点，也有不同点。相同点是：只要基础事实存在，就可以认定推定事实存在。不同点在于：一是根据不同。法律推定的根据是法律的明文规定，事实推定的根据是法官的经验和逻辑。二是效力不同。法律推定一般具有较强的效力，而事实推定的效力则比较宽松。

从推定规则产生和发展的规律来看，推定最初大多是作为一种事实认定的经验法则而存在的。经长期司法实践，某些事实推定能够为大多数司法人员所接受，从而最终为法律吸收，就可能转化为法律规定。有的事实推定是因为基础事实与推定事实之间的伴生关系比较稳定或盖然性高而被转化为法律推定，而有的则是出于某种诉讼价值或政策的需要而被设立。在后一种情况下，由于诉讼的性质不同，则价值取向和政策考量就不同，因而对推定所要求的严格程度也不同。一般情况下，刑事诉讼中对推定的要求比民事诉讼和行政诉讼中对推定的要求要高。例如，在民事、行政诉讼中，如果持有证据的一方当事人无正当理由拒不交出证据，而对方当事人主张该证据内容不利于证据持有人，那么就可以推定该主张成立，即举证妨碍推定。但是该推定却不适用于刑事诉讼，因为它有悖于无罪推定的精神，有强迫犯罪嫌疑人自证其罪之嫌。

（五）推定的适用条件

1. 基础事实必须得到证明

推定是通过对基础事实的证明来替代对推定事实的证明，只有基础事实成立，推定事实才可能成立。对于主张推定事实的当事人而言，推定免除的是他对推定事实的举证责任，而不是对基础事实的举证责任。也就是说，主张推定事实的当事人必须证明基础事实存在，否则他对推定事实的主张就得不到法官的支持。因此，基础事实得到充分的证明是适用推定的首要条件。例如要推定甲为婚生子，主张该事实的当事人首先必须证明甲是在合法婚姻存续期间怀孕所生。

2. 无反证推翻

推定的事实不一定是客观存在的事实，因此在认定推定事实存在之前，应当确认没有足以推翻该事实的反证，否则就不能适用推定。当推定事实因前提事实的存在而被假定存在后，推定不利方当事人可以提出反证否认推定事实的存在。反证的作用要么是证明基础事实不存在，要么是证明推定事实不存在。如对某公民死亡的事实推定，否认该事实的一方当事人既可以提出反证证明该公民下落不明未满4年（基础事实不存在），也可以提出反证证明该公民仍在某一个地方从事民事活动，并没有死亡（推定事实不存在）。反证如果足以推翻推定事实，则不能适用推定。

二、司法认知

（一）司法认知的概念

司法认知又称审判上的确认、审判上的知悉或司法确认，是指法官在审判过程中，依职权或当事人申请，对某些特定事项，无须当事人举证证明而直接确认。关于司法认知的性质，学界说法不一，有证明方式说，认为司法认知是一种无须当事人举证而直接确认特定事实真实性的司法证明方式或诉讼证明方式；审判职务行为说，认为司法认知是法官对于众所周知的事实及属于职务上已为显著的事实，无须当事人举证或法庭调查而直接加以确认的审判职务行为；还有的认为司法认知是事实的一种表现形式。我们认为，司法认知属于一种免证方法。例如，我国《民诉法解释》第93条第1款规定："下列事实，当事人无须举证证明：（一）自然规律以及定理、定律；（二）众所周知的事实；（三）根据法律规定推定的事实；（四）根据已知的事实和日常生活经验法则推定出的另一事实；（五）已为人民法院发生法律效力的裁判所确认的事实；（六）已为仲裁机构生效裁决所确认的事实；（七）已为有效公证文书所证明的事实。"

尽管司法认知和推定都无须当事人举证，司法人员就可以直接认定案件事实，具有影响证明责任分配和提高诉讼效率的功能，但两者仍存在较大差别，具体体现为：司法认知是无须任何证明环节，法官就可以认定某些事实存在；而推定必须以基础事实存在为前提，除非基础事实为免证事实，否则主张推定事实的当事人必须证明基础事实存在。

（二）司法认知的特点

1. 认知主体的特定性

司法认知的主体是审理案件的法官。也就是说在诉讼中，只有负责审理案件的法官才可以使用司法认知来认定特定的案件事实，而包括侦查人员、检察人员在内的其他办案人员都不能通过司法认知来确认案件事实。当事可以申请法院采取司法认知，而是否采取由法官决定。

2. 认知内容的特定性

司法认知的内容为法律明确规定的特定事实，对于法律无明确规定可以通过司法认知认定的事实，法官不能通过司法认知直接认定。总体而言，法律明确规定可以司法认知的事实范围十分有限，也不允许随意扩大，毕竟诉讼中的绝大多数事实必须通过证据予以证明，司法认知只是证据裁判原则的例外而已。

3. 认知结果的可反驳性

司法认知是法官对未经证据证明的事实进行直接确认，而被确认的事实客观上仍具有不确定性，为了防止因事实认定错误而导致裁判的错误，在判断生效前，允许当事人对认知事实进行反驳，如果当事人提出的证据足以反驳或推翻通过司法认知确认的事实，则该事实就不成立。例如，《民诉法解释》第93条规定："下列事实，当事人无须举证……前款第二项至第四项规定的事实，当事人有相反证据足以反驳的除外；第五项至第七项规定的事实，当事人有相反证据足以推翻的除外。"

（三）司法认知的对象

司法认知的对象在各国规定不一样。英美法系国家在众多的判例中形成了众多的司法认知事项；而大陆法系国家的法律对司法认知的规定较为原则和概括。在我国，除《民诉法解释》第93条对司法认知范围作出规定外，《人民检察院刑事诉讼规则》第401条规定："在法庭审理中，下列事实不必提出证据进行证明：（一）为一般人共同知晓的常识性事实；（二）人民法院生效裁判所确认并且未依审判监督程序重新审理的事实；（三）法律、法规的内容以及适用等属于审判人员履行职务所应当知晓的事实；（四）在法庭审理中不存在异议的程序事实；（五）法律规定的推定事实；（六）自然规律或者定律。”《关于行政诉讼证据若干问题的规定》第68条规定：“下列事实法庭可以直接认定：（一）众所周知的事实；（二）自然规律及定理；（三）按照法律规定推定的事实；（四）已经依法证明的事实；（五）根据日常生活经验法则推定的事实。前款（一）、（三）、（四）、（五）项，当事人有相反证据足以推翻的除外。”综合上述规定和国外的相关立法来看，司法认知的范围主要包括以下几个方面：

1. 众所周知的事实

众所周知的事实是指一定区域内大多数人知道的事实。在诉讼时包括审判人员在内的大多数人知悉的事实不必证明，这是各国诉讼法的通例。众所周知的事实通常表现为自然现象或社会常识。例如，北京是中国的首都，10月1日是中国的国庆节等。

2. 自然规律及科学定律

被人类认识的自然规律和证实的科学定律其可靠性是被公认的，因而在诉讼中可成为免证事实而由法官通过司法认知予以直接确认。自然规律如太阳东升西落、潮起潮落、四季更替等；科学定律如惯性定律、能量守恒定律、万有引力定律等。自然规律为大多数人所知悉，即使有些科学定律不被普通人所理解，在诉讼中法官也可以通过相关专家提供帮助而知悉，因而可以作为司法认知的对象。

3. 无争议事实

无争议事实也称为自认事实，是指诉讼双方当事人都认可的案件事实。在民事诉讼和行政诉讼中只要符合条件的正当自认的案件事实无须当事人再举证，法官可通过司法认知直接确认。但在刑事诉讼中，对被告人是否实施了犯罪行为的事实，即使被告人承认了，法官也必须通过其他证据证明后才能确认，而不能适用司法认知。换言之，法官不能仅凭刑事被告人的有罪供述对其定罪。

4. 预决的事实

预决的事实是指被已生效的司法裁判、行政决定和仲裁裁决所确定的事实。司法裁判包括在刑事、民事和行政诉讼中已生效的判决书、裁定书；行政决定是指行政机关依法作出的决定，具体表现为行政许可、行政奖励、行政命令和行政处罚等。例如，公安机关给公民颁发居民身份证，国务院审批的行政区域设置等。一般情况下，法官对经过司法、行政和仲裁程序审查后确认的事实，无须再要求当事人举证，可直接进行确认。例如，法官可依据身份证、户口本确认某人的出生日期。但需要注意的是，预决事实只能作为程序要求和证明标准相当或较低的事实的认定依据。例如，治安处罚的程序要求和处罚所依据的事实的证明要低于刑事犯罪事实认定的程序要求和证明标准，因而就同一行为而言，不能将治安处罚决定所认定的事实作为对行为人定罪处罚的事实。例如，张三打了李四，因此受到当地派出所的行政处罚，过一段时间后，李四伤情加重，张三经立案侦查后被检察院以故意伤害罪起诉到了法院，法官不能因为行政处罚决定而通过司法认知直接确认张三伤害李四的事实，而必须通过常规的诉讼证明方式来进行认定，即由公诉机关证明张三伤害李四的事实成立，如公诉机关无法举证或对定罪的事实未达到相应的证明标准，则法官只能宣判张三无罪。

5. 经公证证明的事实

经依法公证的事实，一般都具有可靠性，因此，在诉讼过程中，当事人提出公正文书所主张的事实后，法官就不必再对该文书进行审查，也不必再要求当事人提供其他证据进行证明，除非对方当事人能提出充足的证据将被公证的事实推翻，否则法官可直接对该事实进行确认。

（四）司法认知的程序

首先，对诉讼中的免证事实，法官既可以主动认知，也可以在审查当事人的申请后进行认知。当事人应以书面形式向法庭提出申请。

其次，法院应当当庭审查认知事项和理由，必要时可组织专门听证。审查可通过听取当事人陈述、询问证人或专家、参阅书籍等。

再次，法官决定适用认知前，应当告知当事人，保证当事人获得反驳的机会。无论当事人以口头或书面的形式提出异议，都必须拿出证据或充分的理由证明其主张。一旦当事人提出的证据能推翻司法认知的事实，则法官对该事实就不能使用司法认知。

最后，司法认知的应当以裁定的方式作出，该裁定既可以是口头的，也可以是书面的；若为口头裁定，则应当记入审判笔录。

案例辅读

被告人林某与被害人沈某忠均系广东省潮安县彩塘镇万成鞋厂保安员。2013年8月19日6时许，林某因沈某忠过早叫其起床而心生不满，遂用手推沈某忠的肩部，后又用脚蹬其腹部，继而双方互相推搡。其间，林某用一把消防扳手，连续击打沈某忠的头部，致其受伤倒地。案发后，沈某忠经送医院抢救无效死亡。林某于案发当天被公安机关抓获而归案。经法医鉴定，沈某忠系头部多次与钝性物作用致颅脑严重损伤而死亡。

被告人林某辩解称：（1）我和被害人沈某忠之间没有发生争吵，我也没有用消防扳手击打沈某忠，我们没有身体接触过，我没有故意伤害作案。案发当天早6时左右，我听见保安房外有茶具摔烂的声音，就穿上衣服起来。开门后看见保安房外的茶具摔碎在地，但没有看见其他人。我以为是其他员工摔烂的，就去楼梯间下的厕所看看有没有人，发现没人我就进厕所小便。在厕所还没有出来就听到外面"嘣"的一声，一出来就看到沈某忠倒在地上。我见状赶紧走回保安房，并打电话报告鞋厂管工张某全和沈某忠的姐姐。(2) 我于2013年8月19日被羁押后受到刑讯逼供和通宵讯问，在侦查人员的提示下胡乱承认。其辩护人辩护称：本案不能排除第三人作案的可能，认定林某犯故意伤害罪的证据不足，请求法院依法作出裁判。

广东省潮州市人民法院于2014年9月26日作出（2014）潮中法刑一初字9号刑事判决书，判决被告人林某无罪。宣判后，潮州市人民检察院提出抗诉。在二审审理期间，被告人林某于2014年12月11日死亡。广东省高级人民法院依照《刑事诉讼法》第15条①第5项之规定，于2015年5月裁定本案终止审理。

法院生效判决认为，《刑事诉讼法》第53条②第1款规定："对一切案件的判处都要重证据，重调查研究，不轻信口供。只有被告人供述，没有其他证据的，不能认定被告人有罪和处以刑罚。"第2款规定："证据确实、充分，应当符合以下条件：（一）定罪量刑的事实都有证据证明；（二）据以定案的证据均经法定程序查证属实；（三）综合全案证据，对所认定事实已排除合理怀疑。"本案中，公诉机关指控被告人林某犯故意伤害罪的直接证据只有林某在侦查阶段、检察阶段所作的部分相互矛盾且与现场监控录像相矛盾的有罪供述，并缺乏指向性明确的客观性证据或言词证据相佐证，而本案事实又存在其他可能性，据以定案的证据链不完整，对指控的有罪事实不能排除合理怀疑，不能由证据得出唯一结论。因此，公诉机关指控被告人林某故意伤害被害人沈某忠并致沈某忠死亡的证据不足，指控林某犯故意伤害罪罪名不能成立。③

---

① 2018年《刑事诉讼法》第16条。

② 2018年《刑事诉讼法》第55条。

③ 引自《中华人民共和国刑事诉讼法》（案例注释版），中国法制出版社2019年版，第48～50页。

第七章

证据收集和保全

明察秋毫的鉴识人员总能利用微物证据，找到破案线索。

第一节 证 据 收 集

证据是诉讼的基础，收集证据是诉讼的基础性工作，是诉讼证明的开始。证据收集情况直接关系后续诉讼活动能否顺利开展，决定着诉讼的质量和效率。收集证据既是司法机关的重要职责，也是诉讼当事人完成举证责任，实现诉求的必要途径，是其诉讼权益的重要体现。因此证据收集对查明案件事实，维护当事人合法权益，实现司法公正具有重要意义。

一、证据收集的概念

证据收集即收集证据，是指法定主体通过一定的行为和方法，获取能证明案件真实情况的材料的诉讼活动。证据收集包含以下内容：

（一）证据收集的主体

只有依法具有职权或享有权利的机关和个人才能成为证据收集的主体。有权收集证据的主体往往是依法承担证明职责或举证责任的主体。根据我国的法律规定，证据收集的主体包括国家专门机关的办案人员、当事人及其诉讼代理人和律师。

1. 国家专门机关的办案人员

有权收集证据的国家专门机关办案人员是指侦查人员、检察人员和审判人员。他们是为了完成侦查、起诉、审判的职责而收集证据。如《刑事诉讼法》

第52条规定：审判人员、检察人员、侦查人员必须依照法定程序，收集能够证实犯罪嫌疑人、被告人有罪或者无罪、犯罪情节轻重的各种证据。

2. 当事人

民事和行政诉讼中的原被告，刑事诉讼中的被告人和自诉人，以及刑事附带民事诉讼的原被告为了实现自己的诉求，证明自己主张的案件事实而收集证据。

3. 诉讼代理人及辩护律师

诉讼代理人基于于代理关系，为维护被代理人的利益而收集证据。如《民事诉讼法》第64条规定，代理诉讼的律师和其他诉讼代理人有权调查收集证据。此外，在我国律师无论作为诉讼代理人还是辩护人都有权收集证据。《律师法》第35条、《刑事诉讼法》第43条、《行政诉讼法》第32条对律师收集证据的权利都作出了规定。

（二）证据收集的客体

证据收集的客体就是证据收集的对象。总体上讲，证据收集的对象是能够证明案件事实情况的一切材料。换言之，能够证明案件待证事实的材料都是证据收集的客体，但证据收集客体因证明主体不同也会有所区别。这主要是因为证明责任和证明对象决定着证据收集的范围和对象。证据收集是为了后续的证明提供材料。证明主体为了完成自己的证明责任，根据待证事实，即证明对象来判断哪些证据是应该收集的，哪些证据是不需要收集的。例如，在轻伤害自诉案件中，证明被告人有罪的举证责任由自诉人承担，自诉人需要证明的对象就是与被告人构成伤害犯罪有关的事实，如伤害时间、地点、手段、后果等，据此自诉人就要收集能证明被告上述犯罪事实的相关证据，如伤害发生时的证人证言、监控视频，伤害发生后的伤情鉴定意见等。当事人及代理人收集证据是为了维护自己或被代理人的利益，因而他们的收集范围往往仅限于为完成自己的举证责任而需要的证据材料。与此不同，侦查、检察和审判机关依职权收集证据，则需要全面收集能证明案件事实的所有证据，目的是全面查清案件事实，保障诉讼的公平公正。例如，在刑事诉讼中，审判人员、检察人员、侦查人员必须依照法定程序，收集能够证实犯罪嫌疑人、被告人有罪或者无罪、犯罪情节轻重的各种证据。民事诉讼中，当事人对自己提出的主张，有责任提供证据。当事人及其诉讼代理人因客观原因不能自行收集的证据，或者人民法院认为审理案件需要的证据，人民法院应当调查收集。

（三）收集证据的目的

收集证据是为了获得能证明案件事实的有关材料，为诉讼的顺利进行奠定基础。具体而言，侦查、起诉和审判机关办案人员是为了查明案情，正确认定案件事实，履行自己的职责；当事人是为了实现自己的诉求，完成举证责任；代理人和辩护人是为了被代理人的利益，协助当事人完成举证责任以实现诉求。而无论如何，收集证据的目的都应具有正当性，即为了完成法定的证明职责或举证责任而获取证据材料。否则，收集证据的行为可能会因目的的不正当性而违法。例如，电话监听作为技术性侦查措施，也是特殊刑事案件中收集证据的重要方法，但监听具有合法性的前提是目的必须具有正当性，即为了侦查取证的需要。如果监听是为了窥探他人的隐私或其他目的，则侵犯了监听对象的合法权益，属于违法行为。

（四）收集证据的程序和方法

理论上，只要能获得与案件事实有关材料的一切手段都可以成为收集证据的方法，即只强调结果而不论过程。但是，收集证据是一种法律活动，理应受到法律的规范和约束，因此收集证据的方法既要具备工具性，即能够发现、提取和固定与案件事实有关材料的性能，还必须具备合法性，即符合相关法律规范。例如，讯问可以获得口供，这是它的工具性，但讯问必须依法定程序采用合法方法进行。违反法定程序，使用暴力、胁迫等方法讯问，则其具有工具性，却不具有合法性。在诉讼领域，取证程序和方法合法是证据具有合法性的必要条件，也是判断证据材料是否为需要排除的非法证据的主要依据。换言之，一切违反法定程序的证据收集方法都是被禁止使用的，通过其获得的证据材料，根据违法的轻重程度将面临被绝对排除或相对排除的风险。理论上，收集证据的所有主体都应当依法取证，但基于侦查、检察和审判机关收集证据具有公权性，为防止办案人员，尤其是侦查人员在取证过程中滥用职权侵犯公民，特别是被追诉者的合法权益，法律更强调对其取证程序和方法的合法性要求，而对于当事人及其代理人只要在收集证据过程中不侵害国家、集体和他人的合法权益即可。当然，律师收集证据还要遵循律师执业的相关法律规范。

二、收集证据的基本原则和要求

收集证据是诉讼证明的起始环节和基础性工作，其质量和效率直接影响后期诉讼的顺利开展。为了圆满完成收集证据的任务，一是注意取证的合法性；二是注意取证的有效性。具体而言，取证的主体，尤其是国家专门机关的办案人员一方面提高对合法取证的重要性认识，取证的合法性也是取证有效性的重要保障；另一方面要明确收集证据是一种特殊的认识活动，即收集主体对证据材料的发现、提取和固定活动，因而要遵循辩证唯物主义的认识论和方法论，既要尊重事物发展的客观规律，又要积极发挥人的主观能动性，利用一切合法有效的方法和手段尽可能全面地收集到能证明案件事实的证据材料，以提高取证的质量和效率。为此，收集证据应当遵循以下基本原则和要求：

（一）依法收集

证据的收集必须是法定主体依照法定程序收集具有法定形式的证据材料，即要求收集主体合法，收集程序和方法合法，证据形式合法。第一，由法定主体收集。只有依法具有职权或享有权利的机关和个人才能成为证据收集的主体，即收集证据的主体要合法。换言之，非法定主体收集的证据不具有证据力。例如，某单位被盗，保卫科人员审问嫌疑人员而作的笔录，因为主体不具有侦查权，也不是法定的取证主体，故而所作的审问笔录并不能作为口供使用。第二，依照法定的程序，使用合法的方法收集。以违法程序和方法收集证据，则不仅证据可能被作为非法证据被排除，而且还可能面临法律制裁。例如，《刑事诉讼法》第57条规定："人民检察院接到报案、控告、举报或者发现侦查人员以非法方法收集证据的，应当进行调查核实。对于确有以非法方法收集证据情形的，应当提出纠正意见；构成犯罪的，依法追究刑事责任"。第三，我国对三大诉讼证据种类都实行法定化，除非修改法律，否则不允许自创证据种类，因而司法机关、当事人及代理人收集的证据要符合相关法律对证据种类及形式的要求。

（二）主动、及时

证据材料的被动性和易变性决定了收集证据要主动及时。首先，能证明案件事实的实物不会自动进入取证主体的视线，更不会将其所蕴含的证据信息主动传达给取证主体。大多数案件知情人不会主动向取证主体反映其了解的案件情况，即便有的被害人和知情人会主动报案、控告和举报，其意识里留下的案件信息也需要通过询问等方式才能得以收集。其次，证据材料具有易变性。随着时间的推移，实物证据会因为自然因素或人为因素发生变形、变质甚至灭失；知情人意识里的案件信息会在记忆规律的作用下逐渐减少、失真甚或完全消失。更何况，犯罪嫌疑人或民事、行政纠纷有过错的一方当事人，都存在为了逃避惩罚或承担法律责任，千方百计毁坏、隐匿和伪造证据的可能。因此，只有主动、及时地收集证据才能抓住取证的最佳时机，收集到尽可能多的证据材料，也才能最大限度地保证收集到的证据的客观真实性。

主动及时收集证据要求收集证据的主体要增强证据意识，具体而言：第一，侦查机关取证要主动、及时，起诉机关和审判机关收集证据要及时。侦查机关在接到案件线索后应迅速展开侦查，积极去发现和挖掘证据线索，采取现场勘查、调查访问、搜查、辨认等取证措施，依法及时提取和固定证据；检察机关在审查侦查机关移送起诉的案件材料后，认为需要补充侦查的，既可以退回补充侦查，也可以自行侦查，但都必须及时进行；法院一般不主动收集证据，但当收到刑事自诉人、民事和行政诉讼当事人代为收集证据的请求后，经过审查认为有必要，应在第一时间及时收集证据。如果对案件事实进行调查核实过程中，发现还有需要提取的证据材料，必要时可直接提取。第二，刑事自诉人、民事诉讼和行政诉讼的当事人要提高证据对维护自己权益的重要性认识。一是在民事活动，申请行政许可等活动中要注意保存能证明自己权益的相关材料。例如，发生借贷时要注意索取和保存借条或邀请见证人等。二是在自己合法权益受到侵害时，要善于保存相关证据。例如，被伤害时，可拍摄视频为证；在侵害发生后，当事人及其代理人要主动及时去发现、提取和固定能支持自己诉讼主张的证据材料，如及时进行伤情鉴定等。如果因客观原因不能自行收集的证据，可依法及时请求司法机关代为收集。

（三）客观、全面

收集证据要客观就是要按照客观事物的本来面目去了解有关的案件事实，对客观事实既不能夸大也不能缩小，不能用主观想象去代替客观事实，更不能按主观需要去收集证据，甚至伪造、变造证据。尤其在刑事诉讼中，侦查机关不能为了迅速破案而从主观判断出发，采用刑讯逼供，引供诱供、引证诱证等非法手段去收集口供、证人证言等言词证据。否则既违背了客观收集的原则，也违背了依法收集的原则。

全面收集证据理论上要求收集与案件事实相关的一切材料。但由于证明的相对性，能查证的案件事实只能无限接近而不能完全等同于案件的全部事实。因此，全面收集证据要根据收集主体的证明责任，紧扣证明对象和证明标准来收集证据材料。具体而言，对于司法机关，证明职责要求其要从客观公正的角度出发，在认识能力许可的前提下，全面收集能证明案件事实的所有证据材料，尤其是影响裁判客观公正性的案件事实的证明材料。例如，刑事诉讼中，侦查、检察和审判人员既要收集能证明犯罪嫌疑人、被告人有罪和罪重的证据材料，也要收集能证明犯罪嫌疑人、被告人无罪或罪轻的证明材料，即要收集一切能影响定罪量刑的证据。在民事和行政诉讼中，审判人员要居于中立的位置全面收集能证明争议事实的材料，而不能为了偏向任何一方当事人而收集证据。对于当事人及其代理人，则要根据诉求，从自己或被代理人所承担的举证责任出发，收集一切与证明对象有关的证据材料，避免因证据不足而无法完成举证责任，承担不利的诉讼后果。

（四）深入、细致

案件事实的多样性及因果联系的复杂性要求收集证据必须深入、细致。证据形式多种多样，主客观因素的干扰，时空变化的客观存在使得证据收集工作十分复杂。加之诉讼当事人或为了争取更多利益，或为了逃避法律制裁和赔偿责任，实施隐藏、毁灭罪证，伪造现场，威胁被害人，相互串供串证等行为，大大增加了取证工作的难度。因此，没有严密细致、不畏艰难的工作作风，不做深入、细致的调查研究是行不通的。深入、细致收集证据要求做到：

第一，不停留于事物的表面，善于透过现象看本质；不被事物的假想所迷惑，善于去伪存真。对实物证据的收集，一是既要注意其表面的证据价值，又要挖掘隐藏的证据价值。如杀人匕首的形状，材质是其表面证据价值，而匕首在现场所处的位置和状态则是其隐藏的证据价值。二是要注意实物证据有无变形变质、被伪造变造的情况。对于言词证据的收集，一是既要耐心、完整地听取陈述人对知情情况的陈述，又要善于运用诘问等方式对案件细微情节进行深挖。例如，在询问被害人时，通过其关于受侵害事实的陈述除可获得犯罪时间、地点、手段等信息外，还可通过详细诘问进一步发掘更多隐含的案件信息，如现场有无目击证人，犯罪嫌疑人的口音等。二是既要理解案件知情人，尤其是当事人陈述内容的表面含义，又要分析其陈述内容中隐含的信息，注意是否“话中有话”，陈述有无矛盾。结合陈述人与案件的利益关系，陈述时的言行举止等情况来判断其陈述的真伪。

第二，细致是要求收集主体尤其是刑事案件的办案人员，要仔细观察，善于发现与案件有关的微小迹象和可疑线索，认真提取细小物证，不放过与案件事实有关的蛛丝马迹。要收集常态物证，更要注意微量物证；既要注意听取知情者陈述的内容，又要注意观察其陈述时的表情，分析其心理活动，对事物间的内在联系进行严密梳理，做到明察秋毫，见微知著。

（五）依靠群众

案件事实总是发生于一定的时空条件下，与案件事实有关的材料不可能脱离社会而存在，群众是社会活动的主体，因而收集证据必须要依靠群众。尤其在刑事案件中，只要犯罪必然会留下痕迹，或多或少会有知情人，只有依靠群众，才能广开证据线索来源，尤其是某些能证明案件主要事实的关键证据，较为隐秘，只有充分发动群众才能获取。取证中依靠群众的重要性在法律中也有所体现。例如，《刑事诉讼法》第 6 条规定，“人民法院、人民检察院和公安机关进行刑事诉讼，必须依靠群众”。第 52 条进一步规定，“必须保证一切与案件有关或者了解案情的公民，有客观地充分地提供证据的条件，除特殊情况外，可以吸收他们协助调查”。依靠群众要求做到：第一，加强法治宣传，在调查取证的过程中充分发动群众；第二，尊重群众，公正文明执法，耐心细致做好群众思想工作，有针对性地消除其作证的思想顾虑；第三，为证人保密，司法机关要加强保护证人及其亲属的人身和财产安全，防止其因作证受到打击报复，对证人因作证遭受的经济损失要给予补偿。

（六）充分利用现代科学技术

在科技日新月异的今天，人类活动的方方面面都闪烁着科技的光芒。在科技为人们带来诸多便利的同时，也对诉讼证明提出了新的挑战。无论从科技具有提高人类认识能力的角度，还是为了适应科技时代诉讼活动的需要，收集证据都必须充分利用科学技术。第一，科学技术能使人类本身有限的认识能力不断扩大和加深，提高人们的取证能力。查明案件事实本质上是人们对已经发生过的案件事实的认识活动。但人类本身的认识能力是有限的，比如仅凭肉眼很难发现微量物证，无法看清被涂抹过的字迹，被清洗过的血迹、白纸上的新鲜汗液指纹等不明显痕迹，但如果借助放大设备、多波段光源、四甲基联苯胺试剂、DFO等技术，就可以将不可能变为可能。第二，科技能提高取证的质量和效率。使用科技手段收集的证据更为客观，对案件事实反映更加全面真实。如录像记录的案发经过比目击者陈述的案发发经过更为客观、全面、稳定、可靠、直观、生动。通过科技手段来记录和固定证据，更加便利和高效。如警察用执法记录仪，当事人用手机拍照录像收集证据等。第三，科学技术能充分发挥物证的证明价值，提高物证的利用率，进而减少诉讼证明对口供等言词证据的依赖，尽量规避因言词证据易失真带来的诉讼风险，减少刑讯逼供，防止冤假错案，提高办案质量。比如通过指纹、DNA、笔迹检验等技术鉴定能揭示指纹、毛发、笔迹等物证与案件的关联性，充分发挥物证的证明价值，其形成的鉴定意见和物证本身都比言词证据更为稳定可靠。第四，充分利用科技是适应科技时代收集证据的需要。在刑事领域，各种新型犯罪不断出现，犯罪的智能化、科技化日益提高，隐蔽性不断增强，侦查难度不断增大。如网络诈骗、网上贩毒、网上聚赌等案件，如果仅凭传统手段，不充分利用现代科技，根本无法完成侦查取证任务。在民事和行政领域，人类对科技的依赖程度不断加深，网上交易、网上办证等行为越来越普及。当纠纷发生时，能证明案件事实的证据材料有相当一部分必须通过科技手段进行收集，如电子数据。为了充分利用科技助力证据收集，应做到如下两点：第一，加强对办案人员的培训，提高其利用科技取证的能力；第二，加强对物证技术的研发和运用，加大对司法领域与科技相关的人力、物力投入。

三、收集证据的主要方法

基于人类认识方法的多样性，收集证据的方法也具有多样性。在不违反法律规定的前提下，收集证据可以采用一切能获取证据的有效方法。在不同的类型诉讼中，有的证据收集方法是通用的，而有的收集方法却是某类诉讼中特有的。

（一）收集证据的一般方法

1. 询问

询问是指法定主体依照法定程序以言词方式，向除犯罪嫌疑人、刑事被告人之外的案件知情人了解案件相关情况的取证方法。询问的对象包括证人、刑事诉讼被害人和自诉人、民事和行政诉讼的当事人。询问是证人证言、被害人陈述、民事和行政诉讼当事人陈述的收集方法。询问的结果主要以询问笔录呈现，也包括亲笔证词、询问录音和录像。

2. 讯问

讯问是指刑事诉讼中，侦查、检察和审判人员以言词方式，依法对犯罪嫌疑人和被告人了解案件情况的取证方法。讯问的对象是犯罪嫌疑人和刑事被告人，是犯罪嫌疑人、被告人供述和辩解，即口供的收集方法。讯问结果主要以讯问笔录的形式呈现，也包括亲笔供词，讯问录音录像等。

3. 辨认

辨认是指在侦查人员的组织下，证人、被害人、犯罪嫌疑人和被告人对与案件有关的人身、物品、场所和尸体进行辨别和指认的取证方法。辨认的结果主要以辨认笔录呈现，也包括辨认时的录音录像。2012 年刑事诉讼法修改前，辨认的结果多以被害人陈述、证人证言和口供的形式作为证据使用。2012 年刑事诉讼法修改后，辨认笔录被列为法定证据种类。

4. 勘验和检查

在刑事诉讼中，勘验、检查是指侦查人员对与犯罪有关的场所、物品、人身、尸体进行勘查、检验或检查，以发现和收集犯罪活动所遗留的各种痕迹物品的一种侦查取证活动。通过勘验和检查既能发现和获取物品、痕迹等实物证据，形成的勘验、检查笔录本身也是法定证据。在民事和行政诉讼中，勘验是指审判人员为了查明一定的事实，对与案件争议有关的现场、物品或物体亲自进行或指定有关人员进行查验、拍照、测量的行为，对于查验的情况与结果制成的笔录叫勘验笔录。

5. 搜查、查封和扣押

搜查是指在刑事诉讼中，为收集犯罪证据、查获犯罪嫌疑人，办案人员依法对与案件有关的场所、物品或人身进搜索与检查的专门活动。查封和扣押是指侦查人员依法强行提取、扣留和封存与案件有关的物品的行为。搜查和扣押是收集物证、书证、视听资料等实物证据的方法，搜查扣押笔录本身也是法定证据。

6. 侦查实验

侦查实验是指侦查机关为查明案情，采用模拟和重演的方法，证实在某种条件下特定的案件事实能否发生和怎样发生，以及发生何种结果的一项侦查措施。侦查实验的结果以侦查实验笔录形式呈现，也包括实验过程中的录音录像。

7. 鉴定

鉴定是指在诉讼活动中鉴定人运用科学技术或者专门知识对诉讼涉及的专门性问题进行鉴别和判断并提供鉴定意见的活动。鉴定既能揭示物证、痕迹等实物与案件的内在联系，发挥它们对案件的证明作用，同时，鉴定意见本身也是法定证据种类。

8. 调取

调取是侦查、检察和审判机关为了查明案件事实，依法向有关单位和个人调查了解并提取与案件有关物品、文件等证据材料的活动。三大诉讼中司法机关都可以向有关单位和个人调取证据，有关单位不得拒绝，要如实提供证据。但是，根据《行政诉讼法》第40条的规定，在行政诉讼中，人民法院不得为证明行政行为的合法性调取被告作出行政行为时未收集的证据。

（二）收集刑事证据的特殊措施和方法

在刑事诉讼中，诸如毒品犯罪、危害国家安全犯罪、恐怖活动犯罪、黑社会性质的组织犯罪等较为特殊的案件，社会危害性大、隐蔽性强，较难发现和查处。为了查明案件事实，收集犯罪证据，侦查机关必须采用一些特殊的侦查取证措施和方法，即有异于普通侦查取证措施而具有高度的秘密性、技术性的措施和方法。

1. 技术侦查

技术侦查是指侦查机关为了侦查犯罪的需要，对一些特殊案件依法采取特殊的技术手段侦查。技术侦查只能用于刑事追诉，严禁其他用途。技术侦查措施以实施对象为标准大致可分为三类：一是以犯罪嫌疑人的通信工具为实施对象的技术侦查措施，如电话侦听、网络侦控等；二是以人为实施对象的技术侦查技术，如秘密跟踪、密拍密录等；三是以物为实施对象的技术侦查措施，如秘密搜查、秘密检查等。作为特殊的侦查取证措施，技术侦查存在侵害公民权利的更高风险。因此，需要严格遵循重罪、必要、特定和书面许可的原则，禁止任意泛化适用和拓展适用。为此，《刑事诉讼法》对技术侦查措施的适用主体、程序与期限等问题作出了明确规定。

2. 隐匿身份侦查

隐匿身份侦查是指对毒品犯罪、有组织犯罪等案件的侦查取证，由有关人员隐匿其真实身份进行的侦查，实践中主要有卧底侦查、化装侦查和诱惑侦查等形式。隐匿身份侦查只有在必要的时候，即采取其他侦查手段难以侦查取证的情况下才能使用；经公安机关负责人决定即可；在实施过程中不得诱使他人犯罪，不得采用可能危害公共安全或者发生重大人身危险的方法。

3. 控制下交付

控制下交付是指侦查机关在发现非法或可疑交易物品后，在对物品进行秘密监控的情况下，允许非法或可疑物品继续流转，从而查明参与该项犯罪的人员，进而彻底查明案件。该措施主要用于对毒品、走私、假币等案件的侦查取证，由侦查机关根据侦查犯罪的需要决定是否实施。

对于上述以技术侦查、隐匿身份侦查和控制下交付收集的证据材料在刑事诉讼中可作为证据使用。但如果使用该证据可能危及有关人员的人身安全，或者可能产生其他严重后果的，应当采取不暴露有关人员身份、技术方法等保护措施，必要的时候，可以由审判人员在庭外对证据进行核实。

第二节　证 据 保 全

一、证据保全的概述和意义

（一）证据保全的概念

证据保全即证据的固定和保管，是指为了防止证据可能灭失或以后难以取得，国家专门机关及办案人员对证据采取一定措施对证据进行固定和保护的行为。证据保全有狭义和广义之分。狭义的证据保全仅指在民事诉讼、行政诉讼和刑事自诉中，审判机关根据当事人的请求或者依照职权采取一定的措施对证据加以固定和保护的行为。广义的证据保全则还包括刑事诉讼中侦查机关、检察机关、审判机关在诉讼中为履行职责而对证据进行的固定和保护行为，以及民事诉讼和行政诉讼前公证机关和审判机关依当事人申请而采取的证据保全。从保全证据的目的来看，我们认为应采用广义概念，并从以下几个方面来理解证据保全：

1. 证据保全的主体包括人民法院、侦查机关、检察机关和公证机关

人民法院保全证据，一是依据自己的职责主动采取，二是依当事人申请而采取。依申请的证据保全主要适用于刑事自诉、民事诉讼和行政诉讼。侦查机关、检察机关对证据的保全主要是对自己发现和收集的证据进行固定、保管和移送等行为，旨在保证证据在后续的诉讼过程中都具有证明价值。例如，侦查人员将从犯罪现场提取到的疑似犯罪嫌疑人的毛发进行妥善保管，并及时送检；检察机关在审查起诉过程中讯问犯罪嫌疑人，并制作笔录和录像等。公证机关保全证据是

在诉讼活动开始之前根据当事人的申请而对某些证据进行保全。

2. 证据保全贯穿于从收集证据到运用证据，即从取证到举证的整个过程

证据保全以证据材料可能灭失或以后难以取得为前提，例如，物证即将腐烂或消失，案件知情人即将远离或死亡等。表面上看，并非所有证据都存在灭失或以后难以取得的可能，保全证据并非诉讼中必然采取的措施。而实际上，因为发现、提取证据与使用证据之间总是存在一定的时空距离，例如，侦查阶段提取的物证，距离移送起诉或开庭审理还有一定的时间，且需要进行空间上的转移，因此不被保全的证据都存在灭失或以后难以取得的可能，因此只要收集证据就应当保全证据。只收集证据，而不保全证据，收集证据的任务就没有完成，而且可能再也无法完成。例如，侦查人员在犯罪现场提取到的犯罪工具，在移送起诉时才发现因保管不善已经丢失，或因移送流转登记不完整，真实性在庭审阶段受到法官质疑，此时因时过境迁，侦查机关再想补救已十分困难，甚至基本不可能实现。因此，从发现证据开始到法庭上出示证据，即从取证到举证之间的整个诉讼过程，甚至更长时间（因为案件可能还存二审甚至再审）都应当重视证据保全。

3. 证据保全可分为诉讼前保全和诉讼中的保全

诉前保全是审判机关或公证机关依当事人申请对证据进行保全。《民事诉讼法》第 84 条规定，“……因情况紧急，在证据可能灭失或者以后难以取得的情况下，利害关系人可以在提起诉讼或者申请仲裁前向证据所在地、被申请人住所地或者对案件有管辖权的人民法院申请保全证据”。公证保全又称证据保全公证，是公证机构根据公民、法人或其他组织的申请，在诉讼发生之前，依法对日后可能灭失或难以提取的证据加以验证提取、收存和固定的活动，是当事人为日后可能发生的诉讼而事前采取的预备行动。

诉讼中的保全是指在诉讼过程中由侦查、检察和审判机关对证据进行的固定和保管。我国民事诉讼法和行政诉讼法都对诉讼中的证据保全进行了规定，即在证据可能灭失或者以后难以取得的情况下，当事人可以在诉讼过程中向人民法院申请保全证据，人民法院也可以主动采取保全措施。刑事诉讼法并没有对证据保全作出明确的规定，但这并不意味着刑事诉讼尤其是公诉案件中不存在证据保全。相反，证据保全在刑事公诉案件中的重要性更加突出，它从侦查开始就伴随着收集证据存在了。刑事公诉案件收集证据主要集中在侦查阶段，因而证据保全也主要体现为侦查机关对证据的固定、保管和移送登记等行为。

（二）保全证据的意义

取证是诉讼证明的起始环节，也是基础性工作，决定着后期诉讼活动能否顺利开展，影响诉讼的质量和效率。证据保全是取证制度的重要组成部分，也是收集证据工作不可分割的部分。收集证据必然要求保全证据，多数时候保全

证据也是收集证据的方式。证据保全通过对证据的固定和保管，防止证据从被发现到举证的整个过程不因变形、变质、被污染、损毁等原因而丧失证明价值，保证被收集的证据能被运用，完整发挥对案件事实的证明作用，从而实现了取证的目的。离开了证据保全，收集证据的任务无法完成，取证的目的也无法实现。

二、证据保全的目的和任务

（一）保全证据的目的

证据保全的目的是防止证据灭失或者日后难以取得而无法在诉讼中发挥对案件事实的证明作用，故而证据保全的最终目的是保护证据对案件事实的证明价值，而不仅仅是保护证据的外在形式或证据事实的载体。表面上，证据保全是为了保护证据的载体，比如对现场提取的疑似犯罪嫌疑人的毛发进行妥善的封存和保管；而本质上，我们不仅要保全证据形式本身，更需要保全证据所蕴含的与案件事实相关信息，即证据对案件事实的证明价值。比如现场提取的血迹，要通过血迹证明犯罪嫌疑人杀害被害人的过程，就要在现场勘查笔录中记录血迹的形状、大小及所处的位置等；要通过血迹来确认被害人或犯罪嫌疑人的身份就要通过 DNA 检验才能实现。因此对该血迹的保全不仅仅是保管物证的载体，即血迹本身，还需要通过制作现场勘查笔录、照像、录像、鉴定等措施来保全血迹对案件事实的证明价值。因此，证据的证明价值是否得到保护，是判断证据保全方式是否恰当及保全任务是否完成的主要标准。

（二）保全证据的任务

保全证据的目的决定了保全证据的任务。保全证据的目的是保护证据的证明价值，即证据的证据能力和证明力。证据的能力和证明力由证据的真实性、关联性和合法性决定，因而要围绕固定和保护证据的三个特性开展证据保全。为此，保全证据具有以下任务：

1. 及时固定和妥善保管证据载体，保护证据的特定性

证据的特定性是指某一材料作为证明案件事实的依据所具有的独一无二的属性，再普通的物品，只要与案件事实发生联系后，就具有特定性，无可替代性。保全证据首先要固定和保管好证据载体，防止证据载体因自然因素而发生变形、变质和灭失，或被人为被污染、丢失、破坏、变造、伪造甚至毁灭。要尽可能地维持证据的原始状态，既保证证据形式的真实性，也保证证据事实有所依存。例如，只有保管好杀人的匕首，保证它不消失，才能保全依附于匕首之上的与案件相关的信息，如工具痕迹、刀的材质等。

2. 固定证据事实，保护证据证明力

为保全证据的证明价值，在保管好证据的外在形式的同时，还要注意固定证据事实，即证据所包含的与案件相关的信息。例如，杀人的匕首在现场所处的位置和状态，匕首的工具痕迹，都对案件事实具有证明作用，因而除提取和保管好匕首外，还应通过笔录和录像记录其在现场的位置和状态，通过及时鉴定比对匕首的工具痕迹与死者尸体上的伤痕是否吻合等。实践中，要特别注意及时固定以下几类证据的证据事实：一是载体容易变化且不易保存的证据。此类证据大多容易腐败、变质，且不易保管，或即便保管了载体，但内含的证据信息容易变化或消失。例如，血迹、尸体上的伤痕等。对此类证据，要及时通过拍照、录像、笔录、鉴定等方式固定其证据事实。二是必须通过鉴定才能揭示其与案件事实联系的证据。多数实物证据与案件事实的关联性不明显，其证明作用需要通过技术鉴定才能得以发挥，如痕迹物证（工具痕迹、指纹、枪弹痕迹等）、属性物证（毒药、毛发、体液等）。此类证据在提取后要及时送检，通过鉴定形成鉴定意见以固定其证据事实。三是除鉴定意见以外的言词证据，包括证言、被害人、当事人陈述和口供。此类证据因受陈述人记忆规律和陈述动机等因素的影响，失实和易变的风险较高，因此在发现证据线索后，要及时依法询问、讯问，并规范制作笔录，辅以录音录像，以固定陈述人感知到的案件事实，即言词证据的证据事实。

3. 做好证据的“身份”标签，保证证据的真实性

如同人一样，只有来历清楚，身份明确才不会受到质疑。证据的来历不明，身份不清，其真实性必然受到质疑。因此，要让证据从被发现、提取开始到呈现在裁判者面前的整个流转过程都清晰明白，使法官相信该证据确实来源于案件，且不存在被伪造、变造的可能，是真实可靠的。

4. 体现取证的合法性，保护证据的证据能力

证据的合法性主要体现为取证的合法性。取证主要由收集证据和保全证据构成。保全证据紧随收集证据，甚至二者是同步进行，因此不仅要依法收集证据，还要通过证据保全来体现收集证据的合法性。例如，询问证人是收集证据，制作询问笔录则是保全证据，依法询问并形成规范的笔录，则既能保证证据形式（证人证言）符合法律要求，又能反映收集证据的程序和方法（询问程序和方法）合法，从而避免证据因不具有合法性而失去证据能力。

三、证据保全的程序和方法

证据保全是证据收集不可分割的部分，因此不仅收集证据的原则和要求同样适用于保全证据，而且多数情况下，二者的程序和方法也是重合的。这一点

在刑事诉讼中体现得尤为明显，在民事诉讼和行政诉讼中也有所体现。例如，《关于民事诉讼证据的若干规定》第27条规定："人民法院进行证据保全，可以要求当事人或者诉讼代理人到场。根据当事人的申请和具体情况，人民法院可以采取查封、扣押、录音、录像、复制、鉴定、勘验等方法进行证据保全，并制作笔录。在符合证据保全目的的情况下，人民法院应当选择对证据持有人利益影响最小的保全措施。"《关于行政诉讼证据若干问题的规定》第28条规定也有类似规定。其中，勘验、鉴定等方法既是收集证据的方法，也是保全证据的方法。鉴于此，下面仅重点介绍几种较为典型的证据保全方法。此外，由于民事诉讼和行政诉讼中依申请的证据保全具有特定的程序和要求，对此也进行专门的阐述。

（一）证据保全的方法

证据保全方法应该根据特定证据的性质与特点，从有利于保全证据证明价值的角度出发进行选择。实践中，保全证据的方法主要有以下几类：

1. 原物保全法

对体积不大的物证、书证、视听资料等物证，可以根据物品的特点，依法采用恰当方式提取和保管原物。

2. 复制保全法

对痕迹物证、存在灭失风险或不易原物提取的物证、书证、视听资料、电子数据等实物证据，可采用复印、转录、制作模型等复制方法进行保全。

3. 笔录保全法

采用笔录记录的方式保护证据的证明价值。主要适用于对证言、当事人陈述、口供、被害人陈述的保全。此外，对物证在案发现场的位置和状态等证据事实也可以通过笔录进行保全。

4. 拍照、录音、录像法

对不便原物提取和不易保存的证据，可采用拍照、录像方式保全，对证言、当事人陈述等言词证据可采用录音方式保全。此类方法也可以辅助笔录保全法对证据进行保全。

5. 封存保全法

对于容易转移、灭失的大宗物证和与案件有关的存款、资金、债券等证据可采用封存财物和冻结账户等方法保全。

6. 鉴定保全法

对血迹、指纹、脚印等痕迹物证，毒品、体液、毛发等属性物证通过司法鉴定形成鉴定意见进行保全。

7. 标签法

为保证实物证据的真实性，从发现证据开始就对证据进行标注，流转过程中进行规范周全的记录，形成完整的证据保管链条。通过标签上记录的案件的名称或编号、提取该证据的日期和场所、证据的编号、提取证据人的姓名、证据的主要特征、接管日期等全面描述和记录证据状态和操作流程。对证据进行标签保全，既能有效避免证据丢失，更能保证证据来源明晰，真实可靠性不因“身份”不明而受到质疑。

（二）民事诉讼和行政诉讼中当事人申请保全证据的程序

在民事诉讼和行政诉讼开始前，当事人既可以申请人民法院保全证据，也可以申请公证机关对证据进行保全。在诉讼过程中，当事人也可申请人民法院对证据进行保全。《民事诉讼法》第84条中规定：“在证据可能灭失或者以后难以取得的情况下，当事人可以在诉讼过程中向人民法院申请保全证据，人民法院也可以主动采取保全措施。”《行政诉讼法》第42条规定：“在证据可能灭失或者以后难以取得的情况下，诉讼参加人可以向人民法院申请保全证据，人民法院也可以主动采取保全措施。”根据《关于行政诉讼证据若干问题的规定》第28条的规定，当事人向人民法院申请保全证据的，应当在举证期限届满前以书面形式提出，并说明证据的名称和地点、保全的内容和范围、申请保全的理由等事项。当事人申请保全证据的，人民法院可以要求其提供相应的担保。法律、司法解释规定诉前保全证据的，依照其规定办理。据此，民事诉讼和行政诉讼当事人申请证据保全的程序和要求如下：

1. 申请

申请采取证据保全措施的人，一般是案件的当事人，在某些情况下，也可以是利害关系人。申请人民法院保全证据，向对案件有管辖权的人民法院提出申请；诉前申请公证机关保全证据一般向被保全证据所在地的公证机关提出申请。申请人应当提交书面申请状，该申请状应当载明：（1）当事人及其基本情况；（2）申请保全证据的具体内容、范围和所在地点；（3）请求保全的证据的意义和价值；（4）申请的理由和法律依据等。如果是向公证机关提出，应当提交公证申请表。该公证申请表应当包括以下内容：（1）申请证据保全的目的和理由；（2）申请证据保全的种类、名称地点和现存状况；（3）证据保全的方式；（4）其他应当说明的内容。

2. 审查

人民法院在接到当事人的保全申请以后，应当进行审查，认为符合保全条件的，裁定准许；认为不符合条件的则裁定驳回申请。公证机关审查后符合下列条件的，可对证据进行公证保全：申请人与申请公证的事项有利害关系；申请公证事项的当事人、利害关系人之间对申请公证的事项无争议（即使利害关系人对申请公证的事项有争议，公证处只要查明该行为、有法律意义的文书和事实具有真实性、合法性，只要是为了当事人的正当的、合法的权益，也应当出证）；申请公证的事项属于公证处的业务范围；申请公证的事项属于本公证处管辖。

3. 担保

申请人申请诉前保全证据可能涉及被申请人财产损失的，人民法院可以责令申请人提供相应的担保。

案例辅读

2009年，原告微软公司起诉被告大众保险股份有限公司侵犯其微软Server系列软件的著作权，在起诉的同时，原告提出证据保全的申请，要求保全被告经营场所的电脑使用微软Server系列软件的证据。2009年6月8日，法院至被告经营场所对被告使用涉案软件的情况进行证据保全，抽查了被告机房内的11台服务器，其中有2台使用了涉案的Microsoft Windows Server 2003标准版软件，5台使用了Microsoft Windows Server 2003企业版软件，1台使用了Microsoft Windows Server 2008企业版软件，1台使用了Microsoft SQL Server 200企业版软件，2台使用了Microsoft SQL Server 2005企业版软件。庭审中，被告确认其仅批量采购了原告享有著作权的10套Office XP许可及5个Win Cal 2000的客户端许可软件，未购买过涉案的Server系列软件，其仅总公司内部就有27台服务器使用了涉案软件。

本案涉及的是我国一家国有金融企业因长期使用盗版软件而被国际知名企业微软公司起诉的案件。由于计算机软件的复杂性、隐蔽性和易灭失性，使权利人对于最终用户使用盗版软件的取证存在较大的难度，同时也对法院证据保全的实施提出了较高的要求。本案中法院根据原告的证据保全申请，经周密部署，成功地对被告经营场所内的计算机和服务器进行了抽查，使被告侵权的证据得以固定，保全结果对侵权行为的认定及赔偿数额的确定起到了重要作用。

第八章

证据审查判断

事前谨慎总比事后补救强。

——［英］爱·科克

第一节　证据审查判断概述

一、证据审查判断的含义

证据审查判断是国家司法机关办案人员、当事人及其法定代理人、辩护人对证据材料进行分析研究和比较鉴别，判断其证据能力有无和证明力大小的活动。证据审查判断包括以下含义：

（一）审查判断证据的主体与收集证据的主体一致

审查判断证据的主体既包括侦查机关、检察机关和审判机关及其办案人员，也包括当事人及其辩护人、诉讼代理人。学界有的观点认为，证据审查判断的主体仅限于司法机关办案人员，而不包括当事人及其诉讼代理人、辩护人。我们对此并不认同。一是因为审查判断证据是正确使用证据材料的前提，当事人及其诉讼代理人、辩护人在诉讼中也会收集和使用证据，因而他们理应成为审查判断证据的主体；二是因为当事人及其诉讼代理人、辩护人审查判断证据的行为在司法实践中客观存在。例如，刑事审判中，控辩双方都可以参与对证据的核查，发表意见。在民事诉讼与行政诉讼中，双方当事人以及他们的诉讼代理人，对于庭审中调查的各种证据，均有权质证，就其真实性和证明力发表意见、进行辩论。将当事人及其诉讼代理人、辩护人作为审查判断证据的主体，既符合诉讼实践，也有利于保障其行使诉讼权利，促使其履行诉讼义务，从而保障诉讼活动顺利进行。

需要注意的是，尽管审查判断证据的主体与收集证据的主体是一致的，但他们审查判断证据的出发点并不相同，审查判断证据的要求也不一样。办案人员审查判断证据是基于职责需要，为了客观公正地处理案件，他们在使用证据认定案件事实之前必须依法对证据进行审查。如果对证据疏于审查判断导致案件事实认定错误，进而作出错误的司法决定或裁判（如错拘、错捕或错判等），则不仅错误的司法决定或裁判可能不被批准或被撤销，办案人员还可能因失职受到法律制裁。因此，审查判断证据对于司法机关及其办案人员是必须且重要的，法律也对审查判断证据的要求进行了明确的规定。例如，《刑诉法解释》第四章第二节至第八节，专门对各种刑事证据的审查内容及认定要求作出了规定。

当事人及其辩护人、诉讼代理人则不一样，他们审查判断证据是基于本人或被代理人的利益，为了完成举证责任而使己方主张的案件事实能得到裁判者的支持，因而他们对是否审查判断证据可以自由选择，尽管他们可能因未进行证据的审查判断而无法完成举证责任，并因此承担败诉等风险，但那也是他们自由选择的结果，并不会因此受到法律的制裁。

（二）审查判断的内容是证据的证据能力和证明力

审查判断证据目的，一是为防止“不合格”（不具有真实性、关联性、合法性）的证据材料作为认定案件事实的依据；二是防止证据无法达到认定特定案件事实的证明标准。为此，首先，要审查证据材料是否具备证据能力，即是否能被允许作为证据进入司法程序；其次，要审查判断证据的证明力，即已具备证据能力的材料与案件事实关联性大小，在多大程度上证明了案件事实，是否达到了相应的证明标准。因此，证据的证据能力和证明力是审查判断证据的两大内容。对证据能力的审查判断主要是针对单个的证据，而对证明力的审查则既要审查判断单个证据的证明力，也要综合全案证据审查判断是否足以认定案件事实，即是否达到了相应的证明标准。对证据的证据能力的审查是初始审查，而对证明力的审查则是深入审查，前者往往是后者的前奏。

（三）审查判断证据贯穿于诉讼证明的全过程

审查判断证据是运用证据认定案件事实的必经程序，也是依据证据对案件事实作出正确认定的保障。因而它贯穿于诉讼证明的全过程。从诉讼证明的角度讲，在取证阶段，为保障收集到的证据具有证明价值，必须审查判断证据；在举证前，为保障证据具有证据资格且能证明己方诉讼主张，必须审查判断证据；在法庭调查阶段，诉讼各方围绕证据的证据能力和证明力进行质证，实际上也是审查判断证据；法官在认证前也必须对证据的真实性和证明力进行审查判断。从诉讼程序及诉讼行为的角度讲，侦查机关作出立案、采取侦查措施、侦查终结、移送起诉的决定；检察机关作出批捕、不批捕、起诉、不起诉的决定；法院作出受理、不受理的决定以及作出判决和裁定无不是建立在对证据的审查判断上。故而，运用证据认定案件事实的过程其实也是审查判断证据的过程。

二、证据审查判断的意义

审查判断证据是证据裁判主义的要求。总体上讲，通过审查判断证据的真实性、关联性和合法性以及全案证据的充分性，能够确保运用证据认定案件事实的正确性，避免错误的司法决定和裁判，进而保障司法的公正性。具体而言，审查判断具有以下作用和意义。

（一）确保司法决定和裁判的正确性

由于案件的受理、立案、采取强制措施、起诉等司法决定和裁判都建立在证据的基础之上。因此，通过对单个证据的审查判断，排除不具有证据能力或证明力的证据，避免使用不合格证据认定案件事实，以引发错误决定和裁判的风险；通过对全案证据的审查判断，排除矛盾，保障证据的充分性和协调性，避免在证据不足，案件事实不清的情况下作出错误的决定和裁判。因此，审查判断能从源头上和根本上确保司法决定和裁判的正确性。

（二）保障司法的公正，维护司法的权威

一方面，通过证据的审查判断，在确保案件事实清楚、证据确实充分的情况下作出裁判，可以保证案件实体公正；另一方面，通过审查判断证据，排除违反法定程序、使用违法手段获取的证据，对非法取证的主体实施程序性制裁，为受非法取证行为侵权的对象，尤其是被追诉者提供了权利救济，保证了程序的公正。只有公正的裁判才具有公信力，公正的司法才具有权威性。因此，证据的审查判断可以保障司法公正，维护司法权威。

（三）保障诉讼的顺利进行，提高诉讼效率

诉讼的过程实际上是收集证据、运用证据查明和认定案件事实的过程，证据是贯穿于整个诉讼过程的生命线，证据工作是诉讼活动的主要内容。取证、举证、质证和认证环环相扣，前一阶段的证据工作影响后续诉讼活动的开展。如果前一诉讼阶段未经证据的审查判断就认定案件事实，则后续的诉讼活动就无法顺利开展，甚至可能进入一步错则步步错的恶性循环。例如，侦查人员未认真审查证据，则不具有证据能力或证明力的证据会进入下一个诉讼环节，依据不合格的证据或在证据不充分的情况下就结案并移送起诉，则案件可能因“事实不清、证据不足”而被检察机关退回补充侦查或被不起诉；检察机关的起诉也可能因证据不足、事实不清而不被审判机关受理；审判机关的裁判也可能因证据不

足、事实不清而被撤销发回重审或再审。如此，则诉讼无法顺利进行，白白浪费了司法资源，无诉讼效率可言。如果从取证开始就重视对证据的审查判断，在源头上控制好证据的质量，依据合格和充分的证据对案件事实作出认定，则能有效地保障后期诉讼活动的顺利进行，提高诉讼效率，避免司法资源的浪费。

第二节　证据审查判断的内容

证据审查判断的内容是证据的证据能力和证明力，即单个证据是否真实、合法、与案件事实是否具有关联及关联性大小。同时，在对案件事实作出认定前，还要审查证据是否充分，能否达到相应的证明标准。

一、审查判断证据的真实性

三大诉讼法都明确规定，证据必须查证属实才能作为定案的依据。因此，证据的真实性是证据审查判断的主要内容。审查证据的真实性主要从证据来源和证据的内容两个方面进行审查。

（一）审查证据的来源

证据来源，即证据是如何形成的，由谁提供的。审查证据来源的目的主要是分析证据真实性在其形成过程中是否受到自然因素或人为因素，主客观因素的影响及影响程度大小。对此重点审查以下几个方面：

1. 审查证据提供者的身份与动机

证据提供者与案件的利害关系不同，其提供证据的动机也不同，因此会影响到证据真实可靠性。一般而言，对同一案件事实，与案件无利害关系的人提供的证据真实性强于与案件有利害关系的人提供的证据；有利害关系人提供的不利于己的证据的真实性强于有利于己的证据，但这并不是绝对的，因为影响证据真实性的因素是综合的，而不是单一的。例如，被告人的有罪供述是不利于己的供述，理论上应当是真实的，但也可能被告人是因为受到刑讯逼供等非法讯问才作出有罪供述，因此，不能仅评被告人不利于己的供述而对其定罪或加重处罚。

2. 对实物证据来源的审查

一是审查证据是否真实来源于案件事实，有无伪造、变造证据的可能。例如，指认被告犯罪的作案工具是否从犯罪现场或被告人住处等与案件有关的场所获取，有无笔录、录像等关于获取情况的记录或凭证，来历不明的证据就存在伪造、变造的风险；二是审查证据的在被提取前及收集和保全过程中是否存在因自然因素而变形、变质，或被人为故意损坏、改变，或因取证方法不当而被污染、破坏等情况；三是审查证据是否为原物、原件，如果是复制品、复制件，是否与原物、原件相符，复制过程中是否存在影响其真实可靠性的因素。

3. 对言词证据来源的审查

对鉴定意见以外的言词证据重点审查证据形成的三个阶段，即感知、记忆和陈述阶段是否存在影响证据真实性的因素。一是审查陈述人的作证能力，既要审查陈述人原本具有的感知能力、记忆能力和正确表达能力，如视力、听力等；也要审查是否存在感知时和陈述时因恐惧、紧张等原因而导致感知能力和陈述能力下降的情况。二是审查感知、记忆和陈述阶段的客观因素，包括：感知时的条件（如光线、距离等），陈述距离感知时间的长短，陈述阶段是否有因不当询问或讯问而作出不实陈述的可能。三是审查影响如实陈述的其他因素。如陈述者的思想品质，与案件的利害关系，有无被收买、威胁的情况等。四是审查言词证据是原始证据还是传来证据，如果并非陈述人亲身感知，则要审查转述内容是否有真实可靠的来源，还是道听途说，有无在转述过程中导致证言失实的情况。对于鉴定意见的形成，重点审查鉴定人的资格，检材和样品的来源是否真实可靠，鉴定程序和方法是否科学规范等。

（二）审判判断证据的内容

证据的内容就是证据所反映的人、事、物。审查证据内容的真实性，就是审查证据所反映的人、事、物是否合情合理，相互联系是否顺理成章，即是否符合事物的客观规律，符合人类的认识规律，符合逻辑推理规则，其重点是查找矛盾和分析矛盾。具体包括：

第一，审查证据内容的可能性和合理性。从事物本身的客观规律和人类的认识规律出发，按照生活经验和逻辑规则去分析判断证据所反映的人、事、物是否具有存在的可能性及可能性大小。例如，一个矮小瘦弱且无任何特殊技能的人被指控在不借助任何外力的情况下，独自杀死一个身材远比他高大壮实的人；一个长期身无分文、穷困潦倒的人声称自己借给被告一笔巨款；证人声称在距离上千米外仅凭肉眼将被告人的面貌看得清清楚楚；案件现场出现某人的脚印，就据此证明他实施了犯罪，等等。上述内容要么因违背了事物的客观规律或人类认识规律而不具有可能性或只具有微乎其微的可能性；要么因违背逻辑推理规则而不具有合理性，因而其真实性就应当受到怀疑。

第二，证据内容的一致性。一般来说，内容一致的证据比内容不一致的证据具有更高的可靠性。证据内容不一致包括同一证据内容不一致和不同证据的内容之间不一致。前者如被告人供述中一会儿称将被害人的尸体烧毁，一会儿又称将尸体抛入水中；后者如被告人供述将被害人掐死，但尸体检验报告显示尸体上并无掐痕，且被害人并非窒息死亡。如果证据内容缺乏一致性，则其真实性就应当受到质疑。在审查证据内容的一致性时，需要注意的是，只有当证据内容存在本质的不一致，即差异原因无法得到合理解释时，证据的真实性才应当被否定。如果只是存在非本质的不一致，或差异原因能够得到合理解释，则不能否定证据的真实性。例如，证人因表达等原因而导致陈述内容有差异，这种差异是可能得到合理解释的，因而是非本质的不一致。相反，那些毫无差别，具有超出合理范围的高度一致性的证据反而应当引起重视。又如，同一证人前后多次的陈述及不同的证人对同一案件事实的证言所使用的表述语言和方式，对细枝末节的描述等方面都毫无差别，完全相同，则是不正常的，存在伪证、串证的可能性。

总体而言，一般情况下，言词证据的失真风险要大于实物证据，因此，对言词证据的真实性审查的难度要高于实物证据。此外，鉴于任何证据都不能自证其真实性，因而需要通过证据间的相互印证来判断证据的真实性。

二、审查判断证据的关联性

证据的关联性是证据具有证明力的主要指标，是指证据所揭示的事实与待证事实之间所具有的逻辑关系。具体而言，一项证据的证据事实的存在，使得某一案件事实成立的可能性变得更大或更小，则该证据就与案件事实具有关联性。一般来说，证据的相关强弱取决于两个方面：一是证据所包含的与案件相关的信息量。证据所包含的与案件相关的信息量越大，则相关性越强，反之则越弱。例如，在证明被告人实施犯罪这一事实上，反映被告人犯罪过程的证言信息量大于反映被告人到过案发现场的信息量，前者与案件事实的相关性强于后者。二是证据与案件主要事实的关系。证据距离案件主要事实越近，与案件事实的关联越直接，则相关性越强，反之则越弱。例如，被告人对犯罪事实的供述与犯罪现场发现被告人的脚印相比，前者与被告人实施犯罪这一主要事实距离更近，证明作用更直接，因而关联性也更强。

与证据真实性的审查不同，证据是否具有关联性及关联性大小主要由办案人员根据经验法则和逻辑规则进行自由判断。例如，《民诉法解释》第 105 条规定：“人民法院应当按照法定程序，全面、客观地审核证据，依照法律规定，运用逻辑推理和日常生活经验法则，对证据有无证明力和证明力大小进行判断，并公开判断的理由和结果。”当然，对证据关联性进行自由判断时不得违背相关证据规则和法律规定。例如，根据英美法系国家的意见证据规则，原则上认为除专家证人外，普通证人对案件事实发表的意见和推论不具有证明价值而被排除使用。我国《关于行政诉讼证据若干问题的规定》第 46 条规定：“证人应当陈述其亲历的具体事实。证人根据其经历所作的判断、推测或者评论，不能作为定案的依据。”

此外，如果法律有相关规定的，可以依据规定审查判断证据的证明力。例如，《关于行政诉讼证据若干问题的规定》第63条规定：“证明同一事实的数个证据，其证明效力一般可以按照下列情形分别认定：（一）国家机关以及其他职能部门依职权制作的公文文书优于其他书证；（二）鉴定结论、现场笔录、勘验笔录、档案材料以及经过公证或者登记的书证优于其他书证、视听资料和证人证言；（三）原件、原物优于复制件、复制品；（四）法定鉴定部门的鉴定结论优于其他鉴定部门的鉴定结论；（五）法庭主持勘验所制作的勘验笔录优于其他部门主持勘验所制作的勘验笔录；（六）原始证据优于传来证据；（七）其他证人证言优于与当事人有亲属关系或者其他密切关系的证人提供的对该当事人有利的证言；（八）出庭作证的证人证言优于未出庭作证的证人证言；（九）数个种类不同、内容一致的证据优于一个孤立的证据。”

三、审查判断证据的合法性

证据合法性是衡量证据是否具有证据能力的主要指标。证据的合法性主要包括取证主体的合法性、取证程序和方法的合法性、证据形式的合法性及运用证据的合法性几个方面。证据的合法性表现为正反两个方面。从正面讲，证据符合法律的规定；从反面讲，证据不违反法律的禁止性规定。理论上，不合法的证据不具有证据能力。但实际上，不合法的证据不必然被排除使用。一般情况下，程序违法和侵权程度严重的证据会被作为非法证据排除使用；而形式不规范等违法程度轻的证据属于“瑕疵证据”，一般适用补正规则，即经补正或合理解释后可以作为定案的依据。因此，不仅要审查证据是非合法，还要审查证据的违法程度。

（一）证据的形式是否合法

证据形式合法包括两个方面：一是属于证据的法定种类。我国刑事诉讼证据的法定种类有物证；书证；证人证言；被害人陈述；犯罪嫌疑人、被告人供述和辩解；鉴定意见；勘验、检查、辨认、侦查实验等笔录；视听资料与电子数据。民事诉讼证据法定种类有当事人陈述；书证；物证；电子数据；视听资料；证人证言；鉴定意见；勘验笔录。行政诉讼证据法定种类分为书证；物证；视听资料；电子数据；证人证言；当事人的陈述；鉴定意见；勘验笔录、现场笔录。二是证据具体的表现形式，即证据的载体要符合相关规范。例如，询问、讯问、勘验、检查等取证过程中形成的笔录及鉴定意见等书面形式的证据要符合相关的制作规范，具备法定的要件。

（二）取证主体是否合法

取证主体合法是指取证的主体符合法律规定的条件和资格，包括两个方面：一是取证主体具有取证权，属于法定的收集证据的主体。如果是侦查、检察和审判机关及其工作人员，还要求必须对案件具有管辖权。二是取证的主体符合法定人数要求，例如，根据法律规定，询问、讯问人员不得少于二人。

（三）取证程序和方法是否合法

在刑事诉讼中，违反法定程序并侵犯权利的非法方法取得的证据一般会被作为非法证据被绝对排除，如通过刑讯逼供取得的证据；以不规范的取证程序和方法获得的证据一般会被作为“瑕疵证据”，适用补正规则，如询问地点不符合规定的，询问人员未在笔录上签字等。在民事诉讼中，《民诉法解释》第106条规定，“对以严重侵害他人合法权益、违反法律禁止性规定或者严重违背公序良俗的方法形成或者获取的证据，不得作为认定案件事实的根据”。《行政诉讼法》第43条第3款规定，“以非法手段取得的证据，不得作为认定案件事实的根据”。

（四）运用证据是否合法

证据的运用符合法律规定，也是证据具有合法性的一项重要内容。三大诉讼法都对证据运用的合法性进行了规定。例如，证据必须经过法庭出示、辨认、质证等法庭调查程序，才能作为定案的依据；鉴定意见必须依法及时告知相关人员等。

四、审查判断证据的充分性和协调性

对案件事实的认定不仅要求单个证据要具有证据能力和证明力，还要求证据对案件事实的证明要达到相应的标准，为此，证据必须达到相应的数量，且相互之间协调一致，不存在无法排除的矛盾，因而在审查单个证据的基础上，还必须综合审查全案证据的充分性和协调性。所谓充分，就是证据的数量必须达到能证明待证事实的要求，即所有的待证事实都有证据支撑。《刑事诉讼法》第55条第2款解释了证据的确实、充分，即“证据确实、充分，应当符合以下条件：（一）定罪量刑的事实都有证据证明；（二）据以定案的证据均经法定程序查证属实；（三）综合全案证据，对所认定事实已排除合理怀疑”。所谓协调，就是证据与证据之间能相互印证，不存在无法解释和排除的矛盾，共同指向同一待证事实。《刑诉法解释》第139条第2款规定：“对证据的证明力，应当根据具体情况，从证据与案件事实的关联程度、证据之间的联系等方面进行审查判断。”证据之间具有内在联系，共同指向同一待证事实，不存在无法排除的矛盾和无法解释的疑问的，才能作为定案的根据。

第三节 证据审查判断的基本步骤和方法

一、证据审查判断的基本步骤

（一）单独审查判断

单独审查判断就是对每个证据分别审查，单独地分析证据的来源、形式、内容及其与其他案件的联系，确定证据的真实性、关联性和合法性，排除虚假、无关及非法的证据。《关于民事诉讼证据的若干规定》第 87 条规定：“审判人员对单一证据可以从下列方面进行审核认定：（一）证据是否为原件、原物，复制件、复制品与原件、原物是否相符；（二）证据与本案事实是否相关；（三）证据的形式、来源是否符合法律规定；（四）证据的内容是否真实；（五）证人或者提供证据的人与当事人有无利害关系。”证据的单独审查可以下列顺序进行：对于案件时间顺序比较明显的案件，可按照证据所证明的案件事实发生的先后顺序逐个审查；对于核心事实与核心证据比较明确的案件，可按证据所证明的案件事实的主次关系和证据本身的主次关系逐个审查。

（二）比对审查判断

比对审查判断就是对案件中证明同一事实的两个或两个以上的证据材料进行比较和对照，看其内容和所反映的情况是否一致，以及能否合理地共同证明该案件事实。比对审查的关键在于发现证据与证据之间的差异点，及分析研判属于本质差异还是非本质差异。能得到合理解释和排除的差异是非本质差异；不能得到合理解释和排除的差异是本质差异。如果证据间存在非本质差异，则要进一步分析孰真孰假，两者可以共假，但不能同真。对多个证据进行比对审查一般有两种方式：一是纵向比对审查，即对同一个人就同一案件事实提供的多次陈述作前后比对，看其陈述的内容是否前后一致，有无矛盾；二是横向比对审查，即对证明同一案件事实的不同证据作并列比对，看其内容是否协调一致，有无矛盾。

（三）综合审查判断

全案证据的审查判断，是对案件中所有证据材料进行综合的分析、研究与鉴别，看其内容和反映的情况是否协调一致，能否相互印证，对案件待证据事实的证明能否达到相应的证明标准。《关于民事诉讼证据的若干规定》第 88 条规定：“审判人员对案件的全部证据，应当从各证据与案件事实的关联程度、各证据之间的联系等方面进行综合审查判断。”综合审查全案的证据，一要将所有经过质证的证据联系起来进行比较审查，而不能任意选择部分证据进行审查判断；二要考察全部证据，透过单个证据呈现的事实现象来发现证据与案件事实之间的联系，分析各证据之间的联系，进一步判断证据是否真实可靠，有无疑点，存在何种疑点，存在疑点的原因以及借助于其他证据能否得到合理的解释。

对全案证据的综合审查判断，不仅要注意审查证据的可靠性，而且要注意判断证据的证明价值。换言之，就是不仅要注意审查证据是否属实，而且要注意判断证据是否充分。从某种意义上讲，对证据的单独审查和比对审查是主要为了查明证据是否确实，而全案证据的综合审查判断，则主要是为了查明证据是否充分。这就要求审查判断证据的主体不仅要对各种证据进行对照比较，而且要将证据与案件事实联系起来加以考察。要注意判明证据与案件事实之间是否具有客观联系以及具有何种联系，从而确定证据在证明案件事实方面所能起到的作用。要审查证据与案件事实之间有无矛盾，从而进一步增强证据的可靠性。

二、证据审查判断的基本方法

（一）甄别法

甄别法，是对于收集的证据，根据客观事物发生、发展、变化的一般规律和常识，逐一地进行单个审查和鉴别，以便去伪存真的证据审查判断方法。甄别法主要用于对单个证据的审查判断。而对单个证据的审查判断，主要是看每个证据是否符合事物规律，是否合情合理，来源是否真实可靠。甄别法是审查判断证据最常用的方法，也往往是最先使用的方法，它可以对证据进行初次净化和筛选。

（二）辨认法

辨认法，是指在司法人员的主持下，由当事人、证人对与案件有关的物证、书证、场所或者人身等进行识别和确认的方法。通过辨认，可以对与案件有关的物证、书证的真伪以及犯罪嫌疑人是否为作案人予以确认，从而判明有关证据的真实性，正确认定案件事实。实践证明，它是审查判断证据的一种有效方法，在侦查以及刑事、民事和行政审判中经常使用。但应当指出，侦查中的辨认和审判中的辨认既有相同之处，也有不同之处。

（三）比较分析法

比较分析法，就是利用比较分析的方法把要审查判断的证据与本案其他相关证据联系起来进行审查判断的方法，具体又可以分为对比法和旁证法。所谓对比，就是将证明对象相同的几个证据进行对照和比较，看它们所反映的内容是否基本一致，是否存在矛盾，然后对该证据加以肯定、排除或者进一步查证核实。这种方法的前提，就是几个证据之间的证明对象是同一的，具有“可比性”。所谓旁证，也称印证，即将若干个证据所分别证明的同一案件的若干事实联系起来进行考察，以判明它们之间是否互相呼应、协调一致。

（四）验证法

验证法，就是模拟案发时的特定环境和条件，使该案件事实重演或者再现，以便判断某一现象在一定时间或情况下能否发生的方法。验证法主要用于查验当事人陈述或证人证言的内容。例如，在刑事诉讼中，侦查人员经过公安机关负责人批准，可以进行侦查实验。使用这种方法，应当尽可能地利用案发时的环境，反复多次地进行，以保证实验结果的准确性。这种方法主要用于审查判断当事人陈述或证人证言，以及在收集证据过程中的线索寻找和判断。值得注意的是，通过模拟实验验证为不可能的事情，一般可以予以否定；但实验验证为可能的事，却未必就是本案的实际情况。还需要结合本案其他证据和案情，进行深入细致的分析研究，才能得出正确的结论。

（五）鉴定法

鉴定法，是指在审查判断证据时，对于案件中某些专门性的问题，由具有专门知识的人进行鉴别判断并作出结论性意见的方法。对于某些物证、书证或视听资料，仅凭司法人员或当事人的感官是无法判明其真伪的，必须由具有专门知识或技术的人借助科学技术手段进行鉴别判断并作出结论性意见后，才能作为认定案件事实的根据。因此，鉴定就成为审查物证、书证、视听资料和电子数据的主要方法之一。

（六）对质法

对质法，是指组织对同一案件事实陈述存在严重分歧的当事人、证人、被害人以及犯罪嫌疑人，当面就有关事实情况进行相互质询和盘诘，以便判明真伪的方法。使用对质法的前提条件是双方对同一案件事实的陈述之间出现尖锐矛盾而办案人员难以确认其真假。对质应在个别讯问或询问的基础上进行，具体是先由参加对质的双方分别就案件事实作出陈述，然后再组织每一对质者就对方所作的矛盾陈述提出质问，并要求对方作出回答。通过对质双方的质询，往往可以揭露矛盾，消除矛盾，进而判明各言词证据的真伪。

（七）质证法

质证法，是指审判人员在庭审调查中组织双方当事人围绕证据的真实性、关联性、合法性，针对证据证明力的有无以及大小，进行质疑、说明与辩驳的方法。根据三大诉讼法的规定，所有证据均应在法庭上出示，由当事人质证；未经质证的证据，不能作为认定案件事实的依据。

质证法与对质法并不完全相同。前者要求以存在对同一案件事实的相反陈述或严重分歧为前提，后者则没有这种要求，前者的场所没有限制，后者则要求在庭审过程中，而且一般在法庭上公开进行。

（八）勘验检查法

勘验检查法，是指为验证有关证据的真伪，对相关场所、物品、痕迹、尸体或人身进行勘验、检查或者重新勘验、检查，以便对照验证的方法。使用这种方法要注意遵守法定的程序和手续要求，对特定事项要注意保守秘密。

（九）逻辑推断法

审查判断证据的思维过程，必须要遵循形式逻辑的基本要求。即司法人员在审查判断证据时，应当遵守同一律、矛盾律和排中律等逻辑思维规律。逻辑推断法具体又可以分为归纳法、演绎法、分析法、综合法、排除法、反证法等。

案例辅读

2001年9月25日左右，陈某某意欲抢劫其打工期间所熟识的广东省东莞市沙田镇西太隆村崇兴商店，事先购买了铁锤作为作案工具并踩点。27日早上6时许，陈某某进入崇兴商店假意购买商品，趁被害人方某花不备，用铁锤猛击方某花后脑数下致其晕倒，随后进入店内卧室，用铁锤猛击正在睡觉的被害人方某崇头部、背部等部位数下，击打方某崇的女儿方某红、方某霞头部各一下，之后取走方某崇裤袋内装有现金500元等财物的钱包并逃离现场。方某崇经送医院抢救无效死亡，方某花、方某红、方某霞所受损伤均为重伤。

公诉机关认为，被告人陈某某的行为构成抢劫罪，应依法追究其刑事责任。附带民事诉讼原告人要求判处被告人死刑，并依法承担附带民事赔偿责任。

被告人陈某某辩称公安机关刑讯逼供，其没有实施抢劫犯罪，辩护人提出，指控被告人陈某某犯抢劫罪的事实不清，证据不足，请求宣告被告人无罪。

原审一审认为，被告人陈某某以非法占有为目的，使用暴力手段当场劫取他人财物，致一人死亡，其行为已构成抢劫罪，其作案手段残忍，犯罪情节、后果严重，人身危害性极大，罪行极其严重，依法应处极刑，陈某某的犯罪行为给附带民事诉讼原告人造成了经济损失，应承担相应的民事赔偿责任，遂认定被告人陈某某抢劫犯罪成立，判处死刑立即执行，剥夺政治权利终身；并处赔偿附带民事诉讼原告人方某崇、方某花、方某红、方某霞经济损失393,205.15元。

一审宣判后，被告人陈某某不服，提出上诉。广东省高级人民法院二审审理认定：原判认定上诉人陈某某构成犯罪的证据达不到确实、充分的证明标准，不能得出陈某某实施抢劫犯罪的唯一结论，认定陈某某犯抢劫罪的事实不清、证据不足，原公诉机关指控陈某某所犯罪名不能成立；原审判决陈某某赔偿原审附带民事诉讼原告人方某崇、方某花、方某红、方某霞的经济损失无事实依据，陈某某及其辩护人关于陈某某无罪且不承担民事赔偿责任的上诉及辩护意见成立，予以采纳。判决：（1）撤销广东省东莞市中级人民法院（2013）东中法刑二重字第1号刑事附带民事判决；（2）上诉人陈某某无罪；（3）上诉人陈某某不承担民事赔偿责任。

第九章

物　　证

物证不怕恫吓。物证不会遗忘。物证不会像人那样受外界影响而情绪激动……在审判过程中，被告人会说谎，证人会说谎，辩护律师和检察官会说谎，甚至法官也会说谎，唯物证不会说谎。

——［美］赫伯特·麦克唐奈

第一节　物证概述

一、物证的概念和意义

（一）物证的概念

物证有广义和狭义之分，广义的物证是指以实物形态为存在和表现形式的证据，也就是指实物证据，包括狭义的物证、书证、视听资料、电子数据和各种笔录证据。我国诉讼法中所规定的物证是指狭义的物证，指以其外部特征、物质属性或存在状态证明案件事实的一切物品和痕迹。

1. 物证的外部特征

物证的外部特征主要指物品或痕迹的形状、大小、颜色、图纹、新旧程度等特征。比如，杀人用的刀、犯罪人在现场留下的指纹、足迹主要是以其外部特征等来证明案件事实。

2. 物证的内在属性

物证的内在属性主要指物证所具有的各种物理、化学性质，如物体的质量、重量、成分、结构、性能等方面属性。例如，贩毒案件中的毒品、爆炸案件中的炸药都是以其化学成分来发挥证明作用的。

3. 物证的存在状态

物证的存在状态，是指物证所处的位置、环境、状态与其他物体的相互关系等特征。例如，在刑事诉讼中，盗窃、抢劫、走私等犯罪都以犯罪对象位置的改变作为其犯罪行为既遂的重要标准之一；在民事案件中，核心物证的位置是否发生转移可以直接证明某一方当事人是否完成了运输合同的义务。此时的物证是以其存在场所的变更来发挥对案件的证明作用。

实践中物证广泛存在于刑事、民事和行政案件中，其表现形式纷繁复杂，无法一一穷尽。

在刑事诉讼中，物证通常包括犯罪人实施犯罪行为时所使用的工具，犯罪过程中产生并遗留下来的物品和痕迹等。例如，放火案件中犯罪人遗留在现场的装在玻璃瓶中的剩余汽油；杀人案件中被害人的尸体；抢劫案件中犯罪人所使用的匕首；盗窃案件中犯罪人留在犯罪现场的脚印、指纹、气味等。

在民事诉讼中，物证通常表现为所有权有争议的物品，履行合同交付的有争议的标的物或定作物，侵权行为造成损害的公私财物及侵权用的工具、遗留的痕迹等。例如，同居关系财产纠纷中涉及的房产和汽车；定作合同纠纷中引起争议的定作物；不明抛掷物、坠落物损害责任纠纷中导致损害发生的坠落花盆等。

在行政诉讼中，物证通常包括对行政处罚决定、行政强制措施、行政强制执行、确认自然资源所有权和使用权决定等行政行为不服所提起诉讼中涉及的房屋、财物和自然资源等。例如，道路交通管理案件中被扣押的汽车，草原行政管理案件中有争议的草原，房屋登记管理案件中争议房屋等。

（二）物证的意义

物证广泛存在于各类案件中，尤其是在刑事案件中，“凡是行为，必会留下痕迹”的客观规律决定了在大多数案件中可以找到物证的身影，物证是最常见的证据种类。实践中，某些案件因为办案人员的疏忽或人类现有认识能力的不足而没有发现和提取物证，并不能否认物证存在的广泛性。此外，物证作为反映纠纷、违法犯罪事实而客观存在的物品和痕迹，不易被伪造、变造，即使伪造、变造物证，又会留下新的痕迹，产生新的物证，故而物证具有较强的客观性和稳定性，也因此具有较高的证明价值。物证是实践中广泛运用的一种证据形式，在诉讼中具有十分重要的地位和作用，具体表现为：

1. 物证是查明案件事实的有效手段，是证明案件某些关键事实的重要依据

案件是在人类活动中形成的，或多或少都要涉及相关的物品或痕迹。因此，物证广泛存在于案件中。同时物证的物质性决定了储存在其中的案件信息较为稳定和可靠，是查明案件事实的有效手段。此外，在有些案件中，相关的物品或痕

迹能证明案件关键事实，成为案件定性的重要依据。例如，在构成非法持有枪支罪的刑事案件中，在犯罪嫌疑人身上查出的枪支是证明该犯罪嫌疑人构成非法持有枪支罪的重要物证；在定作合同纠纷的民事案件中，如果双方的争议是某一定作物质量是否符合合同约定的要求或标准，该定作物就是该案的关键证据。同理，如果案件中某一关键物证缺失，导致证据链条因缺失这一环节而断裂，便会影响对整个案件事实的认定。

2. 物证是检验、鉴别其他证据真伪的客观依据

物证是对案件事实的客观反映，相对于证人证言、当事人陈述等言词证据具有较强的客观性和稳定性，且通过鉴定等方法，其真伪较易得到核实，因而在司法实践中，物证往往是检验言词证据的一把尺子，是鉴别其他证据真伪的客观依据。如根据犯罪现场遗留的足迹和财物的损害程度，可以查证核实犯罪嫌疑人、被告人的供述是否真实。当然，值得注意的是，在物证本身的真伪尚未查证属实的情况下，不能因为其他证据同物证不一致或存在矛盾，就轻易否定前者的真实性。

3. 物证是促使犯罪分子认罪伏法和当事人如实陈述案情的有力武器

由于物证具有较强的客观性，它能够对那些想要隐瞒事实的犯罪人和虚假陈述的当事人起到揭露和震慑作用。在刑事诉讼中，犯罪分子为了掩盖罪行，逃避法律制裁，总是千方百计地隐匿、毁灭罪证，或者伪造证据，制造假象。当罪行暴露后，又往往百般抵赖，负隅顽抗。只有在确凿的物证面前，才不得不低头认罪，坦白交代。在民事、行政诉讼中，当事人由于各种复杂的原因，也常常会弄虚作假，不如实陈述案件情况，审判人员利用查证属实的物证，就可以揭露其陈述的虚假性，促使其如实陈述案情。

4. 物证是进行法治宣传教育的重要工具

物证具有生动直观的说服力，诉讼过程中展示物证，有利于对民众进行法治宣传和教育。第一，通过反映犯罪行为或者民事违法行为严重后果的物证，可以促使广大群众更加清楚地认识违法犯罪行为对社会造成的危害性。第二，通过反映犯罪行为或者民事违法行为实施过程的物证，可以使人们认识到，无论犯罪分子多么狡猾，违法行为多么隐蔽，终究逃不脱恢恢法网，以此激发公民同违法犯罪行为作斗争的积极性，提高维护社会治安的自觉性。第三，以充分、确实的物证揭露犯罪，证实犯罪，昭示违法行为，可以对社会上潜在的违法犯罪分子起到警示、威慑作用，使他们不敢轻举妄动，以身试法。第四，通过犯罪工具、犯罪对象等物证，可以使群众直观地了解犯罪分子作案的手段、方法，从而有利于群众采取措施，消除安全保卫上的漏洞，有效地预防犯罪。

二、物证的特点

以其外部特征、物质属性和存在状态对案件事实发挥证明作用是物证最显著的特点，也是物证区别于其他证据的主要特征。除此之外，物证还具有以下特点：

（一）较强的客观性

证据事实是伴随案件的发生、发展的过程而遗留下来的，不以人们的主观意志为转移而存在的事实。客观性是证据的共有属性，但较之其他证据，物证具有更强的客观性。物证本身是客观存在的物品或痕迹，它们所反映或包含的内容是客观的，存在及其表现形式是客观的，是不依赖于包括当事人、办案人员在内的任何人的主观意志而独立存在的客观事实。

（二）相对稳定性

以物或痕迹为存在形式的物证具有相对稳定的形态和属性，同待证事实之间的客观联系也是比较稳定的。这种相对稳定的特点，正是办案人员能够认识物证，并利用物证来查明案件事实的客观基础。虽然不同的物证由于其属性不同会存在保存期限长短的不同，但随着现代科技的发展，人类已经研发出来越来越多的先进手段来延长物证的保存期限，或者会以勘验、拍照、提取、复制模型等方式来准确重现物证的基本情况。即便是易腐烂变质、不易长期保存的物品，只要能够及时收集，用科学、适当的方法提取固定并妥善保存，都可以在相当长的时间内完整地保持对案件事实的证明作用。

（三）证明的间接性

与当事人陈述等言词证据不同，物证与案件的关联性并不明显。物证往往需要借助其他证据的辅助，并经过逻辑推理才能完成对待证事实的证明。比如，现场发现一枚血指纹，要通过此血指纹证明李某就是杀人凶手，至少必须完成两步：一是证明现场留下血指纹的人就是凶手；二是这枚血指纹是李某留下的。此外，物证大多只能证明案件的某个部分、某个片段，很少能单独证明案件的主要事实。因此，物证对案件的证明作用具有间接性。

（四）证明作用发挥的依赖性

物证是“哑巴证据”，既不能主动进入办案人员的视野，也无法直接反映其与案件事实的关联性，故无法直接发挥对案件的证明作用。物证的发现、提取和固定必须依赖于一定的技术或方法。比如，用化学显现试剂提取纸张上的汗液指纹；用制模技术提取沙地上的脚印等。此外，物证本身所蕴含的案件信息，无法自动显现，必须借助于鉴定、检验等技术或手段才能被人们认识。因此，物证必须依赖于一定的技术和手段，才能发挥对案件的证明作用。

（五）不可替代性

物证的证明价值在于其都属于特定的物品和痕迹，物证依靠这种特定物品和痕迹的独有性来证明案件事实。因此，物证通常都具有不可替代性。根据相关法律规定，物证应当提交原物，提交原物确有困难的，可以提交原物的复制品或者照片，但复制品或照片必须与原物相符，能反映原物的客观特征。

三、物证的分类

对物证进行分类，意义在于根据不同种类物证在形态、特征上的差异，对其提取、固定、保管和使用有所区别，以利于更好地收集和运用物证。

（一）根据体积和质量大小，可将物证分为巨型物证、常态物证和微量物证

体积和质量巨大，难以直接提取和随案移送的物证是巨型物证。如涉案的房屋、飞机、火车、轮船等。

体积和质量较为常规，能够被感官直接发现，易以常规方法提取，方便随案移送的物证是常规物证。如杀人匕首、棍棒、血迹、毛发等。

体积和质量微小，仅凭人的感官难以发现，必须借助科学仪器才能发现、提取和送交鉴定的物证，称为微量物证。如现场提取的物质粉末、肉眼无法看见的细小痕迹等。

司法实践中，不仅要注意收集常态物证，也不能忽略对微量物证的收集和使用。对于巨型物证，可采取拍照、制模、录像等方式进行取证；对于微量物证要注意使用科技手段进行发现、提取和证明价值的保全。

（二）根据发挥证明作用的方式不同，可将可分为特征物证、属性物证和状态物证

以其外部特征来发挥证明作用的物证为特征物证。如案件中指纹、工具痕迹、足迹等痕迹物证。

以其自身的内在属性来发挥证明作用的为属性物证。如毒物、爆炸物、血液等。

以其存在位置和状况发挥证据作用的称为状态物证。如非法持有型犯罪中，枪支、国家机密文件等物品所处的位置和状态。

在案件中，同一物证有时可以通过几种方式来发挥证明作用。例如，非法持有毒品案件中的毒品，既以其内在属性发挥证明作用，又以其存在位置和状态来发挥证明作用；现场提取的作案凶器，既以其外在形态发挥证明作用，又以其在现场的位置和状态来发挥证明作用。

对于特征物证，在收集和保全证据时，要注意保护其外在形态不受破坏，可以通过辨认、拍照、制模等方式来固定证据的外在形态，质证可以通过出示物

证，让相关人进行辨认的方式进行。

对于属性物证，要通过及时送检形成鉴定意见来保全其证明价值。通过审查判断依其作出的鉴定意见是否可靠来确定其真实性和关联性。

对于状态物证，在取证时要通过笔录、照像、录像等方式来固定和记录其原始的位置和状态，以此保全其证明价值。

（三）根据基本形态，可将物证分为固态物证、液态物证和气态物证

以固体形态存在的物证是固态物证。如涉案的枪支、汽车、现金等。

以液体形态存在的物证是液态物证。如放火案件中的汽油、酒精；投毒案件中的敌敌畏等液体毒药等。

以气体状态存在的物证是气态物证。如杀人的毒气、爆炸产生的气体等。

实践中，固态物证最为常见，也较易提取和保存；液态物证次之；气态物证最为少见，且不易提取和保存。

第二节　物证的收集和保全

一、物证的收集

物证的收集，是指侦查、检察和审判机关办案人员、案件当事人及律师发现、提取物证的专门活动。公安司法机关基于职权收集物证；当事人是为了自身的利益，基于权利收集物证；而律师则是为了当事人利益，其于委托而收集物证。一般来说，案件当事人和律师收集物证，多发生在民事和行政诉讼中，方法手段大多为比较简单的提取和保管，不具有专业性，且不具有强制性，提取时不能侵犯他人合法权益；而公安司法机关对物证的提取方法手段较为专业，某些情况下具有强制性（如搜查和扣押），法律对公安司法机关收集物证的程序规范要求更加严格。本节主要论述侦查、检察和审判机关对物证的收集。

（一）收集物证的原则

物证的收集除要遵循证据收集的一般原则外，结合物证自身特点，还应当遵守客观、细致、及时，依靠群众和善于运用科技手段的原则。

1. 客观、细致、及时原则

物证是随着案件的发生而客观存在的，不以人的意志为转移。客观原则要求收集物证的主体要以实事求是的客观态度去面对物证材料，而不能以个人意志去取舍物证、改变物证原始状态；不能出于任何原因、以任何方式对物证进行伪造

或者变造。总之，不能因为在收集过程中带有个人主观性而影响物证的客观性。细致原则要求在物证收集过程中做到精细周密，不能粗枝大叶，这样才能保证物证收集的客观全面。一方面，某些物证本身就量小体微、不易发现，甚至需要借助科学仪器才能完成收集，如果在收集过程中不能做到细致入微，就有可能遗漏物证，导致证据链条的缺失；另一方面，物证的取得依赖于收集者能否发挥主观能动性，充分调动一切感官和技术手段去发现物证。如果在收集过程中不细致，就势必影响到物证收集的效果。及时原则强调了要在案发后第一时间收集物证，避免物证因风吹、雨淋、日晒等自然原因或破坏、隐藏、伪造、变造等人为因素而毁损、灭失。

2. 依靠群众原则

依靠群众原则，是指在进行物证收集的过程中，必须走群众路线，相信群众、依靠群众，发挥人民群众的智慧和力量，充分调动人民群众的积极性，主动接受人民群众的监督，提高物证收集的质量和效率。

3. 善于运用科技原则

物证所具有的依赖性，决定了物证的发现、采集、固定和保存都需要科学技术手段和科学仪器的支持。先进的科学方法、技术手段和设备仪器能提高发现识别、高效提取、妥善保管物证的能力。因此，对物证的收集要充分重视科学技术的运用。

（二）收集物证的方法

对物证的收集既要根据物证本身的特点选取合适的方法，又要符合法律的规定和要求。根据我国三大诉讼法的规定，收集物证的方法可归纳为以下几种：

1. 勘验、检查

勘验是司法人员在诉讼的过程中，对与案件有关的场所、物品等进行查看和检验，以发现、收集、核实证据的活动。在刑事诉讼中，勘验、检查必须遵循以下几点：必须在侦查人员的主持下进行；必须持有公安机关或人民检察院的证明文件；必须邀请见证人；勘验情况应当写成笔录，由参加勘验的人和见证人签名或盖章；人民检察院审查案件时，认为有必要的，可以要求公安机关复验、复勘等。在民事诉讼中，勘验物证或现场是人民法院在当事人的申请之下进行的取证或固定证据的行为。勘验人可以是人民法院内部的专职的勘验人，也可以是审判庭成员，还可以是在特殊技术领域内聘请的其他成员。《民事诉讼法》第 83 条规定："勘验物证或者现场，勘验人必须出示人民法院的证件，并邀请当地基层组织或者当事人所在单位派人参加。当事人或者当事人的成年家属应当到场，拒不到场的，不影响勘验的进行。有关单位和个人根据人民法院的通知，有义务保护现场，协助勘验工作。勘验人应当将勘验情况和结果制作笔录，由勘验人、当事人和被邀参加人签名或者盖章。”行政诉讼中的勘验是法院对与案件事实有关的场所、物品进行现场勘测，以发现、提取、收集和保全证据的行为。在行政诉讼中，当出现了不便或难以在法院展示的案件现场和证据时，法院可以依当事人申请或依职权勘验现场。勘验现场时，当事人或其成年亲属应到场，勘验人必须出示法院证件，并邀当地基层组织或当事人所在单位派人参加。可见，勘验是三大诉讼法中收集物证的共同方法，而且勘验的一些基本要求也是相同的。

检查是执法人员检查人身或者在特定场所进行的专门调查活动。检查必须依照法定程序进行。如检查人员不能少于两人；检查妇女的身体，应当由女工作人员进行；检查人员必须出示证件；犯罪嫌疑人和被告人拒绝接受检查的，侦查人员可以依法强制检查；检查要制作检查笔录，由参加检查的人员签名或盖章等。

2. 搜查

搜查，是指法律规定的专门机关为了收集证据，查明案件事实而按照法定程序对人的身体、物品、住处和其他有关的地方进行的搜索、检查。由于搜查是一种极为严肃的法律行为，它关系到公民的人身权利和财产利益，因此必须严格依照法律规定的程序，严格控制适用，坚决杜绝非法搜查行为。根据《刑事诉讼法》的相关规定，进行搜查，必须向被搜查人出示搜查证；在执行逮捕、拘留的时候，遇有紧急情况，不另用搜查证也可以进行搜查；在搜查的时候，应当有被搜查人或者他的家属，邻居或者其他见证人在场；搜查妇女的身体，应当由女工作人员进行；搜查的情况应当写成笔录，由侦查人员和被搜查人或者他的家属、邻居或者其他见证人签名或者盖章。如果被搜查人或者他的家属在逃或者拒绝签名、盖章，应当在笔录上注明。

3. 扣押

扣押，是执法机关依法暂时扣留与案件有关的物品的一种专门调查活动，通常是结合勘验、检查、搜查等措施同时进行。物证的扣押，主要适用于刑事诉讼。在民事诉讼、行政执法中，扣押通常只是一种执行措施。由于刑事诉讼中的扣押，关系到公民的财产权，因此，必须严格依法进行，根据刑事诉讼法的规定，侦查人员扣押物证应当遵守下列程序：（1）扣押物证只能由侦查人员进行，侦查人员可以在勘验、检查和搜查中进行，也可以单独进行，并应持有侦查机关的证明文件。（2）扣押的物证范围仅限于可用以证明犯罪嫌疑人有罪或者无罪的各种财物，对与案件无关的财物不得随意扣押。如果发现是违禁品，无论是否与本案有关，都应先行扣押，然后交有关部门处理。凡应当扣押的财物，持有人拒绝交出或者抗拒的，可以强行扣押。（3）对于扣押的财物、文件，应当会同在场见证人和被扣押财物、文件的持有人查点清楚，当场开列清单一式两份，由侦查人员、见证人和持有人签名或者盖章。一份交给持有人，另一份附卷备查。

持有人及其家属在逃或者拒绝签名时，不影响扣押的进行，但应当在扣押清单上注明。对于应当扣押又不便提取的财物，应当现场加封，并由专人负责保存。（4）对于扣押的财物、文件，侦查机关应当妥善保管或者封存，不得使用、调换或者损毁。其中若涉及国家秘密的，应当严格保守秘密。（5）侦查人员认为需要扣押犯罪嫌疑人的邮件、电报时，经公安机关或人民检察院的批准，即可通知邮电机关将有关的邮件、电报检交扣押。不需要继续扣押时，应当立即通知邮电机关。（6）人民检察院、公安机关根据侦查犯罪的需要，可以依照规定查询、冻结犯罪嫌疑人的存款、汇款、债券、股票、基金份额等财产。有关单位和个人应当配合。犯罪嫌疑人的存款、汇款、债券、股票、基金份额等财产已被冻结的，不得重复冻结。（7）对查封、扣押的财物、文件、邮件、电报或者冻结的存款、汇款、债券、股票、基金份额等财产，经查明确实与案件无关的，应当在3日以内解除查封、扣押、冻结，予以退还。

4. 提供与调取

根据《刑事诉讼法》第54条的规定，人民法院、人民检察院和公安机关有权向有关单位和个人收集、调取证据。有关单位和个人应当如实提供证据。行政机关在行政执法和查办案件过程中收集的物证等证据材料，在刑事诉讼中可以作为证据使用。凡是伪造证据、隐匿证据或者毁灭证据的，无论属于何方，必须受法律追究。民事诉讼中物证的提取应当是原物，只有在特定情况下，才可以是复制品或照片。在行政诉讼中，提供物证要求是原物，提供原物确有困难的，可以提供与原物核对无误的复制件或者证明该物证的照片、录像等其他证据，原物为数量较多的种类物的，提供其中的一部分。

二、物证的保全

物证的保全，是指在物证有可能灭失或者以后难以取得的情况下，执法机关根据诉讼参加人申请或者依职权主动采取相应措施，对物证进行固定和保管，以保护其证明价值的活动。司法实践中，一般在收集物证的过程中就同时对物证进行保全。伴随勘验、检查、搜查、扣押、提供和调取等收集物证的过程，就会同步以笔录、照片、录音、录像等方式对物证加以固定、保全。实际上，在实践中对于物证的保全，重点在于物证取得以后的保管。对于收集到的各种物证必须妥善地加以保管，以保证物证在以后能够发挥其证明作用。物证的保管，是指将用作证据的物品和痕迹固定后妥善加以保管封存的活动。公安司法机关应当设置专门的物证保管室，配备专人负责物证的保管工作，建立健全物证登记使用制度。物证保管室和保管人必须符合法律的要求，并实行双人作业制度。

对于不同物证，应该采取不同的保管方法，如有行业标准的，应当依照行业标准进行保管，对没有行业标准的，应当依照其基本属性，进行科学分类保管，具体要求如下：

1. 对于不易腐烂变质挥发的物证，应当密封专柜保管；

2. 对易受温度、湿度等环境因素影响的物证，如果使用专业保管柜可以保持其原质原状的话，应使用专业保管柜进行保存；

3. 对易腐烂、变质、损坏、消失的物证，无法继续保存的，应当复制模型、拍照、摄像或者绘图记录，并依法处理；

4. 对于因体积、重量、放置位置等原因无法带回保管的，应当采用拍照、摄像等方式，制作成图片和视频，标注实物存放地点；

5. 对于违禁品，将照片、视频、鉴定意见等归档保管，将实物交有关部门处理；

6. 对于赃款、赃物，应在案件处理完毕后退还失主、上交国库或者销毁。

对所有保管的物证都应登记造册，标明保管序号和保管时间，记明案件名称、来源与使用、处理情况，做到全程实时记载。

第三节　物证的审查判断

物证作为一种法定证据，必须经过查证属实才能作为定案的依据。物证虽然具有较强的客观性，但仍然会因自然原因或人为原因而发生变化，容易被替换、变造和伪造，而且物证作为间接证据，不能直接证明案件事实，需要通过审查，来判断它同案件事实的关联性。因此，真实性和关联性是审查物证的重点。此外，合法性是证据的基本属性，故而有必要对物证收集程序和方法的合法性进行审查。

一、物证审查的内容和途径

（一）审查物证的真实性

物证虽然具有较强的客观性，但仍因各种自然因素或人为因素导致物证存在不真实的风险。实践中，影响物证真实性的因素主要有以下几点：一是物证因风吹、雨淋、日晒等自然原因而发生变形、变质；二是因提取、固定、保管不科学、不规范、不严谨而导致物证发生变化，如血迹检材在提取、保管过程中发生腐败、被污染，鞋印模型与鞋印物证不符，发生变形等；三是人为伪造、变造物证。无论上述哪种原因，都会改变物证材料原始的外在特征和内在属性，而物证的特征和属性恰恰是其证明价值之所在。如果物证的特征和属性发生了改变，物证材料也就失去了相应的证明力。因此，物证真实性审查的核心内容在于，物证是否来源于案件，性状是否发生变化，是否被伪造、变造等。

物证是否真实，可从以下几个方面进行审查判断：一是物证是否为原物，是否经过辨认、鉴定；二是物证的照片、录像、复制品是否与原物相符，是否由两人以上制作，有无制作人关于制作过程以及原物存放于何处的文字说明和签名；三是经勘验、检查、搜查提取、扣押的物证，是否附有相关笔录、清单，笔录、清单是否经侦查人员、物品持有人、见证人签名，没有物品持有人签名的，是否注明原因；物品的名称、特征、数量、质量等是否注明清楚；四是物证在收集、保管、鉴定过程中是否受损或者改变。其中第二条、第三条既是物证真实性的审查依据，也是其收集程序合法性的审查依据。

为了保证物证的真实性，诉讼中原则上要求作为定案依据的物证应当为原物，如果因客观原因无法提供原物的，可提供原物的照片、录像、复制品，但要求必须能如实反映原物的外形和特征。否则不能作为定案的依据。《刑诉法解释》第 83 条规定："据以定案的物证应当是原物。原物不便搬运、不易保存、依法应当返还或者依法应当由有关部门保管、处理的，可以拍摄、制作足以反映原物外形和特征的照片、录像、复制品。必要时，审判人员可以前往保管场所查看原物。物证的照片、录像、复制品，不能反映原物的外形和特征的，不得作为定案的根据。物证的照片、录像、复制品，经与原物核对无误、经鉴定或者以其他方式确认真实的，可以作为定案的根据。"《关于民事诉讼证据的若干规定》第 22 条规定："人民法院调查收集的物证应当是原物。被调查人提供原物确有困难的，可以提供复制品或者影像资料。提供复制品或者影像资料的，应当在调查笔录中说明取证情况。"在行政诉讼中，同样要求提供物证原则上应为原物，提供原物有困难的，可以提供与原物核对无误的复制品或证明该物证的照片、录像等资料。

（二）审查物证的合法性

物证的合法性审查主要是对物证的取证程序及方法的合法性进行审查。物证收集程序的合法性既是法律对取证行为的要求，同时也是物证客观性与关联性的保障。对物证收集程序的合法性审查，主要根据收集物证的手续是否合法、完善，方法是否科学、规范来判断物证是否真实来源于案件；原始特征或属性（与案件的关联性）是否因为非法取证而受到影响；相关笔录、清单能否体现取证的客观性，能否排除物证被伪造、变造可能，并进而影响案件的公正处理。

根据相关法律规定，可从以下几个方面对物证收集程序及方法的合法性进行审查：其一，收集物证的程序和方法是否符合相关法律规定或违反法律的禁止性规定。其二，收集物证的法律手续是否完备，笔录等是否规范，其中主要包括：一是经勘验、检查、搜查提取、扣押的物证，是否附有相关笔录、清单；二是笔录、清单是否经侦查人员、物品持有人、见证人签名，没有物品持有人签名的，是否注明原因；三是物品的名称、特征、数量、质量等是否注明清楚。

根据《关于办理刑事案件排除非法证据若干问题的规定》第14条的规定，物证的取得明显违反法律规定，可能影响公正审判的，应当予以补正，否则，该物证不能作为定案的依据。根据《刑诉法解释》第126条第2款的规定，对是否"可能严重影响司法公正"应当综合考虑收集物证违反法定程序以及所造成的后果的严重程度等情况予以判断。其第86条同时规定，在勘验、检查、搜查的过程中提取、扣押的物证、书证，未附笔录或者清单，不能证明其来源的，不得作为定案的根据。对于只是记录上存在瑕疵的物证，经过补正或作出合理解释，可以作为定案的证据，主要包括：勘验、检查、搜查、提取笔录或扣押清单上没有侦查人员、物品持有人、见证人签名，或对物品的名称、特征、数量、质量等注明不详的；物证的照片、录像、复制品，未注明与原件核对无异，无复制时间，或无被收集、调取人签名的；物证的照片、录像、复制品没有制作人关于制作过程和原物、原件存放地点的说明，或说明中无签名的，等等。

（三）审查物证的关联性

任何物品或痕迹，只要与案件事实无关，即便它是客观的，是经过合法程序收集的，也同样不具有证明力。物证是"哑巴证据"，其与案件事实的关联性并不明显，因此关联性审查是物证审查的重点和难点。《刑诉法解释》第82条明确规定，应将"物证与案件事实有无关联"作为物证审查的重要内容。物证与案件事实是否具有关联性，主要取决于物证的特征、属性或存在状态与待证事实是否具有联系，有多大的联系。物证与案件事实的关联性表现形式较为复杂，但总体上分为直接关联性和间接关联性。凡是物证以其存在足以认定案件事实的重要部分或其中一部分的，为具有直接的关联性；而凡是物证以其存在协助查明案件事实，或构成发现案件事实的线索的，则为具有间接关联性。除少数物证能直接表明其与待证事实的关联性外（如非法持有型犯罪中的持有物品），多数物证的关联性审查必须借助于证人证言、当事人陈述、口供、鉴定意见、笔录等证据的协助才能得以显现。因此，审查物证的关联性，除运用经验法则和逻辑推理外，要善于综合运用询问证人、当事人、被害人，讯问犯罪嫌疑人和被告人，对物证检验鉴定等多种方法。

（四）审查物证的全面性

单一的物证往往只能证明案件事实的某个情节和片段，只有全面收集物证才能对案件作出客观公正的处理。根据《刑诉法解释》第82条的规定，"与案件事实有关联的物证、书证是否全面收集”是审查物证的重点。同时，其第 85 条规定：“对与案件事实可能有关联的血迹、体液、毛发、人体组织、指纹、足迹、字迹等生物样本、痕迹和物品，应当提取而没有提取，应当鉴定而没有鉴定，应当移送鉴定意见而没有移送，导致案件事实存疑的，人民法院应当通知人民检察院依法补充收集、调取、移送证据。”

二、审查物证的方法

根据物证的属性和特点，结合相关的法律规定，对物证的客观性、相关性和合法性进行审查判断，主要运用以下方法：

（一）质证法

物证的质证是指在法庭上，由诉讼双方对物证进行辨认，就物证的证据资格和证明力相互进行质问、说明和辩驳。在刑事诉讼中，要求公诉人、辩护人应当向法庭出示物证，让当事人辨认。在民事和行政诉讼中，要求证据应当在法庭上出示，并由当事人互相质证。质证是确认物证真实性、相关性和合法性的有效方式。

（二）辨认法

在刑事诉讼中，为了判断某物品是否与案件有关，可以组织对物品特征了解或熟悉的人对物品进行辨认。辨认既是一项侦查措施，也是一种取证手段，具有相关的规范和要求，按法定程序严格组织得出的辨认结论，具有可靠性，也可以作为法定证据使用。实践中，可以通过组织相关人员对涉案物品依法进行辨认，以审查其真实性和关联性。

（三）鉴定法

物证是以其外在特征、内在属性和存在状态来发挥证明作用的。当物证以外在特征，尤其是内在属性来证明案件事实时，人们无法通过外在观察、辨认等方法对其真实性和关联性进行审查判断，必须借助于科学技术手段来对物证材料进行检验鉴定，才能判断其是否真实，与案件事实是否具有关联。

（四）比较分析法

物证不能自证其真实性，对物证的审查判断必须结合案件的其他证据，进行综合的审查判断。将物证与其他证据进行比较分析，看证据之间是否相互印证，协调一致，是审查判断物证的重要方法。

（五）相关文书审查法

物证收集过程中所形成的笔录、清单等书面文件，既可以证明取证的合法性，也可以证明物证的真实性和关联性。因此，审查收集物证所形成的笔录、清单等证明文件的有无，材料是否完备，形式是否规范，也是审查物证的重要方法之一。

除了上述方法以外，对物证的审查还可以运用询问知情人、当事人，讯问犯罪嫌疑人和被告人等方法。

案例辅读

向某故意伤害案[①]

冉某和妻子向某因涉嫌故意伤害罪被某市人民检察院附条件逮捕。12 月 10 日深夜，从某区一家歌厅下班的向某和同事麻某发生争执，被麻某打了一个耳光的向某心里不服，于是打电话叫来了丈夫冉某，想要“打麻某两个耳光给她点颜色看看”。两人当晚在东里乡某处，拦住了麻某，双方当即厮打在一起，混乱中，向某从包中拿出弹簧刀向麻某胸口扎了两刀，流血倒地的麻某被众人送入了某区中心医院，但最后还是因抢救无效死亡。事情发生以后，某区公安机关抓获了犯罪嫌疑人向某和冉某，随后某市以涉嫌故意伤害罪附条件逮捕了冉某和向某。然而，夫妻二人到底是谁持刀扎人，检察机关并不能马上认定。某市人民检察院决定对二人实施附条件逮捕，并继续补充侦查证据。附条件逮捕冉某和向某后，侦查机关核实了证人证言，找到了作案凶器，走访鉴定法医，通过更完善的侦查措施，检察机关最终认定持刀扎人的行为系向某一人所为，冉某不构成故意伤害罪共犯。随后，某市人民检察院撤销了对冉某的附条件逮捕，以故意伤害罪对向某提起了公诉，法院依法作出了判断。

① 杨迎泽、孙锐主编：《刑事证据的收集、审查与运用》，中国检察出版社 2013 年版，第 20～21 页。

第十章

书　　证

凡以财狱讼者正之以傅别约剂。

——《周礼·秋官》

第一节　书证概述

一、书证的概念和特点

（一）书证的概念

书证，是指以文字、符号、图画等记载的内容和表达的思想来证明案件事实的文件或其他物品。以记载的内容和表达的思想来发挥证明作用是书证的本质特征，也是书证区别于其他证据的关键所在。尽管大多数书证表现为书面材料，但书证并不局限于书面材料，同样，并非所有的书面材料都是书证。为了准确地把握书证的概念，需明确以下几点：

1. 就外部特征而言，书证的载体和形成方式具有多样性

记录书证内容的既可以是文字、图形，也可以是符号；书证内容的载体，既可以是纸张，也可以是木头、石头、金属或其他材料；用以制作书证的工具，既可以是笔，也可以是刀、印刷机等；制作书证的方法，既可以是写，也可以是刻、雕塑或者印刷等。因此，简单地把书证的外在表现形式限定为文字记载的书面材料是错误的，把书证等同于日常生活中常见的纸质材料也是不正确的。

2. 书证所记载的内容和表达的思想，是可供人们认知和理解的

无论书证以文字、符号、图形或其他任何方式记载，其内容和思想都必须是可以被人们所认识和理解的。如果文件或物品所记载的内容和表达的思想无法被

人们认识和理解，则不能作为书证。认识和理解书证的主体具有广泛性，既可以是办案人员，也可以是群众或专家；认识和理解的方法既可以是日常的眼观，也可以是借助技术手段进行显现、破译等。

3. 书证记载的内容和表达的思想与案件事实有关

一份材料之所以成为书证，不是因为它记载的一定的内容，表达了一定的思想，而是因为它记载的内容和表达的思想与案件事实有关联，因而对案件事实具有证明作用；如果一份材料所记载的内容和表达的思想与案件事实无关，则无论如何也不可能成为书证。例如，在犯罪嫌疑人的住处搜查到一封家书，信的内容与案件事实无关，因而不是书证。

4. 书证不同于询问、讯问、勘验、检查等笔录

尽管都表现为书面形式，但书证不同于询问笔录，讯问笔录，勘验、检查、侦查实验、辨认等笔录，尽管上述笔录都属于法定证据，但它们并不是书证。二者的区别主要体现为：第一，形成时间不同。书证一般形成于诉讼开始之前，而询问笔录，讯问笔录，勘验、检查、侦查实验、辨认等笔录则形成于诉讼过程中。第二，制作主体不同。书证往往是案件当事人或其他与案件密切相关的人所制作，而询问笔录，讯问笔录，勘验、检查、侦查实验、辨认等笔录则由调查取证的办案人员制作。第三，内容不同。书证记录的是当事人或其他法律关系主体在实施犯罪、民事和行政行为的过程中对相关事实的记录。如诈骗信、合同、结婚证、治安处罚决定书等；而询问笔录、讯问笔录记录的是询问、讯问过程和调查对象对案件事实的陈述，勘验、检查、侦查实验、辨认等笔录则是对勘验等调查活动和结果的客观记录。

5. 书证与物证的区别

物证与书证的区别在于赖以发挥证明作用的依据不同，而不是证据的外在形式。物证是以其外形特征、物质结构和存在状态来证明案件事实，而书证是以其记载内容所表达的思想来证明案件事实。因此，书面材料可能是物证。例如，作案人遗留在现场的一张纸条，如果纸条的内容与案件事实无关，但通过纸条上的笔迹来认定作案人的身份，则该字条是物证而不是书证，当然如果字条是作案人写给同伙的联络信，则该字条既是物证，也是书证，纸条的笔迹发挥了物证的证明作用，而记载的内容所表达的思想则发挥了书证的作用。同理，有的非书面材料也可能是书证，例如，作案人将反动标语写在衣服上，则衣服是以记载的内容所表达的思想来发挥证明作用，故而属于书证而不是物证。

（二）书证的特点

人类使用图形、符号或文字来记载社会活动，表达思想，进行交流的历史由来已久，因此当诉讼发生时，书证就成了一种广泛存在的证据，并且因为自身特

点而对案件事实具有重要的证明价值。

1. 思想性

书证记载的内容反映了记载人的思想、感受以及其他内心活动，表明了记载人对特定事物的观点、态度，是相关主体明确的意思表示。比如，遗嘱是立遗嘱人处置其遗产的意思表示；借据是借贷双方当事人对借贷关系确认的意思表示；结婚证是国家机关对结婚人的婚姻关系确认的意思表示等。书证的思想性使得书证与案件事实的关联性较为明显，证明作用较为直接。

2. 证明作用的直接性

书证以其记载的内容和表达的思想来证明案件事实，只要其内容能够被人们认识，思想能够被人们理解，它与案件的关联就比较明显，不需要借助于其他证据，也无须推理就能证明案件事实，因而相对于物证，大多数书证对案件事实的证明具有直接性。例如，绑架案件中的勒索信，直接证明了绑架人质、勒索钱财的事实；再如，借条记载了借款的时间、数量、双方当事人等信息，因而在借条真实可信的前提下，就可以证明双方当事人借贷关系存在。即使一些诸如犯罪团伙的黑话、暗语、少数民族文字、特殊的符号、图形等非常规书证，表面上看与案件事实无关，但只要其内容和思想被破解，则它与案件事实的关系也就被揭开。由于多数书证对案件事实证明较为直接，故而具有较高的证明价值。

（三）稳定性

所谓“口说无凭，立字为据”既体现了书证的证明价值，同时也暗示了书证具有稳定性特点。与其他实物证据一样，书证以实物为外在表现形式，故而与证言、口供等言词证据相比，具有较高的稳定性，并且，书证的载体一般为布帛、纸张等不易变质腐烂的物品，因而与部分物证相比更易保存、稳定性也更高。只要书证能得到及时的提取和妥善的保管，其证明价值会长久存在。

二、书证的分类

诉讼中，书证的表现形式多种多样。常见的书证包括账本、单据、遗书、日记、文件、判决书、裁决书、调解书、合同书、租赁契约、结婚证、房产证、商标、信件、电报、牌号、车船票等。根据不同的标准对书证进行分类，能够更全面地认识书证，更准确地把握不同类型书证的特点，并有针对性地进行收集、审查和运用。

（一）文字书证、图形书证、符号书证

以表达方式为标准，可以将书证划分为文字书证、图形书证和符号书证。文字书证，是指以文字记载的内容来证明案件有关事实的书证，如遗嘱；图形书证，是指以图形表现的内容来证明案件有关情况的书证，如刑事案件中的淫秽图画；符号书证，是指以符号记载的内容来证明案件有关情形的书证，如路标。

（二）公文性书证和非公文性书证

以是否由国家机关、社会团体或其他机构依职权所作为标准分类，可以把书证分为公文性书证和非公文性书证。公文性书证，是指国家机关、社会团体或其他机构在法定的权限范围内依职权所做的文书。例如，人民法院的调解书、判决书、公证机关制作的公证书、婚姻登记机关颁发的结婚证、离婚证等。公文性书证以外的书证是非公文性书证，如合同、借条、犯罪计划书等。公文性书证和非公文性书证是以是否依职权所作为划分标准，而非以制作主体为划分标准，因此国家机关、社会团体、企事业单位非依职权所作的文书，同样属于非公文性文书，如法院为购置办公电脑而签订的购货合同等。

由于公文性文书是经国家机关和社会团体依职权，并按照法定的程序和规范制作，具有较强的可靠性，因此一般情况下，对同一案件事实，公文性书证的证明力大于非公文性书证。如经公证的遗嘱证明力大于未经公证的遗嘱；离婚证证明力强于离婚协议。

（三）处分性书证和报道性书证

以文书的内容和所产生的法律效果为标准分类，可以把书证分为处分性书证和报道性书证。处分性书证，是指记载一定意思表示或行为而能设定、变更或消灭某一特定法律关系的书证，如委托书、遗嘱、契约、合同等。报道性书证，是指只是记载一定的事实，而不以产生法律关系为目的的书证，如日记、信件、会议记录等。

处分性书证能引起一定法律关系的产生、变更或消灭，具有一定的法律效力，因而往往能证明案件的主要争议事实，具有较高的证明价值；报道性书证多为对事件的经历、制作人的感想、见闻的记录，本身不会引起相应的法律结果，故而对案件争议事实证明力不高，但可以作为发现处分性书证的线索，印证处分性书证的真实性。例如，合同是处分性书证，而签订合同时所作的会议记录则是报道性书证。当纠纷发生时，合同能直接证明双方的法律关系，而相关会议记录则可为认定合同关系的存在等问题提供参考，对处分性书证的证明力具有一定的补强作用。

（四）普通书证和特别书证

以书证制作是否必须采用特定形式或履行特定手续为标准分类，可以把书证分为普通书证和特殊书证。所谓普通书证，是指具有一定思想内容，但法律不要求具备特定形式和履行特定手续的书证。如收条、借据等。特殊书证，是指法律规定必须具备特定形式或者必须经过特定程序、履行特定手续才具有法律效力的书证。例如，公证机关公证收养关系成立的文书、公安机关制作的行政处罚决定书等。一般情况下，公文性书证多为特殊书证，而私人制作的非公文性书证多为普通书证。

法律之所以对特殊书证有着特别严格的要求，主要是为了规范特定职能部门的职权行为，以体现其职权行为的规范性、严肃性和权威性，并保证整体工作的高效和统一。对于特殊书证，如制作不符合相关的法律规范，则不具有证明效力。比如，处罚决定书必须加盖作出处罚决定机关的公章，如果没有，则不具有证明处罚决定合法性的效力。

（五）原本和正本、副本、节录本、影印本、译本

以书证的制作方式和来源不同为标准分类，可以将书证分为原本、正本、副本、节录本、影印本和译本。原本，是指文书制作人最初所制作的文书，如合同当事人签字盖章的书面合同。原本是文书的初始状态，最客观地反映文书所记载的内容，因此具有极高的证明价值，诉讼中应尽量收集和使用书证原本。正本，是指按照原本全文抄录或印刷，并与原本具有同等法律效力的文件。正本出自原本，效力等同于原本，只是在日常使用有所不同，原本一般保留在制作者手中或存档备查，正本则发送受件人。副本，是指按照原本全文抄录或印制但效力不同于原本的文件。制作副本的目的是告知有关单位知晓原本文件内容，即副本一般是发送给主收件人以外的其他须知晓原本内容的有关单位或个人。正本和副本只是发送对象和收存主体不同，因而法律效力不同，但都是对原本内容的全文复制，只要经核实无误，两者对案件事实的证明力是一样的。节录本，是指制作者以摘抄的方式，节录原本或正本文书内容的一部分而形成的文书。由于节录本只是截取了原本的部分内容，具有“断章取义”之嫌，在无原本印证的情况下，其真实性令人质疑，证明价值也因此大打折扣。影印本，是指运用影印技术，将原本、正本摄影或复印而形成的文书。译本，是指运用其他国家或民族的文字将原本或正本翻译而形成的文书。

原本属于原始证据，而正本、副本、节录本、影印本和译本来源于原本，属于传来证据。原则上，原本的可靠性和证明力要强于传来书证，因而各国普遍强调诉讼中使用原本，只有在提供原本确有困难并能够保证与原本内容一致的情况下，才可以使用传来书证。《关于民事诉讼证据的若干规定》第 91 条规定：“公文书证的制作者根据文书原件制作的载有部分或者全部内容的副本，与正本具有相同的证明力。在国家机关存档的文件，其复制件、副本、节录本经档案部门或者制作原本的机关证明其内容与原本一致的，该复制件、副本、节录本具有与原本相同的证明力。”

第二节　书证的收集和保全

书证和物证都属实物证据，在外在形态上都是客观存在的物，此前刑事诉讼法一直将物证、书证列为一类证据，因而收集和保全物证、书证的原则要求、程序方法大致是相同的，如勘验、检查、搜查、扣押等方法既适用于收集物证，也适用于收集书证。由于诉讼性质的不同，证据收集在刑事诉讼与民事诉讼中体现出较大的差异，书证的收集也是如此。

一、书证的收集

书证的收集，是指侦查、检察和审判机关及其办案人员、当事人及其代理律师发现、提取、固定书证的活动。书证虽然具有较好的稳定性，证明力可以持久保存，但是如果不能及时收集固定，也存在被人为销毁、伪造或者灭失的极大风险，因此诉讼中应该及时有效、合法规范地做好书证的收集工作。

（一）收集书证应注意的问题

1. 要注意发现并提取非常规性书证

所谓非常规性书证，是指以非常规的方式记录，或以非常规物品作为载体所形成的书证。非常规书证在刑事案件中较为常见，如作案人以图形、符号记录在墙面、地板、衣服等非常规载体上的联系暗记、犯罪路线图、赃物隐藏地点标记，以黑话、暗语、密写等非常规记载方式制作的联络书信、反动宣传材料，等等。非常规书证的内容和思想较为隐晦，具有很大的迷惑性，容易被取证人员所忽略。因而要求办案人员在现场勘查、搜查等调查取证过程中，要认真细致，注意发现非常规性书证，当发现记录有不常见的文字、图形、符号的文件或物品，不能当场判断其与案件是否有关时，不要轻易否定它与案件的关联性，可按程序和要求进行提取和固定，之后再进行审查和判断。

2. 要注意发现并提取关联性不明显的书证

有些文书材料与案件事实的关联性并不明显，甚至初看与案件毫无关联，很容易被忽视。比如，作案人无意中遗落在犯罪现场的医院挂号单、银行办理业务时的排号单等。此类文书从表面上看，与案件并无关系，实际上则可能是查明案件事实的重要线索或关键证据。

3. 要根据具体情况，采取恰当的方法进行收集

实践中，书证形态各异，具体表现为书证的记录方式有文字、符号、图画

等；载体有纸张、地面、石块、布匹等；书写工具有铅笔、钢笔、毛笔、树枝、油漆等；形态有完整和破碎之分；字迹有清晰、模糊之别；存在环境和状态千差万别，有的平整，有的褶皱，等等。总之，在提取和固定书证时，要根据具体情况采用恰当的措施和方法，避免书证受到污染和破坏，力求保持书证及其内容的原貌。

对无法提取原件的书证，要采用能最大限度反映原件特征的复制方法，并在复制件上注明复制时间、复制件与原件无异，同时制作复制过程说明，并由复制人员签名。

4. 要善于运用科学技术手段

实践中，有的书证是无法通过常规方式提取和固定的，如间谍犯罪中采取密写方法写联络信件，运用显微摄影技术将文字、符号隐藏在公开发表的文字间等。此类书证，肉眼无法识别，常规方法无法提取，只有运用相关的科学技术手段才能进行收集。

5. 书证收集一定要有记录，对其来源要进行说明

为了证明书证收集的合法性和书证的真实性，相关的记录和说明十分必要。采用勘验、检查、搜查或扣押的方式收集书证，要制作规范的笔录，记录书证发现和提取的过程，要有收集主体、书证持有人和见证人等人员的签名或盖章；采用调取的方式收集书证，要有对调取时间、地点、调取方式的记录，调取人、书证持有人等要签名或盖章；对于副本、节录本和影印本，要标明来源或出处，注明原本、正本存放地。

（二）民事诉讼中书证的收集

由于人类很早就有通过文字、符号、图画等方式来记录日常生活和社会交往的习惯，故而书证在民事活动中存在最为广泛，也因此是民事诉讼中最主要的证据种类，堪称民事诉讼的“证据之王”。例如，合同、借据、遗嘱、婚姻证明、产权登记证等文书都是证明民事法律关系的重要依据。由于诉讼性质的差异，民事诉讼中收集书证不同于刑事诉讼，具有自身的特点和要求。

1. 取证主体

根据《民事诉讼法》第 52 条、第 64 条、第 67 条的规定，民事诉讼中当事人、代理人、法院都有权收集书证。当事人是收集证据的主体。法院既可以依职权主动收集书证，也可以依当事人申请收集书证。现代各国民事诉讼法在收集和提供证据问题上，大都采取当事人主义，法院一般不主动依职权收集证据，但对于法律规定的少数案件和事项，法院可以主动收集证据。依据《民事诉讼法》第 67 条第 2 款的规定，人民法院应当调查收集证据的情形如下：一是当事人及其诉讼代理人因客观原因不能自行收集证据；二是人民法院审理需要的证据。其

中，当事人及其代理人因客观原因不能自行收集的证据主要有以下几种：证据由国家有关部门保存，当事人及其诉讼代理人无权查阅调取的；涉及国家秘密、商业秘密或者个人隐私的；当事人及其诉讼代理人因客观原因不能自行收集的其他证据。当事人及其诉讼代理人因客观原因不能自行收集的证据，可以在举证期限届满前书面申请人民法院调查收集。

2. 文书提出命令制度

文书属于书证的一部分，是以文本为表现形式的书证。民事诉讼中，文书是书证最主要的表现形式。如果说书证是民事诉讼的证据之王，则文书就是王中之王。

文书提出命令制度是当事人收集证据的重要手段，是指有关书证（文书）由对方当事人或者第三人持有时，负举证责任的一方当事人可以申请人民法院向持有人发布命令、责令其提交该书证的制度。我国《民事诉讼法》未对文书提出命令进行明确规定，但《民诉法解释》第 112 条则确立了这一制度，即“书证在对方当事人控制之下的，承担举证证明责任的当事人可以在举证期限届满前书面申请人民法院责令对方当事人提交。申请理由成立的，人民法院应当责令对方当事人提交，因提交书证所产生的费用，由申请人负担。对方当事人无正当理由拒不提交的，人民法院可以认定申请人所主张的书证内容为真实”。这一制度的确立，对于提升当事人收集证据的能力，保护其合法权益，保证人民法院及时准确认定案件事实，具有十分重要的意义。

二、书证的保全

书证的保全，就是对于可能灭失或者以后难以取得的书证，侦查、检察和审判机关或当事人采取一定的措施先行加以固定和保护的行为。对书证的保全主要强调保持其原样、原貌，保护其证明力。由于书证的载体具有多样性，因此在诉讼过程中需要针对不同情况，采取不同的保全措施。

1. 对于纸质的书证只要及时收集、妥善加以保管即可，必要时可以采用复印、拍照、录像等方式加以保全。

2. 对于材质为易受腐蚀、不易保管的书证，应当及时复制、拍照、录像，加以固定和保全。

3. 对于载体为体积较大或者难以搬动的石头等材质的书证，应当通过拍照、录像、制作笔录等方式加以固定和保全。

4. 对于张贴、悬挂、散发等暴露在室外的标语传单类书证，要防止其继续扩散，并防止受风吹、雨淋、日晒等自然因素破坏。

5. 对于正在燃烧的书证，要采取断氧的方法，阻止燃烧，禁止用水浇灭。

6. 对于被撕碎的文书，要尽量完全收集，拼接时按内容和格线进行，禁止将拼接的碎片粘贴起来，可以固定在两块玻璃间。

7. 对于可以作为证据的机密文件，应对文件的封面、编号、标题等拍照归卷，原件按内部规定的手续退回原发文机关。

8. 对于有色情内容的报刊、淫秽录像、图片等书证，应开列清单后立即封存，任何人不得播映传看，更不得扩散。

第三节 书证的审查判断

物证、书证的审查内容和方法大致相同。对书证的审查主要是从客观性、相关性和合法性三方面对其证据能力和证明力进行审查，主要目的是排除伪造、变造、非自愿制作；排除无关书证；确认书证收集的合法性；判断书证是否为原件，非原件在复制过程中是否存在影响证据真实性的因素；书证在收集、保管、鉴定过程中是否受损或改变；书证是否被全面收集。根据相关法律，结合书证的特点，对书证的审查判断应从以下几个方面进行：

一、审查书证的真实可靠性

（一）审查书证的制作

第一，要审查书证是由谁制作的。如果经查证发现书证所载明的制作主体没有制作该文件或不具备制作该文件的能力，则表明该文件系他人伪造，不具有证据能力。第二，要审查书证是在何种情况下制作的，是否是制作人真实的意思表示，是否存在诱惑、胁迫等非自愿制作的情况。如果经查证发现制作主体因认识错误或在他人暴力胁迫、恐吓威逼或者引诱欺骗的情况下制作的非真实意思表示的文书，不能用作定案依据。第三，对于公文性书证和其他特殊书证，要审查制作主体是否具有相应职权，是否在职权范围内制作文书，形式要件是否完备规范。例如，《民诉法解释》第114条规定："国家机关或者其他依法具有社会管理职能的组织，在其职权范围内制作的文书所记载的事项推定为真实，但有相反证据足以推翻的除外。必要时，人民法院可以要求制作文书的机关或者组织对文书的真实性予以说明。"第115条规定："单位向人民法院提出的证明材料，应当由单位负责人及制作证明材料的人员签名或者盖章，并加盖单位印章。人民法院就单位出具的证明材料，可以向单位及制作证明材料的人员进行调查核实。必要时，可以要求制作证明材料的人员出庭作证。单位及制作证明材料的人员拒绝人民法院调查核实，或者制作证明材料的人员无正当理由拒绝出庭作证的，该证明材料不得作为认定案件事实的根据。”又如，在行政诉讼中，要求被告提供的被诉具体行政行为所依据的询问、陈述、谈话类笔录，应当有行政执法人员、被询问人、陈述人、谈话人签名或者盖章。

（二）审查书证的来源

根据《刑诉法解释》第86条的规定，对书证的来源有疑问且不能作出合理解释的，该书证不得作为定案的依据。对书证的来源，应从以下几个方面进行审查：第一，要审查书证是由谁收集或提供的，收集主体是否具有相关权力，是否合法；第二，审查书证收集的程序是否合法，采用的方式方法是否妥当，在收集、保管、鉴定等过程中原有特征是否发生改变或削弱；第三，制作复制件或副本时，是否由二人以上制作，有无制作过程以及原件存在何处的文字说明和签名。

（三）审查书证是否为原件，非原件与原件是否相符

由于原件最能反映事实本身，与案件事实关联性最原始，证明力最强。因此，三大诉讼法都要求收集和提交书证原件，只有在取得原件确有困难时，才可以使用副本、复制件，且要求书证的副本、复制件必须与原件核对无误，能够反映原件及内容，经鉴定真实或者以其他方法确认真实，才能作为定案的依据。因此，对书证的复印本、影印本、副本、节录本、译本等要进行与原件的相符性审查。

二、审查书证的合法性

书证合法性审查主要包括对书证内容的合法性审查和收集程序合法性审查两个方面。

（一）书证内容合法性审查

书证所记载内容不能与国家有关的法律法规相抵触。比如，根据《民法典》的规定，当事人订立、履行合同，应当遵守法律、行政法规，尊重社会公德，不得扰乱社会经济秩序，损害社会公共利益。恶意串通，损害国家、集体或者第三人利益的合同无效。据此，如果双方订立的合同条款违背了法律法规，损害了国家、集体或他人利益，当合同双方因履行合同而发生纠纷时，此合同就不具备证明合同所确立的法律关系的能力。又如，在行政诉讼中，规范性文件不合法的，人民法院不作为认定行政行为合法的依据，并在裁判理由中予以阐明。

（二）书证收集程序合法性审查

程序合法性审查的内容主要包括：书证的收集程序、方式是否符合法律有关

规定；经勘验、检查、搜查提取、扣押的书证，是否附有相关笔录、清单，笔录、清单是否经侦查人员、书证持有人、见证人签名，没有书证持有人签名的，是否注明原因；书证的名称、特征、数量等是否注明清楚。经过审查，根据收集程序违法程度轻重对书证作出不同的处理：

1. 在勘验、检查、搜查过程中提取、扣押的书证，未附笔录或者清单，不能证明书证来源的，不得作为定案的根据。

2. 书证的收集程序、方式有下列瑕疵，经补正或者作出合理解释的，可以采用：（1）勘验、检查、搜查、提取笔录或者扣押清单上没有侦查人员、物品持有人、见证人签名，或者对物品的名称、特征、数量、质量等注明不详的；（2）书证的副本、复制件未注明与原件核对无异，无复制时间，或者无被收集、调取人签名、盖章的；（3）书证的副本、复制件没有制作人关于制作过程和原件存放地点的说明，或者说明中无签名的；（4）有其他瑕疵的，但经过补正不足以影响书证真实性的。

《民诉法解释》第106条规定："对以严重侵害他人合法权益、违反法律禁止性规定或者严重违背公序良俗的方法形成或者获取的证据，不得作为认定案件事实的根据。"据此，民事诉讼中对书证收集的程序除要求不能违反法律禁止性规定外，还不能严重侵犯他人合法权益和违背公序良俗。

三、审查书证内容与案件事实的关联性

书证具有思想性，一般情况下，与物证相比，其与案件事实的关联性较为明显。因此，对于内容清楚，意思表示明确的书证材料，着重分析判断其与待证事实的关联程度，进而确定其证明力大小；对于某些记录方式比较特别的文书材料（如密码信件）或内容比较含混的文书材料（如运用双关语表述的联络信件），与案件的关联性比较隐秘，需要结合其他证据、借助一定技术手段进行分析研判，才能判断其关联性有无及大小。需要注意的是，对书证关联性，必须立足案件本身，并结合其他证据材料运用相关经验和逻辑推理进行分析判断，切不可被表面现象所迷惑。

四、审查书证的全面性

为了彻底查明案件事实，保证案件处理结果的客观性和公正性，应该全面收集与案件有关的证据。在民事诉讼中，人民法院可以要求当事人补充证据材料；在刑事诉讼中，对与案件事实可能有关联的书证，应当提取而没有提取，导致案件事实存疑的，人民法院应当向人民检察院说明情况，由人民检察院依法补充收集、调取证据或者作出合理说明。

五、审查书证与其他证据有无矛盾，是否协调一致

对书证的真实性，应综合全案证据进行审查，应将书证与案件其他证据进行对比分析，看是否相互印证、协调一致。一是将书证与发现和提取书证所作的勘验、检查、搜查笔录进行对比，以审查判断书证的来源是否真实，收集程序是否合法；二是将书证与当事人陈述、证人证言、被害人陈述、口供进行对比，以分析书证的制作背景，审查判断其是否真实可靠；三是将书证与鉴定意见进行对比，以审查判断书证是否真实，有无伪造、变造等情况，等等。如果书证与其他证据存在矛盾，要分析产生矛盾的原因，判断是本质矛盾还是非本质矛盾，进一步查清孰真孰假。

案例辅读

杨某故意杀人案[①]

被告人杨某，男，1969年4月21日出生，个体运输户。因涉嫌故意杀人罪于2007年4月16日被逮捕。吉林省通北市人民检察院以被告人杨某犯故意杀人罪，向通北市中级人民法院提起公诉。

通北市中级人民法院经公开审理查明：被告人杨某与被害人梁某（男，殁年52岁）同村居住。梁某让杨某帮忙买一辆农用运输车，杨某表示同意。2007年4月3日早晨，两人吃过早餐后一起到银行，梁某将1.7万元购车款存入了杨某的建设银行卡内。当日中午，杨某给梁某打电话说一会儿来吃饭，随即杨某用一黑色拎包装了两瓶白酒来到梁家，二人边看电视边喝酒，待梁某酒醉后，杨某用随身携带的闭路电视线套住梁某的脖子，此时，杨某听见梁家房后有摩托车的声音，怕被人发觉，转身背起梁某拖往厨房。杨某随后将梁某挪至厨房西侧暗处，让其头朝下趴在水缸内，造成梁某醉酒后不慎扎入水缸溺死的假象。后杨某拽出闭路电视线，到院内拿起装有两个酒瓶的黑色拎包，跳过梁家东侧院墙逃离现场。通北市中级人民法院经过审理认为，被告人杨某图财害命，故意杀死被害人梁某，其行为已构成故意杀人罪，应予以严惩，判处其死刑，剥夺政治权利终身。

---

① 杨迎泽、孙锐主编：《刑事证据的收集、审查与运用》，中国检察出版社2013年版，第46～47页。

一审宣判后，被告人杨某以其没有实施犯罪为由，提出上诉。其辩护人提出，杨某没有杀害梁某的动机；现场提取的杨某足迹模糊不清，并且由于当天下了一场雪，无法辨别杨某的足迹是下雪前还是下雪后提取；不能确定案发后从现场跳墙逃走的人就是杨某等，认为现有证据不足以认定杨某犯故意杀人罪。吉林省高级人民法院经二审审理认为，被告人杨某供述的内容自然、合理，且得到了其他证据印证，有现场勘验检查笔录、足迹鉴定意见、尸体检验鉴定意见、搜查笔录、扣押清单及照片、建设银行卡客户交易查询单、手机通话清单以及相关证人的证言，足以认定被告人杨某的供述真实合法有效。并且其翻供内容也得到了相关证人证言的否定。原判认定的事实清楚，证据确实、充分，定罪准确，量刑适当，审判程序合法，裁定驳回上诉，维持原判。

第十一章

证 人 证 言

每个法院都必须依靠证人，证人应当自由地、无所顾虑地作证，这对执法来说是至关重要的。但众所周知，证人可能被指使作伪证——可能会有人威胁证人，如果说出真情就没有好结果——他们会因吐露真情而遭到惩罚。

——［英］丹宁

第一节　证人证言概述

一、证人证言的概念和特点

（一）证人证言的概念

证人证言，是指证人就其感知的案件事实情况向收集证据的法定主体所作的陈述。对证人证言概念的界定，需要注意以下几个问题：

1. 证人是指除案件当事人和办案人外，了解案件情况的第三人

广义上的证人是指一切知道案件情况，能为案件事实提供证明的人，包括当事人和鉴定人、勘验检查人。在我国，诉讼中证人是指狭义上的证人，即通过感官感知案件事实情况的第三人，既不包括当事人，也不包括鉴定人、勘验检查人。因此，证人证言作为一种独立的证据形式，区别于当事人陈述、犯罪嫌疑人供述和辩解、被害人陈述，也区别于鉴定意见、勘验和检查等各种调查笔录。它们各有特点，运用的规则不同，不容混淆。

2. 证人证言是证人就其耳闻目睹的案件事实向法定主体所作的陈述

证人是通过耳闻目睹等感知方式了解案件情况的，故而证人证言的真实可靠

性受限于证人的感知能力。此外，英美法系国家一般排斥“传闻证据”，我国立法没有这种限制。因此，证人既可以就其亲自耳闻目睹的案件事实情况提供证言，也可以转述由他人告知的案件情况，前提是能清楚地说明转述内容的来源。证人的猜测性、评论性、推断性的证言，一般不得作为证据使用。

3. 收集证人证言的主体具有法定性

收集证人证言的法定主体除了司法机关办案人员外，还包括案件中担任代理人或辩护人的律师。《律师法》第 35 条规定：“受委托的律师根据案情的需要，可以申请人民检察院、人民法院收集、调取证据或者申请人民法院通知证人出庭作证。律师自行调查取证的，凭律师执业证书和律师事务所证明，可以向有关单位或者个人调查与承办法律事务有关的情况。”据此，律师的调查取证权包括自行调查取证和申请调查取证，但律师的自行取证权是受到一定限制的：一是律师收集证人证言必须经证人或者其他单位和个人的同意。比如，《刑事诉讼法》第 43 条规定：“辩护律师经证人或者其他有关单位和个人同意，可以向他们收集与本案有关的材料，也可以申请人民检察院、人民法院收集、调取证据，或者申请人民法院通知证人出庭作证。辩护律师经人民检察院或者人民法院许可，并且经被害人或者其近亲属、被害人提供的证人同意，可以向他们收集与本案有关的材料。”二是某些特殊情况下，律师不得自行向证人收集证据。如《行政诉讼法》第 35 条规定：“在诉讼过程中，被告及其诉讼代理人不得自行向原告、第三人和证人收集证据。”

4. 证人证言有口头和书面两种形式

口头证言是证人以口头叙述的方式向司法机关提供的证言。书面证言是证人以书面陈述的方式向司法机关提供的证词。司法机关在询问证人时应该制作笔录，可同时进行录音录像。证言笔录虽然有书面形式，但实质上属于言词证据，而不是书证。记录证人陈述的录音录像也不属于视听资料，而是证人证言。

诉讼是基于人们在社会活动中产生的纠纷或侵害而引发的，与案件有关的事实或多或少都会被除当事人以外的第三人所感知和了解。换言之，案件不会发生于真空中，证人的存在具有必然性和广泛性。证人就自己所感知的案件情况向办案人员提供的陈述，是查证案件事实的重要依据，因此证人证言在诉讼中具有十分重要的地位和作用。世界各国都十分重视证人证言在诉讼中作用，我国也不例外。我国三大诉讼法都明确将证人证言作为法定的证据形式，具体而言，证人证言具有以下意义：一是有助于广泛地发现和收集案件线索；二是有助于全面、客观、及时地查明案件事实；三是有助于甄别其他案件线索和证据的真伪，保障诉讼的公平公正。

（二）证人证言的特点

1. 生动直观性和证明直接性

证人证言属于言词证据，相对于实物证据而言，证人对案件事实的陈述更加生动、形象、直观和具体。证人证言，尤其是现场证人提供的证言，往往可以连续动态、形象直观地描述包括时间、地点、行为人、起因、经过和结果等案件事实的部分或全部，直接揭示特定的人、事、物与案件事实的联系，因而证言与案件事实的关联性明显且直接，目击证人的证言大多可作为证明案件事实的直接证据。

2. 相对主观性和失实的可能性

证人证言的形成包括感知、记忆和陈述三个阶段。在感知阶段，证人感知能力、感知时生理和心理状况、感知时的客观条件等因素会影响证人证言的客观性；在记忆阶段，证人的记忆能力、感知案件事实距离陈述时间的长短会影响证人证言的客观性；在陈述阶段，证人的陈述能力、询问程序和方法的规范性、询问技巧及记录的方式方法等因素会影响证人证言的客观性。此外，证人证言属于言词证据，相对于物证、书证等实物证据而言，其形成无法避免证人的思维习惯、道德品质、心理倾向、作证动机、证人与案件及当事人的关系等诸多因素影响而具有较大主观性，故而在各种主客观因素的共同影响下，证人证言具有失实或虚假的可能性，在反映案件事实时难免出现偏差，甚至错误。

3. 相对的客观性和利他性

虽然证人证言具有言词证据的主观性，但由于证人不是案件的当事人，与案件没有直接的利害关系，即使证人是案件当事人的亲朋好友，与案件的利害关系也不如当事人直接紧密。因此，一般情况下，其提供的证言，较之于民事诉讼和行政诉讼当事人陈述、被害人陈述、犯罪嫌疑人和被告人供述具有更强的客观性。此外，相对于当事人而言，证人作为“局外人”，作证具有“利他性”，因此在诉讼过程中，办案人员应该充分重视对证人的保护，并对证人因作证而遭受的损失给予一定的经济补偿。这不仅是尊重和保重人权的体现，也是促使证人积极作证的需要。

二、证人资格

证人资格是指一个人能够作为证人提供证言的资格或条件，是证人证言的基本构成要件之一，同时也是决定证人证言是否具有证据能力的关键要素。我国《刑事诉讼法》第 62 条规定：“凡是知道案件情况的人，都有作证的义务。生理上、精神上有缺陷或者年幼，不能辨别是非、不能正确表达的人，不能作证人。”《民事诉讼法》第 75 条规定：“凡是知道案件情况的单位和个人，都有义务出庭作证。有关单位的负责人应当支持证人作证。不能正确表达意思的人，不能作证。”《关于行政诉讼证据若干问题的规定》第 42 条第 1 款规定：“不能正确表达意志的人不能作证。”根据相关法律规定和司法实践，证人应该同时具备以下条件：

（一）证人必须是除当事人以外知道案件情况的人

“知道案件情况”是证人作证的前提，证人知道案件情况的途径既包括亲自感知，也包括听他人陈述而得知。

（二）证人必须是能辨别是非且能正确表达的人

从三大诉讼法对证人资格的相关规定可以看出，“辨别是非”和“正确表达”是证人资格的核心要素。“辨别是非”是指对事实存在与否、状态如何以及性质怎样能够正确认识和辨别。“正确表达”是指能够对自己所认识和辨别的事实存在与否、状态如何以及性质怎样进行正确的描述。证人的表达方式并不仅局限于口头表达，也可以是书面表达或其他能够被人们所理解的方式，如聋哑人的手语。需要注意的是，对证人的作证资格，不能简单以其年龄、生理和心理缺陷来进行否定，关键应看证人是否具备与其证言所反映的案件事实相适应的辨别能力和表达能力。例如，《关于民事诉讼证据的若干规定》第 67 条第 2 款规定：“待证事实与其年龄、智力状况或者精神健康状况相适应的无民事行为能力人和限制民事行为能力人，可以作为证人。”因此，对《刑事诉讼法》第 62 条第 2 款“生理上、精神上有缺陷或者年幼，不能辨别是非，不能正确表达的人，不能作证人”的正确解读应是，并非所有生理上、精神上有缺陷或年幼的人都不能作证人，只要其具备与待证事实相应的辨别是非和正确表达的能力，就可以作为证人。

（三）证人是自然人

在我国，普遍认为只有自然人才具有证人资格，而机关、团体、企事业单位等非自然人不能作为证人，理由是只有自然人才具备感知案件事实的能力，而单位、法人等非自然人不具备这种能力。自然人可以代表单位或法人提供证言，在这种情况下，作为证人的是单位或法人代表，而不是单位或法人。单位在职权范围内以单位或法人的名义出具证明文件，如婚姻、学历、纳税证明，属于书证而不是证人证言。但是，根据《民事诉讼法》第 75 条第 1 款之规定，凡是知道案件情况的单位和个人，都有义务出庭作证。此外，司法实践中也会出现以单位名义开具的、属于单位职权范围以外的其他证明材料。对于这种“不规范”的单位证明是否具有证据能力，存在一定争论，说法不一。因此，关于单位是否具备证人资格的问题，还有待于理论上的深入探讨和法律的明确规定。

实践中，有的司法工作人员，包括侦查人员、检察人员、审判人员、陪审员、鉴定人、翻译人员、书记员，因亲自感知了案件事实而成为案件的知情人，为了避免影响诉讼的公正性，他们不能同时担任本案的办案人员和证人。如果他们是所感知案件事实的唯一证人，且证言对案件事实具有关键性的证明作用，则鉴于证人身份的优先性和不可替代性，他们应作为证人，而不再担任本案的办案人员。

三、证人的义务和权利

在我国，除法律特别规定外，凡是知道案件情况的人，都有作证的义务，同时，证人作为诉讼参与人之一，在履行作证义务的同时，也享有一定的权利。

（一）证人的义务

1. 如实作证的义务

根据《刑事诉讼法》第 62 条、《民事诉讼法》第 75 条和《关于行政诉讼证据若干问题的规定》第 41 条的规定，凡是知道案件情况的人都有作证的义务。基于证人证言在诉讼中的重要价值，为了整个社会实现正义的普遍需要，履行作证义务，是依法履行公民义务的重要体现。因此，除法律有特别规定外，凡是知道案件情况的人，包括当事人的近亲属，都应积极履行作证义务，不得拒绝。证人如实作证，是指证人应将自己感知到的案件事实情况全面客观地向办案人员进行陈述，如实回答询问人员就案件相关情况的提问。不得故意歪曲、隐瞒案件事实和罪证。证人故意作伪证、隐匿和毁灭证据，要承担相应的法律责任。《刑事诉讼法》第 125 条规定："询问证人，应当告知他应当如实地提供证据、证言和有意作伪证或隐匿罪证要负的法律责任。"根据《民事诉讼法》第 114 条的规定，对于伪造、毁灭重要证据，妨碍人民法院审理案件的，人民法院可以根据情节轻重予以罚款、拘留；构成犯罪的，依法追究刑事责任。《行政诉讼法》第 59 条也对故意伪证行为作出了类似的处罚规定。值得注意的是，实践中要注意区分证人"有意作伪证"和"因受证人感知、判断、记忆、表述能力和距离、光线等感知条件限制而不能客观作证。"证人只有故意作伪证时，才需承担相应的法律责任。

2. 出庭作证的义务

在我国三大诉讼法中，原则上要求证人要出庭作证。《刑事诉讼法》第 192 条第 1 款、第 2 款规定："公诉人、当事人或者辩护人、诉讼代理人对证人证言有异议，且该证人证言对案件定罪量刑有重大影响，人民法院认为证人有必要出庭作证的，证人应当出庭作证。人民警察就其执行职务时目击的犯罪情况作为证人出庭作证，适用前款规定。"《民事诉讼法》第 75 条、《关于民事诉讼证据的若干规定》第 68 条、《关于行政诉讼证据若干问题的规定》第 41 条都分别对证人出庭作证作了明确规定。由此可见，除特殊情况外，证人具有出庭作证的义务。证人出庭作证是传闻证据规则和直接言词原则的要求，有助于审查判断证人证言真实性，确保诉讼结果的客观性和公正性。但在实践中，由于种种原因，证人出庭率低、出庭作证难的问题异常突出。为此，法律作出了有关强制证人出庭作证的规定。《刑事诉讼法》第 193 条规定："经人民法院通知，证人没有正当理由不出庭作证的，人民法院可以强制其到庭，但是被告人的配偶、父母、子女除外。证人没有正当理由拒绝出庭或者出庭后拒绝作证的，予以训诫，情节严重的，经院长批准，处以十日以下的拘留。被处罚人对拘留决定不服的，可以向上一级人民法院申请复议。复议期间不停止执行。"此法条是落实证人出庭作证的立法保障，同时为了体现人文精神关怀和对亲情关系的尊重，以及对正常社会伦理道德观的维持，法条规定被告人的配偶、父母、子女可以不出庭作证，即享有作证豁免权。

证人必须亲自出庭作证也有例外。《刑诉法解释》第 253 条规定："证人具有下列情形之一，无法出庭作证的，人民法院可以准许其不出庭：（一）庭审期间身患严重疾病或者行动极为不便的；（二）居所远离开庭地点且交通极为不便的；（三）身处国外短期无法回国的；（四）有其他客观原因，确实无法出庭的。具有前款规定情形的，可以通过视频等方式作证。"《民事诉讼法》第 76 条规定："经人民法院通知，证人应当出庭作证。有下列情形之一的，经人民法院许可，可以通过书面证言、视听传输技术或者视听资料等方式作证：（一）因健康原因不能出庭的；（二）因路途遥远，交通不便不能出庭的；（三）因自然灾害等不可抗力不能出庭的；（四）其他有正当理由不能出庭的。"此外，《关于行政诉讼证据若干问题的规定》第 41 条也对证人无须亲自出庭作证问题作出了类似的规定。

3. 保守秘密的义务

首先，证人应保守诉讼中涉及的国家秘密和个人隐私；其次，证人也不应当相互打听彼此作证的内容，更不能相互串通证词；最后，证人应遵守司法工作人员的嘱咐，不随便向无关人员泄露案件情况。

（二）证人的权利

1. 使用本民族语言文字提供证言的权利

根据《刑事诉讼法》第 9 条、《民事诉讼法》第 11 条和《行政诉讼法》第 9 条之规定，证人有权使用本民族语言和文字向司法机关提供证言；在少数民族聚居或多民族共同居住的地区，证人不通晓当地通用的语言、文字的，司法机关应当为证人提供翻译。

2. 要求询问人员出示相关证明的权利

《刑事诉讼法》第 124 条第 1 款规定："侦查人员询问证人，可以在现场进行，也可以到证人所在单位、住处或者证人提出的地点进行，在必要的时候，可以通知证人到人民检察院或者公安机关提供证言。在现场询问证人，应当出示工作证件，到证人所在单位、住处或者证人提出的地点询问证人，应当出示人民检察院或者公安机关的证明文件。”《律师法》第35条第2款规定：“律师自行调查取证的，凭律师执业证书和律师事务所证明，可以向有关单位或者个人调查与承办法律事务有关的情况。”据此，当司法工作人员或代理律师询问证人时，证人可以要求其出示相关证明材料。

3. 本人及亲属安全受司法机关保护的权利

获得安全保护权是证人最重要的一项权利。司法实践中，证人不愿作证，尤其是不愿意出庭作证，在很大程度上是因为害怕受到打击报复，此问题在刑事诉讼中尤为明显。如果证人及其亲属的安全得不到有效的保护，证人出庭作证难的问题就无法从根本上解决。因此，司法机关应从立法上和制度上不断完善证人保护措施，切实有效地解除证人作证的顾虑，促进证人积极作证。为了更好地保障证人出庭作证义务，2012年《刑事诉讼法》修订时明确规定了证人保护制度，第63条规定：“人民法院、人民检察院和公安机关应当保障证人及其近亲属的安全。对证人及其近亲属进行威胁、侮辱、殴打或者打击报复，构成犯罪的，依法追究刑事责任；尚不够刑事处罚的，依法给予治安管理处罚。”第64条规定：“对于危害国家安全犯罪、恐怖活动犯罪、黑社会性质的组织犯罪、毒品犯罪等案件，证人、鉴定人、被害人因在诉讼中作证，本人或者其近亲属的人身安全面临危险的，人民法院、人民检察院和公安机关应当采取以下一项或者多项保护措施：（一）不公开真实姓名、住址和工作单位等个人信息；（二）采取不暴露外貌、真实声音等出庭作证措施；（三）禁止特定的人员接触证人、鉴定人、被害人及其近亲属；（四）对人身和住宅采取专门性保护措施；（五）其他必要的保护措施。证人、鉴定人、被害人认为因在诉讼中作证，本人或者其近亲属的人身安全面临危险的，可以向人民法院、人民检察院、公安机关请求予以保护。人民法院、人民检察院、公安机关依法采取保护措施，有关单位和个人应当配合。”

4. 对取证人员的侵权行为提出控告的权利

《刑事诉讼法》第14条第2款规定：“诉讼参与人对于审判人员、检察人员和侦查人员侵犯公民诉讼权利和人身侮辱的行为，有权提出控告。”

5. 自由客观充分作证的权利

《刑事诉讼法》第52条规定：“审判人员、检察人员、侦查人员必须依照法定程序，收集能够证实犯罪嫌疑人、被告人有罪或者无罪、犯罪情节轻重的各种证据。严禁刑讯逼供和以威胁、引诱、欺骗以及其他非法方法收集证据，不得强迫任何人证实自己有罪。必须保证一切与案件有关或者了解案情的公民，有客观地充分地提供证据的条件，除特殊情况外，可以吸收他们协助调查。”证人有权按照自己所知道的案件情况客观地、自由地作证，不受任何机关、单位和个人的干涉。为此，证人有不受威胁、引诱和欺骗而自由陈述的权利；有阅读确认询问笔录内容的权利；有对司法工作人员或代理律师采用威逼利诱等非法取证的方式提出控告的权利。

6. 要求经济补偿的权利

《刑事诉讼法》第 65 条规定：“证人因履行作证义务而支出的交通、住宿、就餐等费用，应当给予补助。证人作证的补助列入司法机关业务经费，由同级政府财政予以保障。有工作单位的证人作证，所在单位不得克扣或者变相克扣其工资、奖金及其他福利待遇。”《民事诉讼法》第 77 条规定：“证人因履行出庭作证义务而支出的交通、住宿、就餐等必要费用以及误工损失，由败诉一方当事人负担。当事人申请证人作证的，由该当事人先行垫付；当事人没有申请，人民法院通知证人作证的，由人民法院先行垫付。”证人因作证而获得一定的经济补偿，有利于保护证人的权利，提高证人作证的积极性。

第二节　证人证言的收集

实践中，证人作证的方式主要有两种：一是口头陈述；二是提供书面证词。大多数情况下，证人作证主要是通过向司法机关和代理律师就案件有关情况进行口头陈述的方式进行的，因此，询问证人是收集证人证言的主要方法。

一、询问证人

（一）询问主体及参与人

询问证人的主体必须具有法定权。在我国，有权询问证人的主体包括承办案件的侦查人员、检察人员、审判人员和代理、辩护律师。询问证人应当由至少两人共同进行。特殊情况下，对证人的询问应吸收一些特定人员参与：一是询问聋、哑人或不通晓当地语言文字的人，应当提供与案件无利害关系的通晓聋、哑手势的人或翻译；二是询问未成年证人，应当通知其法定代理人到场。无法通知、法定代理人不能到场，也可以通知未成年证人的其他成年亲属，所在学校、单位、居住地基层组织或者未成年人保护组织的代表到场，并将有关情况记录在案。询问未成年女性证人的，应当有女工作人员到场。询问主体或其他询问参与人员是否符合相关法律规定，是审查判断证人证言是否具有证据资格的标准之一。

（二）询问地点和时间

本着有利于询问和方便证人的原则，司法人员和律师可以到证人的住处、所在单位或证人提出的地点进行询问，必要时，也可以通知证人到司法机关提供证言。2012年修订的《刑事诉讼法》对询问地点作了更为宽泛的规定，除了以上询问地点外，还可以在现场对证人进行询问。需要注意的是，在不同地点对证人进行询问，询问人员需要出示不同的证明材料。在现场询问证人，应当出示工作证件；到证人所在单位、住处或者证人提出的地点询问证人，应当出示人民检察院或者公安机关的证明文件。

关于询问证人的时间及每次询问的时间长短，法律并没有作出明确规定，但是从收集证据的及时性出发，一旦发现证人，就应及时询问，固定证言，防止证人因远走他乡或其他原因而无法取证，避免证人以案件事实的记忆随着时间的推移而减退，或受到其他因素的干扰而影响其客观作证。此外，在考虑及时询问证人的同时，应尽量兼顾便利证人的原则。比如，除紧急情况外，尽量不占用证人的休息时间；尽量不在夜间询问证人；对有伤病而不适宜立即接受询问的证人，一般应先保证证人的救治。对证人每次询问的时间，根据询问的需要和证人的接受程度而定，但总体上要保证证人必要的休息时间，不宜对证人进行超长时间的高强度询问，否则既不利于证人保持清晰的思维，也容易引起证人的反感，并进而影响作证。

（三）询问前的权利、义务告知

在对证人正式询问之前，询问人员应将证人享有的权利和义务告知证人，重点告知证人应当如实提供证言和有意作伪证或隐匿罪证要负的法律责任。英美法系国家在对证人询问之前，一般要求证人对如实作证进行宣誓。我国并未实行证人宣誓制度，因此询问前的告知可以提示证人应该如实作证，在一定程度上起到证人宣誓的作用。司法实践中，一般是让被询问人先行阅读或向其宣读权利义务告知书，在其明确知晓享有的权利和应承担的义务后，在权利义务告知书上签字确认。

（四）询问的原则和方法

1. 询问原则

（1）个别询问原则。询问证人应当个别进行。个别询问是指一个案件中有多个证人需要询问的时候，询问人员应当对每个证人分别询问；询问某一证人时，其他证人不得在场，更不允许采取开座谈会的形式询问证人。个别询问是询问证人的重要原则，其目的是防止证人之间相互启发和影响，导致证人不能全面、客观地陈述自己所感知的案件情况。

（2）禁止胁迫、诱导、暗示原则。为了证人能完全按照自己感知的案件情况进行客观的陈述，应充分保证证人陈述的自由，避免任何干扰证人客观自由陈述因素，包括不得向证人泄露案情；不得以任何方式暗示证人；不得采用羁押、暴力、威胁、引诱、欺骗以及其他非法方法获取证言。

2. 询问方法

询问证人，主要是采用问答的方式进行的。初次询问证人，在告知完证人相关权利义务后，应当问明被询问人的姓名、年龄、住址、民族、联系方式等基本情况及与当事人的关系，然后按照事先设计好的询问提纲向被询问人提出相关问题。提问一般分为两个步骤：

第一步是先向询问对象提出一个整体性的问题，比如，“请将你知道的情况讲讲”“请把你案发时看见的情况说一下”等，然后让证人自由地陈述。在这个阶段要注意以下几点：第一，办案人员在初次询问证人时，一开始所提问题要具有涵盖性，尽量不提具有明确指向性的问题或选择性问题。前者如：“案发那天你看见了什么”“你看见的人是谁”等；后者如“案发那天你是不是看见……”“你看见的是张三还是李四”，等等。前者有利于证人将自己感知到的案件情况毫无保留地说出来，而后者则会将证人的思维限定在询问人员设定的框架里，不仅不利于全面收集证据，还会因问题具有诱导性而影响证人证言的客观性。第二，不要随意打断证人陈述。实践中，证人往往不知道自己了解的情况哪些是办案人员想知道的，哪些是与案件无关的，因而会无保留地将自己所知道的情况说出来。如果叙述的过程中任意地打断证人的陈述，不仅不利于证人对案件情况的回忆，还会导致证人因此受到暗示，由此任意揣测办案人员的意图，进而提供不客观真实的证言。即使询问人员察觉到证人陈述中存在矛盾，甚至提供虚假证言，也不要立即提出质疑或制止，而应先让其完整陈述，待其矛盾或伪证意图充分暴露后，再有针对性地解决。如果证人陈述明显偏离案件，询问人员可选择恰当的方式，将证人巧妙地引入对案件情况的陈述中来。

第二步是待询问对象将自己所知道的案件情况自由、完整地陈述以后，询问人员可针对证人陈述中存在的矛盾、遗漏或未表达清楚的问题进行有针对性的询问，直到应向证人调查了解的问题全部弄清楚为止。在整个询问过程中，询问人员要本着认真负责的态度，完整地听取并仔细分析证人的陈述，发现隐含的案件信息或存在的问题，为下一步询问做好准备。

（五）证人证言的固定

对证人的询问要边问边记，依法制作好询问笔录。询问笔录是记载和固定询问活动和证人证言的书面材料，是重要的诉讼证据，要求规范严谨，全面客观。

询问笔录要尽量使用原话或不失原意地记录询问人的提问和询问对象的陈述，并力求客观全面、详细具体。询问结束后，询问笔录应交被询问人阅读或向其宣读，如果记载有遗漏或差错，证人可以提出补充或更改。证人对询问笔录核对无误后应签字确认，一般要载明“以上记录与我说的一致”或“上述记录已向我宣读”，并签字、盖章或捺指印。同时，参与询问的办案人员、律师、翻译或未成年人的法定代理人等也应在笔录上签字。对于拒绝在笔录上签字的人，应当让他说明拒签的理由，并将其如实记入笔录。

根据需要，询问的过程可以同步进行全程的录音和录像，询问结束后应将录音录像播放给证人听视，让其核对并履行确认手续，并将该情况记入笔录。

此外，对于证人有能力并且自愿书写证词的，应当准许。必要的时候，司法工作人员也可以要求证人亲笔书写证词。证人亲笔书写证词的，应当在证言的末页签名、盖章或捺指印。司法人员收到亲笔证词后，应当在首页右上方写明收到的时间，并签名。

二、收集证人证言应该注意的问题

（一）注意客观全面地收集证人证言

客观全面是取证的重要原则。在收集证人证言的过程中，办案人员不能凭主观取舍证人证言，而应当客观全面地听取并详细记录证人对自己感知的案件情况的陈述。既要听取证人关于案件主要事实的陈述，也要听取其对案件非主要事实的陈述；既要听取有利于原告方或被害人一方的证言，也要听取有利于被告方或犯罪嫌疑人一方的证言。总之，办案人员应收集一切可能影响案件客观公正处理和裁决的证人证言。当案件有多个证人时，即使不同证人提供的证言针对同一个案件事实，也应充分收集每个证人的证言。这样既有利于客观全面地取证，同时也有利于不同证人证言间的相互印证。

（二）注意询问的策略，保证取证的有效性

询问是人们通过谈话或问话的方式了解情况的一种活动，是人与人之间的交流活动。为了保证收集证言的有效性，询问除了严格依照相关法律规定外，还应注意策略和技巧，具体要求是：第一，除现场询问等紧急情况外，询问前应做好充分的准备工作，包括熟悉案情，了解询问对象情况，制作询问计划等。第二，针对不同询问对象基本情况和心理特点，选择不同的询问方法和策略，注重交流技巧，防止千篇一律、生搬硬套。比如，询问前视需要可与询问对象进行简单的日常交流，拉近彼此的心理距离，为进一步询问的顺利开展创造条件；询问未成年证人，除依法通知其法定代理人或其他人到场外，应尽量使用符合其年龄特点的语言进行询问，尽量创造轻松的询问环境；当发现与当事人有利害关系的证人

有作伪证的意图时，应有针对性地进行说服教育，促成其如实作证，等等。当然，询问人员端庄的仪容，文明的言行举止等因素也是促成证人积极作证、客观陈述的因素。

（三）注意处理好恰当提示与引证、诱证的关系

在证人作证的过程中，证人会出现对曾经感知的案件事实记忆模糊、无法回忆等情况。对此，询问人员可采用接近回忆、相似回忆、对比回忆、关系回忆等恰当的方法来提醒询问对象，帮助其回忆案情，但询问人员要防止将恰当提示与引证、诱证相混淆，导致非法询问。区分二者的关键在于，提示是否会引导证人按询问人员的意图回答或足以影响证人作证的客观性。比如，在一起故意杀人案中，证人反映下午在单位楼梯上遇到过犯罪嫌疑人贾某，但记不清相遇时的确切时间，而这恰好是确定贾某是否具备作案时间，查证其犯罪嫌疑的关键性问题。此时，询问人员这样提示证人："你能想起你和贾某相遇时，你正在做什么吗?"经过提示后，证人想起他当时正在用手机与家人通话，当他查看了手机的通话记录后，其与犯罪嫌疑人相遇的确切时间也随之清楚了，但如果询问人员根据自己对犯罪时间的推测，直接问证人："你与贾某相遇时，是不是在当天下午 2 点半以后?"则此提示便具有引证、诱证的嫌疑。

（四）注意对证人权益的保护

在我国，长期以来普遍存在证人作证积极性不高，尤其是出庭作证率低，取证难、质证难的问题，这非常不利于收集、审查证言和案件事实真相。从表面上看，证人作证不积极是因为民众法治意识不强，害怕因作证而利益受损，特别是担心受到打击报复，而深层次却反映出国家对证人保护制度不完善、保护措施不到位，保护力度不够等问题。因此，加强对证人权益的保护，是提高证人作证积极性的必要措施。2012 年修改的《刑事诉讼法》，在证人保护制度方面有了很大的改进和完善，较之前有了明显的进步，但这些制度和措施还有赖于司法机关和具体的办案人员才能得到真正的落实。因此，办案人员在收集证人证言的过程中，应严格遵守保密规定，并根据《刑事诉讼法》第 64 条、《刑诉法解释》第 256 条、《六机关规定》① 第 12 条和《人民检察院刑事诉讼规则》第 79 条之规则，视需要采取相应措施，切实有效地保护证人安全。同时，为了提高证人作证的积极性，要认真落实对证人的经济补偿措施。目前，《民事诉讼法》和《行政诉讼法》对证人安全保护措施缺乏明确的规定，为了充分保护证人及其亲属的安全，促成其积极出庭作证，应完善对此的立法。

① 最高人民法院、最高人民检察院、公安部、国家安全部、司法部、全国人大常委会法制工作委员会《关于实施刑事诉讼法若干问题的规定》。

第三节　证人证言的审查判断

证人证言作为言词证据，能够生动形象、全面具体地反映案件事实，大多能直接证明案件事实，具有较高的证明价值，但同时因各种主客观因素的影响又具有较高的失真风险。一般来说，证人证言的客观性和稳定性高于当事人陈述、被害人陈述和口供，但又低于物证、书证等实物证据。此外，司法实践中的证人证言多是以询问笔录的形式存在于案件中，由于当前证人出庭作证率较低，多数情况下庭审对证人证言的质证主要是围绕庭前询问笔录进行，由于询问笔录多经过了办案人员的主观加工，难免与证人原本的陈述有所出入。同时，庭审多是宣读证言节录，而非通篇宣读，甚至会将原笔录中的问答式记载直接变更为叙述式的证言，有可能虚化了证人证言的质证，导致虚假或失实的证人证言成为定案的依据。因此，加强对证人证言的审查判断，应在尽量贯彻直接言词原则，保证对定案有关键影响的证人出庭作证的同时，围绕证言的客观性、相关性、合法性三大方面，着重从证人作证资格和能力、证言的来源、取证的程序方法、书面证言的形式和内容等方面对证人证言进行全方位的审查。

一、对证人的审查

证人的作证能力，即感知、判断、记忆、陈述等辨别是非和正确表达能力直接影响证言的真实性。此外，证人与案件及当事人的利害关系、证人的思想品质等因素也会影响其能否客观作证。

（一）审查证人的作证能力

证人的作证能力主要是证人对案件事实的感知、记忆和陈述能力，核心是辨别是非和正确表达的能力。应审查证人作证时的年龄、认知水平、记忆能力和表达能力，生理上、精神上的状态是否影响作证。《刑诉法解释》第88条第1款规定：“处于明显醉酒、中毒或者麻醉等状态，不能正常感知或者正确表达的证人所提供的证言，不得作为证据使用。”同时，根据《刑诉法解释》第143条的规定，对生理上、精神上有缺陷，对案件事实的认识和表达存在一定困难，但尚未丧失正确认知、表达能力的证人所作的陈述，要慎重使用，需要有其他证据印证方能使用。实践中，对未成年人所作的证言真实性要进行重点审查，既要审查其是否具备与待证事实相适应的辨别是非及正确表达能力，也要审查询问的程序是否合法，如是否通知法定代理人或监护人到场。此外，证人的作证能力还受其生活经验、职业技能等因素的影响。《关于民事诉讼证据的若干规定》第96条规定:“人民法院认定证人证言,可以通过对证人的智力状况、品德、知识、经验、法律意识和专业技能等的综合分析作出判断。”

审查证人的作证能力,可以通过交谈、侧面调查进行,必要时可以对证人作证能力进行司法鉴定,以判断其作证能力。

（二）审查证人与案件处理结果及当事人的利害关系

实践中,有的证人与案件的处理结果有一定的利害关系,有的证人与案件当事人存在亲情、友情、恩情、仇怨等关系,这些因素会影响证人作证的客观性,因此也应作为审查判断证人证言客观真实性的要素。《刑诉法解释》第87条和第143条对此问题作出了明确规定,要求把“证人与案件当事人及案件处理结果是否存在利害关系”作为审查证人证言的重点内容;对与被告人有亲属关系或者其他密切关系的证人所作的有利于被告人的证言,或者与被告人有利害冲突的证人所作的不利被告人的证言,必须慎重使用,有其他证据印证的,才可以采信。

（三）审查证人一贯的思想品质、行为作风和心理倾向

证人一贯的思想品质和行为作风虽然不是影响其证言客观真实性的必然要素,但也具有一定的参考价值。国外实行的证人宣誓制度,其中也隐含着考验证人品质的意思。一般情况下,思想品质好的人,正直诚实,说谎的可能性较小;反之,思想品质差的人,道德标准较低,则说谎的可能性较大。实践表明,思想品质好,行为作风正派,具有社会正义感的人,证言虚假性的可能性要低于思想品质差,作风不正,甚至有过违法犯罪前科,缺乏社会责任心和正义感的人。此外,证人个人喜好、心理倾向也会影响证人证言的客观性。例如,证人遭受过某类违法犯罪行为的侵害,当他在为类似案件作证时,往往会带着憎恶情绪,证言的客观性可能会大打折扣,但值得注意的是,证人的思想品质、行为作风和心理倾向与其证言的客观性并不具有必然联系,不可绝对化。

二、审查证人证言的形成过程

（一）证人证言的来源

证人证言的来源是判断其真实性和关联性的重要依据之一。要查清证人证言是直接来自证人亲自耳闻目睹案件的事实,还是来自道听途说。前者属于原始证据,后者属于传来证据。一般来说,原始证言的客观真实性和证明力要大于传来证言。对于听他人转述而来的证人证言,应进一步查证其原始出处。根据《刑诉法解释》第88条第2款的规定,证人的猜测性、评论性、推断性的证言,不得作为证据使用,但根据一般生活经验判断符合事实的除外。

（二）证人感知案件事实时的客观环境和条件

证人感知案件时的客观环境条件，如证人感知时周围的环境、证人所处的位置、距离感知对象的远近、光线的强弱、空间障碍等情况，会对证人证言的客观真实性产生影响。在审查时，重点要分析证人在特定环境和条件下感知到所陈述的案件事实的可能性，以此判断其陈述的客观真实性。

（三）证人感知案件事实距离取证时间的长短

证人感知案件事实距离取证时间的长短，会影响证人对案件事实信息的记忆量和客观性。一般情况下，距离时间越短，记忆量越多，受干扰因素越少，则客观性越强；反之，记忆量越少，受干扰因素越多，则客观性越弱。

三、审查取证程序和方法的合法性

合法取证既是法治精神的要求，也是获取客观真实证言的重要保障。

（一）对证人证言取证程序的合法性审查的内容

对证人证言取证程序的合法性审查，主要从以下方面进行：一是询问主体是否合法；二是询问地点是否合法；三是询问前是否进行了权利义务和法律责任告知；四是是否遵循个别询问原则；五是是否使用了胁迫、利诱等非法手段询问；六是询问笔录是否经过被询问人核对确认；七是对特殊人员的询问，有没有特定人员参与监督或帮助。例如，询问未成年人、法定代理人、监护人等相关人员是否到场；询问聋、哑人，是否有通晓聋、哑手势的人在场；询问不通晓当地语言文字的人，是否为其提供翻译人员，等等。

（二）对证人证言取证程序的合法性审查的方法

对证人证言的取证合法性审查，可从以下几个方面入手：一是审查询问笔录。审查询问笔录的制作、修改是否符合法律的有关规定，是否具备法定要件、具有规范的格式，是否客观全面地记录询问的过程，能否体现询问的合法性；二是询问证人，调查是否存在违法取证行为；三是要求办案人员对其取证的合法性进行证明。

（三）对取证程序和方法不合法的证人证言的处理

对取证程序和方法不合法的证人证言，要分情况处理：

1. 对违反法律禁止性规定或存在实质影响证据能力和证明力因素的证言绝对排除使用

（1）违反法律禁止性规定而取得的证据。例如，《民诉法解释》第106条规定："对以严重侵害他人合法权益、违反法律禁止性规定或者严重违背公序良俗的方法形成或者获取的证据，不得作为认定案件事实的根据。"

（2）以非法方法获取的证据，主要有以暴力、威胁、引诱、欺骗等违背证人意志手段获取的证据。例如,《行政诉讼法》第 43 条第 3 款规定:“以非法手段取得的证据,不得作为认定案件事实的根据。”根据《刑事诉讼法》及其司法解释的相关规定,对于经过法庭审理,确认或不能排除存在以暴力、威胁等非法方法收集证据情形的,应当予以排除。

(3)存在对证据客观性具有实质影响情形的证言,主要包括:询问证人没有个别进行的;书面证言没有经过证人核对确认的;询问聋、哑人,应当提供通晓聋、哑手势的人员而未提供的;询问不通晓当地通用语言、文字的证人,应当提供翻译而未提供的。

2. 对存在一定瑕疵,但经过补正或合理解释后不会对证据客观真实性产生实质影响的证言,可以使用

此类证言主要包括:询问笔录没有填写询问人、记录人、法定代理人姓名及询问的起止时间、地点的;询问地点不符合规定的;询问笔录没有记录告知有关作证的权利义务和法律责任的;询问笔录反映出同一时段、同一询问人员询问不同证人的。存在上述情形的证人证言,如果瑕疵不能够得到补正或合理解释,不得作为定案的依据。

四、审查证人证言的内容

(一)证言是否符合常理,是否存在矛盾

审查证言内容应着重分析其有无矛盾和疑点,即证人对案件事实陈述的内容是否符合常理,符合事物发展的客观规律。事物总是有客观规律的,同样,证人对案件事实的客观陈述应该符合客观规律,符合内在的逻辑性;如果证人证言虚假或失实,则陈述的内容有悖常理,不符合事物正常的规律和逻辑关系。当然,由于证人证言的形成受多种因素的综合影响,当证言内容出现矛盾,或不符合常理时,不能绝对否决其客观真实性,而应进一步调查,弄清是本质矛盾,还是非本质矛盾。如果矛盾能得到合理解释,则属非本质矛盾,不影响证言的客观性;反之,则属于本质矛盾,属于虚假证言,应当排除。

(二)同一证人前后证言之间、不同证人证言之间是否一致

同一证人对相同案件事实的前后多次的陈述,不同证人对相同案件事实的陈述基本一致,则其可靠性较强。需要强调的是,这里所指的“一致”是指实质的一致,不存在无法解释的矛盾和差异,而非毫无差异。由于同一主体在不同时间的记忆能力、表达能力等因素存在差异,不同证人在感知、记忆、表述能力、感知条件等方面存在差异,因此不同时间,不同证人所作的陈述不可能一模一样,严丝合缝相同,毫无差异的证言是不正常的,反倒存在相互串证、简单复制笔录等情形的可能性。

五、审查证人证言与其他证据是否相互印证

对证言的审查不仅要审查证言自身，还要结合其他证据进行审查，要重点审查证人证言与其他证据之间是否存在无法解释的本质矛盾，对案件事实的证明能否相互印证，协调一致。存在本质矛盾的证据之间不可能同真，但可能同假。这时，就需要对证言和相矛盾的证据进行进一步查证，以分清其真伪。

六、审查证人证言的相关性

对证人证言的相关性审查，法律并无明确规定，主要依靠审查主体运用经验法则和逻辑推理进行判断。总体而言，证言是否具备相关性，关键是看证言内容与待证事实之间是否有客观必然的联系，对案件查明与处理是否有实质影响。实践中，对以下证言的相关性要慎重对待：一是品格证据，即证人提供的关于当事人，尤其是犯罪嫌疑人和被告人的品格的相关证言。例如，在强奸案件中，证人陈述犯罪嫌疑人是一个生活作风不正的人；在借贷纠纷的民事诉讼中，证人提供被告一贯为人不讲信用。二是相似事实证据，即指与本案待证事实相类似的其他案外事实被提出，用以证明某个特定对象的证据。例如，在张三涉嫌强奸李四的案件中，证人提供了张三于10年前强奸王五的陈述；在借贷纠纷的民事诉讼中，证人陈述被告曾经向其借钱不还。对于品格证据和相似事实证据的证明力问题，我国法律并无明确规定，但如果依据“客观必然联系”的标准来进行判断，品格证据和相似事实证据与案件事实是没有客观必然联系的，因而不具有法律意义上的相关性，不能作为定案的依据。

案例辅读

林肯是美国历史上颇有作为的一位总统。他在担任总统之前，当过一段时间的律师。一次，林肯得知他青年时代的好友、已经去世的老阿姆斯特朗的儿子小阿姆斯特朗被人诬告图财害命，并且已被法庭判定有罪。出于对老阿姆斯特朗的友情，林肯决定以小阿姆斯特朗律师的身份提请复审。林肯首先查阅了法院的全部卷宗，然后又到案发现场进行了实地勘查。林肯发现法庭据以定罪的主要证据是虚假的。本案的关键证人名叫福尔逊，他在陪审团面前发誓说：1857年10月18日夜11时，他曾亲眼看见小阿姆斯特朗和一个名叫梅茨克的人殴斗，当时皓月当空，月光下他看见小阿姆斯特朗用枪击毙了梅茨克。按照美国法庭的惯例，林肯作为被告的辩护律师与原告的证人福尔逊进行了对质：

林肯：你发誓你看见的是被告？

福尔逊：是的。

林肯：你在草堆后面，被告在大树下，相距二三十米，能看清吗？

福尔逊：看得很清楚。因为月光很亮。

林肯：你肯定不是从衣着等方面辨认的？

福尔逊：我肯定看清了他的脸，当时月光正照在他脸上。

林肯：你能肯定是晚上11点吗？

福尔逊：完全可以肯定。因为我回屋看了时钟，那时是11点15分。

林肯：你担保你说的完全是事实吗？

福尔逊：我可以发誓，我说的完全是事实。

林肯（对众人）：我不能不告诉大家，这个证人是一个彻头彻尾的骗子。

接着林肯出示了美国的历书，证明：10月18日午夜前3分钟，即当晚10点57分，月亮已经落下看不见了。这个铁的事实已明白无疑地说明福尔逊是在说谎。林肯依此作了激动人心的辩护："证人发誓说他于10月18日晚11点钟在月光下看清了被告阿姆斯特朗的脸，但历书已证明那天晚上是上弦月，11点钟月亮已经下山了，哪来的月光？退一步说，就算证人记不清时间，假定稍有提前，月亮还在西边，而草堆在东，大树在西，月光从西边照过来，被告脸向西，证人根本看不到被告的脸；如果被告脸朝草堆，即向东，那么即使有月光，也只能照着他的后脑勺，证人怎么能看到月光照在被告脸上，而且能从二三十米的草堆处看清被告的脸呢？"

福尔逊在这无懈可击的辩驳面前，灰溜溜地败下阵来，在众人的咒骂声中，承认是被人收买来陷害被告的，小阿姆斯特朗被当庭释放。

第十二章

被害人陈述

兼听则明，偏听则暗。

——《新唐书·魏征传》

第一节 被害人陈述概述

一、被害人陈述的概念和意义

（一）被害人陈述的概念

被害人陈述，是指受犯罪行为直接侵害的人，就其所遭受的侵害事实和其他案件情况向法定主体所作的陈述。由于被害人是刑事诉讼中对一方当事人特有的法律称谓，因此被害人陈述是刑事诉讼中特有的证据种类。应该从以下几个方面来把握被害人陈述的概念：

1. 陈述的主体

被害人，即刑事被害人，是指合法权益直接遭受犯罪行为侵害的人。关于被害人，需要明确以下问题：第一，"被害人"是刑事诉讼中特定的法律概念，不同于日常生活中所说的受害人。刑事诉讼中的被害人是人身、财产或其他合法权益遭受犯罪行为直接侵害的人，不包括受犯罪行为间接侵害的人。比如，伤害案件中，死伤者的家人也受到了犯罪行为的伤害，但这种侵害是间接而非直接的，因此他们并不是被害人。第二，与证人不同的是，被害人既可以是自然人，也可以是单位。任何受犯罪行为直接侵害的人，不分性别、年龄、智力、身份、行为能力等都可以成为被害人。第三，被害人的身份具有不可替代性。被害人的身份不因其死亡或其他原因而被取代。

2. 陈述的指向

被害人陈述仅指被害人向法定取证主体所作的陈述，而不包括被害人向其他人所作的陈述。在我国，有权收集被害人陈述的主体包括侦查、检察和审判机关的办案人员和代理律师。

3. 陈述的内容

被害人陈述的内容必须与案件事实有客观、实质的联系，其内容主要包括被害人受犯罪行为侵害的事实和其他能证明犯罪的时间、地点、起因、经过、结果等案件情况的事实。被害人提出的严惩犯罪行为人的要求和附带民事诉讼的请求，属于诉讼请求，而非证据。

4. 陈述的形式

被害人陈述既包括口头陈述，也包括书面陈述。口头陈述是被害人向办案人员或律师就案件情况进行口头陈述，由记录人员对其陈述内容以询问笔录的形式进行记录。书面陈述是被害人以递交书面材料的形式向办案人员或律师陈述其所了解的案件情况。实践中，被害人多以口头陈述的方式提供证言。因此，做好询问和记录是收集被害人陈述的关键环节。

5. 被害人陈述与证人证言的区别

从广义上讲，被害人实质上属于证人的一种。从世界各国来看，目前只有中、俄两国的刑事诉讼法明确将被害人陈述从证人证言中独立出来，作出细致区分，① 其他国家多将被害人陈述归入证人证言中。被害人陈述在内容、形式和功能等方面与证人证言有相似之处，但由于被害人在刑事诉讼中具有当事人的特殊身份和地位，所以我国法律将被害人陈述单独规定为一种证据形式。

（二）被害人陈述的意义

被害人是案件的主要知情人，大多数情况下，除了犯罪行为人外，被害人是对案件情况了解最全面和最详细的人。因此，被害人陈述对于发现案件线索，查明案件事实，收集犯罪证据，印证其他证据，证实犯罪具有不可替代的重要意义。

1. 被害人陈述是案件线索的主要来源，有利于迅速发现犯罪，收集其他犯罪证据，提高诉讼效率

首先，被害人在遭受犯罪行为侵害后进行报案、控告，是司法机关发现案件线索的主要渠道，是犯罪行为进入刑事诉讼的起点。其次，被害人向司法机关所做的关于犯罪事实和犯罪行为人的直接陈述，有利于迅速地发现和收集其他犯罪证据，查获犯罪行为人，进而提高诉讼效率。

---

① 欧卫安：《被害人陈述与证人证言区别论》，载《河北法学》2009 年第 1 期。

2. 被害人陈述往往能证明案件主要事实，直接提示犯罪行为人，具有较高的证明价值

被害人的人身或财产权益直接遭受犯罪行为的侵害，不少被害人亲身经历了犯罪过程，或多或少接触过犯罪行为人，尤其是在强奸、抢劫、诈骗、伤害、杀人等案件中，被害人与作案人有过较长时间的接触，所以被害人陈述不仅能直接揭示和证明“犯罪事实是否存在，谁实施犯罪，如何实施犯罪”等主要案件事实，而且能全面详细反映犯罪的起因、经过和结果、犯罪行为人的体貌特征、行为特征、身份特征等重要线索和关键信息，其中包括一些通过其他方式无法发现和收集到的犯罪过程和犯罪行为人的隐秘信息，如犯罪行为人实施犯罪过程中所暴露出的个人癖好、在隐蔽部位留下的痕迹物证、犯罪行为人身体隐秘部位的胎记、疤、痣、生理缺陷等特征，为查明案件事实提供了重要的线索和依据。因此，被害人陈述往往可以作为证实犯罪的直接、关键证据，具有较高的证明价值。

3. 被害人陈述是审核其他证据的重要依据

由于被害人对犯罪发生的前因后果，犯罪过程和细节，犯罪行为人信息等情况了解较全面、详细，且记忆深刻。因此，通过被害人陈述，可以审查判断其他证据，尤其是犯罪嫌疑人、被告人供述和辩解的真伪。

二、被害人陈述的特点

如前所述，被害人陈述与证人证言有诸多的相似性，它们都具有言词证据的证明优势，即对案件事实描述生动、具体、形象，大多能直接证明案件主要事实，但同时也存在言词证据的劣势，即易受陈述主体的作证能力、心理倾向、感知案件事实的条件，询问程序和方法的规范性、询问技巧等多种主客观因素的影响而具有失真风险。此外，由于被害人具有案件当事人的特殊身份，较之证人证言，被害人陈述具有更直接、更强的证明力，但同时也具有更大的主观性和虚假性风险。

（一）证明的直接性

由于被害人是除犯罪行为人以外，对案件情况了解最全面细致、深入具体的人，被害人陈述往往能直接回答案件中“是谁、为什么、怎么样”等关键性问题，揭露犯罪时间、地点、起因、经过、手段、结果及犯罪行为人特征等主要案件事实，因此大多可作为直接证据，具有较高的证明价值。

（二）较高的主观性和虚假性风险

首先，被害人陈述属于言词证据，与证人证言一样，其形成包括感知、记忆、陈述三个阶段，在这个复杂的过程中，被害人的感知能力、记忆能力、表达

能力等主观因素和感知时的客观条件、记忆时间、办案人员的询问方法策略、被害人陈述时的环境条件等客观因素都会影响被害人陈述的客观性。其次，由于被害人在案件中的当事人身份及各种复杂情况，导致被害人陈述失实或虚假的可能性大于证人证言，具体表现为：其一，被害人由于遭受了犯罪行为的侵害，对犯罪行为人的报复心理和求偿心理促使其在陈述时，往往会夸大犯罪事实和受侵害程度。其二，有些人为了保护加害人，故意隐瞒或缩小犯罪事实，有意包庇犯罪行为人。其三，有的被害人在犯罪中具有一定的过错，为了隐瞒或推脱自己的过错，陈述中会故意隐藏或歪曲事实真相。其四，虚假报案。有人为了报复陷害或其他目的，捏造犯罪事实陷害他人，或将甲的犯罪行为转嫁到乙身上；有的人为了掩盖某些于己不利的事实真相，或虚构犯罪事实，如将钱花光后，担心家人责备，谎称被盗或被抢；或歪曲事件性质，如将通奸说成强奸。甚至有的人为掩盖之前的犯罪事实，实施新的犯罪，如杀人后，为了毁尸灭迹，放火烧了自己的房子，等等。诸如此类情况的“被害人”并非真实的被害人，其陈述必然是虚假的。

（三）一定的易变性

如上文所述，实践中，被害人的情况较为复杂，其陈述的心理具有复杂性和不稳定性，具体表现为，有的被害人一开始由于害怕受到打击报复，顾虑自己的名誉、掩盖自己在犯罪中的过错等原因，会全部或部分隐瞒犯罪事实；有的被害人为了陷害他人，或使犯罪行为人受到更严厉惩罚，会故意虚构或夸大犯罪事实。上述情况会随着侦查的深入，在办案人员对被害人的鼓励、教育下发生逆转，即被害人会作出与之前不同甚或完全相反的陈述。此外，有的被害人一开始如实陈述，但在诉讼的过程中受到犯罪嫌疑、被告人及其家属的威胁、收买，或基于社会舆论的压力，也可能会改变先前的陈述。因此，在整个诉讼过程中，被害人陈述具有一定的易变性。

综上所述，被害人陈述一方面具证明作用直接、证明力强的优势；另一方面又具有较高的虚假性风险和不稳定性。因此，针对被害人陈述的特点，办案人员既要重视它的证明价值，及时全面取证，充分发挥其证明优势，同时又要在证据的收集、审查判断和运用上多下功夫，持谨慎态度，防止失实或虚假的被害人陈述作为定案证据，造成冤假错案。

第二节 被害人陈述的收集

《刑事诉讼法》第 127 条规定，询问被害人，适用询问证人的各条规定。据此，被害人陈述和证人证言的收集程序和方法大致相同，但基于被害人在诉讼中的特殊身份和地位，对被害人陈述的取证应更加注意和谨慎。办案人员询问被害人并制作规范的询问笔录是收集被害人陈述的主要方法。特殊情况下，被害人也可以自书证词，交由办案人员。

一、询问被害人

（一）询问主体及参与人

在我国，有权询问被害人并获取证据的主体有承办案件的侦查人员、检察人员和审判人员。此外，根据《刑事诉讼法》第43条第2款的规定，辩护律师经人民检察院或人民法院许可，并且经被害人或者其近亲属、被害人提供的证人同意，可以向他们收集与本案有关的材料。对被害人询问人员不得少于二人。在询问几类特殊的被害人时，除询问人员以外，还特别要求以下人员参加：询问不通晓当地语言文字的被害人，应当为其提供翻译；询问聋、哑人，应当为其提供通晓聋、哑手势的人员；询问未成年被害人，办案人员应当通知其法定代理人到场，如果无法通知、法定代理人不能到场或法定代理人是加害人的，也可通知被害人的其他成年亲属，所在学校、单位、居住地基层组织或未成年人保护组织的代表到场。特殊情况下不能到场的，应将有关情况记录在案；询问未成年女性被害人，应当有女工作人员在场；对强奸等涉及隐私案件的成年女性被害人，最好由女性办案人员询问。

（二）询问的时间和地点

1. 询问时间

关于被害人的询问时间，法律并未作明确规定。但在实践中，选择询问时间应从以下几个方面来考虑：一是保障被害人得到及时的救治。案件发生后，有的被害人身体受到伤害，甚至面临生命危险。在询问前，一定要保证被害人得到及时的救治，绝对不能因为询问而耽误了被害人的救治时间。当然，在条件允许的情况下，救治的同时及时询问，能在第一时间获得犯罪信息和侦查线索，尤其是一些生命垂危的被害人，其临终陈述可能是证实案件事实极为关键的证据。二是充分保障取证的及时性。及时原则是收集证据的重要原则，对收集被害人陈述尤为重要，其原因在于，案件发生后，被害人对案件信息的记忆比较深刻，被害人受他人胁迫、利诱而作伪证的可能性较小，此时若能及时询问，获得的陈述会比较全面客观。相反，案发后，如果没有及时询问，被害人对案件信息的记忆会随着时间的推移而减少甚至消失。同时，被害人受到胁迫、利诱和其他因素影响的可能性加大，对取证工作极为不利，尤其是在伤害、杀人等被害人身体遭受严重伤害而面临生命危险的案件中，被害人的临终遗言往往直指犯罪行为人，成为发现犯罪嫌疑人最重要的线索和揭露犯罪事实最直接关键的证据，及时询问临终被害人，对迅速破案具有十分重大的意义。因此，除被害人身体情况不允许立即询问的情况外，询问被害人的时间距离案发越早越好。

2. 询问地点

根据《刑事诉讼法》第124条第1款和第127条的规定，询问被害人的地点包括：犯罪现场；被害人所在单位、住处；被害人提出的地点；人民检察院或公安机关。在现场询问，应当出示工作证件；到被害人所在单位、住处或被害人提出的地点询问，应当出示人民检察院或公安机关的证明文件。根据《律师法》第35条第2款的规定，辩护律师询问时，应持律师执业证书和律师事务所证明。在具体选择询问地点时，要遵循有利于取证和保护被害人的原则。

（三）询问前的告知

权利义务告知是询问必经的法定程序，它既可以充分保障被害人权利，打消其思想顾虑，勇敢作证，又可以防止被害人作伪证或隐匿证据。

1. 告知的内容

（1）告知如实作证的义务。根据《刑事诉讼法》第125条和第127条的规定，询问被害人之前，应当告知他应当如实提供证据、证言和有意伪证或隐藏罪证要负的法律责任。

（2）告知其享有的权利。被害人享有与作证相关的权利包括：申请侦查人员、检察人员、审判人员、书记员和翻译人员回避的权利；使用本民族语言文字提供证言的权利；本人及近亲属的安全受法律保护的权利；要求司法机关对其个人信息和住宅采取有效保护措施的权利；不受威胁、引诱、欺骗而作证的权利；对询问人员侵犯自己的诉讼权利和人身侮辱的行为提出控告的权利；等等。

2. 告知的方式

对被害人义务的告知，可以采取口头告知与书面告知相结合的方法。询问人员向被害人宣读权利义务告知书，或将权利义务告知书交由被害人阅读，并签字确认。

（四）询问的原则和方法

1. 个别询问

个别询问是询问被害人的重要原则，是指对同一案件的多个被害人，不能同时询问，一定要分别单独询问。其目的是防止多个被害人之间相互干扰，影响被害人陈述的客观性。

2. 充分保证被害人自由陈述，客观作证

被害人陈述的客观性在很大程度上取决于被害人能否根据自己对案件事实的

了解，自由地陈述，不受任何外界因素的干扰，其陈述完全是依据自己对案件的感知、记忆而作出。为此，询问人员应保证被害人有充分自由陈述的条件。一是在首次询问时，了解清被害人的基本情况后，应让被害人就案件事实情况进行完整的陈述，在这个过程中，询问人员尽量不打断其陈述，以便被害人对案情的回忆，同时有利于发现被害人陈述中的矛盾和问题；二是询问人员不得通过任何明示或暗示的方式，以威胁、引诱或欺骗等非法方法询问被害人，使被害人作出违心的陈述。

（五）被害人陈述的固定

1. 制作询问笔录

被害人陈述的主要固定方式是制作询问笔录，做好询问笔录十分关键。笔录要求形式规范，内容完整，能客观全面地反映整个询问过程的法律程序及问答内容。询问笔录一般包括首部、正文和尾部三个部分。首部主要是格式化的内容，如果使用制式笔录纸，则按要求填上内容即可。如果使用普通笔录纸，则需写明：询问时间，要求写明开始到结束的时间，要具体到年、月、日、时、分；询问地点；询问人的姓名、工作单位、职务；询问对象的姓名、性别、年龄、职业、住址、工作单位和联系方式等基本情况。如果询问中还有翻译、被害人法定代理人等在场，还应把他们的基本情况写清楚。正文部分一般以问答方式记录，主要记录被害人所述的涉及案件的有关情况。笔录要如实、完整地记录被害人的陈述，要尽量使用陈述人的原话，反映陈述人的原意，切不可按询问人员或记录人员的主观判断对被害人陈述进行取舍。尾部要记录被害人对笔录的确认情况，被害人签名、盖章或捺指印，询问人签字，注明询问日期。

询问笔录要交被害人阅读核对，对于没有阅读能力的，应当向他宣读。被害人对记载有遗漏或错误的地方，可以提出补正。被害人确认笔录没有错误后，应当签名、盖章或捺指印。笔录每一页上都要签名，并捺指印，被害人对补正过的地方也要捺上指印。笔录每页之间应盖上骑缝章或捺指印。

2. 书写亲笔证词

根据《刑事诉讼法》第122条、第126条、第127条之规定，被害人要求亲笔书写证词的，应当准许。必要时，询问人员可要求被害人亲笔书写证词。实践中，如果被害人口头陈述有困难，且具备书写能力的，询问人员可要求被害人书写证词。亲笔证词的格式与要求与询问笔录大致相同。司法人员在收到亲笔证词时，要在第一页的右上方签名，注明收到的日期和时间。

3. 在询问和制作笔录的同时，进行录音或录像

在对重大案件的被害人进行询问时，还可进行同步的录音录像。询问时同步录音录像，既可以更加全面客观地记录被害人陈述，又可以对询问的合法性进行

有效的证明，是现代技术手段运用于取证的具体体现。

二、收集被害人陈述时应注意的问题

（一）询问被害人的同时，注意收集和固定其他证据

大多数被害人陈述可作为直接证据，证明案件主要事实和犯罪行为人。同时，询问被害人也是发现其他犯罪线索和证据的主要途径。因此，在询问被害人时，要客观全面、深入细致，要善于发现被害人陈述中的蛛丝马迹，有时被害人的“无心”陈述，表面上与案件无关，实则可能是破案的重要线索或案件的关键证据，如证明被害人品格、精神状态的证据，被害人与被告人关系的证据，犯罪客观环境条件证据等。此外，通过被害人陈述所反映出的其他证据，要及时予以收集和固定。如对由被害人陈述而暴露出的物证、书证要及时提取固定；被害人描述了犯罪嫌疑人的特征后，要及时组织辨认，形成辨认笔录；被害人陈述的案件中的专门性问题，要及时进行司法检验，形成鉴定意见；被害人陈述的犯罪有关地点及物品，要及时组织勘验和检查，形成笔录；等等。被害人陈述是言词证据，带有较强的主观性和易变性，如果不注意收集固定其他证据，尤其是实物证据，则当被害人否认先前的证言时，办案人员就会束手无策。

（二）针对具体情况，采用合适的询问策略

实践中，被害人的情况是十分复杂的，具体体现在：一是被害人的性别、年龄、性格、文化程度、民族等存在差异。二是被害人和犯罪行为人的关系有差异，表现为：有的与犯罪行为人互不认识；有的刚刚搭识；有的相互认识，甚至还十分熟悉等。三是根据被害人在犯罪形成过程中有无过错，被害人又可分为有过错被害人和无过错被害人。四是被害人遭受犯罪行为所侵犯的权利和程度有差异，有的是人身权利受侵害，有的是财产权受侵害，有的受害程度重，有的受害程度轻。总之，不同的被害人，其感知能力、记忆能力、陈述能力、心理特点、作证动机等方面，都会表现出差异性。有的积极主动，有的消极被动；有的实话实说，有的谎话连篇；有的干脆坦荡，有的躲躲闪闪；等等。因此，只有针对不同的被害人，在遵守询问的法律规范的前提下，采取不同的询问方式，注重询问的策略，才能取得良好的询问效果。比如，当被害人刚刚遭遇犯罪行为侵害后，应先采取恰当的方式进行安抚，待其情绪平稳后再询问。对未成年被害人，在不违反法律规定的前提下，尽量设置宽松的环境对其询问，采用适合其心理特点的询问方式。

（三）尊重被害人，充分保障被害人权利

2012 年修改后的《刑事诉讼法》在尊重和保障人权，尤其是对犯罪嫌疑人

和被告人权利保护方面有了很大的进步。然而，我们在强调保护犯罪嫌疑人和被告人权利的同时，作为案件的一方当事人，遭受犯罪行为直接侵害的被害人权利理应受到法律的充分保护，特别是在公诉案件中，国家行使对犯罪行为的追诉权，被害人在此过程中，似乎扮演一个调查“协助者”的角色，其权利并没有受到充分的重视。尊重和保障被害人的权利既是法律的要求，又是顺利取证的需要。只有充分尊重被害人，充分保障其权益，才能最大限度地打消被害人的思想顾虑，取得其积极配合。为此，在询问被害人的过程中，除不能使用法律禁止的威胁、引诱、欺骗等手段外，还要充分保障被害人应该享有的权利，尤其是对于未成年、聋、哑、不通晓当地语言文字等特殊的被害人，一定要依法提供特殊条件，以保证其陈述的客观性。对于强奸等阴私案件和其他涉及被害人隐私的案件，一定要严格保护被害人隐私权。

第三节　被害人陈述的审查判断

被害人陈述，大多数能直接证明案件主要事实，是控诉证据的主要组成部分，其证明价值不容忽视，但同时，办案人员也应充分认识到被害人陈述的主观性、不稳定性和虚假的较高风险性，故而，在运用被害人陈述作为定案的依据之前，一定要对其进行认真细致的审查。由于被害人陈述与证人证言在特点、形成过程、取证方式等方面具有很大的相似性，因此对证人证言审查的方式方法多适用于对被害陈述的审查，但由于被害人是案件的当事人，与案件的直接利害关系使得其陈述较之证人证言更为复杂，虚实混杂特征更为突出，主观性更强，虚假的风险更高，尤其在部分案件中，犯罪主要事实只有被害人和作案人知晓，缺乏其他直接证据，或只有部分无法形成完整证据链条的间接证据，且犯罪嫌疑人和被害人双方对案件主要事实各执一词，描述大相径庭，出现了所谓的“一对一”证据情况。上述原因增加了使用被害人陈述作为定案依据的风险，也因此加大了对其审查的难度。

与其他证据一样，对被害人陈述的审查主要从客观性、相关性和合法性三个方面进行审查。一般情况下，被害人陈述与待证事实的关联性比较明显，审查起来相对简单。由于被害人陈述的易失实性和不稳定性，审查的重点应放在对真实可靠性的审查上。同时，合法性是证据的基本法律属性，也是证据客观性的保障，理应成为审查的重点。陈述主体、陈述的形成、取证程序和方法是影响被害人陈述客观真实性的主要因素，因此也是审查被害人陈述的重点。

一、审查被害人

（一）审查被害人的作证能力

被害人的作证能力主要包括被害人对案件事实的感知、记忆和陈述能力。审查被害人作证能力应从审查被害人作证时的年龄、认知、记忆和表达能力，生理和精神状态是否影响作证等方面进行。实践中，对以下几类被害人陈述，尤其要强调对被害人作证能力的审查：一是在诸如强奸、抢劫等侵犯人身权利的恶性案件中，被害人由于受到犯罪侵害会过分紧张、恐惧而影响其正常的思辨能力，并产生错觉或幻觉。在对此类被害人陈述进行审查判断时，要特别审查其作证时的情绪及心理状态是否正常。二是对未成年被害人，尤其是儿童被害人陈述，要重点审查被害人的陈述与其年龄、智力、分辨能力和表达能力是否相符，防止未成年人被成人指使而作虚假陈述。三是对生理上、精神上有缺陷的被害人陈述，要重点审查其生理、精神缺陷对其客观作证有无实质影响及产生多大程度影响，以判断被害人陈述的可靠性。根据《刑诉法解释》第 143 条的规定，对生理上、精神上有缺陷，对案件事实的认知和表达存在一定困难，但尚未丧失正确认知、表达能力的被害人所作的陈述，应当慎重使用，有其他证据印证的，可以采信。

（二）审查被害人与犯罪嫌疑人、被告人的关系

实践中，被害人的情况比较复杂，其陈述也具有复杂性。有的人为达到诬告陷害的目的，捏造犯罪事实，如告某人强奸；有的人为了掩盖自己的过错，推脱责任，虚构犯罪事实，如将通奸说成强奸，将自愿说成被迫；有的故意夸大犯罪事实和受侵害程度，想加重犯罪嫌疑人的罪责；有的或隐瞒真相，缩小犯罪事实，想为犯罪嫌疑人开脱罪责；等等。因此，审查被害人与犯罪嫌疑人、被告人之间的关系，有助于判断被害人陈述的真伪。一般而言，如果被害人与犯罪嫌疑人、被告人不相识或关系正常，则被害人故意捏造事实、提供虚假陈述的可能性较小；如果被害人与犯罪嫌疑人、被告人有仇怨关系或其他不正常关系，则作虚假陈述的可能性较大。

（三）审查被害人日常思想品质、生活作风和行为表现

某人一贯的思想品质、生活作风和行为表现等“德行”或“品格”虽然不能成为定案的证据，与某人特定的行为之间也不具有必然联系，但可以成为判断特定言行可靠性的参考。例如，说谎成性的人，与一贯诚实的人相比，前者陈述真实的可能性将受到更多的质疑；又如，一个生活作风不检点，甚至平常就与某人有不正当关系的人，在对某人作出强奸指控时，其陈述的真实性也应受到更多的关注。但需要强调的是，被害人的日常品格、言行与陈述的真实性并没有必然联系，办案人员切不可犯经验主义错误，以被害人的日常品格、言行来定论被害

人陈述的真实性，而需要结合案情和案件其他证据进行客观的审查判断。

二、审查被害人陈述的来源和形成过程

被害人陈述的来源与形成过程也是影响其客观真实性的重要因素。同审查证人证言一样，一要审查被害人陈述是来源于其亲身感知还是听人转述，或是主观猜测、臆想；二要审查被害人感知犯罪事实时的时间、地点、距离、光线等客观环境条件；三要审查感知时间距离作证时间的长短。总之，要根据被害人陈述来源及形成过程中影响其陈述客观性的因素有无及其影响大小来分析判断其陈述的真实性。

三、审查被害人陈述的内容

（一）审查被害人陈述的合理性

如前文所述，由于种种原因，被害人陈述虚假或失实的可能性大于证人证言，主要表现为：故意夸大或缩小犯罪事实其及危害程度；故意制造犯罪事实或隐瞒犯罪事实；无意歪曲了犯罪事实；等等。无论哪种表现形式的虚假陈述，都具有一个共同的特点，就是与特定事实的发生、发展规律相违背，即日常所说的“不合情理”。事物的客观规律是绝不会以人的主观意志为转移的，即使被害人故意编造谎言隐瞒、歪曲犯罪事实，只要用客观规律进行检验，就能发现其中的矛盾和漏洞。在虚构犯罪事实以达到诬告陷害的案件中，所谓“被害人”的陈述不合情理的特点尤其明显。例如，某被害人报案称被盗了，“现场”翻动很大，但除了被害人自己的指纹足迹外，没有发现任何可疑的痕迹；被害人报称被盗现金5万元，但存放在明显位置的黄金首饰却没有被拿走，以上陈述显然是违背客观规律，不合情理的。经过办案人员对被害人做细致的工作，她才承认，是因为自己私自把钱花光了，怕家人责备，所以才报了假案。又如，某人报案称自己被强奸了，但其陈述“案发时间在大白天，案发地点是人流量较大的道路边，受害时她进行了激烈的反抗和大声呼救……”但办案人员并没有发现案件知情人，且报案人的衣物没有被撕扯的痕迹，身体上也没有明显伤痕，显然报案人所作的陈述有违常理，真实性较低。

（二）审查被害人前后陈述的稳定性

一般来说，被害人对自己遭受犯罪行为侵害的事实感受深刻，前后多次陈述应较为稳定。因此，如果被害人对同一案件事实前后多次陈述较为稳定一致（并非毫无差异），则可信度较高。实践中，由于种种原因，诉讼过程中被害人陈述会出现前后不一致、反复或自相矛盾的情况，即“翻证”。当遇到此种问题时，办案人员应认真分析查找其中原因，看是属于被害人记忆差错等无心之失，

还是受人威胁或另有所图而故意为之，以判断被害人陈述的真实可靠性。

（三）审查被害人陈述是否与其他证据相互印证

客观存在的犯罪行为，对客观世界的影响会以不同的角度呈现出来，并因此产生形式各异，却能相互印证的多种证据。任何证据无法自证其真实性，需要其他证据的佐证。由于被害人身份的特殊性，其陈述真假混杂，虚实难辨，因此要慎重对待，不能仅听被害人一面之词，就妄下定论，尤其对强奸案件被害人、“一对一”案件中的被害人及儿童、智障、精神病被害人陈述的审查，为防止由于诬告陷害、受人指使、被害妄想等原因而产生虚假陈述，办案人员一定要找到相应的其他证据，特别是实物证据对被害人陈述进行佐证，才能确定其真实性。例如，某被害人称被其姐夫在家中强奸，但侦查人员及时对其报称的“强奸现场”进行仔细的勘查，对其身体进行专业的检查，却没有发现任何与强奸有关的物证。经进一步调查，发现此女有精神疾病，经常出现被害妄想。

需要强调的是，即使证人证言，甚或口供与被害人陈述相互印证，协调一致，被害人陈述仍具有虚假的可能性，不能据此定案，基于言词证据主观性和易失实性强的特点，被害人陈述要与案件其他实物证据相互印证，协调一致，其真实性才能被肯定，才能作为定案的依据。因为实践中由于串证、刑讯逼供等行为的客观存在，仅凭相互印证的陈述类言词证据定案是十分危险的。

（四）审查被害人陈述与其他证据是否存在矛盾

被害人对案件事实客观真实的陈述，既与案件发生、发展的客观规律相符，也应与案件的其他证据相符，协调一致，共同指向待证事实。当发现被害人陈述与案件其他证据，尤其是实物证据不相符或相互矛盾时，应进一步分析并查找不符或矛盾的根源，判断是本质的矛盾还是非本质的矛盾。能得到合理解释的矛盾属于非本质矛盾，反之，则属于本质矛盾。例如，某强奸案件被害人描述犯罪行为人是“斗鸡眼”，而犯罪行为人归案后，经查证并非“斗鸡眼”。办案人员经过进一步查证后得知，案发时，犯罪行为人用手电筒照射被害人的眼睛，在强光的作用下，加之被害人异常紧张害怕，便将犯罪行为人的眼睛看成了“斗鸡眼”。此种矛盾能得到合理解释，并不属于本质矛盾。如果被害人陈述与其他证据协调一致或非本质矛盾能够得到合理排除，则被害人陈述是真实可靠的；如果被害人陈述和其他证据之间存在本质矛盾，则应进一步查证孰真孰假。

四、审查取证的程序、方法和询问笔录

合法规范的取证程序及方法既是证据合法性的体现，也是证据真实性的保障。询问和制作笔录是收集和固定被害人陈述的主要程序和方法，因而要重点审查询问的程序是否符合法律规定，有无使用威胁、引诱等法律禁止性方法，取证

过程中是否存在影响被害人真实陈述的其他因素，笔录的制作是否规范、要件是否完备，等等。

综上所述，对于被害人陈述的证据能力和证明力审查，除从被害人本身、陈述的来源和形成、取证程序方法、笔录等方面进行审查外，还应该将被害人陈述与其他证据进行比较，以判断其客观真实性。对作为定案依据的被害人陈述，除庭前审查判断外，要充分重视当庭审查。根据《刑诉法解释》第 91 条之规定，证人当庭作出的证言，经控辩双方质证、法庭查证属实的，应当作为定案的依据。证人当庭作出的证言与其庭前证言相矛盾，证人能够作出合理解释，并有相关证据印证的，应当采信其庭审证言；不能作出合理解释，而其庭前证言有相关证据印证的，可以采信其庭前证言。经人民法院通知，证人没有正当理由拒绝出庭或出庭后拒绝作证，法庭对其证言的真实性无法确认的，该证人证言不得作为定案的根据。

案例辅读

黑龙江张某某"强奸案"

张某某是哈尔滨南岗分局芦家派出所的管片民警，于 1995 年与片区内门面房女老板郭某某发生过冲突。5 月 31 日，郭某某到哈尔滨市公安局南岗分局控告张某某，说他在 1995 年 3 月至 5 月 3 次强奸了她。当晚张某某被刑事拘留。哈尔滨市公安局纪检委专门组成专案组负责审查张某某。

南岗公安分局报请南岗人民检察院批捕成功，涉嫌罪名是强奸罪，主要证据是被害人郭某某的陈述和儿子女友李某的证言。1995 年 11 月至 1997 年 2 月 6 日，哈尔滨市公安局多次将预审卷移交市人民检察院提请公诉，并在原来"强奸罪"的基础上新加了"流氓罪"，但都被退了回去。直到市人民检察院决定"张某某案因事实不清，证据不足，不提起公诉"，张某某于 1997 年 2 月被释放时，已经在看守所羁押了 671 天。

张某某在释放的当月，分别向南岗公安分局和南岗区人民检察院递交了赔偿申请书，要求对他的错误刑事拘留予以赔偿。上告成为张某某二次被捕的直接原因，它被理解为与第一次事件的相关领导直接对抗。当时公检法 3 个部门召开的协调会，专门讨论张某某的上访问题。1998 年 2 月 16 日，张某某第二次被抓进了看守所。

1998 年 10 月 26 日，南岗区人民法院作出判决，宣告张某某犯有强奸罪，判处其有期徒刑10年，剥夺政治权利两年。对此判决，张某某当庭提出上诉。哈尔滨市中级人民法院的合议庭3名法官意见一致——张某某无罪。然而，审判委员会否认了合议庭的意见，这个案子是“上面带着指标下来的，说了必须要定住”。1999年4月22日，哈尔滨市中级人民法院驳回上诉，维持原判。

张某某及其家人在张某某服刑期间通过多种渠道进行申诉。2001年7月，最高人民法院指示黑龙江高级人民法院对此立案审理。2004年5月12日，黑龙江省高级人民法院作出再审决定书，认为原判事实不清，证据不足，指令哈尔滨市中级人民法院另行组成合议庭对本案进行再审。2004年8月26日，哈尔滨市中级人民法院作出刑事裁定书两次维持原判。

2005年7月18日，黑龙江省高级人民法院对张某某一案再次发出再审决定书，决定进行提审，同年11月29日开庭审理此案。2006年12月1日，黑龙江省高级人民法院作出刑事判决书，认为被害人郭某某证实张某某几次对其实施强奸的陈述不够稳定，既有本身不一致的地方，又有与证人李某证言矛盾之处，李某的证言也是如此，且被告人张某某始终不供认强奸郭某某，因而原裁定事实不清、证据不足。2006年12月18日，黑龙江省高级人民法院宣判张某某无罪。

第十三章

民事、行政诉讼当事人陈述

孔子说："听讼，吾犹人也。"这句话要注意了，真正的意思是不要有主观，听原告的话时，自己就站在原告的立场。听被告的话时，自己就站在被告的立场。以现在哲学的观念，这才是绝对的客观。然后再来判断是非。但是我们往往最容易犯的错误，是自己先有成见，所以要为任何一个人设身处地。"必也，使无讼乎！"为什么要做到那么客观，因为我们判断是非的人，最主要的目的，是使大家没有纷争，都能心气平和，心安理得，合理地得到解决。①

——南怀瑾《论语别裁》

第一节　当事人陈述概述

一、当事人陈述的概念和意义

（一）当事人陈述的概念

当事人陈述，是指民事、行政诉讼的当事人就与案件有关的事实情况向人民法院所作的陈述。本章所讲的当事人，是指民事诉讼中的当事人和行政诉讼中的当事人（以下简称当事人），包括民事诉讼和行政诉讼的原告、被告和第三人，不包括刑事诉讼中的被害人、犯罪嫌疑人和被告人。

当事人陈述的内容多种多样，不仅包括对案件事实的认识陈述，还包括关于诉讼请求的说明和案件处理方式的意见，关于诉讼中其他与案件有关事实认定、

① 子曰："听讼，吾犹人也。必也，使无讼乎！"出自《论语·颜渊》。

证据采用、法律适用的意见等。并非当事人所有的陈述都属于证据的范围，只有当事人对案件事实的陈述才能构成证据，这包含涉及实体法律关系的各种事实、民事纠纷或行政纠纷的发展经过以及其他对查明案件真相有意义的事实陈述。它是原告、被告和第三人基于其对案件事实的感知和认识所做出的，反映了案件事实的面貌。至于当事人其他的陈述则属于法律层面的问题，不能作为认定案件事实的根据，不能归为证据层面的民事、行政诉讼当事人陈述。

（二）当事人陈述的意义

当事人是诉讼程序的发动者和重要参与者，又是案件的亲身经历者，最熟悉案件真实情况，所以，当事人关于案件事实的客观陈述是法院正确认定案件事实的重要证据来源之一。当事人陈述是民事诉讼和行政诉讼中重要的法定证据，其重要意义在于：

1. 有利于迅速查明案件事实，提高诉讼效率

当事人是民事纠纷和行政案件的直接利害关系人，且大多数对诉讼争议事实的起因、经过和结果有全面、深入、细致的了解，其陈述能直截了当地证明案件事实。此外，当事人基于自己利益的考虑，能积极主动向法院提供证言和其他证据，有利于法院迅速查明案件事实，节约司法成本，提高诉讼效率。

2. 有利于客观公正裁决，保护当事人合法权益

当事人对案件事实的陈述，能全面地反映案件情况，尤其是在当事人围绕己方主张和对对方主张的驳斥而展开的举证、质证的过程中，审判人员能对案件事实有客观全面的认识和了解，对纠纷的是非曲直，双方的责任有清晰的认识和把握，从而对案件作出客观公正的裁决，并因而保护当事人的合法权益，伸张社会正义，彰显法律公平正义的价值。

3. 有利于提高公民的法律意识

当事人参与诉讼，并围绕争议事实进行陈述，展开争辩的过程，是其利用法律，运用证据维护自身权益的过程。在这个过程中，广大的当事人及其亲朋好友学习和了解了更多的法律知识，明白了法律禁止什么、保护什么、如何利用法律来保护自身权益等，从而大大提高了公民的法律意识，增强公民遵法守法的自觉性。

二、当事人陈述的特点

（一）陈述主体的特定性

当事人陈述的主体是案件的当事人，即民事诉讼和行政诉讼中的原告、被告、第三人、共同诉讼人及诉讼代表人，其他诉讼参与人对案件事实所作的陈述不属于当事人陈述。

（二）陈述内容的双重性

当事人是发生争议的实体法律关系的主体，是与诉讼结果有直接利害关系的人，其陈述具有明显的两面性，即客观全面性和虚假片面性共存。一方面，当事人是争议产生、发展、变化的直接参与者，与证人、鉴定人、勘验人相比，对发生纠纷的事实有着最清楚的了解，其陈述往往是案件事实的直接证据；另一方面，由于当事人与诉讼结果有直接的利害关系，为了自身利益考虑而作虚假陈述的可能性增大，陈述中难免带有主观性和片面性。此外，当事人陈述形成过程中，主体的感知、记忆、陈述能力和各种客观因素也会影响陈述的客观性，呈现真假混杂的状态。当事人陈述的两面性要求审判者既要充分认识到其重要性，但又不能盲目相信，应该对其进行严格审查核实，要将其同案件中所出现的其他证据相互佐证、去伪存真。

（三）陈述时间的事后性

当事人的陈述应当限定于诉讼过程中，不向法院作出的诉讼行为不能产生效力。因此，当事人不向法院作出的陈述，即使可能与案件事实有关而形成其他类型的证据，也不构成"当事人陈述"。由于形成时间的限定性，当事人陈述的形成不可能存在事件发生前或事件发生中，与书证、物证和视听数据相比，当事人陈述在形成时间上具有事后性的特点。

三、当事人陈述的分类

由于研究视角不同，对当事人陈述可以按不同的标准进行分类，常见的有以下几种：

（一）确认性陈述、否认性陈述与承认性陈述

根据陈述的倾向性不同，可将当事人陈述分为确认性陈述、否认性陈述与承认性陈述。前两者均属于利己的陈述，后者属于利他的陈述。

确认性陈述是指当事人在诉讼过程中主动向法院作出的旨在宣示某一事实主张或展示某种事实过程以及对证明争议的实体法律关系存在的陈述，是当事人的主动陈述。例如，甲向法院陈述了乙于某年某月某日向其借款 10 万元的事实，并详细描述了借款的全过程，至今尚未归还，要求法院判决乙返还借款及利息。甲陈述的内容属于确认性陈述。确认性陈述具有主动性、独立性和利己性的特点，不管对方当事人有无相关的陈述，一方皆可主动地向法院陈述对自己有利的事实。

否认性陈述是指对于一方当事人提出的事实，对方当事人并不另外提出事实进行反驳，而是单纯地就对方提出的事实作出诸如"不存在""不真实"等反应性陈述。例如，如果上述案件中乙作出借款关系根本就不存在的陈述，则为否认

性陈述。可见，否认性陈述是针对对方当事人作出的不利陈述而作出的一种反应，以达到否定对方主张的事实保护自己利益的目的。

承认性陈述是指当事人一方对于对方当事人提出的于他不利的事实予以承认的陈述，通常称为事实自认或者当事人自认。例如，在上述案件中，乙作出曾向甲借款10万元至今未还的陈述，即为承认性陈述。关于承认性陈述的构成要件及效力问题详见本章的“当事人自认”一节。

（二）书面陈述与口头陈述

根据当事人陈述的表现形式的不同，可以分为书面陈述与口头陈述。书面陈述是指当事人运用文字等的形式，将有关案件事实的情况记载下来，并递交司法机关的陈述，如起诉状、答辩状等。口头陈述是指当事人通过口头的方式将有关案件事实的情况直接表达出来的陈述，如当事人到庭陈述有关案件事实等，一般采用言词的方式。当事人陈述以口头的方式进行，能够保证当事人与法官的直接沟通交流，法官通过接触、聆听各方当事人在庭审活动中的言词辩论，可以全面地了解案件事实。而且，当事人口头陈述也是对直接言词原则的贯彻。

（三）原告陈述、被告陈述、共同诉讼人陈述与第三人陈述

这是依据陈述主体的不同将当事人陈述所作的分类，目的在于了解诉讼中处于不同地位的当事人所作的陈述的法律效力差异。当事人的诉讼活动对诉讼程序的发生、变更或消灭有着重大的影响。基于诉讼角色的不同，其与案件结果的利害关系也相应不同，其作出陈述的效力以及真伪程度也会不同。

第二节　当事人陈述的收集

在民事和行政诉讼中，当事人陈述除在起诉书和答辩状中存在外，大多数来源于审判人员对当事人的询问。因此，询问当事人是收集当事人陈述的主要方法。诉讼中的询问既是一种法律行为，理应受到相关法律规范的约束，又是一种审判人员与当事人之间特殊的语言交流，要讲究方法。为了保障询问顺利有效地开展，询问的审判人员应着重做好以下几个方面的工作：

一、认真做好询问前的准备工作

询问前，应当认真、细致地审阅全案材料。审判人员应先熟悉和掌握当事人在起诉状、答辩状中所提出的诉讼请求，具体的事实和理由以及相关证据，明确

双方争议的焦点，发现证据之间可能存在的矛盾，从而有针对性地制定好询问提纲，做到心中有数、有条不紊地对当事人进行询问。

二、注意询问的方法和策略

询问时，要让双方当事人围绕案情，详细陈述有关的各种事实与情节。询问开始之后，让当事人详细陈述与案件有关的事实以及各种情节，之后审判人员再根据询问提纲，让当事人回答，以补充、解释其之前所做的陈述。提问要明确、具体，特别是对一些重要事实和关键性问题，更要注意询问清楚，要求当事人作出切实的回答。在询问中，如果发现当事人陈述的内容与本案无关，应及时加以引导、制止；如果发现一方当事人的陈述前后矛盾，应当及时指明矛盾之处并要求其作出合理的解释，借此来判断陈述内容是否真实、是否可以采信；如果发现当事人彼此间对事实的陈述不一致时，应进一步进行询问，以便揭示出矛盾的原因，判明孰真孰假。审判人员对于任何一方的陈述，都应当认真听取，审慎地分析，不能偏听偏信、先入为主。

此外，询问过程中，审判人员应做好当事人的思想工作。根据当事人的认识等具体情况及时进行思想工作，教育他们采取正确的态度，实事求是、全面地陈述有关的案件情况，杜绝作出夸大、虚假的陈述，而妨碍诉讼的顺利进行。如果发现当事人有抵触情绪拒绝陈述时，要问明原因，通过法律、政策的宣传和教育，使当事人信任法院，将其了解的真实情况如实地进行陈述。同时，也要说明并解释法律关于此类行为及其后果的规定；如果发现当事人有隐瞒事实甚至捏造事实的可能时，应当对其进行思想教育，告知其应当客观、全面地陈述案件事实，否则将承担相应的法律责任；如果在询问中出现当事人对某些事实不进行争执时，应问清具体原因，是一方当事人对他方陈述的默认，还是由于疏忽而未进行争执，必要时还应重复提问，要求被询问人作出明确的回答，不能简单地把一方当事人的沉默或不争执认定为是其默认。

三、认真、规范地制作询问笔录

询问当事人应当制作笔录，记明审判人员询问的情况和当事人陈述的内容。尽可能地按照当事人的原话、原意记载清楚，客观地加以反映，不得断章取义。询问笔录应当由书记员当庭宣读或者交当事人亲自阅读，一旦当事人发现笔录记载有遗漏或差错，有权申请补正。如果当事人认为记载无误，则应当在笔录上签名或盖章。如果拒绝签名或盖章，应记明情况附卷。主持询问的审判人员和书记员也要在笔录上签名，并注明询问的时间。

第三节　当事人陈述的审查判断

我国《民事诉讼法》第 78 条第 1 款规定：“人民法院对当事人的陈述，应当结合本案的其他证据，审查确定能否作为认定事实的根据。”这一规定既说明了对民事当事人的陈述不能轻信，也指明了对这类证据进行审查的基本方法。对行政诉讼当事人的陈述，这一规定也是可以参照适用的。关于对民事、行政诉讼当事人陈述（包括承认）的审查判断问题，由于这种证据与犯罪嫌疑人、刑事被告人的供述和辩解及刑事被害人的陈述有一些共同之处，因而，有关审查判断犯罪嫌疑人、刑事被告人的供述和辩解的方法，审查判断刑事被害人陈述的方法，对审查判断民事、行政诉讼当事人陈述，也具有重要的参考价值。

正如前文所述，由于当事人自身与案件有着直接的利害关系，其陈述就不可避免地带有片面性或主观性，甚至虚假性。对作为证据使用的当事人陈述，应当对其证据力和证明力进行细致的审查。具体的审查判断工作，则应从以下几个方面进行：

一、审查当事人作出陈述的背景、动机与目的

虽然在民事诉讼中双方当事人处于平等地位，但是也不排除在特定情形下，当事人受到主客观因素的影响，违背自己的意志作出不利于自己的陈述。比如，可能出于误解，或者是受到对方的威胁和欺诈等违背真实意愿而陈述；有时还可能是当事人双方通谋以侵害国家、集体和他人的权益为目的而陈述，故对此应当认真查对。在行政诉讼中，基于诉讼的性质，原告往往是弱势一方，大多会对被告产生惧怕的心理，也有可能受到被告的威胁或欺骗而作出不真实的陈述。

二、审查当事人陈述的具体内容是否合理

从内容上审查当事人陈述，主要是核查其是否与案情相符，着重查明其与案件事实的关系，是否符合案件实体法律关系的发生、发展、变化和消灭的实际过程，是否合情合理，有无自相矛盾之处。如果当事人对同一事实作过多次陈述，应将其对照进行审查，注意前后的陈述是否一致、有无矛盾。

三、审查当事人陈述与其他证据是否能够相互印证

将当事人陈述与其他证据结合起来审查，是审查判断其真伪的有效方法。审

判人员不仅要结合一方当事人提供的其他证据进行综合分析、审查，还要审查对方当事人陈述及其所提供的其他证据是否存在矛盾之处。发现有矛盾时，应进一步收集证据，或通过查证的方法加以解决，以便确定其是否真实可靠。其中，应当重视当庭质证，当庭质证具有庄严、肃穆、公平的气氛，当事人有理说理，有证举证，互相质疑，揭露矛盾，要想编造谎言，混淆视听，颠倒黑白，是很困难的，因此，对确定证据的真实性和其证明力大小有重要的意义。

总之，对当事人的陈述，必须严格认真查证。只有经过审查核实，当事人陈述与案件的其他证据相互印证，协调一致，符合实际情况的，才能作为认定案件事实的根据。

第四节　当事人自认

一、当事人自认的概念与分类

当事人自认，是指一方当事人对另一方当事人的事实主张承认其真实性的意思表示。在民事、行政诉讼中，当事人往往会对利于己方的事实和证据加以强调，对另一方当事人提出的不利于己方的事实和证据予以否认和反驳。但是，在特定情形下，当事人会对另一方当事人所提出的不利于己方的事实和证据予以承认、不加以反驳，从而构成了当事人自认，也称为当事人承认。

根据不同的标准，可以将当事人自认分为不同的种类：

（一）诉讼外的自认和诉讼中的自认

这种分类是按照当事人作出自认发生的阶段和场合不同而划分的。诉讼外自认，是指当事人一方在诉讼外，所作出的承认另一方当事人所主张的事实的意思表示，因其发生在法院审判之外，所以称为诉讼外的自认。诉讼中的自认，是指在人民法院审理案件过程中，一方当事人作出的承认另一方当事人所主张的事实的意思表示。这种自认会产生不利于自认方的裁判结果，会免除对方当事人的举证责任。而诉讼外的自认不具有免除对方当事人举证责任的效力，只是被用作证明案件事实的证据而已。此种分类标准的目的在于区别二者的法律效力。

（二）完全的自认和附条件的自认

这种分类是根据当事人在自认时是否附加条件为标准而划分的。完全的自认是当事人对于对方主张的事实全部予以认可。而附条件的自认是指当事人在自认某一事实时，附加有限制性的条件。如原告诉被告借款未还，被告当庭承认曾向原告借款的事实，但同时声称借款已经偿还。在这个案例中，被告的自认就属于附条件的自认，此时原告无须提出证据证明借贷关系，法院就应当认定其存在。但是对于被告的“附条件”即借款已经偿还，则被告要承担举证责任。

（三）明示的自认和默示的自认

这种分类是根据当事人是否作出明确的意思表示为标准而划分的。明示的自认是当事人以明确的意思表示作出的自认，明确的方式可以是书面或者口头的形式，这是当事人自认中最主要、最基本的方式。默示的自认是指一方当事人对另一方所主张的事实，既没有明确地表示承认，也没有作出否认的意思表示，由法律规定视为当事人自认的情况。

我国《关于民事诉讼证据的若干规定》第 4 条规定，一方当事人对于另一方当事人主张的于己不利的事实既不承认也不否认，经审判人员说明并询问后，其仍然不明确表示肯定或者否定的，视为对该事实的承认。可以看出，我国的当事人默示的自认，要经过审判人员充分说明并询问后，当事人仍不明确表示肯定或否定的，默示的自认才发生效力。

（四）当事人本人的自认和代理人的自认

这种分类是根据作出自认的主体不同而划分的。当事人本人的自认是当事人本人作出自认的意思表示，而当事人的代理人所作出的自认的意思表示就是代理人的自认。当事人本人是自认的主要主体，当事人的法定代理人也可以根据自己意志独立地进行自认，可以不经过被代理人本人的同意，同时，自认的效果由被代理人承担，但是对于委托诉讼代理人的自认效力与法定代理人的自认效力并不一样。为了避免由于委托代理人的错误或不谨慎的自认给当事人的利益造成损害，法律专门对此进行了规定。我国《关于民事诉讼证据的若干规定》第 5 条规定：“当事人委托诉讼代理人参加诉讼的，除授权委托书明确排除的事项外，诉讼代理人的自认视为当事人的自认。当事人在场对诉讼代理人的自认明确否认的，不视为自认。”可以看出，一般情况下，诉讼代理人自认视为当事人自认，但下列情况例外：一是代理人对授权委托书明确排除的事项；二是当事人在当场明确否认诉讼代理人的自认。也就是说，在上述两种情况下，诉讼代理人的自认不视为当事人的自认，对当事人不产生自认的效力。

二、当事人自认的构成要件

当事人对于己不利的事实的陈述，必须满足以下法定条件，才可发生自认的效力：

（一）当事人自认的主体

作出当事人自认的主体只能是当事人。这里采取广义的当事人，即包括原告、被告、共同诉讼人、诉讼代表人、第三人及其法定代理人。其他诉讼参与人对案件事实所作出的承认，不发生当事人自认的法律效果。

（二）当事人自认的时间

我国相关法律规定仅承认当事人诉讼中的自认，这既包括当事人在开庭审理前的准备程序中，在起诉状、答辩状、代理词中进行的自认，也包括在法庭审理的过程中作出的自认。也就是说，当事人自认的时间必须发生在口头辩论或准备程序中。当事人的诉讼外自认不具有免除对方当事人的举证责任的作用，当事人在某一案件审理的过程中的自认仅是针对本案件的，对于其他案件而言属于诉讼外的自认，不能产生拘束自认方的效力。

（三）当事人自认的内容

当事人自认的内容必须针对法律允许自认的事实，不包括对方当事人提出的诉讼请求或法律、法规，以及对法律的解释。如前所述，当事人自认的是对方当事人所主张的事实，无须证明，但是最终的诉讼结果还要由法官综合考虑案件的其他证据后作出判断。而当事人针对诉讼请求所作的承认在民事诉讼理论上称为认诺，一旦对另一方当事人提出的诉讼请求进行了认诺，就会直接导致败诉的结果。对于法律、法规、法律的解释的问题属于法院职权范围内的事项，不能以当事人自认约束了法院的裁决权。当事人的自认只能针对法律允许的自认事实，超出法律允许范围外的自认不具有法律效力。《民诉法解释》第 92 条第 2 款规定："对于涉及身份关系、国家利益、社会公共利益等应当由人民法院依职权调查的事实，不适用前款自认的规定。"在我国民事诉讼中，不允许当事人自认的事实主要指涉及身份关系的事实，比如，涉及婚姻关系和亲子关系是否存在的事实不能由当事人自认。①

（四）当事人自认的方式

当事人自认必须采用法律认可的方式。在我国民事诉讼中，能够发生法律效力的自认方式有明示与默示两种。自认原则上必须以明示的方式作出，而不能根据消极沉默的行为加以推定。但《关于民事诉讼证据的若干规定》第 4 条规定："一方当事人对于另一方当事人主张的于己不利的事实既不承认也不否认，经审判人员说明并询问后，其仍然不明确表示肯定或者否定的，视为对该事实的承认。"第 6 条第 2 款规定："必要共同诉讼中，共同诉讼人中一人或者数人作出自认而其他共同诉讼人予以否认的，不发生自认的效力。其他共同诉讼人既不承认也不否认，经审判人员说明并询问后仍然不明确表示意见的，视为全体共同诉讼人的自认。"由此可见，我国法律承认在一定条件下，当事人的沉默可能构成自认。

① 陈光中：《证据法学》（第三版），法律出版社 2015 年版，第 184～185 页。

除此之外，当事人既可以本人自认，还可以通过诉讼代理人进行自认。如前文所述，诉讼代理人的自认要满足一定的条件，不能完全与本人自认等同视之。

三、当事人自认的法律效力

当事人自认一经作出，对双方当事人以及人民法院均发生法律效力，具体包括以下三个方面：

（一）对自认方的效力

当事人的自认对己方具有一定的约束力，该当事人必须受自认内容的约束，不能再对承认的事实作出相反的主张。另外，除了法律规定的情形外，也不得任意地撤回已经作出的承认。但是为了保障当事人在诉讼程序中自由协商的权利，《民诉法解释》第107条规定：“在诉讼中，当事人为达成调解协议或者和解协议作出妥协而认可的事实，不得在后续的诉讼中作为对其不利的根据，但法律另有规定或者当事人均同意的除外。”

（二）对对方当事人的效力

如果一方当事人对另一方当事人主张的事实作出承认的意思表示，那么就意味着，另一方当事人对这项主张的事实不再承担证明责任。《民诉法解释》第92条第1款规定：“一方当事人在法庭审理中，或者在起诉状、答辩状、代理词等书面材料中，对于己不利的事实明确表示承认的，另一方当事人无需举证证明。”

（三）对人民法院的效力

对于人民法院而言，当事人对某项事实的自认意味着法院在当事人自认的事实范围内无须再进行证据调查，自认的内容应当成为法院认定案件事实的依据。无论发生在一审程序还是二审程序中，法院同样应当受到当事人自认的拘束。但是，如果法院认为当事人的自认是出于恶意或为了达到规避法律或其他非法目的，或可能会给国家利益、社会公共利益或他人合法权益造成损害时，法院可以不受当事人自认的约束。对此，《民诉法解释》第92条第2款、第3款规定：“对于涉及身份关系、国家利益、社会公共利益等应当由人民法院依职权调查的事实，不适用前款自认的规定。自认的事实与查明的事实不符的，人民法院不予确认。”①

四、当事人自认的撤回

当事人自认原则上是不允许撤回的，自认一经作出就会对双方当事人及人民

---

① 陈光中：《证据法学》（第三版），法律出版社2015年版，第186~187页。

法院发生拘束力，并有可能对诉讼的结果产生重要影响。因此，为了保证诉讼程序的顺利进行，防止当事人滥用自认制度，法律规定在一般情况下，自认是不允许撤回的。但为了保障作出自认方的利益，避免当事人由于错误的自认或意思表示不真实的自认而遭受损失，在法律规定的特殊情形下，当事人自认允许撤回。自认一旦被撤回，对方当事人的举证责任自行恢复。根据《关于民事诉讼证据的若干规定》，当事人的自认在以下几种情况下可以撤回：一是当事人撤回自认发生在法庭辩论终结前，并经对方当事人同意的；二是自认方有充分证据证明其是在受胁迫而作出与事实不符的自认；三是自认方有充分证据证明其是在重大误解情况下而作出与事实不符的自认。在受到胁迫或重大误解的情况下应属于当事人不真实的意思表示，因此应当允许当事人撤回自认。

值得注意的是，自认的撤回仅适用于明示的自认。对于默示的自认，由于当事人在自认时没有明确的意思表示，因此只要在法庭辩论终结前或在上诉审理程序中，对默示的自认所涉及的事实加以争执，就可以使自认不再发生法律效力。

延伸阅读

英美法系当事人陈述制度[①]

以美国为代表的英美法系国家认为当事人陈述不是一种独立的证据形式，而是将当事人划归证人的范畴。英美法系国家证人包括当事人、一般证人和专家证人等，当事人陈述就是证人证言的形式之一，在庭审中适用证人的询问程序。这种证据形式和审核机制与大陆法系将当事人陈述区别于证人证言作出单独规定完全不同。

然而，当事人的证人资格并不是“天生的”，也经历了一个被否定到逐步接受为证人证言的过程。早期，英美法受到“性恶论”的影响，认为当宗教信仰和道德义务与世俗利益产生冲突时，人本能的选择是后者。因此，能够从判决结果中获益的当事人并不具有证人资格，因为其真实性的陈述很可能与自身利益相冲突从而对诉讼结果产生是非颠倒的影响，即便证人宣誓保证其陈述皆为真实并非虚假陈述，法庭也不会接受这样的证人证言。但是实践中总存在某个案件由于排除案件的唯一当事人而穷尽一切方法也无法找到其他证人或证据来调查案件的真相的可怕境遇。因此，某些案件中在一定条件下，接受当事人的证言是必要

① 李金：《论当事人陈述作为证据》，山东大学2013年硕士学位论文。

的。若将与案件有利益关系的当事人的陈述排除在证据之列，难免以偏概全，将问题片面化。之后在英国，任何一方当事人都可以通过起诉状、答辩状或者其他书面形式承认对方当事人主张的全部或部分事实，如果被告承认了所有的事实，那么在审理中，原告即可在法庭的许可下把被告的承认作为证据。

与英国相似，美国对待当事人资格也经历了一个逐渐被接纳的过程。1975年，美国《联邦证据规则》的出台使现代证据制度以成文法的形式破壳而出。其中第601条就规定每个人都有作证的资格，证据规则另有规定的除外。很显然，当事人也包括在内。而法定例外的情形在美国的《死人法令》有所涉及，即一方当事人宣称与死者在生前有交易往来的情况下，只有在死者的继承人或者利益代表人同意的情况下当事人才有资格作为利益关系人就争议案件出庭作证，否则当事人不得就争议案件有关联而出庭作证。可见，只有在例外情形下当事人才被排除在证人之外。在美国，当事人（包括当事人的代理律师）在开庭前可以与证人进行交流，在开庭过程中以什么次序传唤和询问证人，一般由当事人和代理律师决定。一般情形下，只要有证人出庭，都将进行对证人的“交叉询问”。首先由申请提出该证人的当事方对该证人进行询问，称为“主询问”，然后由对方进行再询问，称为“再主询问”，再主询问后也允许实施反询问的当事人或律师实施再反询问。可以说在美国诉讼中，能够帮助事实审理者从证言中辨明曲直、分清真伪的主要制度设计就是交叉询问制度，这也符合和体现了美国审判制度的对抗性特征。同时，美国为强化证人作证的责任感、使命感和法律制裁的警戒性设立了证人庭前宣誓制度。美国《联邦证据规则》第603条规定，作证前要求每个证人声明如实提供证词，通过宣誓或虽不宣誓但以某种旨在唤醒证人良知或证人责任感的方式进行。证人有下列行为的，如拒绝宣誓、拒绝作出不经宣誓的郑重陈述、拒绝提供真实的证言将被禁止作证等，将被处以藐视法庭罪。设立本条的初衷在于从精神上对证人如实提供证言建立威慑作用，同时也为故意作伪证的人建立惩罚机制奠定基础。

第十四章

犯罪嫌疑人、被告人的供述和辩解

在法官判决之前，一个人是不能被称为罪犯的。只要还不能断定他已经侵犯了给予他公共保护的契约，社会就不能取消对他的公共保护。

——［意］贝卡利亚

第一节　犯罪嫌疑人、被告人供述和辩解概述

一、犯罪嫌疑人、被告人供述和辩解的概念和意义

（一）犯罪嫌疑人、被告人供述和辩解的概念

犯罪嫌疑人、被告人的供述和辩解，是指在刑事诉讼中，犯罪嫌疑人和被告人就有关案件事实情况向侦查人员、检察人员和审判人员所作的陈述，俗称“口供”。

1. 陈述主体

犯罪嫌疑人是指在公诉案件的侦查阶段，侦查机关有证据证明其实施了犯罪行为，决定对其追究刑事责任的人。被告人是指被公诉机关或自诉人向人民法院起诉，要求追究其刑事责任的人。在同一案件中，犯罪嫌疑人和被告人往往是同一主体在不同诉讼阶段的两种称谓。有证据证明有犯罪行为的人，从侦查立案到被起诉前称为犯罪嫌疑人；从被起诉到终审判决生效前称为被告人。

2. 陈述内容

犯罪嫌疑人的供述和辩解包括两个部分：一是有罪的供述；二是无罪或罪轻的辩解。有罪的供述和无罪、罪轻的辩解属于“口供”的两个方面，经查证属实，都具有证明案件事实的作用，因此，实践中，要摒弃只注重供述，而忽略辩

解的错误做法。只有全面收集供述和辩解，才能充分地收集犯罪证据，彻底查清案件事实。实践中，犯罪嫌疑人和被告人在供述的过程中会对他人的犯罪行为进行检举、揭发，这部分陈述是否属于“口供”，要具体情况具体分析：如果犯罪嫌疑人、被告人检举揭发同案犯的犯罪行为，且该犯罪嫌疑人、被告人自己本身也参与了实施，那么这种检举揭发对自己的犯罪事实具有证明作用，仍然属于犯罪嫌疑人、被告人的供述和辩解；如果犯罪嫌疑人检举揭发包括同案犯在内的他人的其他犯罪行为，且该犯罪与自己毫无关系，那么这种检举揭发证明了他人的犯罪事实，则应该属于证人证言。

（二）犯罪嫌疑人供述和辩解的意义

1. 有利于迅速、全面查清案件事实，收集犯罪证据

犯罪嫌疑人、被告人是最直接的案件当事人，其对自己是否实施犯罪，与谁一起实施犯罪，如何实施犯罪，犯罪的动机、目的、时间、地点、起因、经过和结果等案件主客观事实了解最全面、最详细。办案人员只要能获取犯罪嫌疑人、被告人如实的供述和辩解，就能迅速而全面地查清案件事实，尤其是通过其他证据较难证明的犯罪动机、目的等主观方面的事实。无论是犯罪嫌疑人、被告人的供述抑或辩解，都是证明案件事实的直接证据。有罪供述有利于查清案件全部事实；无罪辩解有利于迅速排除犯罪嫌疑，提高诉讼效率。此外，通过供述，办案人员能直接而快速地收集其他犯罪证据，如犯罪工具、赃款赃物等。因此，犯罪嫌疑人、被告人的供述和辩解是查明案件事实、收集犯罪证据最直接、最便捷的途径。

2. 有利于发现其他犯罪线索，侦破隐案积案

犯罪嫌疑人、被告人的供述蕴含着丰富的犯罪信息，既有对自己为何犯罪、如何犯罪的供述，也有对他人犯罪事实的检举和揭发；既有对已被司法机关掌握的犯罪事实的供述，也有对未被司法机关掌握的犯罪事实的坦白；既有对犯罪事实明确的供认，也有无意中暴露的犯罪线索，即使是做无罪辩护的犯罪嫌疑人和被告人，也可能是其他案件的知情人，为侦查提供线索。因此，只要办案人员能认真严密地分析和利用口供中的信息，就可以发现其他案件线索，有利于隐案、积案的侦破。

3. 有利于辨别其他证据的真伪

基于犯罪嫌疑人、被告人对案件事实情况有全面、充分、细致的了解，其供述不仅能直接证明案件的主要事实，而且对一些不为他人所知的隐秘细节也能起到关键的证明作用。因此，查证属实的犯罪嫌疑人、被告人的供述和辩解有助于审查其他犯罪证据的真伪。

4. 有利于判断犯罪嫌疑人、被告人的认罪悔罪态度，为公正裁决提供依据

犯罪嫌疑人、被告人供述时的态度、如实供述的意愿等表现，是司法机关分

析判断其主观恶性，认罪、悔罪态度的重要依据，是对其恰当量刑，作出公正裁决的重要依据。但在司法实践中，办案人员要注意将“辩解”和“抵赖、狡辩”区别开来，不能混为一谈。要注意纠正“犯罪嫌疑人、被告人供述就是认罪悔罪态度好；辩解就是顽固抵抗”的错误思想。无论供述还是辩解，在未经查证属实前，都不能妄下定论，轻易否定，而应该进行认真的查证。因为供述和辩解是从不同的角度反映案件事实，它们的同时存在有利于全面客观地查明案件事实，实现不枉不纵。

二、犯罪嫌疑人、被告人供述和辩解的特点

（一）直接证明案件事实，证明力强

如前所述，犯罪嫌疑人、被告人最清楚自己是否实施了犯罪行为及如何实施犯罪，因此其陈述是案件最直接的证据。此外，客观上实施了犯罪行为的犯罪嫌疑人、被告人对犯罪的时间、地点、起因、经过、结果，犯罪前后的心理状态了解得最全面和最详细，其供述能全面反映案件情况，直接证明案件事实，因而具有极强的证明力和极高的证明价值。

（二）真假混杂，虚假的可能性较大

犯罪嫌疑人和被告人是刑事诉讼中地位最特殊的人。一方面，犯罪嫌疑人和被告人是与案件处理结果有最直接利害关系的人，诉讼结果轻则涉及其财产被罚没，重则涉及其人身自由甚至生命权被剥夺。出于对刑罚的畏惧和自身利益的考虑，大多数犯罪嫌疑人、被告人到案后想竭力隐瞒自己的犯罪事实，或编造谎言，想方设法地掩盖犯罪事实；或歪曲犯罪事实，推卸责任，避重就轻。另一方面，犯罪嫌疑人、被告人面对司法机关强大的威慑力，特别是犯罪嫌疑人在侦查阶段审讯的压力下，不得不供述犯罪事实，但仍会心存侥幸，有所保留。因此，在犯罪嫌疑人、被告人“不想供，又不得不供”的心理支配下，其陈述往往是真假混杂，且较之于其他言词证据而言，其虚假的可能性更大，尤其是通过刑讯逼供等非法手段获得的口供，其虚假的风险更高。

（三）不稳定性和易反复性

犯罪嫌疑人、被告人的心理在整个诉讼阶段都是不断发生变化的。一方面，客观上实施了犯罪行为的犯罪嫌疑人和被告人，当他初次接受讯问时，其心理和行为表现大致分为两种：一是紧张害怕，因来不及想对策而供述；二是心存侥幸，顽固抵抗，或沉默，或撒谎。随着讯问的深入和证据的增加，犯罪嫌疑人多会迫于压力或良心发现而放弃抵抗，作出供述，但在这个过程中，他不一定会对全部犯罪事实如实供述，可能会有所保留。到了审查起诉阶段，尤其是审判阶段，此时的犯罪嫌疑人和被告人因为脱离了侦查阶段特有的压力，加之对自己可

能面临的处罚后果预知越来越明确，逃避处罚的愿望越来越强烈，在此心理驱使下，很容易翻供，否定之前作出的有罪供述。另一方面，对客观上清白的犯罪嫌疑人和被告人而言，如果在侦查阶段遭到违法违规讯问，很可能违心地作出有罪供述，但到了审查起诉阶段和审判阶段，被冤枉的犯罪嫌疑人、被告人往往会彻底否认之前的有罪供述。总之，犯罪嫌疑人和被告人在诉讼过程中，时供时翻，屡供屡翻的情况比较普遍，这在客观上加大了证据收集和审查判断的难度。

三、辩证看待犯罪嫌疑人、被告人供述的价值

如前文所述，犯罪嫌疑人、被告人的供述在快速全面查清案件事实、直接有力证实犯罪、节约侦查成本、提高诉讼效率方面具有其他证据不可比拟的优势，其证明价值是值得充分重视的，然而，口供所具有的真假混杂性、较大的虚假可能性、不稳定性和易反复性，则增加了运用其作为认定案件事实依据的风险。具体来说，经查证属实的口供，是揭露和证实犯罪的有力证据，是公正裁决的重要依据；反之，未经查证属实的口供则可能是造成冤假错案的“罪魁祸首”，危害巨大。大多数冤假错案无不与运用了虚假口供作为定案证据有关。据统计，在50起刑事错案中，涉及被告人虚假口供的就有47起，超过9成。① 由于长期以来传统思想的影响和获取口供的便捷性使然，大多数司法人员对口供的证据价值产生了错误的认识，过高、过度地肯定口供的价值，而忽视了运用口供的风险，具体表现为：其一，侦查人员视口供为“证据之首”，过分依赖口供办案，认为只要有口供就可以查明并证实犯罪，并为此想方设法地获取口供，不惜使用引供、诱供、刑讯逼供等非法手段获取证据；其二，检察人员和审判人员对口供的真实性和合法性审查不力，将未经严格认真审查的口供作为起诉和裁判的依据，且盲目高估口供的证明力，以口供为定案的主要证据，最终导致冤假错案的发生。因此，司法机关和办案人员应客观辩证地看待犯罪嫌疑人、被告人供述的证明价值。一方面，要重视犯罪嫌疑人、被告人供述和辩解在查明案件事实、收集犯罪证据和证实犯罪方面的重要作用和独特优势；另一方面，办案人员要规范合法地收集犯罪嫌疑人、被告人的供述，以保证犯罪嫌疑人、被告人供述的自愿性，从源头上防止虚假口供的产生。同时，要加强对口供的审查判断，防止虚假供述和其他非法口供作为定案的依据，导致冤假错案的发生。为此，《刑事诉讼法》第55条规定：“对一切案件的判处都要重证据，重调查研究，不轻信口供。只有被告人供述，没有其他证据的，不能认定被告人有罪和处以刑罚；没有被告

① 何家弘：《短缺证据与模糊事实》，法律出版社2012年版，第404~412页。

人供述，证据确实、充分的，可以认定被告人有罪和处以刑罚。”此法条既是对运用口供作为定案证据的要求，也是司法人员对口供应树立的正确态度。

第二节　犯罪嫌疑人、被告人供述和辩解的收集

同一案件中，犯罪嫌疑人、被告人一般是被追诉人在不同诉讼阶段的不同称谓，其供述和辩解被作为同一种法定证据形式，但是，由于犯罪嫌疑人和被告人所处的诉讼阶段不同，其供述和辩解的心理也不完全相同。因此，犯罪嫌疑人和被告人口供的收集和固定既有共同点，也有区别。具体而言，在侦查和审查起诉阶段，侦查人员和起诉人员主要通过讯问犯罪嫌疑人来获取其口供；在审判阶段，审判人员和公诉人通过庭审过程中讯问被告人来获取其口供。犯罪嫌疑人的口供是追诉犯罪的弹劾证据之一；被告人口供作为定罪量刑的采信证据之一，这是区分犯罪嫌疑人口供和被告人口供的关键。[①] 换言之，讯问犯罪嫌疑人更侧重于查清犯罪事实，收集犯罪证据；而庭审中讯问被告人，则更侧重于对犯罪事实和之前已经获得的口供的查证核实，为客观公正裁决做准备。为此，讯问犯罪嫌疑人和被告人在方法、策略和固定方式上是有所区别的。

讯问犯罪嫌疑人、被告人是收集犯罪嫌疑人、被告人的供述和辩解的主要方法，俗称“审讯”，是指法定主体为了查明案情，依法对犯罪嫌疑人、被告人就案件事实进行面对面的提问和质询，以取得供述和辩解的一项诉讼活动。

一、讯问犯罪嫌疑人

（一）讯问主体及参与人

根据《刑事诉讼法》第 118 条的规定，在侦查阶段和审查起诉阶段讯问犯罪嫌疑人必须由侦查人员进行，且讯问的时候，侦查人员不得少于二人。根据《刑事诉讼法》第 191 条的规定，在审判阶段，除公诉人可以讯问被告人外，审判人员也可以讯问被告人。对特殊对象的讯问，除讯问人员外，还必须有其他人员参与，具体包括：一是讯问不通晓当地语言文字的犯罪嫌疑人、被告人，应当提供翻译；二是讯问聋、哑人，应当有通晓聋、哑手势的人参加，并将相关情况记录在案；三是讯问未成年人，应当通知未成年犯罪嫌疑人、被告人的法定代理人到场。无法通知、法定代理人不能到场或者法定代理人是共犯的，也可以通知

---

① 郭天武主编：《刑事证据法学》，中国法制出版社 2015 年版，第 114 页。

未成年犯罪嫌疑人、被告人的其他成年亲属，所在学校、单位、居住地基层组织或者未成年人保护组织的代表到场，并将有关情况记录在案。到场的法定代理人可以代为行使未成年犯罪嫌疑人、被告人的诉讼权利。到场的法定代理人或者其他人员认为办案人员在讯问、审判中侵犯未成年人合法权益的，可以提出意见。讯问女性未成年犯罪嫌疑人，应当有女工作人员在场。

（二）讯问的时间和地点

1. 讯问的时间和期限

与询问不同，为了充分保障犯罪嫌疑人和被告人的权利，讯问犯罪嫌疑人、被告人要遵守法定时间。根据《刑事诉讼法》第94条的规定，人民法院、人民检察院对于各自决定逮捕的人，公安机关对于经人民检察院批准逮捕的人，都必须在逮捕后的24小时以内进行讯问。此外，虽然法律对于每次讯问持续的时间没有作出明确规定，但根据《刑事诉讼法》第119条的规定，对于不需要逮捕和拘留的犯罪嫌疑人可以进行传唤或拘传，但传唤、拘传持续的时间不得超过12小时；案情特别重大、复杂，需要采取拘留、逮捕措施的，传唤、拘传持续的时间不得超过24小时。不得以连续传唤、拘传的形式变相拘禁犯罪嫌疑人。传唤、拘传犯罪嫌疑人，应当保证犯罪嫌疑人的饮食和必要的休息时间。

2. 讯问的地点

根据《刑事诉讼法》第118条、第119条的规定，犯罪嫌疑人被送交看守所羁押以后，侦查人员对其进行讯问，应当在看守所内进行。对不需要逮捕、拘留的犯罪嫌疑人，可以传唤到犯罪嫌疑人所在市、县内的指定地点或者到他的住处进行讯问，但是应当出示人民检察院或者公安机关的证明文件。对在现场发现的犯罪嫌疑人，经出示工作证件，可以口头传唤，但应当在讯问笔录中注明。根据《关于办理刑事案件严格排除非法证据若干问题的规定》第9条的规定，拘留、逮捕犯罪嫌疑人后，应当按照法律规定送看守所羁押。犯罪嫌疑人被送交看守所羁押后，讯问应当在看守所讯问室进行。因客观原因侦查机关在看守所讯问室以外的场所进行讯问的，应当作出合理解释。

（三）讯问的原则和方法

讯问的根本原则是保障被讯问人供述的自愿性，不得强迫任何人自证其罪。讯问犯罪嫌疑人，既是一种取证方法，也是一项侦查措施，为了犯罪嫌疑人能如实供述，可以灵活采用多种讯问方法和策略，但不得违反法律禁止性规定。《刑事诉讼法》第52条规定，严禁刑讯逼供和以威胁、引诱、欺骗以及其他非法方法收集证据，不得强迫任何人证实自己有罪。据此，只要属于刑讯逼供或威胁、引诱、欺骗的讯问方式，都是非法的，应被禁止使用。对于讯问方法是否属于

“其他非法方法”，关键是看该方法是否会导致犯罪嫌疑人违背真实意愿进行供述。法律之所以如此规定，一是因为非法讯问侵犯了犯罪嫌疑人的人权，二是因为非法讯问会增大犯罪嫌疑人虚假供述的风险。不得强迫任何人自证其罪，既是保障人权的要求，也是获得防止虚假口供的保障。

（四）第一次讯问的程序和方法

第一次讯问，在法律意义上既包括侦查机关受理刑事案件并正式立案后，依法对犯罪嫌疑人进行首次讯问，也包括犯罪嫌疑人在作案现场被抓获或作案后主动投案自首而对其进行的首次讯问。第一次讯问既是讯问人员与犯罪嫌疑人的首次接触，是核实犯罪嫌疑人身份，初步判断其犯罪嫌疑，及时收集犯罪证据的重要程序，同时也是讯问人员与犯罪嫌疑人的初次较量，对于掌握犯罪嫌疑人特点，分析犯罪嫌疑人心理，制订后续审讯计划和策略具有重要的意义。因此，初次讯问，既要严格依法进行，又要讲究策略方法。主要程序和方法如下：

1. 查明犯罪嫌疑人的基本情况

第一次讯问，应当问明犯罪嫌疑人的姓名、别名、曾用名、出生年月、户籍所在地、现住地、籍贯、出生地、民族、职业、文化程度、家族情况、社会经历、是否属于人大代表、政协委员、是否受过刑事处罚或者行政处理等情况。通过讯问了解犯罪嫌疑人情况，其主要目的是核实犯罪嫌疑人的真实身份和年龄，弄清犯罪嫌疑人的违法犯罪经历和具体的处罚结果，防止冒名顶替和错误追究刑事责任以及犯罪嫌疑人隐瞒的前科或余罪，逃避应有的法律责任。

2. 表明身份，告知犯罪嫌疑人、被告人义务和权利

与询问证人、被害人一样，侦查人员在对犯罪嫌疑人进行第一次讯问时，首先应向被讯问人表明自己的身份。同时，告知其应尽的义务和享有的权利。司法实践中，办案人员往往采用让犯罪嫌疑人自己阅读或向其宣读犯罪嫌疑人权利、义务告知书并让其签名的方式来完成。

（1）犯罪嫌疑人在讯问中享有的权利主要包括：使用本民族语言文字进行诉讼；不通晓当地语言文字的犯罪嫌疑人可以获得翻译；聋哑犯罪嫌疑人可以获得通晓手语的人为其翻译；未成年犯罪嫌疑人在讯问时应当有法定代理人或履行监护职责的其他人员在场；对于讯问人员侵犯自己诉讼权利和人身侮辱行为可以提出控告；可以对侦查人员提出回避申请；自我进行无罪或罪轻的辩护；拒绝回答与本案无关的问题；不受刑讯逼供或威胁、引诱、欺骗等非法手段讯问；在法定期限和时间内接受讯问；自第一次被讯问或采取强制措施之日起可以聘请律师作为辩护人；如实供述自己罪行可以依法从宽处理；阅读核对讯问笔录并进行补正；符合法定情形，可以和被害人和解。

（2）犯罪嫌疑人应履行的主要义务是：对侦查人员的提问，必须如实回答，但与案件无关的问题除外。

3. 讯问有无犯罪行为，听取供述和辩解

根据《刑事诉讼法》第120条的规定，侦查人员在讯问犯罪嫌疑人的时候，应当首先讯问犯罪嫌疑人是否有犯罪行为，让他陈述有罪的情节或者无罪的辩解，然后向他提出问题。在犯罪嫌疑人陈述的过程中，讯问人员尽量不要打断，应让对方充分完整地进行陈述。全面完整地听取犯罪嫌疑人有罪的供述和无罪的辩解，既有利于全面收集证据，识别陈述中存在的矛盾，也可以防止犯罪嫌疑人依讯问人员的“喜好”，因“顺竿爬”而形成的虚假供述。在此过程中，讯问人员应认真听取犯罪嫌疑人陈述，不可以主观判断来对陈述进行取舍。

4. 针对重点和矛盾，提出问题

犯罪嫌疑人自由陈述完以后，讯问人员应当就其陈述，有目的地围绕犯罪构成的全部要件提出问题，针对与犯罪有关的时间、地点、涉及的人、事、物以及犯罪动机、目的、手段等重要问题，就其供述中陈述不清楚或有矛盾的地方提出追问或质问，直到最终把问题弄清，完成事前拟定的讯问任务。

5. 让被讯问人核对讯问笔录

讯问结束时，讯问人员应将笔录交由被讯问人查看，对于没有阅读能力的，应当由记录人员向其宣读。如果被讯问人员觉得笔录有遗漏或错误，可以提出补充或更正。被讯问人认为笔录没有错误，应当在笔录上签名、捺指印或盖章。

（五）犯罪嫌疑人、被告人供述和辩解的固定

犯罪嫌疑人、被告人供述和辩解的固定方式主要分为三种：一是讯问的同时制作讯问笔录；二是在讯问前后让犯罪嫌疑人、被告人自行书写亲笔供词；三是在讯问时同步制作录音录像。

1. 讯问笔录

制作讯问笔录是固定犯罪嫌疑人、被告人供述和辩解的主要方式。讯问笔录作为犯罪嫌疑人、被告人供述的载体，是重要的诉讼证据，它不仅要客观全面地记载被讯问人的陈述，还要如实地反映讯问的程序。因此，制作讯问笔录，一是格式要规范；二是记录要忠于原话，字迹清楚，详细具体；三是必备要件要完整。比如，首部要清楚记录讯问的起止时间和地点，讯问、记录和翻译人员的姓名及单位。尾部要有被讯问人和讯问人的签名和指印，等等。

2. 亲笔供词

犯罪嫌疑人请求自行书写供述的，应当准许。必要时，办案人员也可以要求犯罪嫌疑人亲笔书写供词。犯罪嫌疑人应当在亲笔供词的末页签名、捺指印，并

注明书写日期。办案人员收到后，应当在首页右上方写明“于某年某月某日收到”，并签名。

3. 录音录像

讯问时同步录音录像不仅是固定犯罪嫌疑人、被告人口供的有效方式，而且对于证明讯问的合法性，防止被讯问人翻供也具有十分重要的意义。因此，《刑事诉讼法》第123条规定：“侦查人员在讯问犯罪嫌疑人的时候，可以对讯问过程进行录音或录像；对于可能判处无期徒刑、死刑的案件或者其他重大犯罪案件，应当对讯问过程进行录音或录像。录音或录像应当全程进行，保持完整性。”此条规定将讯问时的同步录音录像法定化，同时明确了录音录像的制作要求。此外，《公安机关讯问犯罪嫌疑人录音录像工作规定》和《人民检察院讯问职务犯罪嫌疑人实行全程同步录音录像的规定》对讯问时的同步录音录像作出了更为具体详细的规定。

讯问时的同步录音录像的要求有以下几点：

（1）保证录音录像“全程、全部、全面”。一是从讯问对象被带入审讯室起，技术人员就开始录音录像。录音录像期间，声音、图像不间断进行。如果遇到机器故障或断电等紧急情况而中止录音录像的，应将详细情况记录在笔录中，并让犯罪嫌疑人签字确认；办案人员宣布讯问结束后，即被讯问人核对笔录、签字、捺指印后，技术人员方可关机停止录音录像。二是录制的图像应当反映在场的人员，应全程反映犯罪嫌疑人情况，并能显示计时装置和温度计所显示的信息。讯问过程中出示证据和犯罪嫌疑人辨认证据、核对笔录、签字、捺指印的过程应当在画面中予以反映。

（2）录音录像要能清晰反映整个讯问过程。要求图像清晰可认，话音清晰可辨。

（3）手续要完备。在录音录像资料完成后，技术人员应立即将录音录像光盘原件交讯问人员，经讯问人员和犯罪嫌疑人确认后，在讯问人员的主持下，当场装入密封袋，由讯问人员、犯罪嫌疑人双方封签，由犯罪嫌疑人在封口处骑缝捺指印。

（4）录音录像的保管、流转要有清晰的记录。录音录像应由办案人员以外的专人保管。调取光盘时，保管人员应当在专门的登记册上登记调取人员、时间、事由、预计使用时间、审批人等事项，并由调取人员和保管人员共同签字。对调取、使用的光盘，有关单位应当妥善保管，并在使用完毕后及时交还保管人员。调取人归还光盘时，保管人员应当进行检查、核对，有损毁、调换、灭失等情况的，应当如实记录，并报告办案部门负责人。

二、收集犯罪嫌疑人、被告人供述和辩解应注意的问题

基于犯罪嫌疑人、被告人在刑事诉讼中的特殊身份和地位，以及口供的复杂性和反复性，在收集口供时，要注意以下几个方面：

（一）要依法保障犯罪嫌疑人和被告人的权利，严格依法讯问

“尊重和保障人权”是2012年《刑事诉讼法》的一大亮点，为加强对犯罪嫌疑人、被告人权利的保障，2012《刑事诉讼法》对相关规则和制度进行了修改和完善。例如“犯罪嫌疑人自被侦查机关第一次讯问或采取强制措施之日起，有权委托律师作为辩护人，被告人有权随时委托辩护人”“任何人不受强迫自证其罪”等。因此，在收集犯罪嫌疑人、被告人口供时，要依法充分保障其合法权利，严格依法讯问。同时，依法讯问也可以防止因非法讯问使犯罪嫌疑人、被告人虚假供述而导致错判的风险。

（二）要客观全面收集证据

客观全面是取证的基本要求，在收集犯罪嫌疑人和被告人口供中，此原则尤其需要受到重视，理由如下：其一，由于犯罪嫌疑人和被告人是“有犯罪嫌疑”的人，办案人员往往会对其有偏见，从有罪推定的主观出发，重视有罪的供述，忽视无罪的辩解，甚至引供、诱供、刑讯逼供；其二，只有全面收集影响定罪量刑的所有证据，才能对犯罪嫌疑人和被告人作出客观公正的处理和裁决。因此，讯问犯罪嫌疑人时，既要注意收集有罪的供述，更要注意收集无罪、罪轻的辩解。办案人员不能凭自己的主观判断随意取舍证据。

（三）在严格依法讯问的前提下，要讲究策略方法

讯问犯罪嫌疑人和被告人，是一场讯问人和被讯问人心理和智慧的较量。因此，在讯问犯罪嫌疑人和被告人时，既要严格遵守法律的相关规定，也要讲究讯问的方法和策略，才能有效地获得犯罪嫌疑和被告人的如实供述。为此，在讯问前，尤其是讯问重大、复杂、疑难案件的犯罪嫌疑人，应尽量做好充分的准备工作，包括：查阅案卷，熟悉情况；分析心理，掌握心态；制订计划，明确重点等。在讯问中，根据具体情况恰当采用一些讯问方法和策略。比如，找准讯问的突破口；合理使用证据；充分利用矛盾；耐心说服教育等。需要注意的是，在运用讯问策略时，一定要把握好讯问策略与引供、诱供等非法讯问的界限。

（四）要采取有效措施，做好口供的固定工作

如前文所述，口供具有较大的不稳定性和反复性。为此，除严格依法讯问，保证犯罪嫌疑人、被告人自由供述外，合法有效地固定口供尤为重要。第一，通过规范的笔录形式进行固定。制作讯问笔录，一定要严谨规范，尤其是法律明确

规定的讯问程序一定不能疏漏，要如实反映在笔录中。例如，向讯问对象宣告权利义务；让讯问对象核对确认笔录；签字和捺指印等。第二，通过详细记录供述内容进行固定。笔录的正文部分记录提问和回答内容。在记录时，除要客观全面，详细具体，尽量用原话记录外，还要注意将供述中一些重要但易被忽略的细节固定下来。例如，只有犯罪嫌疑人、被告人，最多包括被害人知道的隐秘细节；反映犯罪前后心理状态的细节；能证明犯罪前后行为活动的细节；能和犯罪现场、痕迹物证进行印证的细节等。有的细节表面上看并不重要，其实对案件起关键的证明作用，且一旦被固定下来，并与其他证据相印证，则犯罪嫌疑人和被告人便难以翻供。第三，通过规范的录音录像固定口供，既能有效地防止犯罪嫌疑人、被告人翻供，也能证明讯问的合法性。

（五）要善于运用科技手段

实践中，多数犯罪嫌疑人和被告人是不愿如实供述的，尤其是惯犯、累犯等有过多次违法犯罪经验的人，他们不仅反侦查和反审讯的意识及能力强，维权意识也很强。他们或沉默，或狡辩，时供时翻，甚至在法庭上大呼受到刑讯逼供，审讯难度很大。如何保障讯问犯罪嫌疑人和被告人的有效性和合法性，是广大办案人员应深入思考的问题。为了更好地依法获取犯罪嫌疑人和被告人的如实供述，讯问中除遵循法定程序，讲究讯问策略外，应充分利用科学技术手段，如运用心理测试技术辅助审讯，运用录音录像技术记录审讯过程和结果，等等。

第三节　犯罪嫌疑人、被告人供述和辩解的审查判断

《刑事诉讼法》第 55 条第 1 款明确规定：“对一切案件的判处都要重证据，重调查研究，不轻信口供。只有被告人供述，没有其他证据的，不能认定被告人有罪和处以刑罚；没有被告人供述，证据确实、充分的，可以认定被告人有罪和处以刑罚。”此法条明确了口供审查与运用的基本要求。

犯罪嫌疑人、被告人供述和辩解在全面、直接证明案件事实方面具有其他证据无法比拟的优势，但是，由于犯罪嫌疑人、被告人处于被追诉人的特殊地位，案件处理结果与其有直接的利害关系，口供的内容必然会受到其诉讼地位和复杂心理活动的影响，虚假的可能性较大，往往是真假难辨，且反复多变的。另外，口供的客观真实性还与取证的合法性紧密相关。因此，真实性和合法性是审查犯罪嫌疑人、被告人供述的重点。一般情况下，口供与案件的关联性明显，只要其

真实性和合法性经审查后能够得到确认，则其关联性较易判断。

一、审查犯罪嫌疑人、被告人供述的合法性

合法性既是犯罪嫌疑人、被告人供述和辩解具有证据资格的必要条件，同时也是供述客观真实的重要保障。对犯罪嫌疑人、被告人供述的合法性审查主要从取证的主体、取证程序和方法是否合法等方面进行审查和判断。根据《刑诉法解释》第93条的规定，着重审查以下内容：第一，讯问的时间、地点，讯问人身份、人数以及讯问方式等是否符合法律及有关规定；第二，讯问笔录的制作、修改是否规范，是否注明讯问的具体起止时间和地点，首次讯问时是否告知被告人相关的权利和法律规定，被告人是否进行核对确认；第三，讯问未成年被告人时，是否通知其法定代理人或有关人员到场，其法定代理人或有关人员是否到场；第四，讯问时是否存在刑讯逼供、威胁、引诱等非法行为。

根据取证程序和方法的违法程度及造成后果的严重性，对违法取得的犯罪嫌疑人和被告人供述作不同处理：

（一）排除使用

1. 根据《刑事诉讼法》第56条的规定，采用刑讯逼供等非法收集的犯罪嫌疑人、被告人供述，应当予以排除。在侦查、审查起诉、审判时发现有应当排除的口供的，应当依法予以排除，不得作为起诉的意见，起诉决定和判决的依据。

2. 根据《刑诉法解释》第94条的规定，下列被告人供述不得作为定案的依据，具体包括讯问笔录没有经被告人核对确认的；讯问聋、哑人，应当提供通晓聋、哑手势的人员而未提供的；讯问不通晓当地通用语言、文字的被告人，应当提供翻译人员而未提供的。上述规定同样适用于犯罪嫌疑人供述。

（二）经补正或作出合理解释的，可以采用

根据《刑诉法解释》第95条的规定，讯问笔录有下列瑕疵，经补正或者作出合理解释的，可以采用；不能补正或者作出合理解释的，不得作为定案的根据：讯问笔录填写的讯问时间、讯问人、记录人、法定代理人等有误或者存在矛盾的；讯问人没有签名的；首次讯问笔录没有记录告知被讯问人相关权利和法律规定的。

二、审查犯罪嫌疑人、被告人供述的真实性

较之其他证据，犯罪嫌疑人和被告人供述虚假的可能性更大，主要表现为以下三种情况：一是不承认犯罪事实，推脱罪责；二是避重就轻，歪曲犯罪事实；三是承认客观上非本人实施的犯罪事实，其中又包括替别人顶罪和屈打成招两种

情况。无论哪种虚假供述，都不利于对案件事实的查明。审查犯罪嫌疑人供述的真实性，要从以下几个方面入手：

（一）审查讯问的程序和方法是否合法

合法规范的程序能有效地保证讯问的公平公正，保证供述人陈述的自愿性，避免因引供、诱供和刑讯逼供而导致的虚假陈述，因此要重点审查是否存在对供述的自愿性有实质影响的情况：包括是否使用威胁、引诱、欺骗、刑讯逼供等使犯罪嫌疑人、被告人基于“主观受迫”而供述的方法；笔录是否经供述人核实确认；对不通晓当地语言文字的人和聋哑人讯问是否为其提供翻译人员，以保证其在“清楚明白”的状态下供述。

（二）审查供述的动机和原因

犯罪嫌疑人供述的动机和原因是多种多样的，但总体而言，主要分为自愿供述和非自愿供述。一般来说，如果是自愿供述，则真实性较强，尤其是犯罪嫌疑人、被告人出于真诚悔罪、自责等道德动机而积极作出的供述，其可信度较高。需要注意的是，有些犯罪嫌疑人、被告人基于自愿替他人顶罪的动机而作出的有罪供述，表面看是真实的，但只要结合其他证据进行认真的审查，就能发现存在漏洞和矛盾。

（三）审查供述是否符合客观规律

客观真实的供述与客观规律是相符的，相反，虚假的供述与客观规律是相违背的，不符合经验法则或逻辑规律，有悖常理，违反常识。例如，在共同犯罪案件中，有的犯罪嫌疑人和被告人为了包庇同伙，供述犯罪行为是其一人所为，但以犯罪嫌疑人的能力和客观环境条件，根本不可能单独实施其供述的犯罪行为；又如，在刑讯逼供的情况下，犯罪嫌疑人供述自己杀害了被害人，但经调查，其与被害人一贯关系良好，不具备任何作案动机。

（四）审查供述与其他证据是否吻合

真实的供述与犯罪现场的痕迹物证、案件事实的发生、发展和其他证据是相互吻合印证的，相反，虚假的供述与案件其他证据无法相互印证，或多或少都会存在无法解释的矛盾。需要强调的是，如果供述仅与证人证言、被害人陈述或同案其他犯罪嫌疑人、被告人供述相互吻合、印证，并不能据此认定口供的真实性，因为实践中存在串证和串供的可能性。应该将供述与全案的证据，尤其是实物证据进行比对，只有所有证据间相互吻合、协调一致，不存在矛盾或存在矛盾但可以得到合理解释的情况下，才能确认口供的真实性。

（五）审查作出有罪供述的时间、稳定性

一般而言，犯罪嫌疑人到案后较早作出，尤其是刚被抓获时作出的有罪供述，受内外因素影响较小，比后面诉讼阶段作出的供述可信度更强，但也不可绝对化。此外，犯罪嫌疑人、被告人在诉讼阶段前后供述比较稳定，无反复，或只有因记忆或表述的错误而产生的非实质性反复，且前后供述内容比较一致，不存在无法解释的矛盾，则其供述较为可靠。如果犯罪嫌疑人、被告人时供时翻，多次反复，或对同一案件事实，尤其是影响案件事实的关键情节的前后多次供述不一致，相互矛盾，则其供述的真实可靠性应该受到质疑。需要强调的是，只有将犯罪嫌疑人、被告人在整个诉讼过程中所作的口供进行全面的审查，才能得出客观结论。为此，根据《刑诉法解释》第 93 条第 1 款第 7 项的规定，"被告人的供述和辩解是否全部随案移送"是审查口供的重要内容之一。

（六）审查供述是否明确、具体

一般情况下，客观上实施了犯罪行为的犯罪嫌疑人和被告人，对犯罪事实有完整、清晰的认知，即所谓的"心知肚明"，其对案件事实，特别对犯罪的隐秘细节的描述，应该是明确、具体的，如尸体的隐藏地点。因此，可以通过对供述的明确性、具体性，以及供述中是否包含有，以及在多大程度上包含有案件隐秘细节的审查，来判断供述的真实可靠性。当然，实践中要注意结合供述的形成情况来对此进行分析判断，如果口供是在别人的授意下（如指名问供）作出的，即使明确、具体、细节化，也可能是虚假的。例如，讯问人员将犯罪现场收集到的犯罪信息，故意透露给犯罪嫌疑人，或直接逼迫犯罪嫌疑人按照办案人员事先了解到的案件事实进行供述。

（七）审查供证关系

供证关系，是指犯罪嫌疑人、被告人供述与取得物证、书证、证人证言等补强证据之间的先后顺序，以及供述与补强证据的契合程度。供证关系分为"先供后证"和"先证后供"两种。前者是指根据犯罪嫌疑人、被告人的供述、指认而发现和提取到案件中的物证、书证、证人证言等其他证据；后者是指办案人员先发现并提取了案件的其他证据，并依此来分析判断并捕获犯罪嫌疑人，对其讯问后得出供述。在保证取证合法的前提下，"先供后证"的口供更为真实可靠，证明力更强。因此，最高人民法院《关于办理死刑案件审查判断证据若干问题的规定》第 34 条和《刑诉法解释》第 141 条规定，根据被告人的供述、指认提取到了隐蔽性很强的物证、书证，且被告人的供述与其他证明犯罪事实发生的证据相互印证，并排除串供、逼供、诱供等可能性的，可以认定被告人有罪。

对犯罪嫌疑人、被告人供述的真实性及合法性进行审查，必要时，可以调取讯问过程的录音录像，犯罪嫌疑人、被告人进出看守所的健康检查记录、笔录，并结合录音录像、记录、笔录进行审查。

三、审查辩解的真实性和合理性

实践中，忽视犯罪嫌疑人、被告人辩解是错案产生的重要原因之一。无罪或罪轻的辩解是客观全面查清案件事实的重要依据，也是对犯罪嫌疑人和被告人依法客观公正处理的依据。因此，办案人员一定要重视并认真审查犯罪嫌疑人和被告人的辩解，尤其是无罪辩解，不能凭主观对无罪辩解进行全盘否定。对于犯罪嫌疑人和被告人的辩解的真实性和合理性，可从以下方面进行审查：其一，结合案件其他证据进行审查。注意审查辩解的内容与案件其他证据是否相互印证，即辩解的内容是否有其他证据支撑。其二，审查是否有非法取证行为。如果有罪供述通过刑讯逼供等非法手段获取的，后续的诉讼过程中，供述人翻供、坚持无罪辩解的可能性很大。其三，结合犯罪嫌疑人、被告人的思想品质和犯罪经历进行审查判断。一般而言，一贯思想品质较好，没有违法犯罪经历的人，辩解的真实性较强，而平时思想品质恶劣，有过违法犯罪经历的人辩解的可信度较低。值得注意的是，思想品质和个人经历只是审查判断供述和辩解真实性的参考依据，关键还需结合其他证据进行分析判断。

四、对被告人翻供的审查及处理

被告人翻供是司法实践中常见的问题。翻供的原因在前面的“口供的特点”部分也作了分析，在此不再赘述。无论出于何种原因的翻供，对口供的运用都十分不利。因此，需要对翻供进行严格认真的审查，并作出相应的处理。对此，《刑诉法解释》第96条作出了明确规定：“审查被告人供述和辩解，应当结合控辩双方提供的所有证据以及被告人的全部供述和辩解进行。被告人庭审中翻供，但不能合理说明翻供原因或者其辩解与全案证据矛盾，而其庭前供述与其他证据相互印证的，可以采信其庭前供述。被告人庭前供述和辩解存在反复，但庭审中供认，且与其他证据相互印证的，可以采信其庭审供述；被告人庭前供述和辩解存在反复，庭审中不供认，且无其他证据与庭前供述印证的，不得采信其庭前供述。”据此，对被告人翻供的审查，重点在于对其真实性审查，关键在于翻供的内容是否与其他证据相互印证。

总之，犯罪嫌疑人、被告人供述和辩解的审查是一个复杂的系统工程，每一项审查内容和途径之间并非彼此孤立，而是相互联系的，审查后最终的落脚点应放在证据与证据之间，全案证据之间是否相互印证，协调一致，是否能排除“合理怀疑”，得出排他性结论。

案例辅读

沈某军故意杀人案

被告人沈某军，男，49岁（1979年12月因打架被强制劳动1年，1983年3月因犯盗窃罪被判处有期徒刑1年零6个月，1985年10月因犯诈骗罪被判处有期徒刑3年，1989年6月因犯抢劫罪、盗窃罪被判处有期徒刑12年，2000年11月21日刑满释放），因琐事对张某贤（男，殁年65岁）不满，蓄意报复，遂于2005年1月22日19时许，持铁锤至本市房山区琉璃河镇水泥厂家属区西一路177号张某贤住处，持铁锤猛击张某贤头部、胸部数下，致张某贤颅脑损伤死亡。凶手作案后用玉米面遗撒破坏现场后逃离，以至于警方经3次现场勘查，均没有发现作案人留下的任何痕迹物证。

一年后，警方将化名"陈刚"的犯罪嫌疑人沈某军抓获归案。经公安人员突审，沈某军供述了因给张某贤介绍工作未成，而引发矛盾和争执，直至情急杀人的事实。被告人沈某军在侦查预审期间共作有罪供述11次，并写有亲笔供词、悔过书各一份，其所供述的内容与现场勘查笔录、尸检报告、凶器物证，以及证明其作案动机的相关证人证言等证据基本一致，并可以相互印证。

一审开庭时，沈某军突然推翻原供，以曾遭到警察刑讯逼供和指供、诱供、抄供为由，辩称被害人张某贤之死与其没有任何关系，他也从来没有进过案发现场，更没有实施杀人行为。沈某军的辩护人也为其作了无罪辩护。一审法院认定，"被告人杀死张某贤，缺少直接证据证明；沈某军虽在预审阶段做过供述，但在庭审中推翻原供，现有的间接证据不能形成完整的锁链，不能充分证明张某贤的死亡系沈某军所为……""指控沈某军故意杀死张某贤的证据不足，指控的事实不能成立，不予认定。"一审检察机关抗诉后，此案进入二审程序。①

① 转引自杨迎泽、孙锐主编：《刑事证据的收集、审查与运用》，中国检察出版社2013年版，第139～140页。

第十五章

鉴 定 意 见

鉴定人传达推论，证人传达事实；鉴定人提出大前提，证人提出小前提；证人是证据方法，鉴定人是法官的辅助者。

——［日］上野正吉

第一节　鉴定意见概述

一、鉴定意见的概念和意义

（一）鉴定意见的概念

鉴定意见是指公安司法机关和当事人聘请、指派或委托具有专门知识的人，对案件中的专门性问题进行鉴定后作出的判断性意见。鉴定是指鉴定人运用科学知识或专门技能对专门性问题进行检测、鉴别、分析和判断的活动。为了更好地把握鉴定意见的概念，需要明确以下几点：

1. 司法鉴定的主体具有特定性

司法鉴定的主体，即实施司法鉴定行为的人，必须是具有与鉴定相关的专门知识或技能，能够解答案件中专门性问题的人。同时，他必须是具有相关领域鉴定资格的人，包括官方鉴定机构中的专业人员和经司法行政部门批准建立的非官方机构中的专业人员。

2. 司法鉴定解决的是案件中的专门性问题

司法鉴定解决的是案件中的专门性问题，既非一般问题，也非法律问题。其一，司法鉴定所解决的是案件的专门性问题，是一般侦查人员、检察人员和审判人员以及当事人、律师所无法解答的问题，是必须依据相关的专业和技能才能认识和解答的问题，具体是指：（1）属于案件证明对象范围内的事实；（2）需要专门知识和技能或者借助特定技术设备才能加以认识或说明的问题；（3）不是司法工作人员可以直接作出肯定或否定回答的常识性问题或一般性问题；（4）该问题的正式说明和认定权限被赋予特定的机构或者个人。这些问题主要包括：属于科学、技术或者艺术领域的专门性问题；涉及国家或行业标准的专门问题；国家授权给某些机构使之有排他性认定资格的专门问题。[①] 其二，司法鉴定只解答案件中专门的事实问题，而不解答法律争议问题；只涉及科学技术问题，而不涉及法律问题。例如，对杀人匕首上的指纹进行鉴定后，只可作出检材指纹和样本指纹是否同一的意见，该指纹为张三所留，并不能形成张三是作案人的意见。张三是否犯罪应由审判人员来认定。因此，实践中如果鉴定意见对案件的法律问题作出了结论，是不规范，不可取的。

3. 鉴定意见是专业的判断性意见

鉴定意见是鉴定人运用专业的知识和技能对案件中相关的人、事、物进行观察、检验、分析等活动的基础上得出的判断性意见，并不是对案件事实的客观记录和描述。鉴定人作出意见依据的是运用专业知识或技能对鉴定对象的专业检验，而非对案件事实的亲身感知。这是鉴定意见与证人证言、当事人陈述及勘验、检查等笔录类证据的重要区别。

4. 鉴定意见必须以规范的书面形式呈现

与证人证言、当事人陈述不同，鉴定人经过鉴定，对案件专业性问题所作出的判断必须以规范的书面形式呈现，即要形成书面鉴定意见，而不能仅对意见作口头陈述。这体现了鉴定意见作为一种“科学证据”，具有严肃性和规范性。

（二）鉴定意见的意义

司法鉴定是科学运用于司法实践的重要体现，能够解决案件中涉及的而司法工作人员无法解答的专门性问题，为办案人员提供相关问题的科学和可靠的意见，延伸和扩展了他们的认识能力，帮助他们更加客观、全面地认识案件，对查明案件事实，作出客观公正的裁决提供了重要的依据。因此，司法鉴定是诉讼中不可缺少的重要措施，鉴定意见对案件事实具有重要的证明价值，对诉讼具有十分重要的意义，具体体现为以下几点：

1. 鉴定意见是查清案件事实，分清责任，客观公正裁决的重要依据

诉讼中的案件涉及社会生活的方方面面，其中不乏一些专业性问题。这些专业性问题，往往是确定案件性质，查清案件事实，分清责任，判断罪与非罪的关

---

① 陈光中主编：《中华人民共和国刑事证据法专家拟制稿》，中国法制出版社 2004 年版，第 277 页。

键。例如，对于人死亡的原因、人体损伤程度、毒物的性质和成分、工程事故的原因、会计账目有无伪造、借据真假、案件相关人员的行为能力等案件的关键性事实，只有借助于具有相关专业知识的人员通过鉴定，并形成科学可靠的判断性意见后，办案人员才能客观认清事实并作出正确判断。因此，鉴定意见拓展和延伸了办案人员的认识能力，是他们正确判定案件性质，客观全面地查明案件事实，分清当事人责任，对案件作出正确的处理决定或客观公正裁决的重要依据。

2. 鉴定意见有助于其他案件证据充分地发挥证明作用

与案件有关的物品、痕迹、文书等实物证据，都是证明案件事实的重要证据，但它们大多与案件事实的关联性并不明显，属于间接证据，而鉴定意见可以使这些证据所蕴含的案件信息得以明确，具有可识别性，更易被人知晓，从而揭示这些证据与案件事实的关联性，使它们的证明作用得以发挥或更充分地发挥。例如，犯罪现场的血迹、指纹，若不通过鉴定，无法确定其与案件事实有无关联，有何种关联，因而此类痕迹根本无法发挥证明作用；又如，作案凶器是重要的物证，但仅凭被告人或被害人对凶器进行辨认而确认犯罪工具事实，存在不可靠的风险，但如果通过鉴定确定凶器的工具痕迹与被害人尸体上的伤痕一致，则此凶器对案件事实的证明力就大大增强，其证明价值就得到更充分的发挥。

3. 鉴定意见是审查判断其他证据的重要依据

由于鉴定意见是对案件中的专门性问题进行检测、分析、鉴别的基础上得到结果，具有较强的科学性和可靠性，因而是审查判断其他证据的重要依据，对其他证据起印证和补强作用。比如，通过鉴定，可以鉴别物证和书证的真伪，鉴别视听资料和电子数据是否经过删改；通过鉴定意见对相关案件事实的证实，可以审查被害人陈述、当事人陈述、证人证言、犯罪嫌疑人和被告人供述的真伪。

二、鉴定意见的种类

实践中，需要通过鉴定解决的专门性问题多种多样，无法一一列举。根据我国全国人大常委会《关于司法鉴定管理问题的决定》第 2 条的规定，鉴定可以分为：法医类鉴定、物证类鉴定、声像资料类鉴定、其他类鉴定。相应地，鉴定意见也分为以下几大类：

（一）法医类鉴定

法医类鉴定主要是运用法医学专门知识，对尸体和活体及分泌物、排泄物等进行鉴别与判断，以便确定与诉讼有关的死亡原因、伤害情况、病理状态、精神病状态、劳动能力及毒性反应等，包括法医病理鉴定、法医临床鉴定、法医精神病鉴定、法医物证鉴定和法医毒物鉴定。

（二）物证类鉴定

物证类鉴定，又称刑事科学技术鉴定，是运用现代科学技术的理论、方法和成果对物证进行检验的鉴定类型，主要包括文件鉴定、痕迹鉴定和微量物证鉴定。文件鉴定，是运用文件检验学的原理和技术，对文件的笔迹、印章、印文、文件的制作及工具、文书形成时间等问题进行鉴定。痕迹鉴定是运用痕迹学的原理和技术，对有关人体、物体形成痕迹的同一性及分离痕迹与原整体相关性等问题进行鉴定。微量物证鉴定是运用物理学、化学和仪器分析等方法，通过对有关物质材料的成分及其结构进行定性、定量分析，对检材的种类、检材和嫌疑样本的同类性和同一性进行鉴定。

（三）声像资料类鉴定

声像资料类鉴定，是运用物理学和计算机学的原理和技术，对录音带、录像带、磁盘、光盘、图片等载体上记录的声音、图像信息的真实性、完整性及其所反映的情况过程进行鉴定，并对记录的声音、图像中的语言、人体、物体作出种类或同一认定。

（四）其他类鉴定

除上述三大类鉴定外，根据诉讼需要，国务院司法行政部门可与最高人民法院、最高人民检察院商定其他应当鉴定的事项。实践中，常见的司法鉴定还包括司法会计鉴定、计算机司法鉴定、建筑工程司法鉴定、环境污染损害鉴定、交通事故鉴定、产品质量鉴定等。

三、鉴定意见的特点

（一）科学性兼具法律性

科学性是指鉴定活动是按照特定的客观规律而进行的，是相对真实可靠的。鉴定意见的形成来源于鉴定人利用科学技术分析手段作出的分析、检验和判断。科学活动通常具有重现性，鉴定意见一般也是可以被检验，可以被复核的。由此可见，鉴定意见是科学技术运用于法律领域的产物，具有科学性。法律性是指鉴定意见产生于诉讼活动，并且服务于诉讼活动，通过鉴定活动形成的鉴定意见作为一种证据种类，必须严格受证据制度的规范，从这个意义上讲，鉴定意见的形成、质证、认证都要受到法律的调整和制约，这就决定了鉴定意见的法律性。

（二）客观性兼具主观性

鉴定意见的客观性主要体现在鉴定对象和鉴定过程是客观的，鉴定的对象是案件中的物、人或行为，是客观存在的。鉴定过程中，鉴定人为了得出鉴定意见所使用的科学原理、仪器设备、鉴定标准以及相关程序也都是客观存在的，因此，通过鉴定活动得出的鉴定意见理应是客观的，所以鉴定意见具有客观性。然而，在现实的鉴定活动中，鉴定意见又具有一定的主观性。因为鉴定是人类有意识的活动，是主观对客观能动地，甚至是对原证据事实某种突破反映，特别是对鉴定材料的选取，实验、分析的过程中都需要鉴定人的主观判断，而且在鉴定人对检验的陈述中也可能掺入个人的主观判断，这些都可能导致对同一对象鉴定得出不同的鉴定意见，因此鉴定意见也具有一定的主观性。

（三）独立性兼具依附性

独立性表现在鉴定意见是独立的证据种类，区别于物证、书证、证人证言等，在诉讼中独立地发挥作为证据的证明作用。此外，鉴定意见为办案人员在专业性问题方面提供帮助，扩展了他们的认识能力，能独立地对某个案件事实作出证明，所以具有独立性。鉴定意见的依附性是指鉴定意见的形成以鉴定的对象为物质基础，而通常情况下鉴定的对象又是物证、书证、视听资料、电子数据等实物证据，因此鉴定意见的证明力受其来源证据的制约，如果鉴定对象，即检材或样本来源不真实（被伪造、变造等），或被污染过，则鉴定意见就不可能真实可靠。

第二节　鉴定意见的形成

鉴定意见是司法鉴定的集中表现形式，是一个系统完整的司法鉴定过程的行为结果和法律结果，因而其证明效能取决于该司法鉴定程序相对于法律规定和技术规范等约束内容的完备程度。具体而言，鉴定机制、鉴定主体资格条件及鉴定程序规范是影响鉴定意见证据能力的有无及证明力大小的关键环节和要素。

一、我国司法鉴定机制

全国人大常委会《关于司法鉴定管理问题的决定》，以及司法部《司法鉴定人登记管理办法》《司法鉴定机构登记管理办法》对我国司法鉴定机制进行了相关规定，主要内容如下：

（1）司法鉴定实行全国统一的管理制度，即国务院司法行政部门主管全国司法鉴定机构和司法鉴定人审核登记、名册编制和名册公告制度。

（2）国家对从事下列司法鉴定业务的鉴定人和鉴定机构实行登记管理制度：法医类鉴定；物证类鉴定；声像资料鉴定；根据诉讼需要由国务院司法行政部门

商最高人民法院、最高人民检察院确定的应当对鉴定人和鉴定机构实行登记管理的鉴定事项。法律对前款规定事项的鉴定人和鉴定机构的管理另有规定的，从其规定。

（3）申请从事司法鉴定业务的个人、法人或者其他组织，由省级人民政府司法行政部门审核，对符合法律规定条件的予以登记，编入鉴定人和鉴定机构名册并公告，并应根据鉴定人或者鉴定机构的增加和撤销登记情况，定期更新所编制的鉴定人和鉴定机构名册并公告。

（4）人民法院和司法行政部门不得设立鉴定机构；侦查机关根据侦查工作需要设立的鉴定机构，不得面向社会接受委托从事鉴定业务。

（5）各鉴定机构之间没有隶属关系；鉴定机构接受委托从事司法鉴定业务，不受地域范围的限制。

（6）鉴定人应当在一个鉴定机构中从事司法鉴定业务；在诉讼中对有关专门性问题需要进行鉴定的，应当委托列入鉴定人名册的鉴定人进行鉴定。鉴定人从事司法鉴定业务，由所在的鉴定机构统一接受委托。

（7）鉴定人和鉴定机构应当在其名册注明的业务范围内从事司法鉴定业务。司法鉴定实行鉴定人负责制度，鉴定人应当独立进行鉴定，对鉴定意见负责并在鉴定书上签名或盖章。

二、鉴定机构的条件、鉴定人的资格和权利义务

（一）鉴定机构条件

根据全国人大常委会《关于司法鉴定管理问题的决定》和司法部《司法鉴定机构登记管理办法》的相关规定，鉴定机构必须具备下列条件：（1）有自己的名称、住所；（2）有明确的业务范围；（3）有在业务范围内进行司法鉴定所必需的仪器、设备；（4）有在业务范围内进行司法鉴定所必需的依法通过计量认证或实验室认可的检测实验室；（5）每项司法鉴定业务有三个以上鉴定人。

（二）鉴定人资格

根据全国人大常委会《关于司法鉴定管理问题的决定》和司法部《司法鉴定人登记管理办法》的相关规定，鉴定人应具备下列条件：（1）拥护中华人民共和国宪法，遵守法律、法规和社会公德，品德良好；（2）具有相关的高级专业技术职称；或者具有相关的行业执业资格或高等院校相关专业本科以上学历，从事相关工作5年以上；（3）申请从事经验鉴定型或技能鉴定型司法鉴定业务的，应当具备相关专业工作10年以上经历和较强的专业技能；（4）所申请从事的司法鉴定业务，行业有特殊规定的，应当符合行业规定。此外，因故意犯罪或

职务过失受过刑事处罚的，受过开除公职处分的，以及被撤销鉴定人登记的人员，不得从事司法鉴定业务。

（三）鉴定人的权利义务

1. 鉴定人的权利

鉴定人享有以下权利：（1）了解、查阅与鉴定事项有关的情况和资料，询问与鉴定事项有关的当事人、证人等；（2）要求鉴定委托人无偿提供鉴定所需要的鉴材、样本；（3）进行鉴定所必需的检验、检查和模拟实验；（4）拒绝接受不合法、不具备鉴定条件或超出登记的执业类别的鉴定委托；（5）法律规定的其他权利。

2. 鉴定人的义务

鉴定人应当履行下列义务：（1）受所在司法鉴定机构指派按规定时限独立完成鉴定工作，并出具鉴定意见；（2）对鉴定意见负责；（3）依法回避；（4）妥善保管送鉴的鉴材、样本和资料；（5）保守在执业活动中知悉的国家秘密、商业秘密和个人隐私；（6）依法出庭作证，回答与鉴定有关的询问；（7）法律规定的其他义务。

三、司法鉴定程序

（一）鉴定的启动

司法鉴定启动主要是基于当事人的申请和司法机关的决定，具体体现为聘请、指派或委托鉴定人对鉴定事项进行鉴定。一般来说，司法鉴定的申请和决定，与举证责任分配有密切关系。为了获取鉴定意见这种证据以支持己方主张，完成举证责任，当事人可以申请司法机关对相关事项进行鉴定或自己委托鉴定；司法机关可依职权决定鉴定，并聘请、指派或委托鉴定人进行鉴定。比如，《刑事诉讼法》第146条规定："为了查明案情，需要解决案件中某些专门性问题的时候，应当指派、聘请有专门知识的人进行鉴定。"《民事诉讼法》第79条中规定："当事人可以就查明事实的专门性问题向人民法院申请鉴定。"《关于行政诉讼证据若干问题的规定》第31条规定，对需要鉴定的事项负有举证责任的当事人，在举证期限内无正当理由不提出鉴定申请、不预交鉴定费用或者拒不提供相关材料，致使对案件争议的事实无法通过鉴定结论予以认定的，应当对该事实承担举证不能的法律后果。

（二）鉴定的受理

司法鉴定受理是指司法鉴定机构或司法鉴定人通过对司法鉴定委托事项的审查，对符合条件的委托予以接受，同意予以鉴定的行为。鉴定主体受理鉴定之前，应着重审查下列事项：委托事项是否在自己的业务范围内；鉴定用途是否合法；鉴定要求是否合理；鉴定材料是否齐备、符合鉴定要求等。鉴定要求是委托人就案件中有关的专门性问题向受理鉴定机构提出的通过技术鉴定所要解决问题的请求，要求要明确、清楚。委托机关或个人应当向受理鉴定机构递交委托书，其主要内容有：简要案情、委托单位、鉴定单位和人员、送检材料、鉴定要求、批准人、送检人等。司法机关指派或聘请鉴定人鉴定的，要按规范填写鉴定聘请或指派书。委托书、聘请书及指派书是审查鉴定是否合法、规范的依据之一。

（三）指派鉴定人

司法鉴定机构受理鉴定委托后，应当指定本机构具有该鉴定事项执业资格的司法鉴定人进行鉴定，对同一鉴定事项，应当指定或者选择两名司法鉴定人进行鉴定；对复杂、疑难或者特殊鉴定事项，可以指定或者选择多名司法鉴定人进行鉴定。鉴定过程中，涉及复杂、疑难、特殊技术问题的，可以向本机构以外的相关专业领域的专家进行咨询，但最终的鉴定意见应当由本机构的司法鉴定人出具。专家提供咨询意见应当签名，并存入鉴定档案。

（四）收集鉴定材料

鉴定材料的来源主要有两种：一是委托人提供，二是鉴定人自行收集。

1. 委托鉴定的司法机关或当事人应当向鉴定机构提供鉴定所需要的材料

鉴定材料包括生物检材和非生物检材、比对样本材料以及其他与鉴定事项有关的鉴定资料。司法机关或当事人向鉴定机构提供鉴定材料，应当做到以下几点：

（1）保证鉴定材料来源的真实可靠。《司法鉴定程序通则》第 12 条第 1 款规定：“委托人委托鉴定的，应当向司法鉴定机构提供真实、完整、充分的鉴定材料，并对鉴定材料的真实性、合法性负责。”

（2）及时提取，妥善保管，及时送交鉴定。第一，司法机关及当事人对案件中发现的需要鉴定的物品、痕迹、生物检材等鉴定材料，要及时提取和固定，防止其被毁损或灭失。同时在提取时应为鉴定材料做好明细标记以证明其“身份”。第二，妥善保管鉴定材料。一是要保护鉴定材料的特定价值，确定专人专管，防止鉴定材料遗失或被替换；二是保护鉴定材料的证明价值，防止鉴定材料变质或被损坏，要求根据鉴定材料的特性采取妥善的措施防止其腐败、变质、变形、锈蚀、毁损、自然销蚀等；三是保护鉴定材料的法律价值，防止鉴定材料因保管手续不健全而失去法律效力，要求对鉴定材料的保管、移交要有完备的手续，形成完整的鉴定材料的流转链条。第三，及时送检。鉴定材料一经收集，尽量及时送检，防止随着时间推移，发生变形、变质和毁损，导致鉴定条件丧失。

(3) 鉴定材料的质与量要符合相关鉴定要求。鉴定委托人应当提供满足鉴定需要的鉴定材料。其一，鉴定材料达到鉴定需要的数量。检材和样本的数量标准应当符合国家规定的科学检验标准。如果鉴定材料的数量低于当时的检验标准，就应视为鉴定材料的数量不合格。检材和样本数量根据不同时期、不同领域、不同鉴定要求会有所不同，为使鉴定检材样本符合数量要求，司法机关应与鉴定部门保持联系，根据具体鉴定的不同，在专家的指导下进行有关工作。其二，鉴定材料的质量要达到相关鉴定需要标准。鉴定材料的质量是衡量鉴定条件不可忽视的关键性标准，是指在限定的数量中反映的客体特征的清晰程度、真实或准确程度、完整程度、纯净程度及特征数量，有的还包括鉴定材料形成的时间界限等其他情况。鉴定材料质量越高，越能准确地区分不同对象和认定同一，鉴定意见的准确性、可靠性更强。检材质量，必须是能够比较清楚全面地反映出被寻找客体特定性的重要特征，能够保证所得出的意见具有不可重复性，足以进行种类或个体区分。样本需要在特征反映、时间跨度、来源多样性等方面达到对于比对对象特征的全面覆盖和体系唯一的要求，且样本在形成的机理上、种类上、性状上都要与检材接近，具备比对条件和可能。

对于鉴定材料不完整、不充分、不能满足鉴定需要的，司法鉴定机构可以要求委托人补充。应当注意的是，鉴定机构和人员对送检的鉴定材料检查后，要办理相关的接收手续，核对并记录鉴定材料的名称、种类、数量、性状、保存状况、收到时间等，开具清单。鉴定主体对鉴定材料接收后，负有妥善保管的责任，对不予受理鉴定委托的，应当退还鉴定材料。司法鉴定机构应当建立鉴定材料管理制度，严格监控鉴定材料的接收、保管、使用和退还。

2. 鉴定主体自行收集鉴定材料

为了鉴定的需要，鉴定主体可以补充收集鉴定材料。鉴定人有权了解案件需要的材料，可以查阅、复制相关资料，必要时可以询问诉讼当事人和证人。经委托人同意，司法鉴定机构可以派员到现场提取鉴定材料。现场提取鉴定材料必须不少于2名司法鉴定机构的工作人员，其中至少有一名应为该鉴定事项的鉴定人。现场提取鉴定材料时，应当有委托人指派或委托的人员在场见证并在提取记录上签名。

（五）检验鉴定

鉴定人员要严格按照相关规则和标准，运用专业的科学方法手段，使用灵敏的科学技术仪器，严格遵守检验的程序和步骤对鉴定材料进行检验、分析、比对，保证鉴定的合法、规范、科学、严谨。鉴定过程中，要求遵守以下规定：

(1) 对特定对象进行检查或鉴定时，需要通过相关人员到场见证，以保证鉴定的客观性。具体情形包括：需要对无民事行为能力或限制民事行为能力人进行身体检查的，进行法医精神病鉴定的，需要进行尸体解剖的，应当通知被鉴定检查人员的监护人或近亲属到场见证，且在鉴定记录上签名。

（2）鉴定人员应当对鉴定过程进行实时记录并签名。记录内容应当真实、客观、准确、完整、清晰，记录的文本资料或影像资料要存入鉴定档案，以备日后需要时审查。

（六）出具司法鉴定意见书

鉴定人员对鉴定材料进行检验鉴定后，应当按照统一规定的文本格式制作司法鉴定意见书。司法鉴定意见书是司法鉴定机构和鉴定人对委托人提供的鉴定材料进行检验、鉴别后出具的记录鉴定人专业判断意见的文书。鉴定意见书一般包括标题、编号、基本情况、检验摘要、检验过程、分析说明、鉴定意见、落款、附件及附注等内容。司法鉴定意见书既是鉴定过程的客观记录，也是鉴定意见作为法定证据的外在表现形式。因此，鉴定意见书的制作要求规范严谨，应特别强调以下几点：

（1）要加强鉴定意见的说理性。其一，要载明鉴定依据，体现鉴定的科学性；其二，要记载鉴定的程序要件，体现鉴定程序的合法性；其三，要分析说明检验结果，体现鉴定意见的正确性。

（2）使用规范的语言进行表述。要求准确用词，恰当使用专业术语。

（3）严格遵守司法鉴定文书格式要求。

（4）比对特征表的具体出处原则上应该全部附图。

（5）鉴定意见应直接对委托鉴定事项进行明确回答，不能超出委托事项的范围出具鉴定意见。

司法鉴定意见书应当由司法鉴定人签名。多人参加鉴定，对鉴定意见有不同意见的，应当注明。鉴定意见书应当加盖司法鉴定机构的司法鉴定专用章。

四、司法鉴定的特别程序

司法鉴定的特别程序不是鉴定的必经程序，只有在特定情况下才会启动，主要包括补充鉴定、重新鉴定和共同鉴定。如《刑事诉讼法》第 148 条规定：“侦查机关应当将用作证据的鉴定意见告知犯罪嫌疑人、被害人。如果犯罪嫌疑人、被害人提出申请，可以补充鉴定或者重新鉴定。”《关于行政诉讼证据若干问题的规定》第 32 条规定：“人民法院对委托或者指定的鉴定部门出具的鉴定书，应当审查是否具有下列内容：（一）鉴定的内容；（二）鉴定时提交的相关材料；（三）鉴定的依据和使用的科学技术手段；（四）鉴定的过程；（五）明确的鉴定结论；（六）鉴定部门和鉴定人鉴定资格的说明；（七）鉴定人及鉴定部门签名盖章。前款内容欠缺或者鉴定结论不明确的，人民法院可以要求鉴定部门予以说明、补充鉴定或者重新鉴定。”

（一）补充鉴定

补充鉴定是在原来鉴定（通常是初次鉴定）的基础上为了更明确、更全面地反映待证事实，由原鉴定人对其中的个别问题进行的修正或补充性鉴定后作出判断的一种活动。补充鉴定一般是由原鉴定机构的鉴定人对经过鉴定的同一问题进行修正或补充，鉴定主体和鉴定对象并未发生变更，仅仅是鉴定内容和要求有所增加。补充鉴定应根据补充要求的鉴定事项实施。根据《司法鉴定程序通则》第 30 条的规定，诉讼过程中有关鉴定意见出现下列情况之一者，司法机关可以考虑要求原鉴定人补充鉴定：一是原委托鉴定事项有遗漏的；二是委托人就原委托鉴定事项提供新的鉴定材料的；三是其他需要补充鉴定的情形。

补充鉴定结果可采取两种方式处理：撤销原鉴定书并重新出具或原鉴定书仍然保留，单独出具补充鉴定书，两者共同使用。无论哪种，鉴定机构与鉴定人绝不可以在原鉴定书上批字、盖章的方式反映补充鉴定过程与结果。

（二）重新鉴定

重新鉴定是诉讼当事人、代理人、犯罪嫌疑人及其律师对原鉴定意见全部持有异议，或司法机关对原鉴定意见进行审查后认为难以取信时，委托原鉴定机构、鉴定人以外的鉴定机构和鉴定人，对同一个专门性问题再次进行的鉴定。

重新鉴定的原因有三种：一是鉴定程序违法，可能影响鉴定意见的客观性和正确性，如鉴定人应当回避而没有回避；二是办案机关认为需要重新鉴定的，主要表现为对鉴定意见难以采信，如鉴定意见与其他证据不能相互印证等；三是法律规定的其他情形。如《关于民事诉讼证据的若干规定》第 40 条第 1 款规定：“当事人申请重新鉴定，存在下列情形之一的，人民法院应当准许：（一）鉴定人不具备相应资格的；（二）鉴定程序严重违法的；（三）鉴定意见明显依据不足的；（四）鉴定意见不能作为证据使用的其他情形。”第 3 款规定：“对鉴定意见的瑕疵，可以通过补正、补充鉴定或者补充质证、重新质证等方法解决的，人民法院不予准许重新鉴定的申请。”第 4 款规定：“重新鉴定的，原鉴定意见不得作为认定案件事实的根据。”

重新鉴定是一个独立的鉴定程序，在过程和结果上不受初始鉴定的影响。《司法鉴定程序通则》第 32 条规定，“重新鉴定应当委托原司法鉴定机构以外的其他司法鉴定机构进行；因特殊原因，委托人也可以委托原司法鉴定机构进行，但原司法鉴定机构应当指定原司法鉴定人以外的其他符合条件的司法鉴定人进行。接受重新鉴定委托的司法鉴定机构的资质条件应当不低于原司法鉴定机构，进行重新鉴定的司法鉴定人中应当至少有一名具有相关专业高级专业技术职称”。

（三）共同鉴定

共同鉴定是指为了解决疑难、复杂的专门性问题，在委托方的要求下由两个以上鉴定机构、多个鉴定人对同一个事项进行的集体鉴定。《司法鉴定程序通则》第34条规定：“对于涉及重大案件或者特别复杂、疑难、特殊技术问题或者多个鉴定类别的鉴定事项，办案机关可以委托司法鉴定行业协会组织协调多个司法鉴定机构进行鉴定。”由于委托对象的变化，具体委托受理和意见书出具方式应根据不同情况，委托事项属于多类别的可采取分拆受理，属于特殊事项的可采取一家主持，邀请其他鉴定机构的鉴定人参与的方式。

第三节　鉴定意见的审查判断

鉴定意见是鉴定人运用专业知识和技能对案件中的专门性问题进行分析、检验，而形成的判断性意见。它只能解决案件中的专业问题，而非法律问题；它只能证明案件的部分事实而非全部事实。鉴定人并非“科学的法官”，鉴定意见也非“科学的判决”。《关于司法鉴定管理问题的决定》和三大诉讼法先后将“鉴定结论”改为“鉴定意见”，其变化不仅体现在字面上，更重要的是纠正人们先前认为“‘结论’就是准确无误的，不容置疑”的错误观念，树立“‘鉴定意见’作为一种证据材料，仍需经过严格的审查判断，才能作为定案的依据”的正确观念。其一，鉴定意见虽然具有科学性和较强的可靠性，但鉴定意见的形成是一个囊括了鉴定人、鉴定材料、鉴定程序和方法、鉴定意见书制作等多因素的过程，其中任何一个因素都可能对鉴定意见的可靠性产生影响，故而鉴定意见并非百分之百客观准确。因此，有必要对鉴定意见的客观性、可靠性进行审查。其二，由于鉴定意见受到鉴定材料来源的限制，故而仍存在鉴定意见与案件事实无关联的可能性。因此，有必要对鉴定意见的相关性进行审查。其三，鉴定意见作为法定证据种类，必须具有合法性。因此，有必要对其合法性进行审查。总之，只有经过对鉴定意见的客观性、相关性和合法性审查，确认其证据能力和证明力后，才能将其作为定案的依据。

一、鉴定意见审查判断的内容和途径

鉴定意见的科学性、真实性和权威性，在很大程度上不取决于鉴定意见本

身，而依赖于鉴定人的专业资格，鉴定过程和判断能力。[①] 根据相关法律规定，结合鉴定意见的特点，应从以下几个方面对鉴定意见进行审查：

（一）审查鉴定主体的资格和条件

鉴定机构和鉴定人只有具备法定的资格和条件，才能依法从事司法鉴定业务，所提供的鉴定意见才具备证据能力。对鉴定主体，应着重审查以下几个方面：（1）鉴定机构和鉴定人是否具有法定资质；（2）鉴定人是否具备解决鉴定相关问题的专业知识或技能；（3）鉴定人是否存在回避情形；（4）鉴定人是否基于合法的指派、聘请或委托而进行鉴定。

（二）审查鉴定材料

鉴定材料是鉴定的基础，鉴定材料来源是否真实可靠，在提取、保管、送检的过程中是否符合相关的法律规定，是否存在被替换、污染等因素，材料数量是否充足，质量是否达到检验要求等，都会影响鉴定意见的可靠性。因此，对鉴定材料的审查是审查鉴定意见的重要内容之一。

1. 鉴定材料真实性审查

鉴定材料是鉴定的物质基础。鉴定材料的真实性和同一性是鉴定意见转化为定案根据的前提条件。因此，在三大诉讼中，对鉴定意见的审查都强调要审查鉴定材料的真实性。《刑诉法解释》第 97 条规定对鉴定意见应当着重审查以下内容："……检材的来源、取得、保管、送检是否符合法律、有关规定，与相关提取笔录、扣押清单等记载的内容是否相符，检材是否可靠。"《关于民事诉讼证据的若干规定》第 34 条第 1 款规定："人民法院应当组织当事人对鉴定材料进行质证。未经质证的材料，不得作为鉴定的根据。"《关于行政诉讼证据若干问题的规定》第 32 条规定，"人民法院对委托或者指定的鉴定部门出具的鉴定书，应当审查是否具有下列内容……鉴定时提交的相关材料"。

在司法实践中，诉讼各方对鉴定意见可靠性的关注点事实上在于鉴定对象的真实性和同一性。这些通常被称为"检材"的物证、书证、视听资料、电子证据，假如存在来源不明，或者因为受到污染而不具备鉴定条件之情况的，那么，鉴定人纵然遵循科学的程序和方法，使用合格的技术和设备，也无法提供真实可靠的鉴定意见。又假如鉴定人所鉴定的检材与委托机关所提供的实物证据存在不一致、不同一情形，那么，鉴定人所作的鉴定意见将变得毫无意义，甚至还会因为鉴定对象的错误而出现南辕北辙、混淆视听的问题。在审查鉴定意见的过程中，办案人员应加强对鉴定材料真实性和同一性的审查，包括检材的来源、取得、保管、送检等环节是否符合法律规定；检材是否与相关勘验检查笔录、提取

① 陈瑞华：《刑事证据法学》，北京大学出版社 2014 年版，第 199 页。

笔录、扣押清单等相符，通过审查证据收集及保管链条的完整性以保证鉴定检材来源的可靠性。

除去作为检材的鉴定对象自身存在问题外，鉴定意见形成所依据的比对样本、案情信息等鉴定资料如果也存在伪造、模糊、不实等问题的话，也会直接影响到鉴定的开展乃至鉴定意见的科学可靠性。因此，对于鉴定材料的审查除要关注作为庭审问题焦点的被鉴定对象外，作为分析和比对基础的其他鉴定材料，也应该受到重视以及严格的审查判断。

2. 鉴定材料数量和质量的审查

鉴定材料，主要是检材和样本是否充足，达到鉴定所需数量，也会对鉴定意见的形成产生实质影响。鉴定材料不充足，如同“无米之炊”，无法形成科学可靠的鉴定意见。同理，如果检材或样本特征不明显，比对质量差，达不到相应的检验要求的情况下，作出了确定性的鉴定意见，则此鉴定意见是不可靠的。

（三）审查鉴定程序和方法

鉴定程序是否规范，鉴定方法是否科学、符合行业标准，直接影响鉴定意见的可靠性。鉴定程序的合法性审查内容包括：鉴定的提起、委托和受理程序；鉴定主体的选择；鉴定对象与鉴定标准的确认；重新鉴定与补充鉴定的提出，鉴定意见的审查与采用等。

鉴定方法审查的内容包括：鉴定的设备和仪器是否符合鉴定要求；鉴定的方法是否符合相关专业标准，具有科学性。

（四）审查鉴定意见的形式和内容

1. 鉴定意见书的格式是否规范

鉴定意见书是鉴定意见的载体，必须能反映完整的鉴定过程，且具备能证明鉴定意见客观性、合法性的形成要件，故而要求形式规范、要件完备。《刑诉法解释》第97条明确要求把鉴定意见的形式要件作为审查的重点，具体审查内容包括：是否注明提起鉴定的事由、鉴定委托人、鉴定机构、鉴定要求、鉴定过程、鉴定方法、鉴定日期等相关内容，是否由鉴定机构加盖司法鉴定专用章并由鉴定人签名。

2. 审查鉴定意见的内容

对鉴定意见内容的审查主要包括三个方面：（1）鉴定意见是否明确。通过鉴定形成的意见主要分为肯定性意见和否定性意见两种，但实践中由于各种主客观原因，有时经过鉴定并不能形成肯定或否定性意见，只能提出一种倾向性意见。例如，“不排除某某的可能”“倾向于认定某某”等。倾向性意见是一种“未置可否”的不确定的意见，对案件事实的证明程度并未达到证据要求的标准。因此，虽然倾向性意见对案件事实中的专门性问题也进行了分析、判断和讨论，可作为侦查、起诉的参考意见使用，但由于其最终没有形成一种确定性意见，对证明案件事实并没有实质性的意义，因此不能作为证据使用。（2）鉴定意见与案件待证事实是否具有关联性。鉴定意见与案件事实的关联性在很大程度上依赖于鉴定材料与待证事实的关联性。如果鉴定意见与待证事实没有关联性，则不能作为定案的依据。例如，在犯罪现场提取到几枚指纹，送检后确定该指纹与张三指纹同一，是张三所留，但由于该指纹并非是作案人在犯罪现场留下的，所以，对张三指纹鉴定的意见与案件没有任何关联性，不能据此认定张三是犯罪嫌疑人。（3）鉴定意见论证是否充分、合理。鉴定过程是鉴定人运用专业知识和技能对相关问题进行分析并作出判断的思维化过程，鉴定人只有将这个思维化过程通过意见书的形式外化出来，才能被办案人员、当事人等鉴定人以外的人认识和理解，其科学性和可靠性才能得到判断。因此，鉴定意见书中应对鉴定意见得出的事实依据、科学依据、依据与意见之间的关系进行充分、合理的论证。如果鉴定意见书中对意见的形成没有作出充分、合理的论证，办案人员或当事人对鉴定意见产生质疑时，可以要求鉴定人对鉴定意见进行说明或解释；也可指派或聘请专家辅助人协助审查鉴定意见。《刑事诉讼法》第192条第3款明确规定："公诉人、当事人或者辩护人、诉讼代理人对鉴定意见有异议，人民法院认为鉴定人有必要出庭的，鉴定人应当出庭作证。经人民法院通知，鉴定人拒不出庭作证的，鉴定意见不得作为定案的根据。"《民事诉讼法》第82条规定："当事人可以申请人民法院通知有专门知识的人出庭，就鉴定人作出的鉴定意见或者专业问题提出意见。"

（五）审查鉴定意见同其他证据间的一致性

用作定案依据的鉴定意见必须与案件的其他证据相互印证、协调一致，因此，应将鉴定意见与其他证据，尤其是勘验、检查笔录及照片、搜查笔录、扣押笔录等能证明鉴定材料来源真实性的证据进行比对，看是否存在矛盾。如果有矛盾，是否能够得到合理解释。如矛盾无法排除，则需要进一步调查分析，判断鉴定意见和其他证据的真伪。

（六）审查鉴定意见是否依法及时告知相关人员

鉴定意见只有经过当事人双方的质证，确定无异议后，才能作为定案的依据。《刑事诉讼法》第148条规定："侦查机关应当将用作证据的鉴定意见告知犯罪嫌疑人、被害人。如果犯罪嫌疑人、被害人提出申请，可以补充鉴定或者重新鉴定。"据此，拟作为证据的鉴定意见没有依法告知当事人，或当事人提出申请后，没有依法组织补充鉴定或重新鉴定的，该鉴定意见不得作为定案的依据。

二、专家辅助人制度

《刑事诉讼法》第 197 条第 2 款规定，“公诉人、当事人和辩护人、诉讼代理人可以申请法庭通知有专门知识的人出庭，就鉴定人作出的鉴定意见提出意见”。《民事诉讼法》第 82 条规定：“当事人可以申请人民法院通知有专门知识的人出庭，就鉴定人作出的鉴定意见或者专业问题提出意见。”上述规定中有别于鉴定人，但又是以其专门知识为法庭提供帮助的人，称为专家辅助人。允许诉讼当事人聘请专家辅助人参与庭审中鉴定意见的质证，其目的在于保障鉴定意见质证质量与有效性，也是对鉴定意见进行审查判断的有效方式。

（一）专家辅助人的概念

“专家辅助人”是指在其专业领域内具有一定的专门知识或经验，为了充分保证当事人的合法权益不受侵害，根据自身的专业知识，对诉讼活动中涉及的一些专业性问题作出自己的判断或发表自己的见解，帮助审判人员对案件在专业领域内的事实进行准确认定的人员。《刑事诉讼法》第 192 条第 4 款规定，有专门知识的人出庭，适用鉴定人的有关规定。同时，根据《关于民事诉讼证据的若干规定》第 84 条第 2 款的规定，有专门知识的人（专家辅助人）不得参与对鉴定意见质证或者就专业问题发表意见之外的法庭审理活动。

（二）专家辅助人与鉴定人的差异

虽然专家辅助人与鉴定人都是为了解决案件中的专门性问题而参与诉讼，但两者在参与诉讼的方式上有很大的差异。鉴定人全程参与了司法鉴定的启动、鉴定、鉴定意见形成的全过程，是按照相关的程序和规范对鉴定材料进行检验鉴定后得出专业性意见。专家辅助人则是在法庭上针对现有的鉴定意见或者针对有关的专门性问题进行陈述说明，来弥补当事人在专业问题方面能力不足的缺陷。

（三）专家辅助人制度的价值

通过专家辅助人的出庭质证活动，有助于法官对司法鉴定意见的可靠性和科学性进一步认识；有利于消除公诉人、当事人、辩护人、诉讼代理人对鉴定意见提出异议而不能的弊端。专家辅助人的意见既可以书面形式递交法庭，也可以由当事人申请出庭质证。无论采取何种形式，专家辅助人的意见都是控辩双方或当事人双方在法庭上对鉴定意见进行质证而衍生的证据，是一种试图通过专家辅助人与鉴定人的庭审交锋来发现或证明客观事实的手段，也是一种帮助法官形成自由心证的途径。因此，虽然专家辅助人的意见目前尚无法归属于我国现行法律中的任何一种证据种类，但实践中可以将其视为专家辅助人证言，最终由法官来决定是否采信。

案例辅读

念 斌 案

2006年7月27日夜，福建省平潭县澳前村17号两户居民家中多人出现中毒症状，其中两人经抢救无效死亡。警方经过侦查，很快确定是人为投入氟乙酸盐鼠药所致，认为其邻居念斌有重大作案嫌疑。念斌因此被逮捕，提起公诉。后该案历时8年10次开庭审判，4次被判处死刑立即执行。最终于2014年8月22日，福建省高级人民法院作出终审判决念斌无罪。本案中核心焦点是福州市公安局出具的5份鉴定意见的审查判断。对于该核心证据，原公安部物证鉴定中心毒物麻醉药品鉴定处处长张继宗等6名专家联名签署《关于念斌投毒案理化检验报告及法医学鉴定书的专家意见书》送达福建省高级人民法院。他们均认为，几份曾扭转侦查方向的鉴定报告存在严重问题：检测时曾将样本图样当作检验物检测图样，同一份质谱图，既被充当心血样本，又与死者呕吐物的质谱图相同。此外，呕吐物、尿液、血液的检测均未按照规范操作，有“被污染的可能性”。该案大部分证据的鉴定工作违反了公安部的标准性规范，甚至关键证据系警方伪造。他们建议法院重新审查证据，谨慎判决，避免错杀无辜。最终福建省高级人民法院认为“二被害人系中毒死亡，但原判认定致死原因为氟乙酸盐鼠药中毒依据不足，认定的投毒方式依据不确实，毒物来源依据不充分，与上诉人的有罪供述不能相互印证，相关证据矛盾和疑点无法合理解释、排除，全案证据达不到确实、充分的证明标准，不能得出系上诉人念斌作案的唯一结论。因此，原判认定上诉人念斌犯投放危险物质罪的事实不清，证据不足，原公诉机关指控上诉人念斌所犯罪名不能成立”，并作出无罪判决。

第十六章

勘验、检查、辨认、侦查实验等笔录

勘查无论怎样周密细致，如果不能将其结果正确表现在笔录上，也是没有意义的。笔录的使命就是为了日后看到它的第三者，特别是检察官、审判官面前能再现勘查时的情况，像直接见到活生生的现场一样容易被理解、被认识，从而充分发挥其作为证据的价值。

——［日］钢川正雄

第一节　勘验、检查、辨认、侦查实验等笔录概述

一、勘验、检查、辨认、侦查实验等笔录的概念和意义

（一）勘验、检查、辨认、侦查实验等笔录的概念

勘验、检查、辨认、侦查实验等笔录是对勘验、检查、辨认、侦查实验等案件调查或侦查活动依法制作的记录，是笔录类证据。“笔录”不仅局限于文字记录，还包括绘图、照片、录音、录像等，它是各种调查活动实况记录的总称。

在我国，刑事诉讼法中的笔录类证据包括勘验、检查、辨认、侦查实验等笔录；民事诉讼中的笔录类证据主要包括勘验笔录；行政诉讼中的笔录类证据主要包括勘验笔录和现场笔录。2012 年《刑事诉讼法》，在原来“勘验、检查笔录”的基础上增加了“辨认、侦查实验等”笔录，且通过一个“等”字将此类证据形式由原来的封闭式规定变成了半开放式规定，即只要具备证据属性的案件侦查笔录，都可以作为刑事诉讼证据。因此，实践中的搜查、查封、扣押、提取等笔录也应属于此类证据。本章重点介绍勘验、检查、辨认、侦查实验笔录。对勘验、检查、辨认、侦查实验笔录的概念，应明确以下几点：

其一，笔录类证据有别于物证。笔录类证据属于实物证据，但不是狭义上的物证。勘验、检查笔录可以记录物证提取的有关情况，但并不等于物证本身，而只是反映物证情况和保全物证的一种方法。

其二，笔录类证据区别于书证。虽然笔录以其内容来证明案件有关事实，与书证具有一定的相似性，但并不属于书证。书证一般形成于案件发生之前或发生的过程中，其制作人主要是当事人、证人或其他涉案的机关、团体；而笔录类证据形成于案件发生后、诉讼过程中，制作主体是组织实施勘验、检查、辨认、侦查实验等调查活动的侦查人员、检察人员和审判人员。

其三，笔录类证据区别于鉴定意见。笔录类证据和鉴定意见在形式上都具有规范性，尤其是辨认和侦查实验最后会形成一定的结论，通过笔录反映出来，与鉴定意见有一定的相似性，但二者存在本质上的区别，不容混淆。首先，制作的主体不同。前者是参与勘验、检查、辨认、侦查实验等活动的办案人员；后者是鉴定人员。其次，形成的依据不同。勘验、检查、辨认和侦查实验等活动是通过办案人员或其他知情人员的感官或器材直接观察、测量、辨识与案件有关的场所、物品、人身、尸体等，进而得出结论；而鉴定意见是鉴定人运用专业知识和技术设备对案件中的专门性问题进行分析后得出的科学性意见。

其四，笔录类证据区别于当事人陈述、被害人陈述、证人证言、犯罪嫌疑人和被告人口供。勘验、检查、辨认、侦查实验等笔录与当事人陈述、被害人陈述、证人证言、犯罪嫌疑人和被告人口供的主要载体，即询问笔录、讯问笔录具有一定的相似性，它们都具有笔录形式，且除了行政诉讼中的现场笔录外，都是在诉讼过程中由司法机关办案人员制作的法律文书。但是，两者在内容、形成过程上有本质的区别。从内容上看，勘验、检查、辨认、侦查实验等笔录是对司法机关开展的相关调查活动的过程和结果的客观记录，而询问、讯问笔录主要是对司法机关询问当事人、证人，讯问犯罪嫌疑人和被告人的内容、程序及询问、讯问对象对所知的案件情况的陈述的记录。从形成过程来看，勘验、检查、辨认、侦查实验等笔录是依据相关调查活动的所见或结论得出，而询问、讯问笔录所记载的陈述是依据当事人、证人、犯罪嫌疑人和被告人对案件情况的感知而形成。

1. 勘验、检查笔录

勘验、检查笔录是对勘验、检查活动依法制作的笔录。勘验的对象是与案件有关的场所、物品和尸体，其目的是直接了解案件的有关场所、物品和尸体的有关情况，并发现和提取相关痕迹物品。根据勘验对象不同，勘验笔录分为现场勘验笔录、尸体检验笔录和物证检验笔录。检查的对象主要是人身，其目的是确定犯罪嫌疑人、被害人等身体的外部特征、伤害情况或生理状态。《刑事诉讼法》第 128 条规定："侦查人员对于与犯罪有关的场所、物品、人身、尸体应当进行勘验或者检查。在必要的时候，可以指派或者聘请具有专门知识的人，在侦查人员的主持下进行勘验、检查。”

2. 辨认笔录

辨认是办案人员为了查明案情，让被害人、证人、犯罪嫌疑人或被告人等对相关客体特征熟悉或了解的人，对与案件有关的物品、场所、人身、尸体进行的辨别活动，所形成的记录就是辨认笔录。《公安机关办理刑事案件程序规定》第258条规定：“为了查明案情，在必要的时候，侦查人员可以让被害人、证人或者犯罪嫌疑人对与犯罪有关的物品、文件、尸体、场所或者犯罪嫌疑人进行辨认。”

3. 侦查实验笔录

侦查实验是为了验证在某种条件下某一事实或现象能否发生、怎样发生及后果如何，在相同或相近的条件下，对该事件进行实验性重演的专门活动，因此所形成的笔录，就是侦查实验笔录。《刑事诉讼法》第135条第1款规定：“为了查明案情，在必要的时候，经公安机关负责人批准，可以进行侦查实验。”

4. 行政诉讼现场笔录

现场笔录是指行政机关对行政执法过程中被管理对象的状况和行政执法过程依法进行的即时记录。记录的方式包括文字记载、现场照相、摄像等。《行政诉讼法》仅规定了现场笔录是行政诉讼的一种证据，除此之外，再无进一步规定。关于现场笔录的规定大量出现在关于行政管理的法律、法规和规章中。本章将不作重点阐述。

（二）勘验、检查、辨认、侦查实验等笔录的意义

1. 有利于揭示案件事实真相

勘验、检查、辨认、侦查实验等笔录是由案件最初形成的证据衍生出来的新证据，它通过对办案人员对与案件有关的人员、场所、物品、人身、尸体进行辨别、指认、勘验、检查情况以及侦查实验情况的实况记录，起到客观记录案发后现场、物品、人身、尸体等原始情况的作用，为办案人员分析研究案件的时间、地点、行为人、违法犯罪方法、手段等细节，再现案件现场提供重要依据，因而有利于查明案件事实真相。

2. 有利于记录和保全其他证据

在诉讼中，由于现场、物品、尸体、特定的人身与案件有某种客观联系，常常存留有可能据以了解案件真实情况的各种信息，科学的勘验、检查、辨认、侦查实验等活动能够发现、提取或验证与案件有关的线索和证据，由此形成的各种笔录能够客观全面地记录相关调查活动的过程和结果，因此具有记录和保全其他证据的作用。

3. 有利于验证其他证据的真伪

通过勘验、检查等活动发现、提取的物品、痕迹和通过辨认、侦查实验等活动得出的与案件某一事实相关的结论对案件事实具有重要的证明作用，但对收集的物品、痕迹是否客观真实，直接来源于案件，辨识、验证而得出的结论是否科学可靠，需要进行认真细致地审查判断。笔录是对勘验、检查、辨认、侦查实验等调查活动的实况记录，因此，可以作为验证其他证据真伪的重要依据。

4. 有利于审查勘验、检查等调查活动的合法性

勘验、检查、辨认、侦查实验等案件调查（侦查）活动是诉讼行为，具有严肃性，关系案件事实的查明和证据的收集、固定和提取，对案件的处理和最终的裁决具有重要的影响。调查（侦查）活动是否合法规范关系所获取的证据是否客观真实，并进而影响案件处理结果是否客观公正。此外，勘验、检查、辨认和侦查实验等行为具有司法强制性，相关权力行使不当会损害当事人和其他相关人员的合法权益，或败坏社会善良风俗甚至造成社会危险（如侦查实验）。因此，法律对勘验、检查、辨认、侦查实验、搜查等调查行为作出了规范和约束，要求此类行为必须依法实施，并依法记录。通过笔录既能反映调查活动和行为的结果，以揭示和证明案件事实；又能反映调查活动和行为的过程以证实调查活动自身的合法性。

二、勘验、检查、辨认、侦查实验等笔录的特点

（一）较强客观性

首先，笔录类证据是对勘验、检查、辨认、侦查实验等案件调查活动的客观记录，不允许掺杂记录人的主观猜想、判断和评价，因此，受主观因素影响较小，客观性较强。其次，勘验、检查、辨认、侦查实验等笔录制作主体是侦查机关、检察机关和审判机关的办案人员，主体具有特定性和中立性，也因此保证了笔录的客观性。当然勘验、检查、辨认和侦查实验的参与者及笔录的制作主体是人，难免会受主观因素的干扰，因此，笔录类证据并非绝对客观。为了保证笔录的客观性，就必须通过规范调查活动主体及笔录制作人，规范调查程序及笔录制作程序方法，以达到最大限度地控制人的主观因素对笔录客观性的影响。

（二）证明作用的双重性

一方面，勘验、检查、辨认、侦查实验等笔录通过对现场勘查、人身检查等调查活动结果的客观记录，能较为直观地反映与案件有关的人身、物品、场所、尸体及其他痕迹物品的外在形态、空间方位、相互间的位置关系、形成原因等，对案件事实具有证明作用。另一方面，勘验、检查、辨认、侦查实验等笔录通过对相关调查活动过程的实况记录，能直观地反映勘验、检查、辨认、侦查实验等

调查活动的程序和方法，进而可以证明勘验、检查、辨认、侦查实验等活动的规范性和合法性。因此，勘验、检查、辨认、侦查实验等笔录证明作用具有双重性。实践中，办案人员应通过客观规范制作笔录，充分发挥笔录的双重证明功能。在笔录证明案件事实的同时，以笔录来证明办案程序、取证活动的合法性，证明物证、书证等实物证据真实来源于案件现场，具有可靠性，进而证明鉴定意见的可靠性。

（三）证明的间接性

勘验、检查、辨认、侦查实验等笔录内容虽然具有直观性，但其大多并不能直接证明案件事实，需要与其他证据相互结合才能证明待证事实。比如，侦查实验笔录，只能证明与案件有关的某一现象和行为能否发生及怎样发生，但并不能据此认定某人实施了犯罪。因此，在运用勘验、检查、辨认、侦查实验等笔录来证明案件事实时，一定要注意其证明间接性的特点，遵循间接证据的运用规则。

（四）依赖性

由于勘验、检查、辨认、侦查实验等笔录是对勘验、检查、辨认、侦查实验等活动的过程和结果的记录，因此其客观性、相关性和合法性一方面取决于制作程序和方法的规范性，即能否对勘验、检查等相关调查活动进行客观、全面、真实的反映；另一方面取决于勘验、检查、辨认、侦查实验活动本身程序和方法的合法性、客观性和有效性。因此，审查判断勘验、检查、辨认、侦查实验等笔录时，既要审查笔录本身，也要审查其赖以存在的调查活动。

第二节　勘验、检查、辨认、侦查实验等笔录的制作

一、勘验、检查、辨认、侦查实验的程序规定和规则

勘验、检查、辨认、侦查实验等笔录的证据能力和证明力依赖于相关活动的规范性、合法性和客观性。因此，勘验、检查、辨认、侦查实验等活动应遵循相关的程序规范和规则。

（一）勘验、检查的程序规范

1. 勘验、检查只能由侦查人员进行。在必要的时候，可以指派或者聘请具有专门知识的人，在侦查人员的主持下进行。

2. 侦查人员执行勘验、检查，必须持有人民检察院或者公安机关的证明文件。

3. 勘验、检查时，应当邀请与案件没有利害关系的人作为见证人。

4. 人民检察院审查案件的时候，对公安机关的勘验、检查，认为需要复验、复查时，可以要求公安机关复验、复查，并且可以派检察人员参加。

5. 对于死因不明的尸体，公安机关有权决定解剖，并且通知死者家属到场。

6. 为了确定被害人、犯罪嫌疑人的某些特征、伤害情况或者生理状态，可以对人身进行检查，可以提取指纹信息，采集血液、尿液等生物样本。对犯罪嫌疑人可以强制检查，对被害人不能强制检查。

7. 检查妇女的身体，应当由女工作人员或者医师进行。

8. 勘验、检查的情况应当写成笔录，由参加勘验、检查的人和见证人签名或盖章。

（二）辨认的程序规范及规则

1. 辨认只能在侦查人员的主持下进行，而且对犯罪嫌疑人的辨认，应当经侦查机关或其他侦查部门负责人批准。

2. 辨认前的询问。在辨认开始前，组织辨认的司法工作人员应对辨认人进行询问，详细了解辨认人掌握的辨认对象的具体特征。判断辨认人的感知能力、记忆能力和表达能力，从而为正确组织辨认和评断辨认结果提供依据。同时，应当告知辨认人有意作假辨认应负的法律责任。

3. 个别辨认。多个辨认主体对同一辨认对象进行辨认时，应当分别组织辨认；同一辨认主体对多个辨认对象进行辨认，也应分别进行。

4. 混杂辨认。对人身和物品的辨认，应将辨认对象与具有相似特征的陪衬对象混杂在一起，供辨认人辨认。《公安机关办理刑事案件程序规定》要求，陪衬人不少于7人；陪衬照片不少于10张。《人民检察院刑事诉讼规则》第226条规定，辨认犯罪嫌疑人时，被辨认的人数不得少于7人，照片不得少于10张。辨认物品时，同类物品不得少于5件，照片不得少于10张。

5. 自由辨认。辨认开始前禁止辨认人见到辨认对象。在辨认过程中，应当保证辨认人在不受任何干扰的情况下，自由而独立地对辨认对象进行识别，侦查人员不得进行任何方式的明示或暗示，诱导辨认人指认。

6. 公开辨认应制作辨认笔录，由参与辨认的侦查人员、辨认人、见证人等在辨认笔录上签名或盖章。

（三）侦查实验的程序规范及规则

1. 侦查实验必须在侦查人员的主持下进行，且必须经公安机关负责人批准才能进行。

2. 侦查实验必须有见证人在场。

3. 侦查实验中严禁一切足以造成危险、侮辱人格或有伤风化的行为。

4. 侦查实验条件应尽量与原始条件相同或接近。

5. 同一实验应反复多次进行。

6. 侦查实验应当制作笔录，由参与人员签名或盖章。

二、勘验、检查、辨认、侦查实验等笔录的制作要求

（一）合法制作

1. 制作主体要合法

勘验、检查、辨认、侦查实验等笔录应当由参与相关调查活动的办案人员制作，且制作人应当在笔录上签名或盖章。在侦查阶段，由参与勘验、检查、辨认、侦查实验等活动的侦查人员制作笔录。人民法院调查核实证据，可以进行勘验、检查、查封、扣押和查询、冻结等调查活动。这时的勘验、检查、查封、扣押、查询、冻结及法庭上的辨认等调查活动，应由承办该案的审判人员主持，勘验、检查等笔录由审判人员制作。在司法实践中，勘验、检查等笔录一般是由负责勘验、检查、辨认、侦查实验等活动的侦查、审判人员指定专人制作。笔录应当在行为进行过程中制作或者在某种行为结束后立即制作。

2. 制作程序要合法

为了确保勘验、检查等笔录的客观、准确，保证有关人员对勘验、检查等笔录负责和便于核查，要求参与勘验、检查、辨认、侦查实验等调查活动的人员，包括参与勘验、检查等调查活动的办案人员，辨认人、侦查实验人、当事人、见证人等，都应在笔录上签名或盖章。相关人员在笔录上签字或盖章是制作勘验、检查等笔录必不可少的程序，如有违反，则笔录的证据能力将受到严重影响。

（二）客观记录

勘验、检查、辨认、侦查实验等笔录发挥证据作用的基础和前提是其客观记录和反映了勘验、检查、辨认、侦查实验的过程和结果，完整地、忠实地呈现了调查活动的全貌。为此，客观记录是制作勘验、检查、辨认、侦查实验等笔录的重要原则。具体要求是：

1. 准确、完整地记录有关调查活动的组织情况，即调查活动的背景情况。包括：有关调查活动的提起的事由；调查活动的起止时间；实施地点；参与活动的人员姓名、单位、职务；其他可能影响调查活动结果的相关条件等。比如，现场勘查和侦查实验笔录中应当写明活动当时的天气、光线、气温、风向和风力等自然情况；在辨认笔录中，应记录辨认人进行辨认的具体情况和现实条件。勘验、检查、辨认、侦查实验等活动的背景情况，是体现笔录客观真实性的一个重

要部分，是必不可少的，应在笔录首部予以详细地记录。

2. 记录顺序与勘验、检查等活动顺序要保持一致性。

3. 笔录的内容要客观。笔录的内容与实际调查活动中获取的信息要一致，要全面、准确、完整、真实地反映活动过程和结果，不得凭个人的主观判断随意取舍，任意歪曲调查所见的客观事实。

4. 绘图、照片、录音、录像与文字记录应一致。

（三）规范记录

勘验、检查、辨认、侦查实验等笔录是司法机关调查案件事实时所作的文书，理应具有规范性，同时，规范性也是保证笔录客观真实性的必要条件。因此，规范记录是制作勘验、检查、辨认、侦查实验等笔录的又一重要原则。具体要求是：

1. 格式要规范

笔录一般具有首部、正文和尾部三个部分，缺一不可，且每个部分的内容要严格按要求规范填写，不得遗漏。

2. 语言要规范

一是笔录语言要符合法律规则，即涉及法律程序或者法律问题时，要使用法言法语。例如，"犯罪嫌疑人"而不是"杀人犯"或"罪犯"。二是笔录语言要符合逻辑规则，即语句通顺、前后一致，无歧义、无矛盾。三是笔录用语要求用书面语，避免口头语，力求通俗易懂、词义准确，不得使用晦涩难懂或模棱两可语言。例如，记录日期应按公历记，记录时间应按北京时间，记录尺寸应用"厘米"而非"公分"，等等。四是描述要客观准确，明确具体，避免模糊或歧义语言，如对痕迹物品和伤口的位置、距离、大小、长短和特征进行描述时，应从高度、长度、宽度等方面进行描写，且使用标准计量单位，并精确到厘米，而不能用"很高、很宽、大概、大约、一滩、一大片"等模糊语言记录。

3. 书写要规范

原则上，笔录中的文字、表格颜色应为黑色，照片可使用彩色；绘图可用红色标注，照片可用红色或黑色标引。笔录应采用具有长期保留性能的笔、墨书写，不得用铅笔、圆珠笔书写。

三、勘验、检查、辨认、侦查实验等笔录的内容

（一）现场勘验、检查笔录

现场勘验、检查笔录包括首部、正文、尾部三个部分。首部包括文书名称，发现或报案时间，现场保护人员姓名、单位，现场保护人员到达现场时间，勘

验、检查时间、地点，指挥员姓名、单位、职务，参加勘验人员的姓名、单位、职务，见证人姓名、住址、单位，现场地理环境、天气情况、光照条件等。正文包括勘验、检查的过程和结论，主要有：现场的具体位置和周围环境，现场内部情况，作案人或行为人在现场遗留的物品和痕迹，发现提取痕迹物证的方法；现场上的反常情况，被害人受害的情况和财物损失情况，以及勘验、检查的步骤、方法，在勘验过程中，对现场和各种痕迹物品有无人为损坏等。如在刑事案件现场勘验、检查中进行了尸体的检验、现场实验、人身检查或搜查，除应单独制作详细记录外，在正文部分也要加以反映。勘验、检查的结论，即对痕迹、物证的处理情况，包括提取物品的名称、数量、标记和特征，采取痕迹的名称和数量，拍摄现场照片和绘制现场图的种类、数量等。尾部包括指挥人员、勘验人员、见证人、记录人的签名和制作单位及时间。

（二）人身检查笔录

人身检查笔录由首部、正文和尾部组成。首部主要包括笔录名称，检查时间、地点，办案人员姓名、单位，检查人员姓名、单位，被检查人的基本情况，见证人基本情况及检查目的。正文主要记录检查过程和结果。尾部包括参与检查活动的办案人员、检查人员、见证人及记录人签名。

（三）辨认笔录

辨认笔录分为首部、正文和尾部三个部分。首部包括文书的名称，辨认时间、地点、侦查人员基本情况，辨认人和见证人基本情况，辨认对象和陪衬对象基本情况，辨认目的。正文是笔录的核心部分，应如实记录辨认的过程和结论，详细记录辨认人辨认的具体情况和现实条件，辨认的方法和辨认过程中辨认人的态度，辨认结果及辨认人对辨认对象能够识别、确认或不能识别、确认的理由，辨认人对辨认提出的疑义和要求等内容。尾部是参与辨认活动的侦查人员、辨认人、见证人和记录人的签名。

（四）侦查实验笔录

侦查实验笔录同样具有首部、正文、尾部三个部分。首部包括名称，案件基本情况，实验开始至结束的时间，实验地点，参与实验的人员情况，包括主持实验的侦查人员的姓名、单位、职务，实验人员、见证人姓名、住址和职业，侦查实验的目的。正文应全面、客观记录实验的过程及结论，主要包括：实验条件，实验材料，实验组织情况，实验种类和次数，实验结论。尾部是参与实验的人员的签名。

第三节 勘验、检查、辨认、侦查实验等笔录的审查判断

勘验、检查、辨认、侦查实验等笔录的证据力和证明力既受勘验、检查、辨认、侦查实验等活动的程序合法性、规范性及结论的客观性、真实性影响，又受笔录制作的规范性及笔录对调查活动记录的全面性、完整性影响。因此，对勘验、检查、辨认、侦查实验等笔录的证据力和证明力应从审查调查活动本身和笔录两个方面进行。

一、审查勘验、检查、辨认、侦查实验等活动的合法性和规范性

（一）审查勘验、检查、辨认、侦查实验等活动的主体及参与人是否合法

1. 勘验、检查、辨认、侦查实验等活动只能由司法人员实施或主持实施，上述人员具有回避情形的，是否依法回避。

2. 勘验、检查等活动是否邀请了与案件无关且具备相应辨识能力和正确表达能力的人担任见证人对活动进行见证。如由于客观原因没有见证人的，是否在笔录中注明，并通过录像进行见证。

3. 检查妇女身体是否由女工作人员或医师进行。

（二）勘验、检查、辨认、侦查实验等活动程序是否合法

1. 勘验、检查、辨认、侦查实验等活动程序是否依法报请批准。

2. 勘验、检查人员是否持有证明文件。

3. 对于死因不明的尸体，解剖前有无通知家属到场，家属不到场，是否进行说明。

4. 复勘、复查是否符合法律规定。应重点审查：再次勘验、检查的原因和理由；复验、复查的主要目的、具体内容及事项；复验、复查的结果，结论与原勘验、检查是否相符，有无矛盾。

5. 侦查实验的过程中有无侮辱人格或有伤风化的情形。

（三）审查勘验、检查、辨认、侦查实验等活动是否符合相关规则，结论是否真实可靠

1. 勘验、检查

（1）勘验现场是否为原始现场，现场在勘验前是否受到破坏，案发现场的确定是否有疏漏，以及重要证据是否被遗漏。

（2）尸体、人身、物品等勘验对象在勘验前是否被移动、损坏、污染过，有无伪造可能性。

（3）勘验的顺序是否合理，方法是否科学，仪器是否灵敏，等等。对此可通过审核现场勘验所反映出的有关情况，譬如现场图、照片、提取物证、书证的地点等，结合当事人、被害人陈述及证人证言进行综合分析判断。

2. 辨认

（1）辨认人是否具备感知辨认对象的能力，生理和心理是否正常，记忆能力强弱，与案件是否具有利害关系。

（2）辨认人感知辨认对象时的距离、光线等客观条件。

（3）辨认对象的特征是否突出和稳定，是否具备可辨认性。

（4）辨认人感知辨认对象距离辨认的时间长短。

（5）辨认前是否询问了辨认人，并听取辨认人对辨认对象特征的描述。

（6）是否遵循个别辨认、混杂辨认、自由辨认的规则，有无暗示、威胁辨认人指认的情况。

3. 侦查实验

（1）实验的条件与案发时的原始条件，尤其是对实验结果具有决定性影响的因素是否一致。

（2）实验的方法是否科学合理。

（3）同一实验是否反复多次进行才得出结论。

（4）实验参加与案件有无利害关系，能否客观公正进行实验。

（5）实验结果是否具有充分的事实依据。

二、审查勘验、检查、辨认、侦查实验等笔录的形式与内容

（一）审查勘验、检查、辨认、侦查实验等笔录的形式

对笔录形式的审查主要是从笔录格式的规范性、形式要件的完备程度、记录用语是否规范、准确等方面审查笔录形式是否规范合法，符合证据要求。例如，是否详细记录了提起活动的事由，活动的起止时间，活动地点，相关条件，参与人员情况，勘验、检查、辨认、见证等相关参与人员是否签字等。

（二）审查勘验、检查、辨认、侦查实验等笔录的内容

审查笔录记载的内容是否客观全面、准确反映勘验、检查、辨认、侦查实验等相关活动的过程和结论。笔录是否记载了提起勘验、检查的事由，勘验、检查的时间、地点，在场人员、现场方位、周围环境等，现场的物品、人身、尸体等的位置、特征等情况，以及勘验、检查、搜查等过程。逻辑是否严密，前后是否一致。笔录上所记载的物证、痕迹、场地环境同勘验时的犯罪现场情况是否吻

合；笔录记载的内容有无遗漏；有关数值是否准确等。此外，应审查笔录所记载的内容与绘图、照片、录像等相关资料是否一致，有无矛盾；是否吻合，有无遗漏。

三、审查勘验、检查人员及记录人员的业务水平及职业道德素质

勘验、检查及记录是一项技术性、业务性很强的工作。首先，勘验、检查人员的技术水平和业务能力直接影响勘验、检查的结果是否可靠，能否全面客观发现和提取案件现场痕迹物证。其次，记录人员的业务能力和水平决定笔录制作是否规范，能否全面、详细地记录活动的过程和结果，会否导致漏记错记情况的发生。此外，勘验、检查人员的职业道德素质，包括工作态度、工作作风等，也会对勘验、检查结果及笔录的客观性、真实性产生影响。

四、综合全案证据进行审查判断

除通过审查勘验、检查、辨认、侦查实验等笔录本身以外，还应综合全案证据对其证据力和证明力进行审查判断，主要审查勘验、检查等活动所反映的案件事实，辨认、侦查实验的结论与案件其他证据之间是否一致，有无矛盾，能否相互印证。具体内容为：笔录与现场提取的物证、书证及相关的检验鉴定意见相比较，看是否相互吻合；笔录与犯罪嫌疑人、被告人供述的内容是否相互印证，有无矛盾；笔录与被害人陈述是否相互印证，有无矛盾；笔录与证人证言是否相互印证，有无矛盾；笔录与视听资料所反映的案件事实是否一致，有无矛盾。如勘验、检查、辨认、侦查实验等笔录与案件其他证据出现矛盾，应进行深入调查，以查明矛盾的原因，判断证据真伪。

五、勘验、检查、辨认、侦查实验等笔录的审查程序及处理

（一）审查程序

侦查机关、检察机关和审判机关的办案人员都负有审查勘验、检查、辨认、侦查实验等笔录的职责，在侦查、起诉和审判的不同阶段对证据进行审查判断，以合法、真实可靠的证据作为破案、起诉和审判的依据。

刑事诉讼的法庭审查阶段，控辩双方可围绕勘验、检查、辨认、侦查实验等笔录的合法性、客观性及与案件关联性展开质证，人民法院应通过法庭调查，有必要时通过庭外调查以确认勘验、检查等笔录的证据力和证明力。根据《刑事诉讼法》第192条的规定，人民警察就其执行职务时目击的犯罪情况作为证人出庭作证，适用其他证人的规定。因此，对指控的每一起案件事实，经审判长准许，公诉人可以提请审判长传唤包括勘验、检查人员、主持辨认、侦查实验的办

案人员，笔录制作人在内的人出庭作证。《刑事诉讼法》第59条规定：“在对证据收集的合法性进行法庭调查的过程中，人民检察院应当对证据收集的合法性加以证明。现有证据材料不能证明证据收集的合法性的，人民检察院可以提请人民法院通知有关侦查人员或者其他人员出庭说明情况；人民法院可以通知有关侦查人员或者其他人员出庭说明情况。有关侦查人员或者其他人员也可以要求出庭说明情况。经人民法院通知，有关人员应当出庭。”据此，当勘验、检查、辨认、侦查实验等笔录的证据能力和证明力受到质疑时，负责侦查的人员及勘验、检查、辨认、侦查实验等活动的见证人应当出庭作证。当事人及其代理人可以向证人发问，控辩双方可以互相质问、辩论。无论是刑事诉讼还是民事诉讼或者行政诉讼中，参与勘验、检查、辨认、侦查实验等活动的侦查人员、见证人和其他相关人员该出庭而不出庭的，笔录真实性和合法性无法确认的，则笔录不得作为定案的依据。

当事人、辩护人、诉讼代理人认为勘验、检查等笔录的内容有错误时，还有权申请重新勘验、检查。经法庭认为其申请理由成立的，应决定延期审理，重新勘验、检查。合议庭对勘验、检查笔录有疑问的，可以宣布休庭，对证据进行调查核实。根据《关于行政诉讼证据若干问题的规定》第63条第5项的规定，证明同一事实的数个勘验笔录，其证明效力一般按照“法庭主持勘验所制作的勘验笔录优于其他部门主持勘验所制作的勘验笔录”进行认定。

（二）审查后的处理

1. 勘验、检查笔录的排除

经法庭审查查明，勘验、检查笔录存在明显不符合法律、有关规定的情形，不能作出合理解释或者说明的，不得作为定案的根据。比如，无见证人；勘验、检查等办案人员该回避而未回避；笔录无相关人员签名等。

2. 辨认笔录的排除

辨认笔录具有下列情形之一的，不得作为定案的根据：（1）辨认不是在侦查人员主持下进行的；（2）辨认前使辨认人见到辨认对象的；（3）辨认活动没有个别进行的；（4）辨认对象没有混杂在具有类似特征的其他对象中，或者供辨认的对象数量不符合规定的；（5）辨认中给辨认人明显暗示或者明显有指认嫌疑的；（6）违反有关规定、不能确定辨认笔录真实性的其他情形。

3. 侦查实验笔录的排除

侦查实验的条件与事件发生时的条件有明显差异，或者存在影响实验结论科学性的其他情形的，侦查实验笔录不得作为定案的根据。

案例辅读

贾某、张某某抢劫案

2012年2月2日凌晨1时许，犯罪嫌疑人贾某、张某某驾驶张某某的红色钱江QJ150－12型摩托车窜至姐告四号路村联宾馆前，发现被害人汪某某坐在路边的摩托车上，后贾某、张某某将摩托车停在附近，持刀走向汪某某准备抢摩托车，汪某某见状跑开，犯罪嫌疑人贾某骑上汪某某的黑红色SUMBO牌二轮摩托车将摩托车抢走，张某某驾驶自己的摩托车随后逃走，二人将摩托车骑回瑞丽市援边小区旧货交易收购点。经瑞丽市价格认定中心鉴定，被抢的黑红色SUMBO牌摩托车价值1980元。

此案在退回补充侦查重新移送审查起诉时，承办人员发现部分证据发生重大变化，有关犯罪嫌疑人贾某的搜查笔录、检查笔录的见证人由原来的“李勒跑”变成了“王俊毅”。初期调查时，针对此情况，侦查机关回复称当时“王俊毅”也在场见证，所以由其见证也没有错。承办人员调阅了审查批准逮捕阶段的复印内卷，发现侦查机关当时提交的证据表明检查贾某、张某某是分别进行的，由“李勒跑”见证对贾某的检查、搜查，由“王俊毅”见证对张某某的检查。据此确定侦查人员更换了证据。进一步调查后，查实系退侦期间，侦查人员联系“李勒跑”核实有关问题时其不在本地无法签字，侦查人员为了及时结案而私自更改了证据内容。调查结束后，瑞丽市人民法院认为侦查人员的做法严重违背了证据的客观性、真实性、合法性，导致这部分证据不具有证明力，对正常的审查起诉工作产生了一定的影响，发出了纠正违法通知书，侦查机关及时还原了证据，并对侦查人员进行了批评教育。①

① 转引自杨迎泽、孙锐主编：《刑事证据的收集、审查与运用》，中国检察出版社2013年版，第247～248页。

第十七章

视听资料、电子数据

对新的对象必须创造出全新的概念。

——［法］柏格森

第一节　视听资料、电子数据概述

一、视听资料概述

（一）视听资料的概念

视听资料又称音像资料，是采用现代技术手段，将可以重现案件原始声音、形象的录音录像资料和储存于电子计算机的有关资料及其他科技设备提供的信息，用来作为证明案件真实情况的资料。视听资料通常表现为录音带、录像带、电影胶片等高科技材料，所记录的主要是与案件事实有关的声音、图像、活动画面。

值得注意的是，并非所有以录音录像形式存在的证据都属于视听资料。比如，拍摄物品、痕迹、书面文件以记录该证据特征的录像，是对物证、书证进行固定或复制的方式，可以在无法直接提供原物、原件时，经审核真实后证明相关案件事实，但它发挥的仍然是物证、书证的证明作用，因而不属于视听资料；在勘验、检查、辨认等侦查或调查过程中所制作的录像，属于勘验、检查、辨认等笔录的一部分，因而也不属于视听资料；在询问、讯问过程中制作的录音和录像资料，是对证人证言、被害人陈述、当事人陈述和口供的记录和固定方式，本质上仍属于证人证言、被害人陈述、当事人陈述和口供，因而也不属于视听资料。但是，上述录音录像，如果被用以证明物证、书证的真实性，或证明勘验、检查、辨认、询问、讯问等调查活动的合法性时，则属于视听资料。例如，在审讯某故意杀人案件的犯罪嫌疑人时，进行的全程录音录像在证明该故意杀人案件的事实时，仍属于以特殊方式记录的口供，但如果犯罪嫌疑人控告侦查人员在审讯时有刑讯逼供行为，则审讯时的录音录像被用以证明侦查人员讯问的合法性时，就属于视听资料。

（二）视听资料的特点

1. 科技性与客观性

视听资料是以自然科学技术发展为基础的科技性证据，它是依赖一定储存介质，以固定下来的声音、图像客观记录案件事实的证据。首先，视听资料的整个生成、分离和运用过程都必须依托科学技术，这就是科技性的集中体现；其次，视听资料是依据科学原理运用科技设备形成的证据，与证言等依赖于人的感知、记忆和陈述能力形成的言词证据相比，具有较强的客观性，除非因人为地删除、剪辑等原因而发生改变，视听资料可以较长久保存，具有相对的稳定性。

2. 证明的直观性

视听资料不仅可以通过连续不断的声音和图像将一定时间、空间内发生的客观事实予以记录并准确地展示，甚至还可以将语调、表情、动作及周围的环境背景形象地再现出来，对案件事实的证明比证人证言等人证更为生动直观，形象具体，尤其是记录了案发过程的视听资料，可以作为证明案件主要事实的直接证据，具有较高的证明价值。

3. 依赖性

首先，视听资料是通过录音、录像等电磁设备来记录相关的声音、图像的，因此视听资料能否客观真实地反映案件事实，在很大程度上取决于相关技术以及录音、录像等设备的工作性能。例如，磁带式录音技术和设备、胶片式录像技术和设备反映摄录对象的客观真实程度就大大低于数码录音、录像的技术和设备。视听资料的画面和声音清晰度与设备的性能和工作状态有关，在人工制作时还受制于摄录人员的专业操作水平。因此，在审查视听资料的可靠性时，相关的录制技术原理、设备性能及录制人员的专业水平都是审查的内容。其次，视听资料要依赖于一定的存储介质而存在，因而在对证据进行提取和保管时，要注意尽量提取视听资料载体的原物，并对其进行妥善的封存和保管，避免因存储介质遗失或损毁而导致视听资料失去证明价值。

4. 易伪造性

视听资料的科学性增强了它的客观性，但同时也使得它存在易被伪造、变造的风险。一方面，视听资料的内在信息容易被伪造、添加、删减、编辑，而失去客观真实性；另一方面，与书证不同，视听资料即使被伪造、添加、删减、编辑等人为地改变，凭借常规的观察也难以被发现和识别。因此，对于视听资料是否客观真实，有无伪造等情况，必须借助技术检验才能进行审查判断。

（三）视听资料的种类

根据视听资料生成和输出显示方法的不同，可分为录音资料、录像资料、计算机储存资料和其他现代技术设备提供的资料。这是视听资料的最基本的、也是最重要的分类方法。

1. 录音资料

录音资料是最早出现，也是应用最普遍的一种视听资料。它通过依据声学、电学、化学、机械学等方面的科学原理制成的收录设备，把正在进行的谈话、歌唱、电话对讲、自然声响、机械摩擦等如实记录下来，然后通过播放再现原始的声迹，来证明案件的事实情况，因此又被人们称为“会说话的证据”。

录音可以弥补人的记忆能力不足以及记录速度慢于谈话速度的弱点，且录音设备价格较低，录音技术容易掌握，所以人们在日常生活中，经常会使用录音这种方法来记录事件，一旦这些录音资料与诉讼中的案件事实有关，它就成为一种重要的诉讼证据。

录音资料对案件的证明方式有两种：一种是以其记录的内容来证明案件事实。例如，有关遗嘱的录音，有关犯罪计划的谈话等。另一种是以其记录的语音、语调、音素等声纹特征来辨别说话人的身份，还可以通过其记录的特征性声音信息来辨别录音地的现场环境。

2. 录像资料

录像资料是运用依据光电效应原理制成的摄像机、录像机，将案件发展的某个或全部过程原形原貌地记录下来，然后经过播放重现原始形象，来证明案件事实的一种材料，因此又被称为“会运动的证据”。由于录像资料既能反映声音又能反映图像，故而对同一案件事实的证明价值要高于录音资料。录像资料对案件的证明方式也有两种：一种是以全貌对案件事实起证明作用，即录像中所呈现的全部内容均与案件事实有直接的联系；另一种则是以局部图像对案件事实起证明作用，即录像中的内容仅局部与案件事实存在关联，如监控录像中一闪而过的嫌疑人影像，对于这样的视听资料，在实践中往往需要通过定格、放大、剪辑等技术进行处理，以突出证明内容，增强其证明力。

摄像机形成的影音资料对案件事实的证明作用、审查判断和使用的方式与录像资料基本相同，故应将其归入录像资料。此外，视频监控资料是通过用视频监视器来观察和监视需要控制的场所和区域或特定的对象所获得的能够证明案件事实的证据材料，也应纳入录像资料的范围。

3. 电子计算机储存资料

电子计算机储存资料是计算机存储的能够证明案件事实的图形、文字、符号、数据和其他信息。电子计算机运用其存储功能，把需要储存的信息通过输入装置以一定的文件格式经计算机主控制系统处理后，大多以磁或物体表面反射结构等形式存储于一定的介质之上，使用时需借助一定的系统在终端显示器上还原成为可被人直观感知的文字、图像或数据。因此，计算机储存的资料属于视听资料的一种。

4. 其他现代技术设备形成的视听资料

除了以上三种主要的视听资料外，实践中还存在利用激光技术、空间技术、红外线技术、X射线技术、遥感技术等高科技专门技术设备经过其自身运转所获取并显示出来的能反映案件事实的、可供人们直接判读的信息和数据资料。

二、电子数据概述

在现代信息社会，电子计算机、网络和手机等信息技术设备被广泛运用，因此形成的电子数据也成为了诉讼中最常见的证据。为此三大诉讼法都明确规定将电子数据作为一种独立的证据种类，并且因为其与视听资料具有许多共性，2012年《刑事诉讼法》将其与“视听资料”并列。

（一）电子数据的概念

电子数据是指电子计算机、互联网络、移动电话等电子设备所记载的与案件事实有关的数据资料。2016年，最高人民法院、最高人民检察院、公安部《关于办理刑事案件收集提取和审查判断电子数据若干问题的规定》对电子数据的界定为，电子数据是案件发生过程中形成的，以数字化形式存储、处理、传输的，能够证明案件事实的数据。电子数据包括但不限于下列信息、电子文件：（1）网页、博客、微博客、朋友圈、贴吧、网盘等网络平台发布的信息；（2）手机短信、电子邮件、即时通信、通讯群组等网络应用服务的通信信息；（3）用户注册信息、身份认证信息、电子交易记录、通信记录、登录日志等信息；（4）文档、图片、音视频、数字证书、计算机程序等电子文件。同时规定，以数字化形式记载的证人证言、被害人陈述以及犯罪嫌疑人、被告人供述和辩解等证据，不属于电子数据。确有必要的，对相关证据的收集、提取、移送、审查，可以参照适用本规定。此外，根据《关于民事诉讼证据的若干规定》第14条的规定，除上述形式外，其他以数字化形式存储、处理、传输的能够证明案件事实的信息也都属于电子数据。

（二）电子数据的特征

1. 科技性

电子数据是基于计算机应用和通信等电子化技术手段形成的用以表示文字、

图形符号、数字、字母等信息的代码，具有较强的科技性，因此办案人员必须凭借相关的专业知识，运用一定的技术手段才能对其进行收集、审查和使用。例如，取证需要利用计算机的某些辅助程序；借助于技术检验才能发现其是否被增加、删除或修改；必须拥有计算机的专业知识才能对电子数据所展示的信息资料进行基本的理解，等等。

2. 依赖性

电子数据必须依赖于计算机、手机等载体才能得以存在，并且其内在记录的信息必须通过载体解读的方式进行数据转化以后，才能够被人们看到或听到，因而电子数据对其载体具有依赖性，与载体具有不可分割性。由此，在对电子数据的收集、审查和运用时，要注意到其载体（存储介质）的重要性。例如，在提取电子数据时，应尽可能地保持电子数据的存储介质的原始状态，为此可以将计算机等原始存储介质一并提取；在保管电子数据时，应封存电子数据的原始载体，保证电子数据不被增加、删除、修改；在审查电子数据真实性的时候，可审查原始存储介质的扣押、封存状态，等等。

3. 相对的客观性和稳定性

一般情况下，电子数据的形成是 1 和 0 遵循一定的算法形成的有规律排列，一旦形成其规律性就始终得以保持，不会自动发生改变。如果不考虑人为篡改、差错和故障等因素，电子数据具有较强的客观性和稳定性，能够客观地反映案件事实，因而具有较强的证明力。

4. 脆弱性

电子数据的客观性和稳定性是相对的，一是因为电子数据容易遭到破坏，各种不当操作、病毒、系统崩溃、断电等原因都有可能使电子数据受到影响，甚至完全消失；二是数据内容易被删除、修改，且不易被发现。电子数据的脆弱性决定了对其进行及时妥善地提取、保管和对及真实性审查的重要性。

第二节 视听资料、电子数据的收集和保全

一、视听资料的收集和保全

（一）收集和保全视听资料的原则

1. 全面原则

收集视听资料需要遵循全面原则，也就是使其足以反映案件事实的整个面

貌，充分发挥它的证明作用。从范围上看，既要收集能证明案件主要事实的视听资料，也要收集能证明案件次要事实的视听资料；从内容上看，在民事诉讼和行政诉讼中，既要注意收集有利于原告的视听资料，也要注意收集有利于被告的视听资料；在刑事诉讼中，既要注意收集能够证明犯罪嫌疑人、被告人有罪或罪重的视听资料，也要注意收集能够证明其无罪或罪轻的视听资料。

2. 真实原则

真实原则要求收集视听资料必须实事求是，尊重客观事实，而不能随意取舍，更不能乱用剪辑、编辑等手段加工视听资料。收集的视听资料要求内容连贯、前后衔接，而不能断断续续、前后矛盾。

3. 科学原则

视听资料必须借助于特定的技术设备才能收集，所以取证主体必须具备相关的技术知识，掌握正确的操作方法。科学原则还要求收取视听资料必须认真仔细，特别是对于电子数据形态存在的资料，不当的收取方式，错误的收取设备，轻者会导致所收取视听资料局部受损而不完整，严重的会导致资料原件的灭失。

（二）收集的方法和程序

1. 收集的方法和要求

司法机关收集视听资料的途径和方法主要有以下几种：一是要求有关单位、个人提交。例如，我国《刑事诉讼法》第 137 条规定："任何单位和个人，有义务按照人民检察院和公安机关的要求，交出可以证明犯罪嫌疑人有罪或者无罪的物证、书证、视听资料等证据。"二是通过勘验、检查、搜查、扣押获取。三是在采取技术性侦查措施时，通过密拍密录形成视听资料。

收集视听资料应符合相关法律程序，使用合法手段，不得侵犯他人合法权益，具体要求如下：其一，司法工作人员或律师向有关单位和个人收集视听资料，应出示相关证件。其二，对涉及国家秘密和个人隐私的视听资料，要严格保密，不得外泄。其三，司法工作人员在接受、收集和调取视听资料时，应制作相关笔录，让提交者或制作人详细说明该视听资料的形成过程、发现经过、保存地点、原保存人，是否为原始资料等。接受、收集和调取的司法工作人员及提交者均应在笔录上签名。其四，办案人员在勘验、检查和搜查中发现与案件有关的视听资料，应进行扣押，并遵循扣押的相关程序，按要求制作扣押笔录，同时要依法实施勘验、检查和搜查行为，并通过规范的勘验、检查、搜查笔录来客观记录发现、提取和扣押视听资料的过程，以保证视听资料来源的真实性能得以证明。其五，侦查机关在技术侦查过程中，通过密拍密录方式形成视听资料，相关的侦查措施必须依法得到审批，并在审批范围内实施，否则，因取证措施不合法，则所获得的视听资料也为非法证据。

2. 收集和保全视听资料应注意的问题

基于视听资料的科技性、依赖性和脆弱性特点，对其进行收集保全时需要注意以下几点：

（1）由于视听资料易被篡改，为保持其真实性，收集视听资料时应保持原样，即保持其原始证据的状态，不得擅自删减、编辑。

（2）收集视听资料时，应当对其来源详细记录，需要鉴定的要由有关专家进行鉴定并出具意见。

（3）对提供视听资料的人应当辨明身份，并向其了解该视听资料的制作过程。

（4）视听资料应当调取原件。对无法提取原件的视听资料，可以进行复制，但应当附有不能调取原件的原因、制作过程和原件存放地点的说明。复制时，应注意视听资料形成的条件，尽可能减少失真度。

（5）对收集到的视听资料，应认真详细地进行登记，并妥善保管，在诉讼过程中发生流转的，应详细记录相关情况，保障视听资料证据保管链条的完整性。

二、电子数据的收集和保全

（一）收集和保全电子数据的原则

虽然有的情况下，电子数据与视听资料在存在形式上具有一致性，但由于两者的形式解读过程和证明方式并不完全相同，因此，收集和保全方法也存在一些差异。相对于视听资料和其他证据形式，电子数据的收集和保全需遵循以下原则：

1. 系统性原则

由于电子数据无法独立存在，必须依附于一定的存储介质，并且该介质与其中存储的电子数据不单纯是承装关系，电子数据读写等动态过程在存储介质的数据层和物理层方面均留有一定的记录。因此，在收集和保全电子数据过程中，不仅要针对具有证据意义和价值的数据内容进行提取，还应尽量整体提取数据载体，以便对于间接数据、冗余数据和外溢数据等关联数据加以保存。同时，对于网络传输状态下的电子数据，除要求对载体硬件予以收集和保全外，对于具有一定存储功能的网络关口、缓存等部件也应该一并收集，以便于需要的时候可以对数据传输的时间、通道、状态等情况予以分析确认。

2. 整体性原则

电子数据存储于计算机系统，特别是在反复性读写过程中，数据存储位置在存储载体的物理层面上呈离散状分布的特点。因此，电子数据在某些情况下具有整体性，局部的数据缺失往往会导致读取算法的大范围混乱，从而引发电子数据内容出现大量缺失，甚至整体不可用。因此，在对于电子数据的收集和保全过程当中，不能单纯地局限在系统提供的数据范围，而需要主动扩大数据收集和保全范围。例如，对于物理存储介质的磁盘整体或全部存储介质予以复制保存，以避免因局部数据不完整而导致的电子数据损毁。

3. 单向性原则

所谓单向性，就是指在收集和保全电子数据过程中，需使电子数据处于单向输出的状态，即只读状态，关闭数据写入通道和功能。如前所述，电子数据具有脆弱性和隐蔽性，容易因误读、兼容性匹配等自动运行程序或人为无意识误操作等原因而导致原有数据的增减或变动，从而影响了电子数据的客观性。因此，在收集和保全电子数据过程中，就要求遵循单向性原则，关闭存储介质或系统的数据写入功能，以保证电子数据的原始性和客观性。

（二）收集途径、方法和要求

1. 取证主体

根据《关于办理刑事案件收集提取和审查判断电子数据若干问题的规定》，人民法院、人民检察院和公安机关有权依法向有关单位和个人收集、调取电子数据。收集、提取电子数据，应当由二名以上侦查人员进行。电子数据的收集应由具有专业知识的办案人员利用专业设备和专门技术按照规范的流程进行。有条件的地区可以建立专门从事网络侦查的网络警察队伍，条件欠缺的司法机关可通过与司法鉴定机关或网络专家相互配合进行取证。

2. 收集的途径

司法机关获得电子数据，既可以向证据持有人调取，也可以在现场勘查、搜查过程中进行获取。

（1）向持有人调取。侦查、检察和审判机关及其办案人员可向案件当事人或其他持有人调取电子数据，有关单位和个人应当如实提供。调取电子数据，应当制作《调取证据通知书》，注明需要调取电子数据的相关信息，通知电子数据持有人、网络服务提供者或者有关部门执行。

（2）在勘查、搜查过程中获取。刑事诉讼中，办案人员可能在现场勘查、搜查过程发现电子数据，可扣押原始介质或直接提取电子数据。由于电子数据的提取具有较强的专业性，通常需要专业的侦查人员进行取证。为规范电子数据原始介质的查封工作，避免因处置不当而破坏电子数据，对涉及电子数据的相关现场，应当由熟悉电子数据取证工作的侦查人员负责前期的现场处理，再由专业人员提取电子数据。

3. 收集、提取的方法和要求

根据《关于办理刑事案件收集提取和审查判断电子数据若干问题的规定》，办案人员应当遵守法定程序，遵循有关技术标准，全面、客观、及时地收集、提取电子数据；电子数据涉及国家秘密、商业秘密、个人隐私的，应当保密。

（1）扣押、封存介质。收集、提取电子数据，能够扣押电子数据原始存储介质的，应当扣押、封存原始存储介质，并制作笔录，记录原始存储介质的封存状态。封存电子数据原始存储介质，应当保证在不解除封存状态的情况下，无法增加、删除、修改电子数据。封存前后应当拍摄被封存原始存储介质的照片，清晰反映封口或者张贴封条处的状况。

封存手机等具有无线通信功能的存储介质，应当采取信号屏蔽、信号阻断或者切断电源等措施。

（2）直接提取数据。具有下列情形之一，无法扣押原始存储介质的，可以提取电子数据，但应当在笔录中注明不能扣押原始存储介质的原因、原始存储介质的存放地点或者电子数据的来源等情况，并计算电子数据的完整性校验值：原始存储介质不便封存的；提取计算机内存数据、网络传输数据等不是存储在存储介质上的电子数据的；原始存储介质位于境外的；其他无法扣押原始存储介质的情形。对于原始存储介质位于境外或者远程计算机信息系统上的电子数据，可以通过网络在线提取以进一步查明有关情况，必要时，可以对远程计算机信息系统进行网络远程勘验。进行网络远程勘验，需要采取技术侦查措施的，应当依法经过严格的批准手续。

收集、提取电子数据，应当制作笔录，记录案由、对象、内容、收集、提取电子数据的时间、地点、方法、过程，并附电子数据清单，注明类别、文件格式、完整性校验值等，由侦查人员、电子数据持有人（提供人）签名或者盖章；电子数据持有人（提供人）无法签名或者拒绝签名的，应当在笔录中注明，由见证人签名或者盖章。有条件的，应当对相关活动进行录像。收集、提取电子数据，应由符合条件的人员担任见证人。由于客观原因无法由符合条件的人员担任见证人的，应当在笔录中注明情况，并对相关活动进行录像。针对同一现场多个计算机信息系统收集、提取电子数据的，可以由一名见证人见证。

（3）冻结。根据《关于办理刑事案件收集提取和审查判断电子数据若干问题的规定》第 11 条的规定，具有下列情形之一的，经县级以上公安机关负责人或者检察长批准，可以对电子数据进行冻结：数据量大，无法或者不便提取的；提取时间长，可能造成电子数据被篡改或者灭失的；通过网络应用可以更为直观地展示电子数据的；其他需要冻结的情形。冻结电子数据，应当制作协助冻结通知书，注明冻结电子数据的网络应用账号等信息，送交电子数据持有人、网络服务提供者或者有关部门协助办理。解除冻结的，应当在 3 日内制作协助解除冻结通知书，送交电子数据持有人、网络服务提供者或者有关部门协助办理。冻结电子数据，应当采取以下一种或者几种方法：计算电子数据的完整性校验值；锁定网络应用账号；其他防止增加、删除、修改电子数据的措施。

（三）电子数据的固定和保全

《关于办理刑事案件收集提取和审查判断电子数据若干问题的规定》第5条规定，对作为证据使用的电子数据，应当采取以下一种或者几种方法保护电子数据的完整性：（1）扣押、封存电子数据原始存储介质；（2）计算电子数据完整性校验值；（3）制作、封存电子数据备份；（4）冻结电子数据；（5）对收集、提取电子数据的相关活动进行录像；（6）其他保护电子数据完整性的方法。根据第10条的规定，对不能通过扣押和封存原始介质、直接提取电子数据取证的，可以采取打印、拍照或者录像等方式固定相关证据，并在笔录中说明原因。

除上述方法外，实践中还可采取以下方式对电子数据进行保全：

（1）只读锁固定。只读锁即写保护设备，是电子数据司法鉴定工作中必不可少的设备之一，可以防止系统或调查人员对原始介质内的数据造成破坏。

（2）公证保全。我国的司法实践中，公证是保全证据的常用方法，也是电子数据固定和保全的一种传统方式。通过公正保全，能有效保证电子数据的真实性，保护电子数据的证明价值。

（3）电子数据附属信息的抽离。电子数据附属信息的抽离是非传统保全方式。一个完整的电子数据包括作为证据主体的数据电文内容、完备的系统运行环境以及大量的附属信息。与传统的纸质证据不同，电子数据的附属信息很有可能并不包含在主体的数据电文中。为了准确系统地调取证据，我们可以对附属信息进行抽离，筛选出关键有效的附属信息，如文件夹隐藏的属性数据、原始访问时间、修改进程和内容等。将抽离的附属信息固定并与主体的数据电文存储在一起，组成一个完整的电子数据信息。技术人员在获取收集电子数据时要做好数据存储和备份，并且对原件或复制件进行明确清晰的记载。

第三节　视听资料、电子数据的审查判断

一、视听资料的审查判断

视听资料能生动形象、直观具体地证明案件事实，且较之人证具有更强的可靠性，因而具有独特的证明价值，但它同样具有虚假的可能性：一是制作的过程中容易受到机器设备、制作技术、客观环境和条件的影响；二是本身容易被人们

剪辑、编纂，从而失去其真实性。此外，作为定案的依据，除具备真实性外，还必须具备关联性和合法性，即只有同时具备证据能力和证明力的视听资料才能作为定案的依据。因此，对视听资料的审查判断仍围绕着证据的客观性、关联性和合法性进行。《刑诉法解释》第 108 条规定："对视听资料应当着重审查以下内容：（一）是否附有提取过程的说明，来源是否合法；（二）是否为原件，有无复制及复制份数；是复制件的，是否附有无法调取原件的原因、复制件制作过程和原件存放地点的说明，制作人、原视听资料持有人是否签名；（三）制作过程中是否存在威胁、引诱当事人等违反法律、有关规定的情形；（四）是否写明制作人、持有人的身份，制作的时间、地点、条件和方法；（五）内容和制作过程是否真实，有无剪辑、增加、删改等情形；（六）内容与案件事实有无关联。对视听资料有疑问的，应当进行鉴定。"

（一）视听资料的审查内容

1. 审查来源

审查视听资料是持有人主动提供的，还是经过搜查、扣押获取的；是向有关单位和个人调取的，还是司法机关制作的。视听资料来源不同，其客观真实程度和证明力也就不同。一般来说，证据调查人员收集的视听资料的证明力比较强。当事人作为与案件有直接利害关系的诉讼参与人，所提供的视听资料的客观性较差。其他社团通过其安装的专门技术设备取得的视听资料真实性比较强，但与案件的关联性较差。与案件无利害关系的公民个人有意或无意中获得的视听资料，往往带有很大的偶然性和片面性，虽有成为证据的可能性，但整体上的能证性较差。上述情况不能一概而论，需要根据案件的不同情况具体分析。

2. 审查制作的过程

（1）审查制作设备的性能和工作状态。审查获取、储存视听资料的技术设备的性能以及可靠程度。视听资料作为技术性很强的证据，其真实性和能证程度与技术设备的质量和性能密切相关。使用质量和性能差的设备制作的视听资料，不能原声原貌地反映案件的真实情况。此外，在制作过程中，设备的工作状态（如是否发生故障等）也是影响视听资料可靠性的因素之一。

（2）审查制作方法是否科学合理。科学合理的制作方法能保障视听资料客观地反映案件事实，相反，以不科学、不合理的方法制作的视听资料其可靠性难以得到保障。例如，即使是高质量的设备，如果使用时超过了其性能限度或受客观条件（如光线、角度、距离）的影响，也会出现声音失真或混杂噪声、图像模糊或画面跳动、数据与信息误差率高等问题。

（3）制作人的操作水平。无论多么先进的技术设备，都需要人进行操作。因此，制作人的操作水平不仅直接影响视听资料的外在质量，更会影响其内容的客观真实性。

3. 审查是否为原件

审查视听资料是原件还是复制件，是复制件的，是否附有无法调取原件的原因、复制件制作过程和原件存放地点的说明，制作人、原视听资料持有人是否签名或者盖章。

4. 取证的合法性审查

一方面，要审查制作及收集过程中有无违法行为，如是否在刑讯逼供、暴力、威胁、欺骗、引诱下制作；另一方面，要审查视听资料是以公开方式，还是以秘密方式制作的，侦查机关以技术侦查手段秘密制作的视听资料是否经过授权，是否依法定程序进行，等等。

5. 获取证据是否有相关证明，程序是否规范

在勘验、搜查过程中获取的视听资料，必须有相关的勘验、搜查和扣押笔录提供证明；提取的是否附有提取过程的说明，注明了持有人的身份；制作的是否写明制作人、制作的时间、地点、条件和方法，等等。

6. 审查视听资料是否被伪造、变造

视听资料可以通过技术手段获得，也可以通过技术手段予以变更，经过剪辑、编辑、消磁处理后的视听资料往往变得面目全非，失去其证明价值。一般常见的篡改手段有以下几种：

（1）剪辑。视听资料的制作者或提供者通过删改、剪接等方法，将录音带、录像带、电影胶片中于己不利的部分内容，或者把几个不同场合下的讲话录音或行为录像删、剪拼凑起来，组合成自己所需要的内容。

（2）编辑。编辑指对原始视听资料的内容进行逻辑调整、重新排列顺序的整理活动，如变更电子计算机储存资料的数据、信息、符号或利用录像编辑机进行移像、叠影等。经过编辑的视听资料，其真实性无法保证，当然不能作为证据使用。

（3）消磁。视听资料大都是运用电磁原理和其他物理化学原理形成的，可以人为地使其消磁、变质，导致资料严重失真或者根本无法显示，因而作为证据使用。

7. 审查视听资料的关联性和证明价值

对视听资料的关联性和证明价值的审查，一是要审查视听资料是否真实可靠，有无伪造、变造情况，不真实可靠的视听资料是不具有证明价值的；二是审查视听资料是否完整、清晰，能客观反映案件事实；三是审查视听资料的证据内容是否与案件事实相关，关联性大小。例如，清晰记录了作案人体貌特征和犯罪过程的视听资料能直接证明案件主要事实，因而具有较大的证明价值；而画面不

清晰，或只记录下作案人背影的视听资料则证明价值低。

（二）视听资料的审查方法

科学技术为制作和收集视听资料提供了必要的技术和手段，同样也为审查视听资料提供了技术和方法。在审查视听资料时，既要遵循和运用证据审查的一般规律和方法，也要注意采用更先进、更科学的方法，以适应视听资料审查的特殊需要。审查视听资料主要有以下方法：

1. 视听辨别法

这是对伪造视听资料的内容进行审查时最简单最常用的一种判断方法。视听辨别方法，是指法庭人员仅凭视觉和听觉对视听资料所反映的内容进行辨别，以确定其性质的真伪。在运用视听辨别法对视听资料的内容真伪性质进行审查时，应审查视听资料的声音、图像是否足够清晰、流畅，视听资料所反映的涉案当事人的谈话内容是否具有比较严密的逻辑性和完整性，有无失真、人工剪辑痕迹。若经过视听辨别，发现视听资料中的声音、图像模糊，语音变化异常，视听资料所反映的谈话内容不完整或整体缺乏逻辑性，则存在较大的虚假可能性，需进一步采用其他方法审查辨别。此外，还应审查视听资料中所反映的建筑物、气候条件、地形地物等形象背景、画面音响与现场当时的情形是否一致，判断有无利用视频、音频合成技术伪造、变造视听资料的可能性。从司法实践来看，可能存在对视听资料所确定的主体进行模仿和伪装，但不可能对视听资料中所反映的建筑物、气候条件、地形地物等形象背景进行模仿和伪装。经过视听辨别，若发现视听资料中所反映的建筑物、气候条件、地形地物等形象背景、画面音响与现场当时的情形不一致，其内容的客观真实性则有待进一步审查判断。

2. 科学鉴定法

科学鉴定法，是指借助科学设备，必要时聘请专家对某些视听资料进行鉴别。法庭在审查视听资料的内容时，有时无法单凭人的感觉判明其真伪，需要指派或邀请具有专业技术知识的人对其进行鉴定。例如，使用计算机对声纹进行鉴定；采用定格、放大等技术对图像进行鉴定，等等。视听资料大多是多方位的全息资料，能够反映出案件发生的动态过程，制作者无论有多高的伪造或伪装手段，也不可能面面俱到，更难逃过利用科技设备所作的鉴定。其中，声纹鉴定就是一种准确率很高的声音同一认定方法。

3. 来源审视法

视听资料的来源不同，其客观真实性和证明力也就不同。一般来说，司法人员主动收集的视听资料具有较强的证明力，伪造的可能性较小，而案件的利害关系人，如犯罪嫌疑人及其亲属或与犯罪嫌疑人关系密切的人员所提供的视听资料的客观性相对较差，伪造的可能性相对较大。此外，从收集方法和地点来看，在公开场所、以公开方式收集的视听资料证明力较强，伪造的可能性相对较小；而在秘密场所、以秘密方式制作、收集的视听资料证明力相对较弱，伪造的可能性相对较大。

4. 系统对比法

证据理论有一重要原则，即任何证据都不能自我证明其自身的客观真实性。因此，要审查判断视听资料的真伪，必须将其置于案件的证据体系中，与其他证据对比审查加以判断。依据证据关联性属性理论，一起案件中所有证据应构成完整的证据链条，彼此相互印证，从不同的侧面来证明、反映案件事实。通过将有待进一步确认其真伪性质的视听资料与本案中收集的物证、书证等其他证据进行对比审查，若发现视听资料与本案中其他证据不存在矛盾，而其他证据经过审查判断被认为是确凿、充分的，那么可以确认该视听资料的性质是客观真实的。若视听资料与本案其他证据有矛盾，则应对视听资料进行重新复核、鉴定，经过反复多次对比审查来确定其真伪性质。

二、电子数据的审查判断

2016 年《关于办理刑事案件收集提取和审查判断电子数据若干问题的规定》和 2019 年《关于民事诉讼证据的若干规定》都对电子数据的审查判断作出了明确的规定。根据相关规定，对电子数据应当围绕着真实性、合法性、关联性及其证明价值进行审查。其中，电子数据的真实性又是审查的重中之重。由于刑事诉讼和民事诉讼取证方式不同，故而审查上也有差异。具体而言，刑事诉讼主要是侦查机关取证，关键要审查证据来源是否真实可靠、取证程序是否规范合法；而民事诉讼中，电子数据主要由当事人提供，因而主要是审查电子数据来源是否可靠，在生成、存储和传输过程中是否存在影响电子数据真实性的因素。而对关联性的审查，由于犯罪案件的特殊性，刑事诉讼中电子数据关联性审查更为复杂。

（一）刑事诉讼中电子数据的审查判断

1. 审查电子数据的真实可靠性

（1）审查电子数据的来源。

第一，审查原始存储介质。原始存储介质是电子数据的原始载体，原始存储介质来源是否真实可靠影响电子数据的真实性。因此，在提取电子数据时，原则上要求扣押、封存原始存储介质，并制作笔录。要审查原始介质的封存是否足以防止电子数据被增加、删减等人为改变，是否存在因封存不善而导致电子数据被篡改和破坏的可能。

第二，审查直接提取的电子数据来源是否真实。直接提取电子数据的，对原始储存介质确实无法封存、不便移动的情况有无说明原因，并注明收集、提取过程及原始存储介质的存放地点等情况。

第三，采取打印、拍照或者录像等方式固定电子数据的，是否有笔录，并在笔录中说明不能扣押、封存原始存储介质或不能直接提取的原因。

第四，审查电子数据是否具有数字签名、数字证书等特殊标识；电子数据的收集、提取过程是否可以重现。

（2）审查电子数据的完整性。电子数据的完整性是衡量其是否真实的重要指标，故而要进行重点审查。根据《关于办理刑事案件收集提取和审查判断电子数据若干问题的规定》第23条的规定，对电子数据是否完整，应当根据保护电子数据完整性的相应方法进行验证：一是审查原始存储介质的扣押、封存状态；二是审查电子数据的收集、提取过程，查看录像；三是比对电子数据完整性校验值；四是与备份的电子数据进行比较；五是审查冻结后的访问操作日志。

（3）审查电子数据有无被增加、删除、修改等情形，如果有，是否附有说明。

2. 审查电子数据的合法性

对收集、提取电子数据是否合法，应当着重审查以下内容：一是收集、提取电子数据是否由二名以上侦查人员进行，取证方法是否符合相关技术标准。二是收集、提取电子数据，是否附有笔录、清单，并经侦查人员、电子数据持有人（提供人）、见证人签名或者盖章；没有持有人（提供人）签名或者盖章的，是否注明原因；对电子数据的类别、文件格式等是否注明清楚。三是是否依照有关规定由符合条件的人员担任见证人，是否对相关活动进行录像。四是电子数据检查是否将电子数据存储介质通过写保护设备接入到检查设备；有条件的，是否制作电子数据备份，并对备份进行检查；无法制作备份且无法使用写保护设备的，是否附有录像。

3. 审查电子数据的关联性和证明价值

在民事诉讼和行政诉讼中，只要电子数据的真实性得以确认，其与案件的关联性也较为明显，但基于犯罪的隐蔽性和犯罪案件事实的复杂性，在刑事诉讼中，有时电子数据与案件事实的关联并不直接，只有建立起存储介质与被告人的关联，或确认被告人的网络身份与现实身份的同一，才能建立电子数据的关联性，进而体现其证明价值。例如，在一起诈骗案件中，作案人向被害人发送了诈骗短信，如果不能确认此短信为被告人所发，那该短信的证明价值就难以体现，为此，一是可以通过核查相关证人证言以及犯罪嫌疑人、被告人供述和辩解等进行综合判断，以认定犯罪嫌疑人、被告人与存储介质的关联性；二是可以通过核查相关IP地址、网络活动记录、上网终端归属、相关证人证言以及犯罪嫌疑人、被告人供述和辩解等进行综合判断，从而认定犯罪嫌疑人、被告人的网络身份与现实身份的同一性。需要注意的是，即使确认了存储介质所有人或网络身份与被告人身份同一，也不能仅据此就认定被告实施了犯罪，因为还存在该电子数据是在被告人不知情的情况下，由病毒、入侵者或者通过网络浏览器的漏洞植入手机或计算机之中，或是 IP 地址被他人使用等可能，因此还应该结合案件其他证据进行分析和审查，才能对电子数据的关联性和证明价值作出正确的判断。

通过审查判断，对于不真实的、或真实性无法确定的下列证据，不得作为定案的依据：电子数据系篡改、伪造或者无法确定真伪的；电子数据有增加、删除、修改等情形，影响电子数据真实性的；其他无法保证电子数据真实性的情形。但对于下列具有瑕疵的电子数据，经补正或合理解释后，可作为定案的依据：未以封存状态移送的；笔录或者清单上没有侦查人员、电子数据持有人（提供人）、见证人签名或者盖章的；对电子数据的名称、类别、格式等注明不清的。

（二）民事诉讼中电子数据的审查判断

1. 审查电子数据的真实性

（1）审查电子数据的生成、存储、传输环节是否存在影响电子数据真实性的因素，具体包括：电子数据的生成、存储、传输所依赖的计算机系统的硬件、软件环境是否完整、可靠；电子数据的生成、存储、传输所依赖的计算机系统的硬件、软件环境是否处于正常运行状态，或者不处于正常运行状态时对电子数据的生成、存储、传输是否有影响；电子数据的生成、存储、传输所依赖的计算机系统的硬件、软件环境是否具备有效地防止出错的监测、核查手段；电子数据是否被完整地保存、传输、提取，保存、传输、提取的方法是否可靠。

（2）审查电子数据来源。电子数据来源不同，则真实性不同，一般情况下，在正常的往来活动中形成和存储的电子数据真实性和可靠性较强；由无利害关系人收集或提供的电子数据真实性较强；无意中形成或获得的电子数据真实性较强，等等。总之，不带有特定目的而形成的电子数据更具有真实性。

（3）审查保存、传输、提取电子数据的主体是否适当，是否公正、独立，有无影响电子数据真实性的因素存在，等等。

对电子数据的真实性应当综合以上因素进行审查判断，如有必要的，可以采取鉴定或者勘验等方法。

2. 通过推定确认电子数据的真实

根据《关于民事诉讼证据的若干规定》第 94 条规定，电子数据存在下列情形的，人民法院可以确认其真实性，但有足以反驳的相反证据的除外：一是由当事人提交或者保管的于己不利的电子数据；二是由记录和保存电子数据的中立第三方平台提供或者确认的；三是在正常业务活动中形成的；四是以档案管理方式保管的；五是以当事人约定的方式保存、传输、提取的。

对于内容经公证机关公证的电子数据，人民法院应当确认其真实性，但有相反证据足以推翻的除外。

案例辅读

谭某等人网上开设赌场案

1999 年以来，被告谭某等人在与中国毗邻的缅甸迈扎央、木瓜坝等地开设“新东方”赌场，采用现场赌博、电话投注、网络视频现场直播和网上投注等方式吸引大量中国公民参与赌博，其中有记录的涉案金额就达 86 亿元人民币。2007 年 7 月，云南省公安厅破获该案，并将一台 PC 机送往某司法鉴定所，要求对电子数据进行司法鉴定。

鉴定中，在硬盘上分别发现涉及网络赌博的各类电子数据：（1）访问过文件名为“百家乐”“188 开发组回复”“下铺开庄”等多个文件以及使用名为“香港”的远程桌面连接程序登录过 IP 对应的物理地址为香港和“福州”的计算机的系统操作记录；（2）访问百家乐赌博网站 url 地址“www. xdfl88. com”“www. 81183388. com”的记录及访问时间；（3）腾讯 QQ 软件中发现与他人谈论新东方网络系统的开发、运行、维护、价格等聊天信息；（4）在硬盘的 Outlook Express邮箱中找到涉及网络赌博程序的调试、账户管理以及网络运行维护等方面的收发电子邮件文件；（5）在 web. rar 文件中，发现了新东方赌博网站的网页代码，并提取到赌博网站的多个框架文件及画面截图文件；（6）在已安装的 mysq 15 数据库软件存储数据中发现大量赌博记录，在该软件上本机权限级别为网站的最高管理；（7）在 Drawingl. pdf 文件中，找到赌博网站的网络拓扑结构图；（8）通过数据恢复得到 38 个与网站管理经营相关的被删除文件。

通过对上述电子数据的提取和分析，为办案单位查证机主熊某为该赌博网站提供设计、维护的技术负责人身份提供了充分的证据。

参 考 文 献

1. 何家弘主编：《新编证据法学》，法律出版社 2006 年版。
2. 何家弘、刘品新主编：《证据法学》，法律出版社 2011 年版。
3. 樊崇义主编：《证据法学》，法律出版社 2012 年版。
4. 卞建林、谭世贵主编：《证据法学》（第三版），中国政法大学出版社 2014 年版。
5. 龙宗智：《证据法的理念、制度与方法》，法律出版社 2008 年版。
6. 张保生主编：《证据法学》，中国政法大学出版社 2009 年版。
7. 陈一云主编：《证据法学》，中国人民大学出版社 2007 年版。
8. 刘燕玲主编：《证据法学》，中国民主法制出版社 2009 年版。
9. 殷宪龙、李继刚主编：《证据法学》，法律出版社 2014 年版。
10. 魏虹主编：《证据法学教程》，中国政法大学出版社 2008 年版。
11. 潘金贵主编：《证据法学》，法律出版社 2013 年版。
12. 聂福茂主编：《证据法学》，中国人民公安大学出版社 2005 年版。
13. 宋世杰主编：《证据法学》，湖南人民出版社 2004 年版。
14. 廖永安主编：《证据法学》，清华大学出版社 2007 年版。
15. 叶青主编：《诉讼证据法学：指引、案例与文献》，北京大学出版社 2007 年版。
16. 何家弘主编：《证据调查》，法律出版社 2000 年版。
17. 陈卫东主编：《刑事诉讼法实施问题对策研究》，中国方正出版社 2002 年版。
18. 甄贞主编：《刑事诉讼法学研究综述》，法律出版社 2002 年版。
19. 陈光中主编：《刑事诉讼法》，北京大学出版社、高等教育出版社 2014 年版。
20. 江伟：《证据法学》，中共中央党校出版社 2002 年版。
21. 刘金友：《证据法学》，中国政法大学出版社 2001 年版。
22. 吴高庆：《证据法学》，清华大学出版社 2010 年版。

23. 李文杰、罗文禄、袁林、叶甲生、杨凌：《证据法学》，四川人民出版社 2005 年版。
24. 李萍：《案件检查证据运用》，中国方正出版社 2008 年版。
25. 陈立主编：《刑事证据法专论》，厦门大学出版社 2006 年版。
26. 洪浩：《证据法学》，北京大学出版社 2005 年版。
27. 葛玲：《论刑事证据排除》，中国人民公安大学出版社 2011 年版。
28. 张卫平：《民事证据制度研究》，清华大学出版社 2004 年版。
29. 高家伟、邵明、王万华：《证据法原理》，中国人民大学出版社 2004 年版。
30. 毛立华：《论证据与事实》，中国人民公安大学出版社 2008 年版。
31. 何家弘：《外国证据法》，法律出版社 2003 年版。
32. 《〈中华人民共和国刑事诉讼法〉注释本》，法律出版社 2014 年版。
33. 何家弘、张卫平主编：《简明证据法学》（第三版），中国人民大学出版社 2013 年版。
34. 陈一云、王新清主编：《证据学》（第六版），中国人民大学出版社 2015 年版。
35. 郭天武主编：《刑事证据法学》，中国法制出版社 2015 年版。
36. 陈光中主编：《证据法学》（修订版），法律出版社 2013 年版。
37. 宫毅、姚健主编：《实用刑事证据》，高等教育出版社 2007 年版。
38. 杨迎泽、孙锐主编：《刑事证据的收集、审查与运用》，中国检察出版社 2013 年版。
39. 贾治辉主编：《司法鉴定学》，法律出版社 2015 年版。
40. 《中华人民共和国民事诉讼法实用版》，中国法制出版社 2015 年版。
41. 信春鹰主编：《中华人民共和国行政诉讼法释义》，法律出版社 2014 年版。
42. 陈光中主编：《刑事诉讼法》（第六版），北京大学出版社、高等教育出版社 2016 年版。
43. 卞建林主编：《证据法学》（修订二版），中国政法大学出版社 2007 年版。
44. 陈瑞华：《刑事证据法学》（第二版），北京大学出版社 2014 年版。
45. 何家弘、刘品新：《证据法学》，法律出版社 2019 年版。
46. 江伟、肖建国主编：《民事诉讼法》（第八版），中国人民大学出版社 2018 年版。
47. 戴长林、罗国良、刘静坤：《中国非法证据排除制度》，法律出版社 2016 年版。
48. 周千淇：《证据概念与形式问题研究》，载《法律适用》2013 年第 8 期。
49. 邱业伟：《论案件事实信息的法律属性》，载《西南大学学报》2007 年第 3 期。
50. 祖伟：《中国古代“据众证定罪”证据规则论》，载《当代法学》2012 年第 1 期。